高等学校电子商务专业系列教材

电子商务运营与管理

刘英卓 ◎ 主编

电子工业出版社
Publishing House of Electronics Industry
北京·BEIJING

内 容 简 介

本书分为 8 章，内容包括绪论、电子商务网站的运营管理与电子商务平台的入驻、电子商务常规运营管理、电子商务数据分析与数据运营管理、电子商务安全风险运营管理、典型领域电子商务的运营管理、跨境电子商务运营管理、淘宝店铺运营管理。本书适合作为电子商务专业及其他相关专业的本、专科教材或参考书，亦可供相关从业人员参考使用。

未经许可，不得以任何方式复制或抄袭本书之部分或全部内容。
版权所有，侵权必究。

图书在版编目（CIP）数据

电子商务运营与管理 / 刘英卓主编. —北京：电子工业出版社，2023.3（2025.8 重印）
ISBN 978-7-121-44980-2

Ⅰ. ①电… Ⅱ. ①刘… Ⅲ. ①电子商务－运营管理－高等学校－教材 Ⅳ. ①F713.365.1
中国国家版本馆 CIP 数据核字（2023）第 017561 号

责任编辑：袁桂春
印　　刷：河北虎彩印刷有限公司
装　　订：河北虎彩印刷有限公司
出版发行：电子工业出版社
　　　　　北京市海淀区万寿路 173 信箱　邮编：100036
开　　本：787×1 092　1/16　印张：18　字数：496 千字
版　　次：2023 年 3 月第 1 版
印　　次：2025 年 8 月第 4 次印刷
定　　价：59.00 元

凡所购买电子工业出版社图书有缺损问题，请向购买书店调换。若书店售缺，请与本社发行部联系，联系及邮购电话：（010）88254888，88258888。
质量投诉请发邮件至 zlts@phei.com.cn，盗版侵权举报请发邮件至 dbqq@phei.com.cn。
本书咨询联系方式：（010）88254199，sjb@phei.com.cn。

前言 Preface

电子商务作为一场社会的革命,已经渗透到生活的方方面面,成为很多企业生存和发展的依托。电子商务企业的运营管理遵循一定的规律,只有掌控好运营管理,电子商务企业才能够获得良性发展。

本书从实践的角度向读者展示电子商务企业在电子商务运营管理中的成功经验和运营技巧。本书内容全面,具体包括绪论、电子商务网站的运营管理与电子商务平台的入驻、电子商务常规运营管理、电子商务数据分析与数据运营管理、电子商务安全风险运营管理、典型领域电子商务的运营管理、跨境电子商务运营管理、淘宝店铺运营管理。各章内容的编写都注重理论讲解的精练和实践操作的切实可行。

本书面向高等院校中的电子商务专业学生,也可供 MBA 学生、经济管理类专业硕士选用,还可供相应层次的电子商务运营人员、其他相关人员选用。

在本书编写过程中,作者努力突出以下几个特点。

第一,力求接近真实的运营管理环境,选取真实的电商运营者数据,从中总结经验。

第二,引入高层次的运营思想和方法。从商务智能和大数据分析的角度,将数据化运营管理思想融入业务流程优化的具体活动中。

第三,注重理论联系实践,为学生准备可以上手的工具和素材。每章都设置实践体验操作,尽可能贴近实战运营环境。

通过本书的学习,学生能够全面了解电子商务运营管理的知识,掌握电子商务运营管理的基本方法,拥有胜任电子商务运营各种岗位的能力。

在本书编写过程中,南京财经大学电子商务系的相关老师提出了宝贵的建议,隋东旭老师对书稿进行了细致的审校,电子工业出版社的编辑老师热情地给予了写作上的各种便利条件,在此表示衷心的感谢!由于作者的水平和教学经验有限,书中难免有不足之处,希望广大读者批评指正。

本科课程的教学建议如表 0.1 所示。

表 0.1 本科课程的教学建议

章	课时安排	重点讲述内容	选讲内容
第 1 章	4 课时	电子商务运营管理	电商运营人员能力
第 2 章	4 课时	电子商务网站的运营管理内容	店铺优化
第 3 章	6 课时	选品运营、视觉营销、仓储物流管理	物流系统 ERP 平台
第 4 章	4 课时	用户行为分析、数据运营的管理	推荐系统和社会网络化分析
第 5 章	4 课时	电子商务网站安全措施、电子合同的依法运作	知识产权的保护和市场秩序的维护

（续表）

章	课时安排	重点讲述内容	选讲内容
第6章	3课时	制造业电子商务形态和特点、农产品电子商务形态	旅游电子商务的商业模式
第7章	3课时	跨境电子商务店铺运营	跨境电子商务的客服
第8章	4课时	淘宝店铺的营销推广	客户服务

表 0.1 是按照一学期 17 周、每周 2 课时、最后总复习 2 课时来设计的，共 34 课时，仅供教师参考使用。

本书提供了丰富的课程配套资源，主要包括电子课件、教案、期末试卷及答案、课程大纲等。读者可以登录华信教育资源网（https://www.hxedu.com.cn.）免费获取。

编　者

目录 Contents

第1章 绪论 1

1.1 电子商务运营管理概述 3
1.1.1 运营管理 3
1.1.2 电子商务运营管理 5

1.2 电子商务企业的运营管理 8
1.2.1 电子商务企业的运营 8
1.2.2 电子商务企业的管理 11

1.3 电子商务运营工作需求 13
1.3.1 电子商务运营人员日常工作及能力要求 13
1.3.2 电子商务运营团队 14

习题 16
实训 16

第2章 电子商务网站的运营管理与电子商务平台的入驻 18

2.1 电子商务网站的运营管理 19
2.1.1 电子商务网站的建设流程 20
2.1.2 电子商务网站运营管理内容 28
2.1.3 电子商务网站运营管理策略 31
2.1.4 电子商务运营中的角色及岗位职责 32
2.1.5 可信网站的验证及企业网站的可信度建设 33

2.2 电子商务平台的入驻 35
2.2.1 入驻前准备 35
2.2.2 申请店铺和商品发布 37
2.2.3 交易管理和店铺优化 43

习题 47
实训 47

第3章 电子商务常规运营管理 48

3.1 选品 50
3.1.1 选品逻辑 50
3.1.2 产品定价策略与方法 55
3.1.3 产品上下架 61
3.1.4 货源 62

3.2 营销 63
3.2.1 电子商务营销基础 64
3.2.2 目标用户特征分析 67
3.2.3 视觉营销 69
3.2.4 网络营销 76
3.2.5 新媒体营销 83

3.3 物流 85
3.3.1 电子商务物流管理 86
3.3.2 物流系统 ERP 平台 92
3.3.3 主流的第三方物流公司 93

3.4 客服 95
3.4.1 客服的职责 95
3.4.2 客户维护 98
3.4.3 纠纷处理 98

习题 100
实训 100

第4章 电子商务数据分析与数据运营管理 ············ 101

4.1 电子商务数据分析 ············ 103
- 4.1.1 用户行为分析 ············ 103
- 4.1.2 推荐系统 ············ 107
- 4.1.3 社会网络分析 ············ 114

4.2 数据运营管理 ············ 119
- 4.2.1 数据运营基础 ············ 119
- 4.2.2 数据分析 ············ 125
- 4.2.3 数据管理 ············ 132

习题 ············ 134
实训 ············ 134

第5章 电子商务安全风险运营管理 ············ 135

5.1 电子商务网站的安全 ············ 137
- 5.1.1 电子商务网站的安全风险 ············ 137
- 5.1.2 电子商务网站的安全防范措施 ············ 139

5.2 电子商务的依法运作 ············ 141
- 5.2.1 电子合同的依法签订和履行 ············ 141
- 5.2.2 电子签名和认证的法律安全问题及防范 ············ 145
- 5.2.3 电子支付安全问题及防范 ············ 147
- 5.2.4 电子商务中的知识产权保护 ············ 150
- 5.2.5 电子商务市场秩序的维护 ············ 154
- 5.2.6 电子商务税收的依法运作 ············ 157

习题 ············ 159
实训 ············ 159

第6章 典型领域电子商务的运营管理 ············ 161

6.1 制造业电子商务的运营管理 ············ 163
- 6.1.1 制造业电子商务概述 ············ 163
- 6.1.2 制造业电子商务平台 ············ 169

6.2 旅游电子商务的运营管理 ············ 174
- 6.2.1 旅游电子商务的商业模式 ············ 175
- 6.2.2 旅游网站的建设与运营 ············ 176
- 6.2.3 美食和美妆旅游 ············ 178

6.3 农产品电子商务的运营管理 ············ 179
- 6.3.1 农产品电子商务概述 ············ 179
- 6.3.2 农产品电子商务物流 ············ 182
- 6.3.3 农产品电子商务营销 ············ 186

习题 ············ 189
实训 ············ 189

第7章 跨境电子商务运营管理 ············ 190

7.1 跨境电子商务概述 ············ 193
- 7.1.1 跨境电子商务的定义与特点 ············ 193
- 7.1.2 跨境电子商务主流平台 ············ 193

7.2 跨境电子商务店铺运营 ············ 200
- 7.2.1 跨境电子商务店铺的开设 ············ 201
- 7.2.2 跨境电子商务的营销推广 ············ 211
- 7.2.3 跨境电子商务的物流 ············ 216
- 7.2.4 跨境电子商务的客服 ············ 221

7.3 速卖通运营管理 ············ 226
- 7.3.1 速卖通的视觉设计 ············ 226
- 7.3.2 速卖通的营销 ············ 227
- 7.3.3 速卖通数据分析 ············ 230
- 7.3.4 速卖通客服 ············ 230

习题 ············ 231
实训 ············ 231

第 8 章　淘宝店铺运营管理 ·················232

8.1　开店前工作 ················235
8.1.1　商品选款 ············235
8.1.2　市场定位与商品定价 ·········236
8.2　淘宝店铺的申请与入驻 ·········238
8.2.1　淘宝店铺的申请 ········238
8.2.2　淘宝店铺的入驻 ········241
8.2.3　生意成交 ············247
8.3　店铺装修和页面制作 ·········248
8.3.1　店铺装修 ············248
8.3.2　页面制作 ············251
8.4　营销推广 ················256
8.4.1　挖掘商品卖点 ·········256
8.4.2　推广引流 ············257
8.4.3　数据分析 ············263
8.5　客户服务 ················269
8.5.1　售前和售后服务 ········269
8.5.2　客户关系管理 ·········274
习题 ·····················276
实训 ·····················276

附录 A　运营相关词汇 ···············277

参考文献 ·····················280

第 1 章
绪论

> **引导案例**
>
> **唯品会全国首家跨境电子商务线下体验馆在重庆保税港区开业**
>
> 唯品会是广州唯品会信息科技有限公司旗下的 B2C 电子商务网站,以低至一折起的价格售卖名牌商品,包括品牌时装、箱包、鞋子、皮具、配饰、香水等。唯品会坚持以安全诚信的交易环境和服务平台、可对比的低价位、高品质的商品、专业的唯美设计、完善的售后服务,全方位地服务每位会员,致力于将自己打造成国内最大的名牌折扣网。唯品会的名字表达了它的追求。唯美:专业团队的唯美设计,充分展示出各名牌商品的品牌意蕴及特点。品位:选择高端品牌格调,用心打造一种高品质的生活内涵。时尚会:流行的时尚资讯,潮流的名牌折扣,打造新一代的时尚会。
>
> 唯品会采用的是线上销售模式,通过唯品会网络平台直接提供品牌厂方的商品,省去了中间多级的销售渠道,价格自然低很多。而且唯品会与许多品牌厂方经过长期的合作,彼此建立了信任关系,使平台上的商品价格更加优惠,甚至低至成本价!同时双方还有许多合作模式,如跨季度的商品采购、计划外库存采购、大批量采购等,使货源价格的优惠最大化。另外,由于采用"限时限量"的销售模式,唯品会不用担心商品积压问题,并且可以根据订单制定货量,从而降低经营成本,有更大的让利空间。通过与最低价网等多家返现金类站点进行商品推广解决方案合作,唯品会有效避免了广告成本的浪费。
>
> 2020 年 11 月 11 日,唯品会全国首家跨境电子商务线下体验馆在重庆保税港区"一带一路"通过商品展示交易中心(以下简称交易中心)开门营业。体验馆位于交易中心二楼,展销商品包括母婴用品、厨具、化妆品、保健品、箱包、服饰等品类,数量约 6 000 个。11 月 14 日前,市民可前往交易中心体验这场特卖狂欢节,所有商品 3 折起,比线上购物更优惠。体验馆采用"前店后仓+快速配送"的运营模式,消费者现场下单,马上提货,最

快仅需 10 分钟,省去物流配送环节,真正做到了消费者与跨境电子商务产品之间"零距离"。"前店后仓+快速配送"这一新模式充分利用了重庆保税港区和贸易功能区的政策优势,促进了电子商务企业降本增效,缩短了物流时间,拓展了跨境电商配套产业链、供应链,推动了跨境电子商务高质量创新发展、产业优化和外贸转型升级。

思考题:唯品会为什么要在重庆保税港区建立跨境电子商务线下体验馆?

解析:唯品会目前处于成熟阶段,采用的是降本增效的"前店后仓+快速配送"业务模式,该模式省去了品牌厂方到唯品会仓库的配送过程,品牌厂方有充足的时间完成订单,同时降低物流成本。

思政教育

1. 思政目标

为人:☑大国方略　　☐身正德高　　☐理想信念　　☐价值引领
为学:☑创新思维　　☐逻辑思维　　☐计算思维　　☐批判性思维
为事:☐实践出真知　☑传统与创新　☐实事求是　　☑自主创新

2. 思政案例:电子商务运营助推我国在新冠肺炎疫情防控期间恢复经济生产

新型冠状病毒肺炎(以下简称新冠肺炎)疫情防控期间,电子商务的运营发挥了独特而重要的作用,对于保持经济社会平稳健康发展具有十分重要的意义。线上购物成了公众的主要选择,产地直销、直播带货等新业态持续涌现,进一步促进了电子商务的发展。电子商务从消费端加速向生产端拓展,我国电子商务市场得到快速发展。

随着互联网加速从消费环节、虚拟领域向生产环节、实体经济领域延伸,工业电子商务加速成长。特别是工业互联网的快速发展,使其成为新一代电子商务发展的重要基础和支撑。5G、工业互联网等新型基础设施将持续推动实现更大范围、更广领域、更深层次的线上线下融合,生产消费贯通,供给和需求协同平衡,助力经济高质量发展。

相比消费电子商务,工业电子商务更多是企业之间的,是数字化的供应链。近年来,工业和信息化部(以下简称"工信部")遴选了 41 个工业电子商务试点示范项目,持续推进工业电子商务创新发展。截至 2020 年 3 月底,我国重点行业骨干企业的工业电子商务普及率达到 62.5%,在原材料、装备等领域培育了一批交易规模达到百亿级、千亿级的工业电子商务平台。新冠肺炎疫情发生以来,工业电子商务企业聚焦防疫复工难点、痛点、堵点问题,充分发挥了支撑和赋能作用。

工业电子商务企业依托平台上汇集的应急物资信息,打通从原材料、生产设备到产成品的整个产业链,带动了上下游企业协同复工,缓解了应急物资的紧缺状况。下一步应加快搭建应急物资产需信息发布平台,组织供应链上下游企业对接重点疫区物资需求,助力产需双方高效地匹配对接。通过直采平台、在线直播、供应链金融等新模式,帮助中小企业节省采购成本,扩大订单规模,满足融资需求。通过基于工业互联网平台的 App 引导中小企业将业务系统向云端迁移,实现更全面的数字化转型。

第 1 章 绪论

> **本章学习目标**
> 1. 理解运营管理的定义、职能和研究对象；
> 2. 掌握电子商务运营管理的定义、内容和关键成功要素；
> 3. 掌握电子商务企业的组织架构和运营内容；
> 4. 领会对电子商务运营人员的能力要求。

本章从运营活动含义入手，给出运营管理的定义、目标及研究对象。接着阐述了电子商务运营管理的定义、内容、作用及关键成功要素。最后对电子商务企业的组织架构、电子商务企业运营的目标和内容及电子商务运营团队的组建进行了论述。

1.1 电子商务运营管理概述

电子商务本身是一种商务的电子化运营模式，能够高效地整合信息流、物流、商流和资金流。企业的运营管理是电子商务运营管理的基础，是其实体部分。因此，本节首先介绍运营管理的基本知识。

1.1.1 运营管理

商务的运营从动态上可分为许多活动过程，这些活动过程可以有机地协作、联系起来。运营管理就是要在微观上管理好各种运营活动，在宏观上施以协调控制等手段。

1. 运营活动与运营管理

现代企业的形式和种类繁多，运营活动是它们的核心内容。企业通过运营活动生产产品和提供服务。企业先投入一定的成本获取原材料，再将原材料经过多种形式的转换，使其价值增加，最终以某种形态的产出提供给社会。能够进行产品推广、促进用户使用、提高用户认知的手段都是运营。为确保运营活动的顺利进行，必须对运营活动的整个过程进行有效管理，将实施和产出情况进行信息反馈，以决定下一步是否需要对运营过程进行必要的修订。

运营管理是指对运营过程的计划、组织、实施和控制，是与产品生产和服务创造密切相关的各项管理工作的总称。

2. 运营管理的目标

运营管理的目标是：在需要的时候，以适宜的价格向顾客提供具有适当质量的产品和服务。具体而言，运营管理的目标是使输出的产品或服务在质量、成本、时间、柔性等方面都取得最好的效果。所以，运营管理效果是通过质量管理、成本管理、时间管理和柔性管理等来实现的。

1）质量管理

质量管理是首要的，质量是所有企业的生存之本。在当今竞争全球化的背景下，企业要为用户提供优质的产品和服务，"两个拳头"都要硬，才能赢得用户的信赖。

2）成本管理

成本管理是指企业应能以最低的成本向用户提供优质的产品和服务。成本目标不仅要求产品或服务形成过程中的成本低，而且要求在用户使用过程中的成本低。只有两方面的成本都低，企业才能在同类产品或服务的竞争中获得胜利。

3）时间管理

时间管理是运营管理的客观硬指标，现代企业的竞争力一靠速度，二靠规模。思科公司 CEO 钱伯斯的名言是"快鱼吃慢鱼"。时间目标包括生产周期和交货期两方面。生产周期要短，这样才能赢得时间优势，时间优势又会转化为竞争优势，可以争取更多的用户；交货期也要短，甚至要提前于向用户承诺的交货期，这样才能维护企业的商业信誉，才能留住老用户，吸引新用户。现代科技不断引领着工业革命，工业革命带来了用户千变万化的需求，要求企业的产品品种和产量在最短时间内响应市场需求的变化。

4）柔性管理

柔性管理要求企业的生产系统具有高弹性、伸缩性，将效率与适应性统一起来。

3．运营管理的职能

运营管理的职能是对运营过程进行计划、组织与控制。

1）计划职能

计划职能是企业未来开展运营管理活动的依据和基础，它是对未来行动方案的一种说明。

2）组织职能

组织职能是指企业根据经营的需要，将运营过程中涉及的各个环节按合理分工和协作的要求设立职能部门及职能部门的各种岗位，以有效地从事运营活动，实现企业经营目标。除此之外，企业还要建立各职能单位的管理制度，规定各职能单位的责任和权力，确定分工和协作关系。

3）控制职能

控制职能是以计划为标定，反馈执行的效果，确定企业运营活动是否按既定的计划、标准和方法进行。如果发现偏差，则分析产生偏差的原因，进行调整和纠正，以确保企业目标的实现。

4．运营计划书

运营计划书是企业运营部门及其各分支机构和所属人员在未来一定时期内，关于行动方向、内容和方式安排的管理文件。运营计划书中要列出企业的运营目标和实现目标所采取的措施与手段。运营计划书的内容包括图 1.1 所示的 6 个问题，图中的 6 个问题（5W1H）要明确答案，只有这样，计划才具有可操作性，实施过程才能顺利。

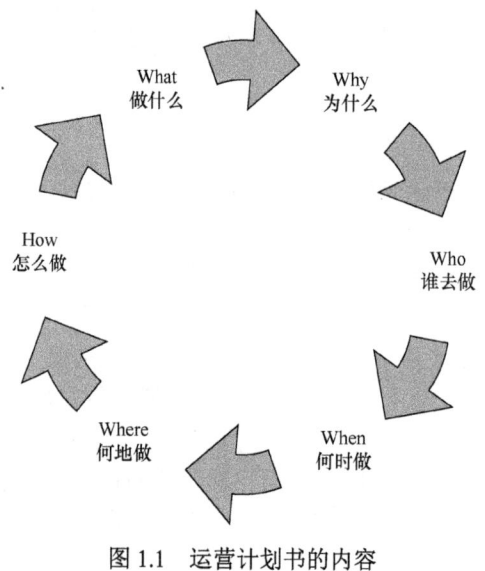

图 1.1 运营计划书的内容

运营计划书是运营管理的蓝本，它的撰写要求是严谨务实。

5．运营管理的研究对象

运营管理的研究对象包括运营过程和运营系统两个方面。

1）运营过程

运营过程是指通过投入一定的资源，经过一系列、多种形式的变换，使资源的价值增加，最终以某种形式的产出提供给社会的过程。对运营过程的研究主要考虑如何对涉及的运营活动进行计划、组织与控制。

2）运营系统

现代企业都有管理信息系统，可以将企业中从事运营活动的子系统称为运营系统，也就是管理信息系统中的低层系统。对运营系统的研究重点是如何设计、改造和维护升级。

电子商务企业和传统企业一样，都面临着如何运营管理的问题。电子商务企业做好运营工作，搭建好电子商务的运作平台，是开展电子商务运营活动的基础条件。

1.1.2 电子商务运营管理

电子商务运营和企业运营存在相似之处，因此电子商务运营管理是企业所有的运营管理活动和运营管理工作在电子商务环境中的一种应用。

1．电子商务运营管理的定义

电子商务运营管理是运营管理活动和运营管理工作在电子商务中的应用，是一切与企业电子商务运营相关的管理活动的总称。电子商务运营管理活动包括电子商务战略制定、平台建设与推广、内容建设、网络营销、物流建设及客户关系管理等。电子商务运营管理的研究对象包括电子商务运营系统和电子商务运营过程。

2．电子商务运营管理的内容

电子商务运营管理的内容是多方面的。从运营实体的角度来看，包括网店运营者如何运营、网站设计者如何运营、电子商务平台如何运营。从运营内容的角度来看，包括旅游电子商务、农产品电子商务、跨境电子商务、工业电子商务等。从运营层次的角度来看，包括电子商务常规运营和数据化运营。从运营思维的角度来看，包括电子商务运营策略、运营方法、运营的实施。从在线与否的角度来看，包括线下运营和线上运营。本书主要从电子商务运营管理的系统论方法的角度讨论电子商务运营管理的内容。

1）电子商务运营系统战略决策

战略决策应当从用户需求出发，根据企业营销系统对市场需求的分析及企业发展的条件和因素限制，从总的原则方面解决"提供什么""提供多少""如何提供"的问题。从企业战略出发，对电子商务运营系统进行战略定位，明确运营系统的结构形式和运营机制的指导思想。

2）电子商务运营系统的设计

定位好了电子商务运营系统，再具体进行运营系统的设计和建设。一是产品开发管理，包括产品或服务的选择与设计、产品或服务提供流程的选择与设计等；二是运营系统构建管理，包括电子商务系统的开发与建设、电子商务服务设施的选址与布局等，最终目标是以最快的速度和最少的投资构建最适宜的电子商务运营系统主体框架。

3）电子商务运营系统的运行

根据用户的需求和企业的经营目标，在设计好的运营系统内进行计划、组织和控制。运营系统的运营可以不断综合平衡，合理分配人、财、物等各种资源，科学安排运营系统各环节、各阶段的运营任务，妥善协调运营系统各方面的复杂关系，使企业运营系统中的物流、信息流、商流和资金流畅通，对运营过程进行有效控制，确保运营系统正常运行。

电子商务运营系统要完成以下三项任务。

（1）电子商务运营计划

运营计划解决"提供什么""提供多少""如何提供"的问题。运营计划内容包括预测对本企业产品和服务的需求，确定产品和服务的品种与数量，设置产品交货期和服务提供方式，编制运营计划书，做好人员班次安排、统计运营进展等。

（2）电子商务运营组织

运营组织解决如何合理组织各种要素，使有限的资源得到充分合理的利用的问题。运营要素包括劳动者（技术人员、管理人员和服务人员等）、劳动资料（设施、机器、装备、工具、能源等）、劳动对象（原材料、零部件、产成品、商品等）和信息（市场信息、订单、计划、统计资料、工作指令等）。劳动者、劳动资料、劳动对象和信息的不同组合与配置，构成了不同的运营方式。

（3）电子商务运营系统控制

运营系统控制解决如何保证按计划完成任务的问题。运营系统控制内容主要包括接受订单控制、运营进度控制、库存控制等。订单型企业是受订单需求驱动的，订单控制决定了企业经营活动的效果；运营进度控制的目的是保证产品按期完工或到货，产品按期装配和配送；库存控制包括对各种库存的合理控制，需要协调整个供应链的效率。

4）电子商务运营系统的维护和改进

电子商务运营系统需要经历系统规划、系统分析、系统设计、系统实现、系统运行与维护这一生命周期。维护和改进包括对电子商务系统的维护与可靠性管理、质量的保证、整个运营系统的不断改进及各种先进的运营方式和管理模式的升级利用。

3．电子商务运营管理的作用

电子商务运营管理对现代企业来说是必需的，企业要适应日益激烈的全球化竞争环境，就要清楚电子商务运营管理的作用（见图1.2）。

4．电子商务运营管理中的关键成功要素

电子商务运营管理的核心是流量，基础是网站平台，支撑是线下和物流，智慧是数据。要想取得运营成功，电子商务企业必须关注以下各要素。

1）电子商务运营战略的制定

任何企业要从事电子商务运营，都必须根据内外部环境的变化，构建并实施在线运营的理念，规划一系列与电子商务相关的活动，以提升企业核心竞争力，最终达成运营目标。

2）盈利模式的设计

电子商务的盈利模式主要包括在线销售商品、付费网络广告、搜索引擎、数字内容、会员制、交易佣金及网络服务等，以及由数据衍生的新盈利模式，如微博、微信、抖音、斗鱼、虎牙、小红书等社交媒体流量变现。

3）高效的网络营销

电子商务讲究"流量为王"，流量的获取策略有搜索引擎优化、网络广告、社会化媒体工具、口碑营销、电子邮件营销，以及信息发布（如BBS、贴吧、博客、问答类推广、百度百科）等。

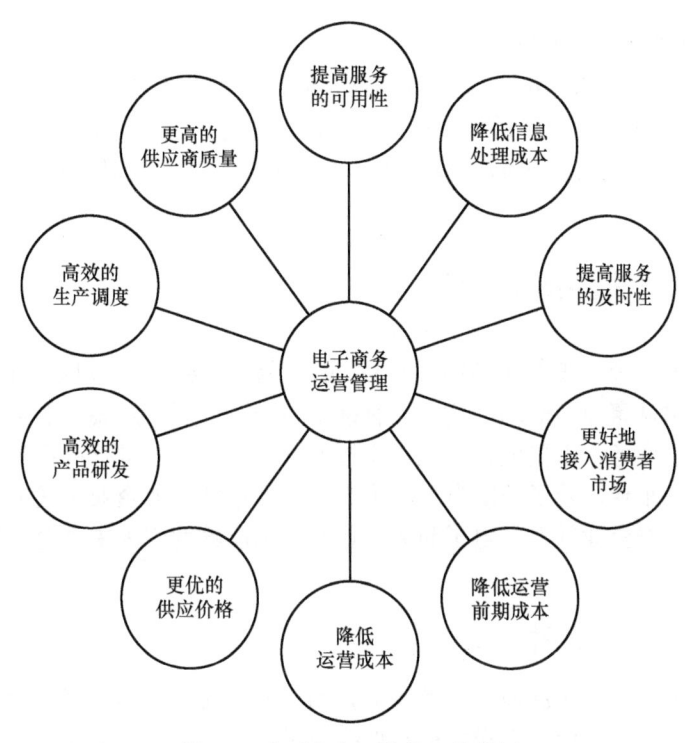

图1.2 电子商务运营管理的作用

4）电子商务物流和供应链管理

电子商务仓储物流部门的任务是利用最合理的成本和时间，将商品准确、完整地送至客户手中。供应链管理是一种策略，高效的供应链管理可以使信息和资金迅速、准确地在供应链各节点之间传递，在满足客户需要的同时，实现商品可用价值的最大化，提高以核心企业为中心的供应链的整体竞争力。

5）电子商务客户关系管理

客户关系管理的核心思想是通过优化客户服务和深入分析客户需求，向客户提供满意的产品和服务，以达到客户满意的目的。这个过程也是企业与客户建立长期、稳定、相互信任的关系的过程。

6）移动电子商务运营

移动电子商务支持客户的可移动性需求，对实时性电子商务业务有更强的支持能力。移动电子商务模式包括各种手机端 App，如微博、微信、QQ 运营等，移动电子商务能够更高效地汇集流量。

7）电子商务的线上和线下运营策略

线上到线下（Online to Offline，O2O）模式打破了线上与线下的隔离局面，促进了线上与线下的互动和融合。O2O 的优势在于把线上和线下的优势完美结合。通过网购导购机，把互联网与实体店完美对接，实现互联网落地。让消费者在享受线上优惠价格的同时，又可享受线下贴心的服务。

8）电子商务人力资源管理

电子商务企业的人力资源管理关系到运营管理的成败。电子商务运营团队管理的岗位划分、激励机制等都有各自的特点和方法。

9）电子商务运营效果监控测评

电子商务运营效果数据分析可以对网络媒介的每个细节进行分析，完成和提高网站对用户的黏性，提高网站的吸引力和关注度；分析页面访问记录数据，借助各种互联网分析工具，根据分析结果调整网络介质的传播方式及表现形式，如系统功能改进、美工设计变动、内容优化等。

1.2 电子商务企业的运营管理

电子商务企业的早期代表有亚马逊（Amazon）、易贝（eBay）、阿里巴巴等，它们都是IT企业，利用网络技术从事商务活动，这一点有别于传统企业后来发展出的电子商务业务。电子商务企业是主营电子商务，主要依托现代信息技术，以电子方式进行商务活动的一类企业。它们有自己的电子商务平台，除了帮助自己做推广，还能帮助其他企业搭建电子商务平台，还有的电子商务企业会开发企业软件。电子商务企业一般都能够为广大中小企业提供电子商务方面的服务。

1.2.1 电子商务企业的运营

电子商务企业的运营不仅涵盖电子商务运营的内容，还涵盖作为IT企业身份范畴内的运营。它更加强调电子商务平台的建设、搜索功能的引入、平台的维护与升级、网络产品的研发与增值等。

1. 电子商务企业的组织架构与业务部门

1）电子商务企业的组织架构

电子商务企业的组织架构是随着以互联网为核心的信息通信技术高速发展而产生的一种新型企业组织结构，完全不同于传统企业的组织架构，属于现代企业架构。现代企业架构受网络和市场需求的影响，通常具有以下3个特征。

（1）虚拟化

电子商务企业通常只是模拟组织架构，只设置一些规模较小且具有核心竞争力的职能部门，对于其他企业部门所涉及的业务，则通过外包的形式委托给合作伙伴来完成。

（2）扁平化

电子商务企业中上下级组织和领导者之间的纵向联系、平级各单位之间的横向联系及组织与外部各方面的联系更加短促。扁平化有利于拉近上下级之间的距离，密切上下级之间的关系，使信息纵向流通速度加快，管理费用降低，并且使企业变得更加灵活和敏捷，更加富有弹性和创造力。

（3）柔性化

柔性化以创新能力为宗旨，通过分工合作、共担风险，以及适当的权限结构调整，向基层员工授权，并满足员工的高层次需要，增强员工的责任感，使其自觉提高自己的工作标准，并把组织意志转变为个人的自觉行动。柔性化强调反应灵敏、迅速，灵活多变，以达到快速适应现代市场需求的目的。

网店型电子商务企业的组织架构如图1.3所示，生产型电子商务企业的组织架构如图1.4所示。

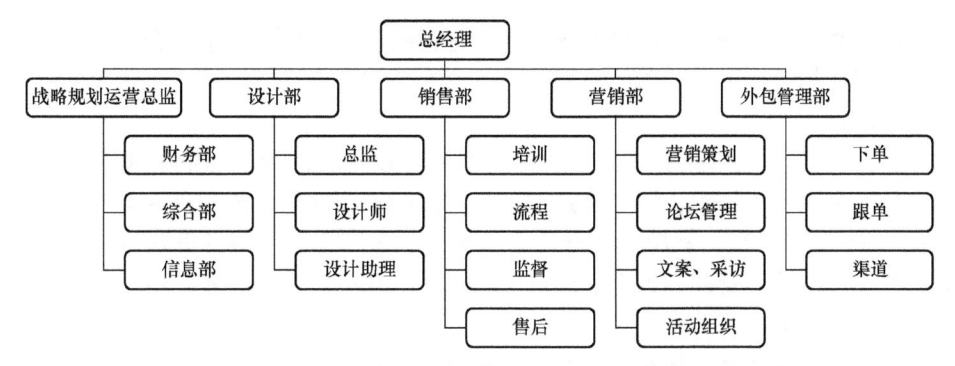

图 1.3 网店型电子商务企业的组织架构

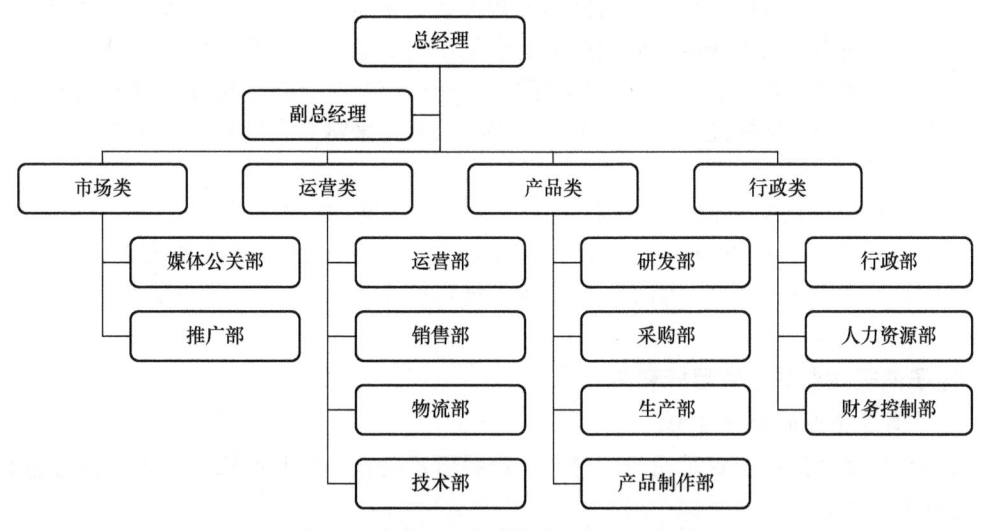

图 1.4 生产型电子商务企业的组织架构

2)电子商务企业的业务部门

电子商务企业的业务部门一般有 7 个,包括人力资源部、财务部、客服部、市场部、网站运营部、采购与物流部、技术部。

(1)人力资源部

人力资源部负责人力资源的管理,为组织提供和培养合格的人才。

(2)财务部

财务部在组织的整体目标下,对资产购置(投资)、资本融通(筹资)和经营中的现金流量(营运资金),以及利润分配进行管理。

(3)客服部

客服部的职能是客户服务、客户咨询、客服培训和客服考核等,通过各种方式提高客户满意度、订单转化率和平均订单金额。客服部可以分为客服培训、客服运营和绩效考核 3 个组。

(4)市场部

市场部负责对外合作、推广和宣传工作,包括搜索引擎营销、电子邮件营销、网站合作、媒体合作、新闻炒作、口碑合作、活动及研讨会等;负责研究分析客户关系管理(Customer Relationship Management,CRM)体系,包括会员级别机制、积分机制、客户活跃机制和沟通机制等,优化购物流程,提高客户购物体验,制定 CRM 营销战略,分析销售数据,研究客户购买行为，最终提高订单转化率。市场部的职能包括两部分：对外是推广合作，对内是营销分析。这两部分职能相互交叉和协同。市场部可以分为媒体合作、活动推广和营销分析3个组。

（5）网站运营部

网站运营部负责分析并确定产品目录，预测和计划产品销量，确定采购量，制定销售价格，控制产品毛利润，根据销售情况确定网站各页面的陈列展示，策划设计各种促销活动（根据产品、会员和节假日等），利用电子邮件营销系统、电话客服、网站展示位和网络推广资源等提高促销效果。网站运营部分为产品分析、销售、策划编辑和促销4个组。

（6）采购与物流部

采购与物流部负责产品的采购，各类产品在全国的仓储布局、调整和管理，以及网站配送合作和订单配送工作。具体内容为：与网站运营部确定采购名单，根据名单筛选供应商，争取最低采购价格；根据重点销售区域确定网站的仓储中心规划、各个仓储中心的管理，以及各个种类产品在不同仓储中心的调配；确定快递配送合作伙伴，制定配送标准，设计包装规格，制定订单配送管理规则。从职能上，可将采购与物流部分为采购、仓储和配送3个组。

（7）技术部

技术部负责电子商务网站的建设和系统开发，包括网站架构和技术开发，CRM系统、客户服务中心系统、采购和仓储系统、订单管理系统等的策划、实施和调整，服务器和网络运营商的选择和管理等。技术部又可以按职能细分为网站开发、系统开发和系统维护3个组。

2. 电子商务企业的运营目标和内容

1）电子商务企业的运营目标

企业运营目标是指在一定时期内，企业生产经营活动预期达到的成果。电子商务企业的运营目标有以下几个。

（1）经济目标

经济目标即企业的网络经营活动需要达到的企业经济增长目标。

（2）客户目标

电子商务企业需要利用各种手段，如广告、促销、App等，达到一定的客户规模，实现发展客户的既定目标。

（3）行业目标

行业目标即企业为自己设定的行业地位和持续增长力目标，如追赶国内淘宝和京东、国外亚马逊和易贝等。

（4）员工目标

员工目标即企业团队协作能力、员工发展和团队领导力目标，如京东的快递员工目标、格力的员工待遇目标等。

（5）社会目标

社会目标即电子商务企业需要承担的社会责任和社会活动效果目标，如2020年新冠肺炎疫情防控期间，电子商务企业做出的协同抗疫贡献。

2）电子商务企业的运营内容

电子商务企业的运营内容应强调网站需求分析、频道内容建设、网站策划、IT产品维护和改进、效果数据分析、部门沟通与协调等方面。

（1）网站需求分析

网站运营人员要了解客户、企业自身、竞争对手、管理机构等企业外部的信息，将相关需求转化为网站的功能、具体的改善建议和方案。电子商务网站要具有特色，追求更长的客户停留时间，网页的形式和细节还要引导出客户新的需求。

（2）频道内容建设

频道内容是网站内容的分类，也是网站的"地图"，能够确认客户访问网站的深度。频道运营人员的工作内容包括频道栏目规划、信息编辑与上传、信息内容和质量提升等。

（3）网站策划

网站是电子商务企业的"前台面孔"，只有充分准备好网站策划，才能建成好的网站。网站策划包括前期市场调研、可行性分析、策划文档撰写和业务流程说明等内容。对于网站标识、域名、频道栏目，以及广告展示方式等，都需要进行合理和科学的规划。

（4）IT产品维护和改进

电子商务企业的产品主要是信息类软件和服务，即 IT 产品，更强调维护工作。运营工作要对客户购买的产品进行维护、回应客户提出的问题等。运营人员需要分析和预判客户的问题，并给出合理的解答。产品维护还包括制定和改变产品政策、进行良好的产品包装和改进产品的使用体验等内容。

（5）效果数据分析

只有以数据分析结果来指导运营，网站改进才能有的放矢，更好地提升运营效果。效果数据分析是指对网站的阶段性数据进行分析、整理，量化各阶段的调整效果。它是指导网站可持续性运营战略的重要工作。

（6）部门沟通与协调

电子商务企业的运营人员需要与其他技术人员、美工、测试员工、业务员工进行沟通和协调。只有充分的交流才能使网站做得更好。

3. 运营对电子商务企业的重要性

电子商务企业运营的对象是其所开发、设计、打造的产品，推广这些产品的关键在于网络营销运营。成功的运营可以让电子商务企业达到经营目标，获得目标收益，促进自身的研发工作。

在电子商务领域，销售人员通常需要主动寻找客户，根据客户的需求组织后端资源，把产品销售给客户；推广是把企业信息传递给更多的人，达到吸引客户的效果；运营则是从客户的角度出发，分析市场和客户的需求，做好产品和服务，然后吸引更多客户主动上门，并培养客户的忠诚度，为企业提供利润。另外，运营还承担了分析商业模式和毛利成本的责任，它不断优化着企业的商业模式，其他部门配合完善商业模式，保证企业的盈利能力。因此，在电子商务企业，运营处于核心地位。运营中心的下级部门往往是客服部、市场部、采购部等。

1.2.2 电子商务企业的管理

电子商务企业的管理者要对企业的生产经营活动进行计划、组织、指挥、协调、控制等，高效的管理是企业成功的关键。

1. 电子商务企业的管理目标和内容

1）电子商务企业的管理目标

电子商务企业的管理目标包括提高企业的运作效率，让企业有明确的发展方向，使每个员工都充分发挥他们的潜能、向客户提供满意的产品和服务，以及树立企业形象等。电子商务企业的成功往往是"三分靠技术，七分靠管理"。

2）电子商务企业的管理内容

电子商务企业的日常管理内容包括战略管理、资源管理、风险管理、客户关系管理和供应链管理。

（1）战略管理

同传统企业相比，电子商务企业的战略格局更大。电子商务是适应社会网络化而发展起来的科技革命，电子商务企业如亚马逊（Amazon）、谷歌（Google）、脸书（Facebook）等的经济力量足以和一般国家相匹敌。电子商务企业的战略管理要在一定时期内制定全局、长远的发展方向、目标、任务和政策，以及资源调配的决策和管理活动。

（2）资源管理

电子商务企业对人、财、物等资源的管理更加强调科学性。其中，人力资源管理是指电子商务企业通过招聘、甄选、培训和报酬等管理形式对组织内外相关人力资源进行有效运用，满足组织当前及未来发展的需要，保证组织目标实现与成员发展最大化的一系列活动；财、物资源管理是指对企业生产经营所需的各种物资、设备进行计划、采购、使用和节约等组织和控制，这关乎企业生产经营的正常持续进行和流动资金的节约。

（3）风险管理

电子商务企业要对自身可能存在的风险进行识别、估测和评价，选择与优化各种风险管理技术，对风险实施有效控制，妥善处理由风险带来的损失，从而以最低的成本获得最大的安全保障。

（4）客户关系管理

电子商务企业利用相应的信息技术和通信技术来协调与客户在销售、营销和服务上的交互，从而提升其管理方式，向客户提供创新的、个性化的客户交互和服务。客户关系管理的最终目标是吸引新客户、保留老客户，将已有客户转化为忠诚客户。

（5）供应链管理

电子商务企业能够协调供应链，同时又依赖供应链。供应链管理的目标是使供应链运作最优化，即从采购开始，到满足最终客户为止，这之间所有过程累积的成本尽可能最低。

2. 管理对电子商务企业的重要性

电子商务企业的管理者运用其拥有和支配的人力、物力、财力、技术、信息等各种资源，对管理对象进行一系列有组织、有意识的实践活动，以达到企业的预期目标。优秀的管理模式不仅可以使电子商务企业高效运转，而且可以使企业资源得到充分利用。

电子商务企业管理可以提高企业的运作效率，让企业有明确的发展方向，使每个员工都能充分发挥潜能，使企业财务清晰，资本结构合理，投资、融资恰当，向客户提供优秀的产品和服务，更好地树立企业形象，为社会多做实际贡献。

电子商务企业的管理往往需要企业聘用富有从业经验的高管。例如，2020年2月，奢侈品在线零售商 Moda Operandi 宣布，任命特斯拉前高管加内什·斯里瓦茨（Ganesh Srivats）为公司新任 CEO。加盟 Moda Operandi 之前，斯里瓦茨为特斯拉副总裁，主要负责开发北美洲、欧洲、中东和非洲地区的业务，同时也负责 Tesla.com 网站、数字产品、营销和其他业务，如 Model X 和 Model 3 的上市推广。加盟特斯拉之前，斯里瓦茨曾在英国奢侈品品牌

Burberry 公司任职 10 年。又如，2019 年 12 月，李树斌出任美团点评副总裁。李树斌曾是知名垂直鞋类电商公司好乐买的创始人兼 CEO，此次人事变动是美团做出的重要调整。

1.3 电子商务运营工作需求

电子商务运营工作需要工作能力合格的员工，需要优秀的团队。组建一个水平过硬的运营团队对电子商务企业来说至关重要。

1.3.1 电子商务运营人员日常工作及能力要求

要加入一家电子商务公司从事电子商务运营工作，就需要了解电子商务运营人员的日常工作，并培养作为运营人员的能力。

1. 电子商务运营人员日常工作

国内电子商务企业（如淘宝、天猫商城、京东等公司）的电子商务运营人员，需要整理每日、每周、每月的监控数据，包括流量数据、营销数据、交易数据、产品管理数据、客户管理数据，负责制订淘宝、天猫商城店铺的年度、季度、月度运营策略计划并有效执行。

① 电子商务运营人员负责营销推广工具的操作和优化；负责"爆款"的选款、打造；负责统计、分析推广数据及效果，并不断做出优化方案。

② 根据公司的总体规划战略，电子商务运营人员负责公司电子商务业务发展规划和电商产品规划；组建公司电商团队；分析竞争对手、行业信息和公司产品信息等，确定调研结果，为公司的总体战略制定提供相关依据。

③ 电子商务运营人员负责公司网上销售平台搭建，承担 B2B、B2C 市场开拓，线上产品的网络营销及品牌推广；电子商城网站的开发、维护、创新及推广工作，维护与其他网上商城平台业务对接联络及合作拓展。

④ 电子商务运营人员需要进行管理与维护工作，维护良好的客群关系，负责物流的配送管理，以及与其他各部门的协调工作；保持良好的沟通，确保公司推广活动的顺利开展以及日常网站的监察等。

2. 电子商务运营人员能力要求

电子商务企业对运营人员的能力要求比较高。初级运营人员要具备文案撰写能力、数据分析与品类优化能力；中级运营人员不但需要熟练掌握数据分析与品类优化能力，还需要熟悉相关部门的工作流程；高级运营人员除了需要具备数据分析与品类优化能力，熟悉相关部门的工作流程，还必须提升自己的行业理解力。

1）文案撰写能力

电子商务的运营工作，最多的就是写作各种文案，如广告文案、活动说明文案、品牌故事文案、产品介绍文案、售后评价文案等。这就要求运营人员具备一定的文案撰写能力，撰写的文案不仅要主题鲜明，还要能够带动客户的情绪，引发客户的情感共鸣，激发客户的购买欲望。

2）数据分析与品类优化能力

店铺运营涉及大量的数据，运营人员需要进行数据分析，并根据分析结果做出决策。这项能力包括品类优化、数据分析、推广优化、用户体验、进销存和商城系统工作流程管控、活动规划执行等。运营者要确定经营什么商品，优化商品结构，展示商品特质，构建相关流程和用户体验，组织促销活动，跟踪销售过程，分析销售数据，不断优化、完善客户的整体体验。

3）熟悉相关部门的工作流程

运营的支持部门有客服部、市场部、研发部、仓库部和物流部等，运营人员需要整合所有部门为客户服务，并负责建立流程的标准操作规范，解决各种问题。因此，运营人员必须熟悉相关部门的工作流程，只有这样才能更好地整合协调。

4）行业理解力

运营人员需要具备行业问题意识和初步解决问题的能力。例如，客服部和物流部反馈"产品送到客户处时出现破损"，运营人员就要判断是商品采购环节出现了问题，还是仓库包装环节出现了问题。之后与采购、仓库等部门沟通，根据产品的重要性，对采购渠道、包装成本、毛利空间和包装方法等提出解决方案，并协调各部门实施。

1.3.2 电子商务运营团队

1. 电子商务运营团队的组建

组建电子商务运营团队首先要进行项目分析，然后搭建岗位架构，再招聘员工组建团队。根据店铺规模和资金，一般中小规模的卖家电子商务运营团队人数在40人左右即可。

1）项目分析

① 明确企业的行业定位、行业的发展现状和未来的成长空间，以及本企业和产品在行业中的核心竞争力。

② 明确组织架构。

③ 明确用人标准，包括人员能力要求、学历和年龄要求等。

④ 明确薪酬体系，设置考核制度和晋升制度，设置奖惩制度和团队文化建设。

⑤ 明确监察机制，以对采购、物流、推广、物料等各环节进行监督管理。

2）搭建岗位架构

根据运营的主要业务确定相应的人员架构和分工，电子商务运营主要岗位设置有客服、运营、技术、推广、文案、美工、售后。

淘宝店运营中心的岗位架构如图1.5所示。下面主要介绍运营主管、推广主管和活动专员的岗位职责。

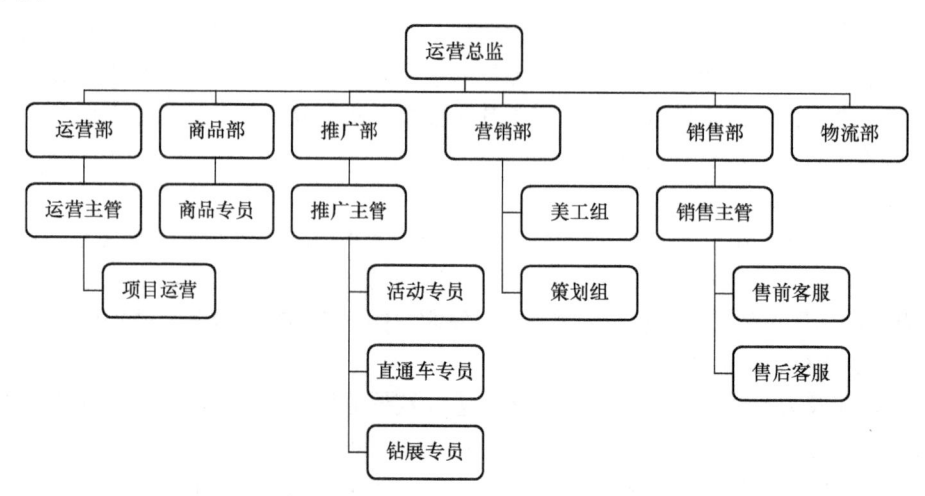

图1.5 淘宝店运营中心的岗位架构

(1) 运营主管的岗位职责

运营主管的岗位职责是：制定并实施公司年度、季度、月度战略目标和执行方案；传达上级战略思想方针，向各部门传达指示；控制运营成本，提高销售利润；对项目运营情况进行评估和分析，集中调整经营策略；合理进行人力资源调配，检查并监督运营部门工作；定期组织部门总结反馈公司年度、月度、周计划工作。

(2) 推广主管的岗位职责

推广主管的岗位职责是：根据店铺销售指标制定推广方案；定期对全店数据进行分析处理，根据数据分析结果找出店铺存在的问题，提交上级；根据推广方案分配推广渠道流量，使流量分配比例合理；定期组织人员培训交流；考核部门人员绩效。

(3) 活动专员的岗位职责

活动专员的岗位职责是：帮派活动报名；淘宝、拍拍后台活动报名；第一时间将活动进度反馈给运营部，并做出决策；熟悉各种活动的报名规则，制定活动报名周期和计划，配合运营部负责报名选款工作；提供日报表，汇报当天的报名情况和最终审核结果；如报名成功，则跟进活动效果，及时提供活动数据并总结分析。

2. 电子商务运营团队的绩效

管理者一直关注如何管理好运营团队，团队管理不当，整个团队的运营效率就不高。绩效考核是按照一定的工作目标和绩效标准对企业、部门或员工的工作任务完成情况进行评估，并根据评估结果对其进行奖惩的一种团队管理手段。关键绩效指标（Key Performance Indicators，KPI）是衡量管理工作成效最重要的指标，是数据化管理的一个工具，必须是客观、可衡量的绩效指标。KPI 可以帮助电子商务企业运营主管明确部门的主要责任，并以此为基础，明确部门人员的业绩衡量指标。

电子商务运营工作中常见的 KPI 有如下几个。

1）页面访问量

页面访问量（Page View，PV）包括首页与详情页视觉体验、各页面之间的关联度等，是衡量转化率、成交额、客单价的重要指标，可以反映店铺的整体表现水平。

2）独立访客

独立访客（Unique Visitor，UV）可以衡量通过营销活动或其他方式引流到店铺的客户数量。

3）人均访问页面量

$$人均访问页面量 = PV \div UV$$

该指标越高，说明店铺与客户之间的黏度越强。影响黏度的因素包括商品款式、商品可选性、页面内容的详细程度等。

4）成交人数

该指标可以用于计算客单价和成交转化率。

5）成交额

成交额即单位时间内的销售额。该指标以客户完成交易并最终付款成功为标准，已付款但尚未完成交易的订单不计算在内。

6）转化率

该指标是双向考核指标，一方面可以考核运营人员在店铺运营上的整体水平，另一方面也可以验证店铺独立访客的质量。

7）到达率

该指标可以反映投放广告获取客户的效果。例如，多个平台的广告集中对应一个目标页面，那么目标页面应具备分别统计多个广告来源客户数量的功能。

8）跳出率

该指标越高，表示大部分进入店铺的客户对该页面的内容越不感兴趣，说明推广对象的选择有误，或者广告内容针对性不强，导致访客质量不高。

电子商务运营团队绩效考核的内容可以分 3 个部分：上述 8 个 KPI、工作能力和工作态度。例如，在淘宝店铺的运营考核中，KPI 占比 70%，工作能力占比 15%，工作态度占比 15%。

习题

1. 什么是运营管理？运营管理的研究对象有哪些？
2. 电子商务运营管理的内容是什么？
3. 收集一些中小企业开展电子商务经营的成功案例，并分析它们成功的共同之处。
4. 电子商务运营人员有哪些能力要求？
5. 查阅资料，分析亚马逊的哪些理念和做法体现了电子商务运营管理的发展趋势。

实训　苏宁易购引入国有战略投资

【实训目的】

1. 理解电子商务企业结构的柔性特点；
2. 理解电子商务企业运营的战略布局。

【实训资料】

2021 年 2 月，苏宁易购发布复牌公告，宣布引入国有战略投资。交易完成后，深国际控股（深圳）有限公司（以下简称深国际）持有苏宁易购 8%的股份，深圳市鲲鹏股权投资管理有限公司（以下简称鲲鹏资本）持股比例为 15%。市场分析人士表示，苏宁易购此次主动引入国有战略投资，主动优化公司的股权结构和治理结构，将有助于公司进一步完善现代企业机制和决策机制。转型升级为"零售服务商"的苏宁易购，在进入第四个十年之际，聚焦创效赋能零售主体，激活市场供给能力，同时进一步强化了自己做社会企业的定位，启动了开放协同的步伐。

1. 主动引进国有战略股东，优化股东结构与治理结构

在如今以国内大循环为主体，国内、国际双循环相促进的新发展格局中，率先探索出线上线下融合发展模式的苏宁易购，已成为行业内全场景零售布局的"排头兵"。该公司 2020 年的业绩快报显示，2020 年苏宁易购实现商品销售规模 4 163.15 亿元，线上销售规模占比近 70%。

在此时主动引入国有战略投资，是苏宁易购"社会企业"的基因所致，更是其"服务于国家政策"家国情怀的体现，并且契合国家供给侧改革和服务实体经济的大方针与大政策。同时，国有新战略投资入局，也是对苏宁易购的战略模式和投资价值的积极认可，聚焦零售主业，赋能行业发展，服务社会创业，苏宁易购的未来发展路径和商业模式越来越清晰。

苏宁易购表示，本次引进国资战略股东，有利于公司进一步聚焦零售服务业务，夯实全场

景零售核心能力建设，提高公司资产及业务的运营效率和盈利能力，不仅符合公司未来战略发展方向，更能够推动企业长期战略的实施落地。

深国际的加入，意味着苏宁易购与深国际将在物流领域全面展开战略合作。物流是流通的核心竞争力，此举可以进一步强化苏宁易购的物流能力，提升物流效益和价值，夯实苏宁易购的核心能力。深国际是一家治理规范的港股上市公司，其物流仓储业务布局覆盖全国热点经济区域和重要物流节点城市，在深圳乃至整个华南地区尤其拥有领先优势。其以粤港澳大湾区、长三角和环渤海地区为主要战略区域，通过投资并购、重组与整合，重点介入城市综合物流港及收费公路等物流基础设施的投资、建设与经营，在此基础上向客户提供高端物流增值服务，业务领域拓展至物流产业相关土地综合开发、环保产业投资与运营等多个细分市场。

引入鲲鹏资本，有助于苏宁易购和深圳本地企业深度协同，深耕华南市场。鲲鹏资本是一家以股权投资管理为主业的企业，为深圳市属国有全资私募股权投资基金管理人，服务于深圳市国资国企改革和产业转型升级，集合了深圳市优秀国有企业的资金和资源，致力于通过母子基金联动整合优质资源，推动深圳市产业布局优化和协同发展。

2．开放协同提升竞争力，助力新十年战略加速落地

本次交易实施完毕后，上市公司原控股股东、实际控制人张近东先生及其一致行动人苏宁控股集团持股比例为16.38%，苏宁电器集团持股比例为5.45%，鲲鹏资本持股比例为15%，深国际持股比例为8%。

公告显示，本次交易完成后，深国际、鲲鹏资本作为产业投资人，将与其他深圳市属国企共同围绕商品供应链、电子商务、科技、物流、免税业务等领域，对公司进行综合赋能；协调相关方为公司及其业务发展提供必要的政策、税收、金融等方面的支持。

同时，苏宁易购还表示，将在深圳设立华南地区总部，充分依托产业投资人的本地资源优势，全面提升公司在华南地区尤其是在粤港澳大湾区的经营能力和企业品牌知名度，有效提升市场占有率。

行业分析人士表示，深圳是粤港澳大湾区的引擎城市之一，对华南市场有重要的影响力，此次苏宁易购与深圳优势企业合作与协同发展，并设立华南地区总部，能更好地扎根当地、提高效率、加大投入、提升占有率；同时，深圳的营商环境优越，且从此前深圳国资战略入股的几个案例（如万科、中集等）来看，也能有效实现战略协同，互利共赢；此外，从此次方案本身来看，股权结构、治理结构的设计充分市场化，也充分尊重张近东作为公司创始人的贡献，以及其所领导的管理团队的能力和价值，继续保持管理团队的稳定。

而从对公司的内部管理和业务的促进作用来看，苏宁易购表示，本次股份转让完成后，深国际、鲲鹏资本还将积极推动公司治理的规范化建设，完善管理体制和激励体制，保持公司核心管理团队的稳定，促使公司进一步聚焦核心主业，实现整体业务的高质量发展。

分析指出，本次交易后，管理层、战略投资者、国有战略资本等各种结构融合协同发展，能进一步强化治理和决策水平。各方股东也会协同更多的资源优势，开放引进更多团队优化激励机制，进一步提升苏宁易购的经营能力，帮助苏宁易购继续扩大在零售市场中的竞争优势，巩固市场地位。

【实训思考】

1．引入国有战略资本后，苏宁易购的经营能力将如何提升？

2．苏宁易购为什么要引入国有战略投资？

第2章
电子商务网站的运营管理与电子商务平台的入驻

> **引导案例**
>
> **哆猫猫入驻天猫**
>
> 2021年,创办仅1年的儿童零食品牌哆猫猫,在天猫仅用3个月就实现了500万元的成交额,获得超过12万名消费者。
>
> 哆猫猫将消费者群体定位在3~6岁的学龄前儿童。在哆猫猫创始人Febe看来,儿童零食市场供不应求,目前渗透率仅10%,并且现有产品中防腐剂、人工色素等"硬伤"阻碍了消费者下单,因此儿童零食市场是一个"千亿蓝海"。
>
> 哆猫猫采用"消费者需求—设计研发—生产制造—营销分销—消费者"的模式,即通过挖掘细分需求、增加营销投入,解决宝妈们对儿童零食安全、健康的需求。
>
> 具体来看,哆猫猫在切入高增长赛道之外,还走对了以下关键3步。
>
> 第一步,在上新初期,通过天猫U先的大规模派样进行人群拉新,同步完成用户口碑积累、消费者产品调研与初期用户画像收集的工作,并在试用后筛选出优质评价用户,后期通过广告付费工具,再次触达精准人群进行复购转化。
>
> 第二步,因为新品类需要用户教育,站内以超级推荐为主,站外依靠宝妈圈层淘客等。待在站内外有一定的知名度与老客户后,再配合活动以梯度的形式追加直通车的投放,进而拉动新消费人群的增长。
>
> 第三步,通过购买行为将会员进行重点划分,结合多样化标签进行分层,标签紧扣对

应的权益，完成首购、复购、忠实关键意见消费者的关系转化，进行高价值用户沉淀。同时，在大促节点通过 CRM 进行老客召回，助力会员价值充分释放，加速会员资产沉淀，从而促进会员关系的持续沉淀。

思考题：哆猫猫为什么能在与天猫的合作中取得成功？

解析：作为品牌运营人群资产的第一阵地，天猫帮助品牌解锁"人群需求密码"，提供运营工具支持。哆猫猫在洞察消费者需求的基础上，提升精细化运营的能力，找到了撬动品牌可持续增长的支点。

思政教育

1. **思政目标**

   为人：☑大国方略　　□身正德高　　□理想信念　　☑价值引领
   为学：☑创新思维　　□逻辑思维　　□计算思维　　□批判性思维
   为事：☑实践出真知　☑传统与创新　□实事求是　　☑自主创新

2. **思政案例**：新冠肺炎疫情促进电子商务平台的自动化大跃迁

   在新冠肺炎疫情防控期间，电子商务网站的运营进一步与线下的自动化技术设备相结合，为电子商务的发展拓展了新的途径。

   例如，疫情防控期间，为防止人与人的接触性感染，网购的包裹和食品可以由机器人运送。机器人送货时先以无线呼叫电梯，自主导航至客户家门口，然后拨打电话通知客户开门取件。客户取件后，机器人就会回到前台等候下一个任务。美团外卖推出了"无接触"配送服务，将餐品送至指定的取餐点，外卖员和客户无须互动便可完成交易。除此之外，美团还在积极测试无人驾驶送餐车。微信也开发了一个系统，使人们可以用手机浏览餐厅菜单、点餐和结账，由机器人将食物送上餐桌。电子商务推动了自动驾驶的发展，尤其是无人送餐车、无人消毒车、无人物流车等，同时也为自动驾驶行业带来了全新的机遇。

> **本章学习目标**
> 1. 了解电子商务网站的建设流程；
> 2. 掌握电子商务网站运营管理的内容；
> 3. 熟悉电子商务平台的入驻准备工作；
> 4. 能够进行商品发布和店铺优化。

本章是电子商务运营管理的基点，运营人员只有在掌握电子商务网站运营的基础上，入驻电子商务平台，才能实现自己的运营理念和思路。

2.1 电子商务网站的运营管理

建立电子商务网站是运营的开端。在网站运营初期，客户较少，需要对网站进行宣传推广和营销管理。随着客户数量的不断增长和服务需求的变化，管理人员应该对网站进行综合维护和信息更新，优化和扩充网站功能，增加 CRM 模块等，为客户提供个性化的服务。

网站运营人员需要思考：网站的现状如何？网站现有多少资源？达到了什么规模？访客积累的程度如何？网站应该如何发展？网站未来的发展目标是什么？还要结合网站内外部情况，预计网站未来的发展，细分维度，制定合理的 KPI，让网站运营的方向更加清晰，让网站更高效地实现目标。

2.1.1 电子商务网站的建设流程

网站建设的主要工作有域名申请与备案、确定服务器解决方案、搭建软件平台、电子商务网站的开发与上传等。

1. 域名申请与备案

域名，是企业或机构在互联网上的名字。从商业角度来讲，域名是企业的网络商标。网上用户了解企业，经常是从企业网站的域名开始的，要想让用户记住一个企业，域名起着非常关键的作用。域名由若干个英文字母或数字组成，由"."分隔成几部分，如中央电视台的域名是 cctv.com，而 http://www.cctv.com 就是中央电视台的网址，相当于主机的门牌号码。世界上没有相同的两个域名，也正是这种唯一性和排他性使域名具有"网络商标"的资源特征。

域名对电子商务企业来说是非常重要的。好的域名，用户体验会更好，用户更愿意直接使用域名访问，从而减少从搜索引擎、网址导航、导购网站等渠道登录访问的比例，节约大量的广告费用，尤其是可以降低对第三方的依赖，这对电子商务网站来说是十分重要的。京东最初的域名是 360buy.com，后来高价收购了 jingdong.com，并购买了 jd.com；小米一开始就购买了 xiaomi.com，后来又购买了 mi.com；唯品会购买了 vip.com。

1）域名申请

（1）域名的基本类型

域名分为两种。一种是国际域名，也叫国际顶级域名，是使用最早、最广泛的域名。例如，表示工商企业的.com，表示网络提供商的.net，表示非营利组织的.org 等。为解决域名资源紧张问题，Internet 协会等国际组织经过广泛协商，在原来 3 个国际通用顶级域名（.com、.net、.org）的基础上，新增了.firm、.info 等 7 个国际通用顶级域名。二是国内域名，又称国内顶级域名，即给不同的国家分配不同的后缀。目前 200 多个国家和地区都按照 ISO 3166 国家代码分配了国内顶级域名，如中国是.cn，美国是.us，日本是.jp 等。

在实际使用上，国际域名与国内域名没有任何区别，都是互联网上具有唯一性的标识。只是在最终管理机构上，国际域名由美国商业部授权的互联网名称与数字地址分配机构（Internet Corporation for Assigned Names and Numbers，ICANN）负责注册和管理；国内域名则由中国互联网络管理中心负责运行和管理，注册转由中国互联网络信息中心（China Internet Network Information Center，CNNIC）认证的域名注册服务机构提供。

我国在国际互联网络信息中心（Inter NIC）正式注册并运行的顶级域名是.cn，这也是我国的一级域名。在顶级域名之下，我国的二级域名又分为类别域名和行政区域名两类。其中，类别域名共 6 个，包括用于科研机构的.ac、用于工商金融企业的.com、用于教育机构的.edu、用于政府部门的.gov、用于互联网络信息中心和运行中心的.net 及用于非营利组织的.org；行政区域名有 34 个，分别对应我国各省、自治区和直辖市。

(2) 域名的命名规则

由于 Internet 上的各级域名分别由不同的机构管理，因此各个机构管理域名的方式和域名命名的规则也有所不同。但域名的命名也有一些共同的规则，主要有以下几个。

① 只提供英文字母（a～z，不区分大小写）、数字（0～9）及"-"（英文中的连词符，即中横线），不能使用空格及特殊字符（如!、$、&、？等）。

② "-"不能用作开头和结尾。

③ 长度有一定限制，如中国万网规定不能超过 63 个字符。

④ 不得含有危害国家和政府的文字。

(3) 域名的选择

假设某个企业网站名已经确定了，那么，域名该如何选择呢？

首先，可考虑直接使用网站名（或企业名）的拼音，这种方式简单易记，最受欢迎。具体方式有以下几种。

① 直接采用网站名的拼音。这是最简单的一种方式，如 taobao（淘宝的域名）、youku（优酷的域名）、baidu（百度的域名）。

② 采用网站名中的前两个字或后两个字的拼音，如 xici（西祠胡同的域名）、hongxiu（红袖添香的域名）等。

③ 采用网站名的缩略拼音。这种方式往往取网站名的首字母，如 xxsy（潇湘书院的域名）。

④ 采用网站名的衍生意义，如 ctrip（携程的域名）、love21cn（世纪佳缘的域名）。

其次，可以从搜索引擎优化（Seard Engine Optimization，SEO）的角度，在域名中包含关键词或与行业相关的词，对网站优化排名有一定的帮助。例如，某网络公司的业务是 SEO，那么选择域名时可以是××+seo 的形式，用户看到这样的域名后可以轻易地判断出该网站所从事的行业。

最后，如果简短好记的域名和网站名的拼音都被注册了，那么还可以从意义和品牌塑造的角度来设计域名。因为品牌往往需要独特独创，经得起回味，如 Google（谷歌的域名）。

域名是企业品牌建设的重要部分，随着时间的推移，域名的价值会日益凸显。因为域名一旦确定，就会被纳入网站整体的推广活动中，后期变更域名的成本很高。好的域名会提升企业形象，不好的域名会增加推广成本，所以域名选择一定要慎重。

一般来讲，企业域名选择有"五忌"。

① 忌域名过长：域名过长会让人难以记忆、难以输入且不利于建设，一般以 4～8 个字母为宜。

② 忌加中划线：加中划线会显得过于草率，不利于品牌推广、企业形象设计，很少有大企业选择带有中划线的域名。

③ 忌字母、数字混杂：字母、数字混杂会给人以草率之感，且不利于输入。

④ 忌随意自创英文：随意自创英文很容易造成外国人看不懂、读不顺，中国人感到莫名其妙的局面。

⑤ 忌随便选择的心态。

(4) 域名的注册

① 准备申请资料。目前，.com 域名的注册需提供身份证等资料；.cn 域名则不允许个人申请，应由企业申请，申请时需要提供营业执照。

② 寻找域名注册商。.com、.cn 域名等不同的后缀由不同的注册管理机构管理，若要注册不同后缀域名，则需要从注册管理机构寻找经过其授权的顶级域名注册服务机构。如.com 域名的管理机构为 ICANN，.cn 域名的管理机构为 CNNIC。

③ 查询域名。在域名注册商网站查询域名，选择要注册的域名，并进行注册。

④ 正式申请。查到要注册的域名，并确认域名为可申请的状态后，提交注册，并缴纳年费。

⑤ 申请成功。正式申请成功后，即可进入域名系统（Domain Name System，DNS）进行解析管理、设置解析记录等操作。

实际操作

万网主页如图 2.1 所示。

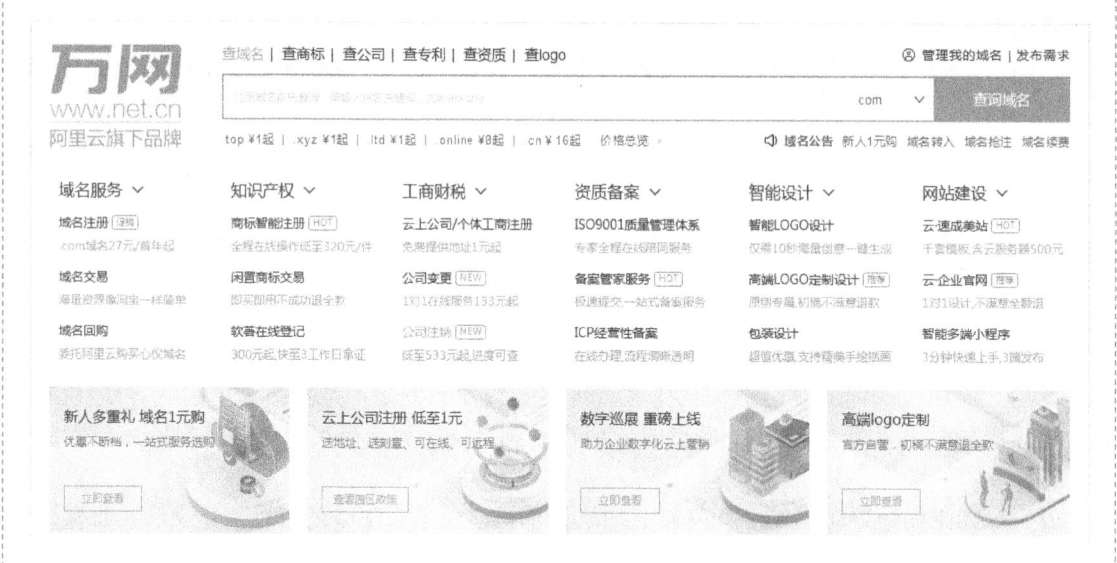

图 2.1　万网主页

万网注册域名流程如下所示。

第一步：查询域名。登录万网，在搜索框中输入想注册的域名，在搜索框右侧的下拉选择框中想查询的后缀，单击"查询域名"按钮。如果申请的域名已经被别人注册，页面会提示不可以注册，需要重新选一个域名。

第二步：注册域名。如果查询的域名尚未被别人注册，系统会提示该域名尚未注册。

第三步：加入购物车并结算。

第四步：选择域名所有者类型。个人用户不能注册国内域名。申请者如果不是万网会员，还需要注册成为万网会员；如果是会员，直接登录即可。

第五步：核对并确认订单信息。订单内容主要包括域名所有者的中英文信息，如联系方式或域名配置信息（域名解析密码等）。最后完成支付即可。完成注册流程并办理好支付手续后，域名注册成功。届时系统会发送邮件告知申请者域名密码和使用方法。

（5）域名解析

注册了域名之后，要查看自己的网站内容，还需要进行域名解析。域名和网址并不完全是一回事。域名注册好之后，只说明申请者对这个域名拥有了使用权，如果不进行域名解析，那么这个域名就不能发挥作用，只有经过解析的域名才可用来作为网址。因此，域名投入使用的必要环节是域名解析。域名解析就是将域名重新转换为 IP 地址的过程。一个域名对应一个 IP 地址，一个 IP 地址可以对应多个域名，所以多个域名可以同时被解析到一个 IP 地址。域名解析需要由专门的 DNS 来完成。

下面用一个实例来说明域名解析的过程。

实际操作

万网注册域名解析如下。

首先，使用万网会员 ID 和会员 ID 密码登录万网，进入会员区。单击页面左侧"域名服务"选区的"云解析 DNS"选项，查看更多超链接（见图 2.2），单击页面下方的"管理控制台"按钮（见图 2.3），进入域名解析界面（见图 2.4）。

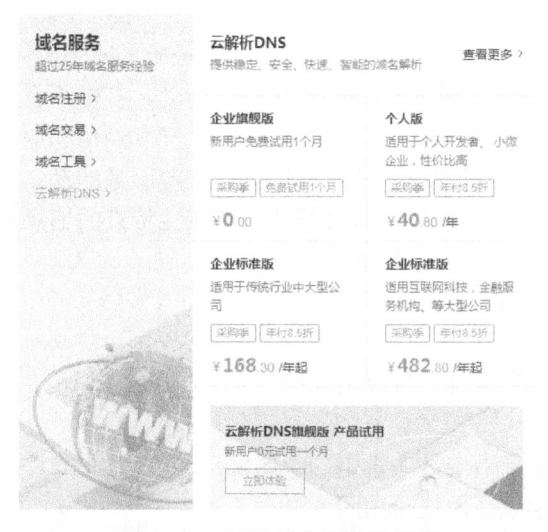

图 2.2 万网"域名服务"界面

图 2.3 阿里云 DNS

图2.4 域名解析界面

2）域名备案

域名备案是指针对有网站的域名，到工信部（https://www.miit.gov.cn）提交网站的相关信息，目的是防止不法分子在网上从事非法的网站经营活动，打击不良互联网信息的传播行为。互联网信息服务分为经营性互联网信息服务与非经营性互联网信息服务。经营性互联网信息服务是指通过互联网向上网用户有偿提供信息或网页制作等服务活动；非经营性互联网信息服务是指通过互联网向上网用户无偿提供具有公开性、共享性特点的信息的服务活动。

(1) 非经营性互联网信息服务备案流程

① 登录工信部备案网站。

② ICP 注册。

③ 输入手机号码、邮箱地址，接收验证码。

④ 输入备案信息。

⑤ 将备案编号和电子证书安装在规定的位置。

⑥ 个人网站站长备案须当面检验拍照。

(2) 前置审批手续

根据《互联网信息服务管理办法》(国务院第 292 号令) 第五条等的有关规定，拟从事新闻、出版、教育、医疗保健、药品和医疗器械、文化、广播电影电视节目等互联网信息服务的，依照法律、行政法规及国家有关规定，须经有关主管部门审核同意，在履行备案手续时，还应向其住所所在地省通信管理局提交相关主管部门审核同意的文件。

(3) 电子证书的安装

① 将备案证书文件 bazx.cer 存放在网站地址 cer/目录下。该文件必须可以通过地址 http：//网站域名/cert/bazs.cert 访问。

② 将备案号/经营许可证号显示在网站首页底部的中间位置。

③ 在网站的页面下方放置备案号的位置做一个超链接，链接到工信部备案网站。

2. 确定服务器解决方案

域名是企业的网上招牌，仅有它还远远不够，还必须有网上经营场地——服务器空间。一个电子商务网站至少应该有一台用于存放企业网站的服务器。网站存放在一个什么样的服务器上，有很多种方案，企业应根据自身的实际情况进行选择。

服务器解决方案有如下几种。

1）虚拟主机

虚拟主机，即通常所说的租用网络业务提供商（Internet Service Provider，ISP）的硬盘空间。ISP 的一台服务器可能会虚拟出很多主机名称，每台虚拟主机都具有独立的域名和 IP 地址，具有完整的 Internet 服务器功能。各虚拟主机之间完全独立，在外界看来，每台虚拟主机都和一台独立的主机完全一样。由于多台虚拟主机共享一台真实主机的资源，因此每个虚拟主机用户享受的服务器资源和各项服务、支持将受到限制。但正因如此，用户基本上不需要管理和维护自己的主机，而且虚拟主机的费用较主机托管的费用低很多。虚拟主机比较适用于中小型企业。图 2.5 显示了虚拟主机的配置与价格。

图 2.5 虚拟主机的配置与价格

选择 ISP 时，不要只看硬盘空间大小和价格高低，还要考虑空间的其他性能，如网速、IIS 并发连接数、数据库支持、稳定性和安全设施、是否 24 小时服务、服务口碑、产品功能等。

2）主机（服务器）托管

如果企业的网站需要主机提供更多的服务，或者对登录网站的速度有更高的要求，那么企业购买服务器后，可以将其托管在 ISP 的机房内，实现其与 Internet 的连接，从而省去企业自行申请专线接入 Internet 的麻烦。在这种方式下，ISP 负责提供网络接入设备，企业在主机上安装、配置需要的各项服务，并且可以享有较高的接入带宽，但是需要技术人员经常为主机的软硬件环境进行远程维护。这种解决方案需要交付一定的托管费用，比较适合大中型企业。

3）租用主机

在这种解决方案下，企业无须自己购置服务器，而是直接采用 ISP 准备的服务器和软件系统，这样可以为企业节省采购成本，并且可以将服务器安放在服务商的 IDC 中，带宽、安全、稳定、系统维护等问题都由 ISP 技术人员解决。主机为企业专用，需要支付一定的租用费用。

4）自建主机

企业开展电子商务也可自己购买运营服务器，这种方式称为自建主机。自建主机需要配备专业人员，申请专线，购买服务器、路由器等硬件设备，并安装相应的网络操作系统，开发使用 Web 程序，设定 Internet 服务的各项功能，包括 DNS 服务器及 WWW、FTP 服务设置等。这种解决方案的优点是企业可以自由设置服务器功能，自由使用软件，不受 ISP 的限制，缺点是需要聘用具备较高水平的专业技术人员，投入资金较大。

3．搭建软件平台

完成域名注册和服务器的选择后，接下来需要解决的问题是：电子商务网站应选择一个什么样的软件平台？是用 UNIX、Linux 还是 Windows Server？是采用 ASP、PHP 还是 JSP？这就需要分析企业的功能需求和性能需求，如稳定性、速度和安全性等，还要计算投入的成本及可能取得的收益。要解决这些问题，首先要了解电子商务网站运营平台所需要的软件系统，包括操作系统、Web 服务器软件等。

1）操作系统

目前流行的适用于电子商务网站的操作系统主要有以下 3 类。

（1）UNIX

UNIX 是一个功能强大、性能全面的多用户、多任务操作系统，可以应用于从巨型计算机到普通 PC 机等多种不同的平台上，是应用面最广、影响力最大的操作系统之一。UNIX 操作系统的特点有：多任务，多用户；可靠性高；面向数据库应用；功能强大的 Shell；强大的网络支持；系统源代码用 C 语言写成，移植性强；开放性好。

（2）Linux

Linux 是一种外观和性能与 UNIX 相同的操作系统，但 Linux 不源于任何版本的 UNIX 的源代码，而是一个类似 UNIX 的产品。Linux 成功地模仿了 UNIX 系统及其功能。Linux 操作系统的特点有：多任务，多用户；源码公开；广泛的硬件支持；易于移植；安全性及可靠性好，内核高效稳定；强大的网络功能。

（3）Windows Server

Windows Server 是个多任务操作系统，能够按照用户的需要，以集中或分布的方式处理各种服务器角色。Windows Server 操作系统具有可靠、实用和安全等特点，这使其成为高度可靠的平台。除此之外，Windows Server 操作系统还具有以下特点：高效性、连接性、提供内置的服务、提供多种工具。

2）Web 服务器软件

Web 服务器也称万维网（World Wide Web，WWW）服务器，主要提供网上信息浏览服务。Web 服务器软件作为驻留于服务器上的程序，通过 Web 浏览器与用户实现交互。

Web 服务器软件的种类繁多。常用的 Web 服务器软件有 IIS、Apache、Tomcat 等。其中，IIS 提供强大的 Internet 和 Intranet 服务功能；Apache 使用广泛，可以运行在几乎所有广泛使用的计算机平台上，具有跨平台和安全的特点；Tomcat 是一个轻量级应用服务器，普遍应用于中小型系统和并发访问用户不是很多的场合，是开发和调试 JSP 程序的首选。Tomcat 部分是 Apache 服务器的扩展，当运行 Tomcat 时，它实际上是作为一个与 Apache 相互独立的进程单独运行的。

4．电子商务网站的开发与上传

1）电子商务网站的开发流程

搭建电子商务网站平台是一个复杂的系统工程，所涉及的环节、内容很多。因此有必要先了解网络公司的建站流程与详细步骤，明白每一个阶段应该做什么。

电子商务网站的开发与建设流程一般包括以下步骤。

第一步：与客户沟通网站制作意向。商务人员通过当面交谈、电话、电子邮件或在线订单方式了解客户的网站制作意向及需求。

第二步：为客户制作网站规划方案。商务人员根据企业业务与网站建设目的，分析确定网站形象、网站功能、网站结构、栏目设置、页面量等内容，形成完整的网站建设方案书并确定价格。

第三步：与客户洽谈设计细节。商务人员与客户就网站建设内容进行协商、修改、补充，以达成共识。

第四步：签订协议并交预付款。商务人员与客户以面谈、电话或电子邮件等方式，针对项目内容和具体需求进行协商，产生合同主体及细节。双方认可后，签署《网站建设合同》。合同附件中包含网站制作需求书，并根据合同协议，客户支付第一阶段网站建设费用。

第五步：收集客户网站相关资料。商务人员让客户收集和提供网站所需文字资料（电子稿）与图片素材，客户填写《ICP备案信息登记表》。

第六步：设计主页方案及效果图。美工按照需求书进行网站整体风格及布局设计，并出具设计效果图。

第七步：客户审核。由客户审核确定设计稿方案。如果客户满意，则进行下面一个步骤；如果客户不满意，需要及时反馈到技术部，技术部负责修改。

第八步：客户确认。商务人员要客户签订网站设计风格确认书，签字（盖章）确定设计和策划方案。

第九步：整体制作及测试。技术部根据客户确定的策划方案进行开发、制作与测试。

第十步：向客户提交完成稿。将设计完成的整体网站提交客户验收。验收项目包括链接的准确性和有效性、页面是否真实还原设计稿、浏览器的兼容性、功能模块的有效性等。如果客户满意，则进行下面一个步骤；如果不满意，商务人员或技术部相应人员要收集客户意见，并及时反馈到技术部，由技术部负责修改。

第十一步：客户最终确认。客户验收合格，由客户签写网站建设验收确认书，签字（盖章）确定网站建设成果。

第十二步：上传网站及结清余款。应客户委托，为客户注册域名，开通网站空间，将网站直接上传到指定服务器上。客户验收后支付余款。将所有网站文件及网站维护说明书一同递交给客户。至此，网站建设过程结束。

2）电子商务网站的上传

（1）网站上传

网站上传，也叫网站的发布，一般通过文件传输协议（File Transfer Protocol，FTP），以远程文件上传方式将网站上传到服务器空间。

（2）上传工具介绍

上传工具有很多，既可以利用Dreamweaver自带的上传工具，也可利用专用的FTP工具。目前常用的FTP工具主要有3种：LeapFTP、CuteFTP、FlashFXP。其中，LeapFTP是一个非常好用的FTP工具，具有友好的用户界面、稳定的传输速度，支持断点续传和整个目录的上传与下载，可以轻松地完成上传和下载任务。

实际操作

利用乔拓云来建立网站

打开乔拓云网站（见图2.6），注册登录后，进入后台管理界面，单击"去管理"按钮。在下拉列表框中选择"新建网站"选项，可以在此输入名称，创建一个新的网站。单击"立即创建"后，打开新的页面，输入关键词，找到需要的模板。然后在模板中编辑相关内容，完成网站设计工作。

图2.6 乔拓云网站

2.1.2 电子商务网站运营管理内容

1. 网站信息更新

当今处于信息时代，人们最关心的是有无需要的信息、信息的可靠性、信息是否为最新的等。创建一个电子商务网站之后，要让它最大限度地发挥作用，吸引更多的浏览者，壮大自己的客户群，企业就必须研究和跟踪市场上最新的变化，及时发布企业最新的产品、价格、服务等信息，保持网站内容的准确性、时效性。网站信息的更新包括以下3个方面。

1）新闻栏目

网站的新闻栏目是客户了解企业的门户。在这里，应将企业的重大活动、产品的最新动态、企业的发展趋势、客户服务措施等及时、真实地呈现给客户，让新闻栏目成为网站的亮点，以此吸引更多的客户前来浏览、交易。

2）商品信息

商品信息是电子商务网站的主体。随着外在条件的变化，商品的信息（如商品的价格、种类、功能等）也在不断地变化，网站必须根据这些变化不断地对商品信息进行维护更新，反映商品的真实状态。

3）测试链接

为保证网站中的链接通畅，网站维护人员要经常对网站所有的网页链接进行测试，保证各链接正确无误。

另外，客户案例、客户咨询问题解答及首页横幅图片也要及时更新，如果网站内容总是一成不变，一方面不能给客户提供新的价值，另一方面也会令客户对企业的持续运营和诚信度产生怀疑。

网站信息更新是网站维护过程中的一个瓶颈，如何才能快捷地更新网页、提高更新效率呢？可以制定一整套信息收集、信息审查、信息发布的信息管理体系，保证信息渠道的通畅和信息发布流程的合理性，既考虑信息的准确性和安全性，又保证信息更新的及时性。

2．网站信息选择

网站信息选择的方法可通过回答以下 3 个问题来确定。

1）访问者访问企业网站的目的是什么

从网上获取资讯始终是访问者的主要目的之一。因此，网站信息必须能提供和企业的产品或服务相关的丰富资讯。例如，要从专业的角度去描述产品的规格和性能，与同类产品或服务相比较，告诉访问者各自的优点和特点，帮助访问者做出最好的选择。

2）访问者为什么经常访问企业网站

一般情况下，访问者在访问网站 3~5 次后，才会有实质性的购买行动。因此，企业网站要让访问者觉得值得回访。例如，企业网站上应不断更新产品或服务资讯，不断添加吸引访问者的内容，加深访问者的良好印象，使潜在客户回访网站。

3）访问者为什么会选择企业的产品或服务

企业应在网站上详细描述自身产品或服务的特点，给出确凿的资料。如果企业产品或服务没有特色，那么潜在客户购买企业产品或服务的动机就会大大降低。

认真回答以上 3 个问题，企业就可以清楚地知道自己的产品或服务有哪些优势，并在信息组织和栏目设置中尽量体现出来。

3．网站信息组织

网站信息组织并不是对现成的企业简介和产品目录的简单复制。某些网站访问量低的一个重要原因，就是没有认识到这一点。

可以通过搜索引擎找出同类网站排名前 20 的名单，逐个访问名单上的网站，然后做一个简单的表格，列出它们的企业名称、所在地、产品描述、产品价格、网站特点等，从中找出本产品优于或不同于其他竞争对手产品的优点或特色；同时，也应该清楚地认识到自己产品的不足之处，思考如何改进才能使本企业产品更具竞争力，并制定改进方案。

在充分了解了网上竞争对手的情况并研究了对方的产品和网页后，遵循以下网站信息组织原则，设计更能体现产品特点的网页内容。

① 清晰性：网站信息必须简洁明了，直奔主题，非常有效地讲清楚想说的内容。

② 创造性：网站上的观点会使访问者产生共鸣，引发他们内心的认同吗？这是访问者判断一家企业是否有实力，从而确定是否购买的重要依据。

③ 突出 3 个重点：突出企业产品的优点和与众不同的特色；突出帮助访问者辨别、判断同类产品优劣方面的内容；突出内容的正确性。

4．网站的在线交易管理

在线交易管理可以分为购物车管理、订单管理等。

1）购物车管理

购物车管理应实时跟踪客户正在进行的购买活动，从而使管理员能够看到客户购买、挑选和退货的全部过程，并实时监测客户的购买行为，纠正一些错误或防止不当事件的发生。

2）订单管理

订单管理是网上销售管理的一个不可缺少的部分，要对网上全部交易产生的订单进行跟踪管理。管理员可以浏览、查询、修改订单，对订单、合同进行分析，追踪从订单发生到订单完成的全过程，如目前各订单的处理状态如何、有多少新订单、要不要打印出订单、有没有设定订单出货，并进行在线清款与客户退货等相关交易的处理等。只有通过完善、安全的订单管理，才能使基于网络的电子商务活动顺利进行，达到预期的效果。

5. 网站统计管理

在网站运营中，访问者的多少直接关系到网站的生存，网站访问量统计是电子商务网站的一个重要组成部分。通过对访问量数据的统计与分析，企业可以找出网站的优势与不足，从而对网站进行相应的修改，更好地实现网站的建设目标；可以根据数据变化规律和趋势随时调整网站的发展方向；还可以选择更合适的网站宣传推广手段。

1）统计网站使用率

网站使用率包括访问网站的独立 IP 数、页面访问量、平均浏览页数、在线时间、跳出率、回访者比率、访问时间比率。实际上，要想改善这些最基本的数据并不容易，因为这意味着要不断改善每个细节，不断完善购物体验。

2）统计新会员购物比率、会员总数、所有会员购物比率、复购率、转化率

概括性地分析会员购物状态，重点分析本周新增了多少会员、新增会员购物比率是否高于总体水平。如果企业的注册会员购物比率很高，那引导新会员注册不失为提高销售额的好方法。

会员复购率包括 1 次购物比例、2 次购物比例、3 次购物比例、4 次购物比例、5 次购物比例、6 次购物比例。转化率体现的是 B2C 购物流程、客户体验是否友好，可以称其为企业的"外功"；复购率则体现的是 B2C 的整体竞争力，考验的是企业的"内功"，包括知名度、口碑、客户服务、包装、发货单等每个细节，好的电子商务网站复购率能做到 90%，没有复购率的网站发展前景不容乐观。

3）比对每日运营数据

每日运营数据包括总订单、订单有效率、总销售额、毛利润、毛利率、下单转化率、付款转化率、退货率。通过每日、每周的数据汇总，重点指导运营内部的工作，如产品引导、定价策略、促销策略、包邮策略等。所有的问题都能在运营数据中找到答案。

6. 用户反馈信息管理

电子商务网站是一个动态的网站，具有很强的交互性。大多数电子商务网站都设置有留言板、BBS、投票调查、电子邮件列表等信息发布和存放系统，是企业与浏览者交流、沟通的平台。通过这些平台，企业可以收集网站浏览者提出的各种意见和建议，了解浏览者的需求。对于浏览者的留言、邮件和提出的问题，企业应该给予必要的重视并及时解决、回复，这样有助于为网站树立良好的公众形象，进一步增加网站客户的数量。

7. 系统权限管理

电子商务网站管理系统负责整个网站所有资料的管理，因此管理系统的安全性显得格外重要，系统权限管理正是针对这一点而设置的。系统权限管理应根据不同的用户进行不同的管理列表控制，设定和修改企业内部不同部门用户的权限，限制所有使用电子商务网站管理系统的人员及相关的使用权限。给予每个管理账号专属的进入代码与确认密码，以确认各管理者的真实身份，做到级别控制。超级用户可根据要求管理所设定的相应的管理功能，对订单、产品目录、历史信息、用户管理、超级用户管理、次目录管理、功能列表控制、购物车管理等进行一系列操作。

8. 网站数据备份与恢复

防止数据丢失的第一道防线是做好数据备份。尽管备份很重要，但常常被企业忽视。如果在网站更新或添加内容时做好了数据备份，那么即使出现操作失误，删除了一些重要的内容，

也能找回数据；当企业网站发生事故，原始数据丢失或遭到破坏时，利用备份就可以很快恢复数据，使网站继续正常工作。可见，数据的备份是多么重要。

备份是一种实现数据安全的策略，是对原始数据进行完全一致的复制。网站数据备份通常可分为文件备份和数据库备份。其中，文件备份的对象是电子文档、电子图表、图片及影音文件；数据库备份的对象主要包括数据库文件及数据库日志等。在数据备份的管理工作中，要合理地制订备份方式、备份进度，选择合适的备份设备和备份软件，实施合理高效的备份策略。

9. 电子商务运营常用的 ERP 软件

电子商务网站的全面管理和不断维护更新是网站高效运行的前提和保障。为了提高电子商务运营的效率，需要了解一些常见的企业资源计划（Enterprise Resource Plan，ERP）软件。

① 马帮：国内最早的跨境电商 ERP，成立时间久，有一定的客户基础，价格略贵。对接平台有速卖通、Wish、易贝、亚马逊，数据采集的来源支持淘宝、速卖通、1688、天猫、易贝、亚马逊。

② 店小秘：基本版本免费，但功能有限制，高级功能需要付费，针对中小卖家，适合新卖家。对接平台有 Wish、速卖通、易贝、亚马逊、Lazada、DHgate、京东全球。

③ 芒果店长：有免费使用版本，VIP 功能需要付费使用。对接平台有易贝、速卖通、亚马逊、Wish、Lazada 等。

④ 通途：可以免费试用 2 个月，此后 299 元/月。对接平台有易贝、速卖通、Wish、Lazada、亚马逊、新蛋网（Newegg）、Cdiscount。通途 Listing 系统可以高效地生成在线 Listing，形成店铺上架模板，适合规模较大的卖家使用。

2.1.3 电子商务网站运营管理策略

1. 产品或服务的定位

企业在从事电子商务业务之前就要考虑清楚自己准备做产品还是服务、做哪些产品或服务等问题。定位好了产品或服务，还要考虑接下来的推广营销计划。做不好产品或服务的定位，就不能很好地开展下一步工作。

2. 网络营销和推广

有了平台、产品及产品定位，接下来就要考虑怎样让人们知道有这样一个平台出售这样的产品，这就需要企业开展网络营销和推广工作了。这一步对电子商务来说很关键。电子商务的成败大部分取决于这个环节，因为网络营销是电子商务的核心所在。

3. 品牌信用度的建立

品牌信用度的建立，大部分靠网络营销来实现。需要注意的是，企业在前期建设网站时就需要考虑这些问题，要在网站上展示诚信和品牌的统一性。品牌信用度的建立需要企业统一、长久、不间断地影响互联网中的网民。

4. 客户关系的维护

当运营到一定阶段时，网站会拥有一批新老客户。这时企业要想提升自己网站的客户忠诚度和复购率，就要学会客户关系的维护，尤其是老客户关系的维护，因为老客户是曾经认可网站并且会再次消费的群体。维护方法其实很简单，如发送节日问候短信、邮寄生日礼物等，最重要的是让客户感受到企业的关怀和诚意。

5．售后服务

售后服务的好坏决定了客户再次购买的行为。因此，企业一定要做好售后服务这个环节。例如，网站上有 7 天无条件退换货的条款，那么，当客户收到产品后 7 天内要求退换货时，就应该直接、快捷地办好退换货手续。电子商务最重要的一点就是诚信。

6．物流配送

电子商务的最后一个环节是物流配送。物流配送的快捷和准确无误也决定了客户再次购买的行为。企业要和物流公司洽谈好一切细节的合作事宜，不要让最后一个环节制约整个销售流程和环节。

电子商务网站的管理包括多层次、多类型的工作，既有日常的维护管理，也有定期或不定期的更新；既有信息技术层面的网页外观设计优化，也有营销和管理层面的创意。

2.1.4 电子商务运营中的角色及岗位职责

1．部门经理的岗位职责

① 负责统筹本部门各岗位（网站编辑、网站美工、网站文案、网站策划、网站程序等）的整体工作。

② 负责对下级岗位人员的工作绩效进行考核和评审，并审批下级岗位工作人员的转正、解职、升职、降级申请。

③ 负责网站运营相关文档（各项资质申请文档、高新企业申请文档等）的撰写。

④ 负责与业务部门进行沟通，了解网站开发和修改的需求，形成技术文档，供网站系统开发商开发和修改系统使用。

⑤ 负责与网站系统开发商进行沟通，保证业务需求通过技术方式得以实现。

⑥ 负责网站运营设备（如服务器、路由器、交换机等）的购置方案制定、安装配置与日常运行维护。

⑦ 负责网站运营环境（如主机托管、网站域名、通用网址等）的构建，接洽与甄选 IDC、ISP，保证网站运营环境的畅通、稳定、高效。

⑧ 负责网站各项运营资质（如 ICP 备案等）的办理、月报、季报、年审工作。

⑨ 负责网站各项运营认证（如可信网站等）的办理、年审工作。

2．商品编辑的岗位职责

① 将采购部门提供的商品信息进行整理。

② 将整理好的商品信息发布到网站平台。

③ 根据业务流程需要，参照采购部门、仓储部门的同步信息，对已经发布的商品信息进行价格修改、库存调整、下架删除、分类调整等管理。

④ 根据采购部门制定的货架展示规划，用美工编辑设计制作完成的广告图片对网站广告信息进行定期更新调整。

3．文案编辑的岗位职责

① 根据网站的基础需要，制定和收集网站基础展示文档，并发布到网站平台。

② 根据网站业务流程需要，制定网站业务流程文档，并发布到网站平台。

③ 根据网站业务流程需要，制定网站宣传文档，并发布到网站平台。

④ 根据网站业务流程需要，制定网站相关的各种宣传语、广告词等。

⑤ 对于需要制作静态页面的文档，交给美工编辑进行页面设计制作。

4. 外联推广的岗位职责

① 协助网站采购部门、销售部门的相关岗位在网站上推广宣传合作伙伴，以及在合作伙伴网站上推广宣传本企业。
② 负责国内各大 BBS 社区、博客和 SNS 社区的合作、形象展示、软文发布、在线互动等。
③ 制定推广方案，定时提交推广报告。
④ 网站外联推广的其他相关工作。

5. 程序维护的岗位职责

① 根据网站需要，对现有的功能模块存在的问题和局限进行调试修改。
② 根据网站需要，对可能调用网站程序的专题页面添加相应的程序支持。
③ 和网站相关的其他程序维护工作。

6. 美工编辑的岗位职责

① 根据网站策划制定的网站专题策划方案，进行网站专题页面的设计制作。
② 根据网站采购部门制作的货架展示规划，对网站广告所需要的图片进行设计制作。
③ 根据业务发展需要，对网站部分模块的重新设计制作。
④ 网站所需静态页面的设计制作与更新维护。
⑤ 网站总编安排的其他美工设计制作工作。

2.1.5 可信网站的验证及企业网站的可信度建设

1. 可信网站的验证

为保障电子商务、网上交易的正常进行，由第三方权威机构来构建网络诚信机制迫在眉睫，企业需要为自己的网站提供任何可信的"身份验证"信息。可信网站作为第三方验证服务，将帮助企业网站建立其在用户心中的信任，将访客变为企业的生意伙伴，从而为企业尤其是中小企业网站的"身份验证缺失"破解困局。

1）什么是可信网站的验证

如图 2.7 所示，可信网站验证服务是由 CNNIC 携手北龙中网联合颁发的验证网站真实身份的第三方权威服务。它通过对域名注册信息、网站信息和企业工商或事业单位组织机构信息进行严格的交互审核来认证网站的真实信息，并利用先进的木马扫描技术帮助网站了解自身安全情况，是中国数百万网站的"可信身份证"。

图 2.7 可信网站认证服务机构

2）企业为什么需要可信网站的验证服务

可信网站验证服务是由网站付费安装一个"可信网站"的第三方认证标识，所有网民都可以通过单击网站页面底部的"可信网站"标识来确认企业的真实身份。通过认证后，企业网站就进入了 CNNIC 运行的国家级最高目录数据库的"可信网站"子数据库中，从而提高网站本身的可信度。

3）可信网站验证服务的功能

① 验证网站真伪，可有效防范钓鱼、仿冒网站。
② 权威机构验证，提高中小企业网站的可信度。
③ 全天木马扫描，每日及时通知。
④ 享受反钓鱼联盟准成员待遇。

4）验证注册

为保证可信网站验证的申请单位信息及其域名信息真实、可靠，可信网站验证服务申请者需要提交以下资料。

① 申请者为企业的，需提交营业执照副本复印件（加盖单位公章）。
② 申请者为非企业的，需提供组织机构代码证复印件（加盖单位公章）。
③ 可信网站注册申请书原件（加盖单位公章）。
④ 经办人的身份证明复印件。

通过上述审核，申请单位即可获得可信网站验证服务，并获得"可信网站"验证标识。

2. 企业网站的可信度建设

仅有可信网站验证是不够的，企业网站还应在域名、设计、内容各方面加强可信度建设，只有这样才能使网站拥有更大的价值，尤其是在产品销售方面的价值。

1）域名可信度

一是域名的内容，最好选择简单易记、好理解的域名内容，网站建设如果能选择与企业产品、服务相关的域名，更容易让网民感受到企业的专业与可信；二是域名的类型，千万不要为了彰显个性而去选择一个不常见的后缀形式的域名，调查数据表明，绝大部分网民更愿意接受和相信常见的以.com 为后缀的域名。

2）设计可信度

网站的设计风格与设计水准是网民进入网站后第一眼看到的内容，因此一个让人信任的网站建设绝对不能少了品牌化的网站设计水准。网站设计不仅要精细、大气、有质感，更要充分体现行业特色，还要传达企业的价值与品牌的可信度，这是最起码的要求。如果网站设计看起来不美观或比较粗糙，就会降低可信度，导致潜在客户流失。

3）内容可信度

真正的潜在客户会阅读网站中的每项内容，因此网站建设也不能少了有价值、有质量的内容填充。一个能让客户信任的网站一定拥有与网站主题相关的内容，甚至能提供专业的观点和建议，这样不仅可以让客户信任企业，还能让企业很好地展现自己的专业与实力。另外，显示明确的产品价格、联系方式全面真实（包括 400 和 800 电话）、企业动态信息的时效性及售后服务承诺也是企业可信度建设不可缺少的内容。

4）备案可信度

工业和信息化部下的各省通信管理局对全国的网站进行了大范围的清理排查，凡是没有提供相关真实证件信息进行备案的网站，将进行关闭处理。因此，一个网站有没有备案信息成为衡量企业网站可信度的参考内容之一。

5）运行可信度

如果没有安全合理的网站建设后台程序，没有安全稳定的服务器和 DNS 解析系统，没有专业的网站建设技术人员进行安全维护管理，网站就很可能会成为网络黑客的攻击对象，从而导致网站无法正常访问、网站内容面目全非等，这样的网站也不能赢得客户的信任。

2.2 电子商务平台的入驻

电子商务企业开展新项目后，需要寻求多种渠道入驻开店，目前的多渠道入驻开店方式主要有以下两种。

- 商家自己入驻。主要的入驻渠道有 B2C、B2B 和 C2C 等。
- 利用"一站式"快速开店服务。商家与专业的电子商务公司合作，将入驻流程外包给对方，快速完成多渠道电子商务平台的入驻，即所谓的"全网电子商务"。全网电子商务是指为企业提供的基于互联网平台的电子商务一站式运营及服务，包括全网、全程和全沟通 3 个环节。其中，全网是指传统互联网、广播电视网和手机互联网；全程是指帮助企业完成从采购到生产、销售的电子商务全程服务；全沟通是指为企业电子商务提供物流、资金流和信息流管理的"一站式"服务。

2.2.1 入驻前准备

在入驻电子商务平台之前，商家需要了解常见的电子商务平台，根据自身的实际情况选择平台。同时，商家还需要进行店铺定位与店铺选品，只有拥有精准的店铺定位和恰当的选品策略，才能为之后的店铺运营管理打下基础。

在众多在线销售平台中，京东商城、天猫、当当、QQ 商城、1 号店和亚马逊是众多企业开启多渠道电商之旅的必选平台。这些平台的入驻准备和入驻流程有一定的相同之处，也有一定的差异。本小节以 1 号店、亚马逊和天猫为例，列举出它们各自的入驻准备和入驻流程。

1. 1 号店和亚马逊的入驻准备

1）1 号店的入驻准备

① 营业执照：确保提交的营业执照是在工商局登记的有效资料；有效期在 1 个月以上，有最新年检，经营许可项目在有效期内，非正常状态（如注销、吊销、未年检）被视为无效资料，会导致认证失败，商户必须先去工商局办理相关手续后再次提交申请，重新付费认证。

② 税务登记证：确保是最新有效的证件。

③ 组织机构代码证：有效期在 1 个月以上。

④ 申请人身份证：正反两面，内容清晰。

⑤ 商标注册证：确保是最新的有效证件。

⑥ 品牌授权书：确保品牌授权链条完整，即从商标持有者到申请商家的授权链完整；授权书不得有地域、网络限制，授权期限不得早于 2012 年 12 月 31 日；授权书需要体现出完整、正确的品牌名称；落款处需要加盖清晰的授权方公章（授权方如果为个人，应加盖私章或签字）。

⑦ 商品质检报告。
⑧ 其他资料：详见1号店入驻要求。
⑨ 排他授权书。

注：以上资料均须盖有申请商家公章，具体要求以认证公司说明为准。

2）亚马逊的入驻准备

① 营业执照：确保提交的营业执照是在工商局登记的有效资料；有效期在1个月以上，有最新年检，经营许可项目在有效期内，非正常状态（如注销、吊销和未年检）被视为无效资料，会导致认证失败，商户必须先去工商局办理相关手续后再次提交申请，重新付费认证。

② 税务登记证：确保是最新有效的证件。

③ 组织机构代码证：有效期在1个月以上。

④ 商标注册证：确保是最新有效的证件。

⑤ 品牌授权书：确保品牌授权链条完整，即从商标持有者到申请商家的授权链完整；授权书不得有地域、网络限制，授权期限不得早于2012年12月31日；授权书需要体现出完整、正确的品牌名称；落款处需要加盖清晰的授权方公章（授权方如果为个人，应加盖私章或签字）。

⑥ 商品质检报告。

⑦ 其他资料：详见亚马逊入驻要求。

2．1号店和亚马逊入驻流程

（1）1号店的入驻流程

① 提交《商户基础信息登记表》（用户名为商家后台用户名，由商家自行在网上注册）。

② 提交质检报告至第三方。

（2）亚马逊的入驻流程

① 提交《亚马逊客服录资料》及相关证件。

② 审核通过入驻，协助商家提交产品资料上线。

在选定入驻平台之后，还需要了解平台的入驻费用。

企业入驻1号店需要交纳保证金、平台使用费和佣金。1号店收取的保证金为5 000元、10 000元和20 000元不等，平台使用费为6 000元/年，佣金为交易商品价格的2%～6%（根据不同类目而定）。不同类目企业入驻1号店所需要交纳的平台使用费、保证金和扣点不同。

与其他平台不同，企业入驻亚马逊无须交纳保证金、年费和平台使用费，亚马逊根据企业商品的实际销售额收取交易佣金。根据企业销售的商品分类，亚马逊的佣金为商品销售额的4%～15%。如果企业在结算周期内没有产生销售额，则不需要交纳佣金。

3．入驻天猫的具体操作步骤

天猫原名淘宝商城，是淘宝网打造的B2C购物平台，2012年1月11日正式更名为天猫。自2008年4月10日淘宝商城成立以来，众多世界知名品牌入驻该平台，受到了消费者的热烈欢迎。

入驻天猫的具体操作步骤如下。

第 2 章　电子商务网站的运营管理与电子商务平台的入驻

① 进入天猫招商页面，了解天猫招商的标准，如查询所经营类目招商的品牌、入驻所需要的材料和相关资费标准等。图 2.8 为天猫招商界面。

图 2.8　天猫招商界面

② 在天猫招商界面单击"立即入驻"按钮，进入入驻程序，根据要求，先检测企业支付宝账号，没有注册企业支付宝账号的需要先注册企业支付宝账号。通常注册企业支付宝账号需要一个认证的过程，在没有完成认证的情况下，企业仍然可以报名入驻天猫。

③ 填写和提交各种信息和资料，包括选择店铺的类型、类目，填写品牌信息、企业信息，填充店铺名称、域名，在线签署各种服务协议等。

④ 等待天猫的入驻资格审查。通常需要 7 个工作日，如果未能通过审核，企业可以在 15 个工作日内完成修改并重新提交申请。

⑤ 通过审核后，企业需要签署支付宝代扣协议，并补全商家的档案，然后锁定保证金，交纳技术服务年费，最后发布商品，店铺上线，完成入驻操作。

2.2.2　申请店铺和商品发布

商家成功入驻平台后，就可以申请开通店铺并进行基本设置了。下面以微店开店为例，介绍申请开通店铺并进行基本设置的方法。

微店是北京口袋时尚科技有限公司于 2014 年 1 月 1 日推出的移动消费者端最大的手机开店 App。微店拥有网页版和手机版两种登录方式，极大地方便了商家装修店铺、上传商品信息等日常运营操作。在微店上，商家可以通过自主分发链接的方式与微信、微博、QQ 等社交软件结合进行推广引流，完成交易。

在手机端，打开手机应用市场，搜索"微店店长版"，下载并安装；在 PC 端，打开浏览器，在地址栏中输入 https://www.weidian.com，按"Enter"键便可以快速进入微店网页版的页面。

1．申请店铺

1）打开微店网页版

在 PC 端打开微店网页版，进入首页，如图 2.9 所示。

图2.9 微店网页版

2）注册账号

在首页右上角单击"注册"按钮，打开注册页面，如图 2.10 所示，填写注册的相关资料。勾选"已经阅读微店店长服务协议"单选框，单击"下一步"按钮，即可完成账号的注册。

图2.10 微店注册页面

（1）填写注册资料

① 能正常使用的手机号码。

② 图形验证码。

③ 短信验证码（单击"获取短信验证码"按钮后，将收到的短信验证码在规定的时间内

输入"短信验证码"文本框中）。

④ 设置密码（密码组成=数字＋英文＋字符）。

⑤ 确认密码（再一次输入刚刚设置的密码）。

(2) 关于"微店实名认证"的说明

根据国家《网络交易管理办法》，应监管部门的要求，微店对商家进行实名制核实，实名认证有利于确定商家的身份，营造安全的网络交易环境，避免不法分子通过网络欺骗消费者。

因此，商家需要登录微店店长版 App，选择"微店"进入微店管理页面，单击"实名认证"按钮，输入正确的姓名、身份证号、银行卡号。姓名与身份证、银行卡注册信息一致，即可完成认证。

3）选择主体类型（个人/企业）

(1) 个人注册

单击"个人"选项下的"选择"按钮，如图 2.11 所示，进入下一步。

图 2.11　选择主体类型

(2) 企业注册微店

企业注册微店需提供的资料有：公司营业执照、对公账户、法人身份证。

4）填写店铺信息

(1) 上传店铺头像

进入微店"填写店铺信息"页面，如图 2.12 所示，单击"单击上传照片"按钮，上传店铺头像。

(2) 填写店铺名称

在"店铺名称"文本框中输入店铺名称。

(3) 填写店铺介绍

在"店铺介绍"文本框中输入店铺介绍，单击"下一步"按钮即可。

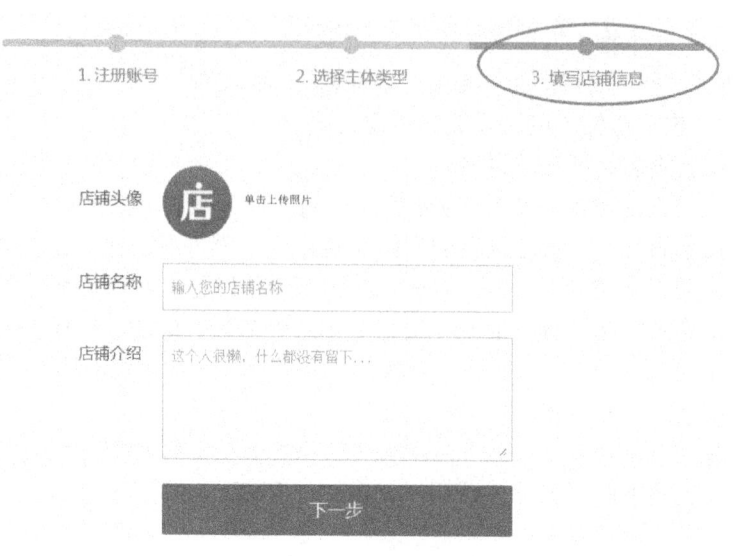

图 2.12　填写店铺信息

5）实体店认证

微店注册成功后，即可进行实体店认证。认证操作步骤如下。

① 打开微店网页版首页，选择页面左侧功能区中的"店铺资质"选项，如图 2.13 所示。单击"实体店认证"按钮，打开"实体店认证"页面。

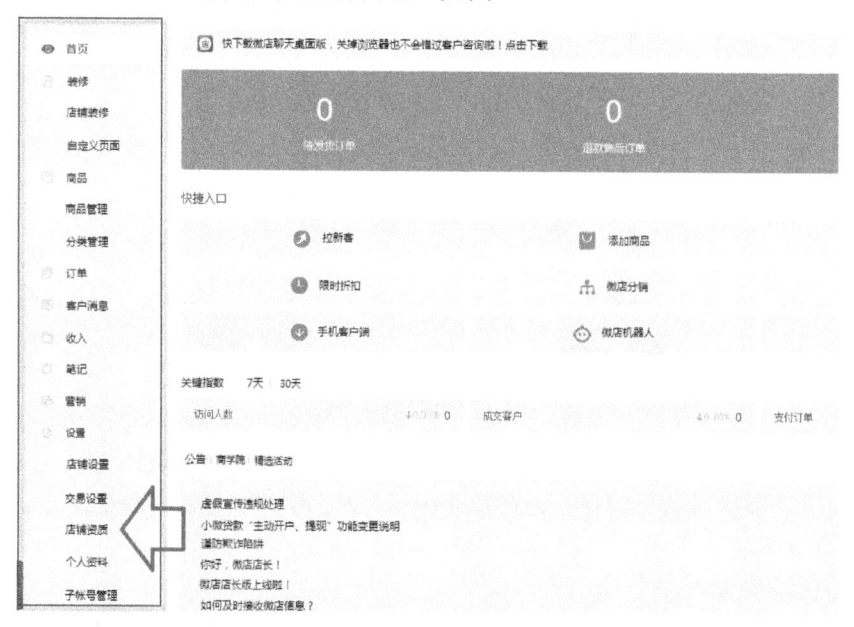

图 2.13　店铺资质

② 根据网页提示填写门店地址、门店名称、营业执照注册号。

③ 提供营业执照照片、门店外面照片、门店内营业现场照片、门店内悬挂营业执照的照片。

④ 审核时间为 7 个工作日，审核结果可在提交资料页面查看。如果提交资料不符，那么页面会有提示。

2．商品发布

1）添加商品

在微店网页版首页单击"添加商品"按钮，如图 2.14 所示。进入"添加商品"页面，如图 2.15 所示。

图 2.14　单击"添加商品"按钮

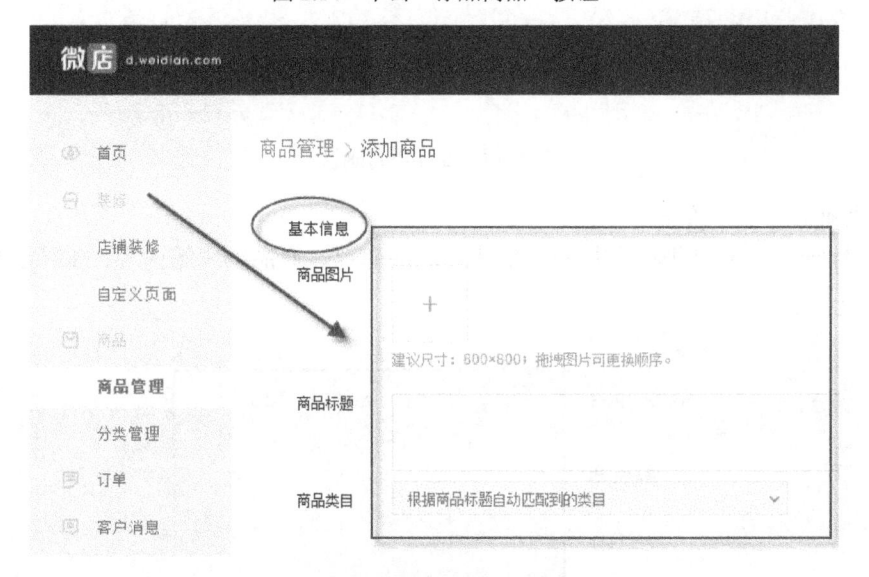

图 2.15　"添加商品"页面

2）添加商品图片和标题

单击"商品图片"文本框中的"＋"按钮，即可添加商品图片。可以选择"手机拍照""手机相册"两种方式上传图片。上传图片后单击"完成"按钮即可。在"商品标题"文本框中输入商品关键字，可以让消费者更快速地找到商品。单击"商品类目"下拉列表框，选择合适的类目。如果没有合适的类目，可以选择"无合适的类目，手动选择"选项，如图 2.16 所示。确定无误后单击"确定选择此类目"按钮，如图 2.17 所示。

图 2.16　商品类目

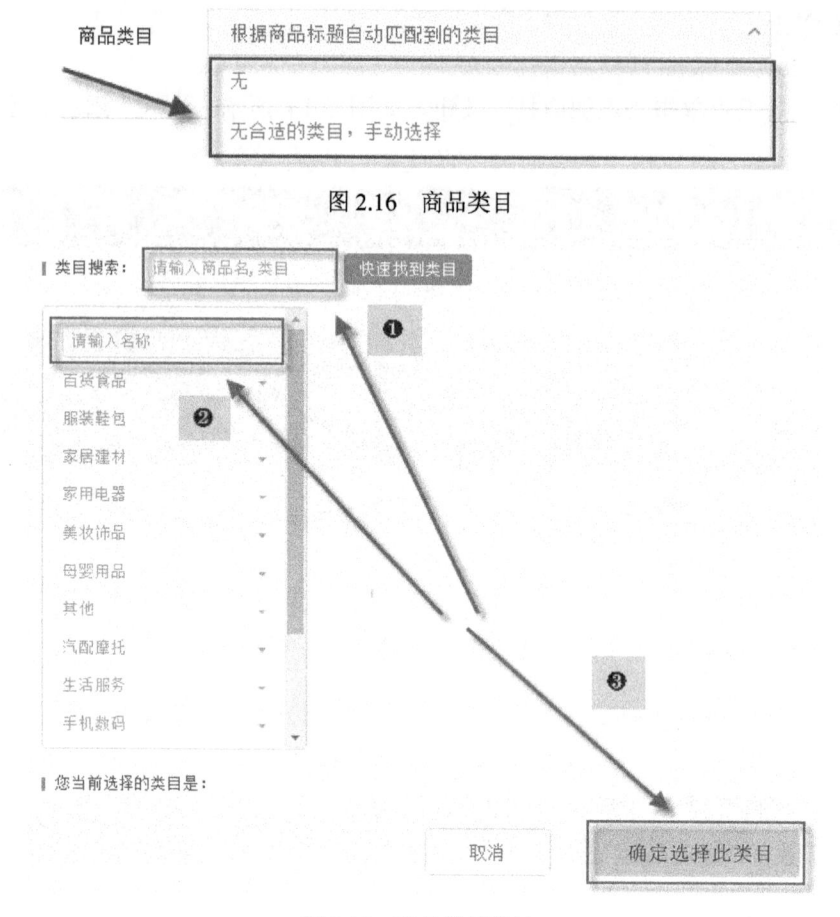

图 2.17　商品类目确认

3）设置商品型号与价格

在"型号/价格"对话框中添加商品价格、商品库存、商品编码等内容，如图 2.18 所示。

图 2.18　设置商品型号与价格

4）设置运费/其他

在"运费/其他"对话框中依次填写相关内容，如图 2.19 所示。

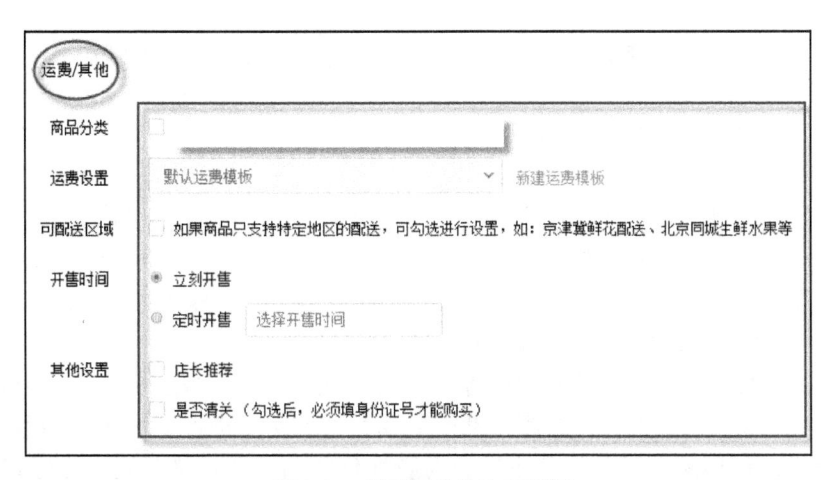

图 2.19 "运费/其他"对话框

2.2.3 交易管理和店铺优化

1. 交易管理

交易管理是指消费者下单后，商家根据订单进行的发货、退款、关闭交易等操作。对商家来说，只有做好交易管理工作，才能保证店铺的正常运营。

1）发货

消费者完成付款后，如果商品需要邮寄，则商家需要联系快递公司发货，并填写快递单号。

2）退款

在商品交易过程中，当消费者不想要已购买的商品，或者由于某种原因申请退货/退款时，一般会向商家提出退款申请，买卖双方协商一致即可进行退款操作。

3）关闭交易

当商品订单出现消费者取消购买、重新下单等情况时，商家可以在"已卖出的宝贝"选项卡中取消该订单。

2. 店铺优化

在交易管理过程中，商家一般都能发现店铺运营过程中存在的问题，如流量不足、转化率不高等，这时就需要进行有针对性的优化。店铺优化主要包括商品标题优化、商品主图优化和商品详情页优化3个方面。

1）商品标题优化

商品标题优化是店铺优化的重点内容，其目的是提高商品排名，让商品获得更多展示的机会，从而获得更多流量。为了符合消费者的搜索习惯，提高商品被消费者搜索到的概率，商家一般需要通过消费者热搜词来优化商品标题。一般来说，商品标题可以拆分为多个关键词的组合，因此优化标题需按照以下步骤进行：首先查找数据表现好的关键词，然后删除其中的无效关键词，最后根据标题结构组合关键词。

（1）查找数据表现好的关键词

商家可以借助数据分析工具来查找关键词，如阿里指数、生意参谋等，但生意参谋的选词助手功能需要付费使用，所以推荐使用阿里指数。具体方法如下：打开阿里指数网站，在首页单击"阿里排行"超链接，在打开的页面上方的导航栏中选择具体类目，如"童装夹克衫"，在页面下方即可查看相关关键词的排行情况。利用热搜榜和转化率榜可以筛选出既有热度、转化率又较高的关键词。商家可以单击排行榜下方的"导出完整榜单"按钮，将榜单导出为 Excel 文件，对关键词进行整理和分析。

（2）删除无效关键词

数据表现好的关键词中可能存在违规词，商家应删除这些违规词。违规词包括以下 5 类。

① 极限用语。这类违规词包括含有"最""一""级/极""首/家/国"等的词语，如"国家级""最低价""首个""第一品牌""全网首发""世界领先""销量冠军""领袖品牌""独一无二""史无前例"等词语。

② 功能性用语。《中华人民共和国广告法》（以下简称《广告法》）规定，不能为不具备该功能的商品描述该项功能。例如，某商品批准文号为"国妆备进字"，并非"特妆准字"，不属于特殊化妆品类，但商家在商品标题中宣传有特殊化妆品功效，这就属于虚假宣传，违反了《广告法》。其中，"育发""染发""除臭""祛斑""防晒""美白"等都属于特殊化妆品功能词。将普通食品描述为具备养肝护胃、提升免疫力、化痰止咳、促进××等功能，也属于违反《广告法》的情况。此外，宣传医疗用语，如"治疗""治愈""医治""防癌抗癌""处方药""医疗"等词语也需慎重使用。

③ 与商品无关的热词：无关的热词是指搜索量很大但与当前商品没有直接关系的词语，如当前商品是"雪纺连衣裙"，但标题中加入了"真丝连衣裙"热搜词。

④ 品牌比较词。商品标题中不能出现与其他品牌相比较的词语，如"媲美香奈儿的粉底液"。

⑤ 违禁词。涉及不良渠道的关键词，以及未参加相关活动，但在标题中出现相关营销内容的词语，都属于违禁词。

（3）根据标题结构组合关键词

在查找数据表现好的关键词并删除其中的无效关键词后，商家就可以在此基础上按标题结构组合关键词了。

① 标题结构。商品标题一般由多种关键词组合而成，主要包括核心关键词、属性词、品牌词、促销词、功能词等。

- 核心关键词：对商品本质的描述，如"连衣裙""笔记本"等。
- 属性词：描述商品属性的词语，如形状、尺码、材质、大小、颜色等。
- 品牌词：商品的品牌，如"三只松鼠"等。
- 促销词：对商品进行促销的词语，如"买一赠一""包邮"等。
- 功能词：描述商品功能的词语，如"保暖""防滑""防水""便捷"等。

② 标题组合。在明确商品标题结构以后，商家应该筛选出关于商品属性、特征、功能、材质的关键词，删除重复的关键词并进行组合。通常情况下，商品标题中关键词的种类越多，被搜索到的概率就越大。

以"半身裙"的标题组合为例。首先，确定核心关键词"半身裙"。

其次，分析半身裙的属性、材质、功能等，查找符合的关键词，如属性关键词"蛋糕裙""波点""雪纺"等，功能关键词"包臀""遮小腿"等。

再次，确定商品品牌，如"秀研"等。

最后，根据消费者的搜索习惯，加入有人气的修饰词语，如"新款""气质""小清新"等。

分析半身裙的关键词之后，即可对关键词进行组合，形成商品标题。

2）商品主图优化

淘宝网中的商品通常以商品主图加商品标题的形式进行展示，商家在淘宝搜索中获得更好的商品展示排名后，能不能将曝光量转化为点击率，很大程度上取决于商品主图的质量。因此，除商品标题外，店铺搜索流量的另一大决定因素就是商品主图。为了优化商品主图，吸引消费者点击，商家可以采用一些优化技巧，让展示效果更佳。

（1）环境引导

环境引导是指通过将商品放置到实际使用环境中来展示商品，为商品营造出一种特殊的场景，使消费者产生代入感，从而提升其购物欲望，提高点击率。

主图的差异化也是吸引消费者点击的因素之一。目前的电子商务市场上，同类目下商品主图的同质化情况严重，因此差异化的主图无疑更能吸引消费者的关注。

可以通过主图中的商品大小、摆放和数量等来区别于其他同类主图；通过模特的姿势、穿着、表情、动作等来区别于其他同类主图；通过主图的背景颜色、风格等来区别于其他同类主图。

（2）突出卖点

卖点是指商品别出心裁、与众不同的特点。对于部分实用商品，特别是功能性商品而言，要想提高流量，只凭借美观的图片是不够的，还需要展示足够的商品卖点来激发消费者的购买欲望。卖点一般通过商品详情页进行展示，为了第一眼吸引消费者关注，也可挑选具有代表性的卖点在主图中展示。由于主图大小有限，所以卖点展示必须简练明确，这就需要商家深入分析目标消费群体的特点，挖掘他们真正的需求。一般来说，商品的性能、特点、价格、质量、促销信息、细节等都是消费者想了解的信息，都可作为卖点展示在主图中，如通过商品使用图、细节图、商品的配套及赠品进行展示，也可搭配文案展示。

（3）文案优化

商品的主图效果关系到品牌形象与品牌定位，不能使用"牛皮癣广告"式的文案。一般来说，主图文案应该比较简洁，且能够直接展示商品特点。同时，商品主图在文案排版、文案颜色、图文比例上也有一定要求。

① 文案排版。文案通常有左右排版、中心对称排版、中心围绕排版、上下排版等排版方式，具体采用哪种排版方式要根据图片的实际效果而定。例如，较规则的、整体呈竖式的商品，可采用中心对称排版和左右排版方式。

② 文案颜色。文案颜色一般根据商品颜色来确定，如可选择同色系或补色系，以保持商品主图效果的和谐。

③ 图文比例。为使商品主图效果重点突出，在搜索页面中更具优势，商品比例一般保持在整个主图的 2/3 以上，文案内容比例则不超过 1/2。

3）商品详情页优化

商品详情页对商品转化率的影响是不言而喻的。当消费者通过各种渠道进入店铺查看商品时，主要是通过商品详情页来了解该商品的基本信息的。因此，商品详情页的质量直接影响消费者的购买行为和商品的销量。

（1）商品详情页的展示流程

为了更有针对性地优化商品详情页，商家首先需要了解商品详情页的展示流程。下面就按照其展示顺序依次进行介绍。

① 引发消费者的兴趣。引发消费者的兴趣是商品详情页展示的第一步，目的是带给消费者良好的视觉体验，通常可以用商品效果图、细节图、焦点图等商品图或吸引人的文案作为商品详情页第一屏的内容。但需要注意的是，如果商品详情页第一屏出现过度美化、不合理的关联营销等情况，那么不仅会影响商品详情页的整体美观，还容易让消费者反感，降低消费者继续查看的欲望。

② 展示商品的卖点。消费者在购买商品时，最关注的是商品的作用及它所带来的收益，所以突出展示商品卖点是促使消费者购买商品、增加订单数量的重要手段。在突出商品卖点时，一般会依次描述商品的特点、作用及它带给消费者的利益等，突出该商品与同行竞品之间的差异，促使消费者产生购买行为。一般来说，挖掘商品卖点的途径有很多，商家可以从商品本身的特点中挖掘，也可以从商品使用环境中挖掘，还可以从同类商品对比中挖掘。

③ 展示商品的细节。展示商品细节通常就是展示商品的质量，对部分商品而言，细节与卖点有一定程度的重复，有时细节也是卖点。质量是消费者较为关注的商品品质之一，质量好的商品可以提升消费者的购买欲望和访问深度，从而提高商品转化率。质量的展示是多方面的，如功能、性能、工艺、参数、材质、贴心细节、性价比等。商家在展示商品质量时应注意展示方式，在展示参数、性能、工艺等数据信息时，可以通过简单直白的图片搭配数据的方式进行展示，让消费者一目了然；在展示功能、细节、性价比等信息时，可以通过图片搭配简单文案的方式进行展示，即图片为主、文案为辅，配合商品详情页的整体视觉效果，以突出商品本身。

④ 用保障打消消费者顾虑。在完整展示商品的基本信息后，还需进一步打消消费者的顾虑，引发消费者的购买欲望。证书、售后服务、评价、包装、物流、消费保障等都是进一步打消消费者顾虑的有效方式。

（2）优化商品详情页的技巧

商家在实际优化商品详情页时，主要可以从布局优化、加载速度优化、关联营销优化、添加品牌文化4个方面入手，下面分别进行介绍。

① 布局优化。商品详情页的布局效果直接决定了消费者对商品的视觉感受，优质的商品详情页布局可以引导消费者深入查看商品详情页信息并做出购物行为。商家要从商品详情页的整体布局、图片布局和文案搭配3个方面进行优化。

- 整体布局。商品详情页的整体布局应该遵循统一、整洁的原则，使颜色、风格统一，版面整洁规范。同时，在内容布局上应具备一定的逻辑性。例如，在挖掘商品痛点时，应先列出消费者关注的痛点，再提出解决方案，从而引导消费者阅读。
- 图片布局。商品详情页的布局一般以图片为主，因此需要突出图片的表达效果，尽量做到同等级的图片大小统一、颜色和谐。
- 文案搭配。虽然图片是商品详情页的主体，但文案也是其中必不可少的因素。将文案中的设计元素与目标消费人群的喜好、商品详情页风格等相结合，不仅可以起到描述商品的作用，还能让图片中的内容更加生动充实，为商品详情页增色。商品详情页的文案内容一般较少，且为保持图片美观，文案不能覆盖图片本身。为了让文案排版更加统一、美观，商家还需对文字大小、字体搭配、颜色搭配等进行优化。

② 加载速度优化。商品详情页的加载速度是影响消费者网购体验的一个重要因素。如果商品详情页图片过多、像素过大、屏数过多，都会延长消费者加载网页的时间，而网页加载时间太长，就容易增加消费者的跳失率（指显示顾客通过相应入口进入网站，只访问了一个页面就离开的访问次数占该页面总访问次数的比例）。一般来说，服装类目的商品详情页屏数都较

多，因此此类目商品的图片可以先切片为合适的大小，再上传到淘宝店铺中，这样可以减少加载每张图片花费的时间，使图片依次加载，提升消费者体验。

③ 关联营销优化。商品详情页中的关联营销实际上是一种店内促销手段，其常见形式包括商品搭配套餐、商品搭配推荐、促销活动、商品推荐等。在商品详情页中添加适当的关联营销，不仅可以激发消费者的潜在需求，提高客单价，还可以引导消费者查看相关商品。如果消费者在查看完商品详情页的所有内容后，依然没有产生购物行为，则表示商品的某个或某些方面无法满足消费者的需求，但商品或店铺本身又对消费者具有吸引力，此时可以通过关联营销的形式为消费者推荐其他相似商品。

关联营销的位置一般可放在商品详情页页首或商品信息之后、售后信息之前。在设置关联营销时，要注意设置商品的跳转链接，方便消费者在查看关联商品的同时，快速了解商品的属性、特点、价格等内容。

④ 添加品牌文化。如果商家有良好的品牌文化，或者具有一定的品牌知名度，也可在商品详情页中添加该品牌的相关信息。品牌介绍不仅可以提升商品可信度，还可以传递品牌价值，提升品牌曝光度，但需注意品牌信息不宜过多，否则容易引起消费者的视觉疲劳。品牌介绍一般选择优质的商品图片，并搭配可体现品牌风格和特色的简单文案，让消费者更容易了解和记住品牌。

习题

1．电子商务网站运营管理的主要内容有哪些？
2．简述电子商务运营中的角色及岗位职责。
3．如何申请可信网站验证服务？
4．简述在微店店铺发布商品的操作方法。
5．在淘宝网上寻找一款热门商品，分析其主图，说说该主图展示了什么样的卖点，是如何展示的，其视觉效果是否和谐，图文比例是否恰当。

实训

【实训目的】

1．了解电子商务网站的推广方式；
2．掌握 CNZZ 流量统计的使用方法和步骤；
3．学会常用的 SEO 方法和手段。

【实训内容】

1．CNZZ 流量统计的使用。
（1）访问 CNZZ 网站并注册。
（2）登录获取代码。
（3）将选好的统计代码粘贴到自己网站的页面源码中。
（4）登录后，进入站点列表页，单击"查看统计报表"按钮，查看站点统计数据。
2．从网上查找百度网站推广及搜索竞价排名的相关内容和价格。
3．从网上收集长尾关键词的拓展方法、关键词应该满足的几个基本条件。
4．为一家企业网站制作一份推广方案，并尝试对该网站进行 SEO 优化。

第3章 电子商务常规运营管理

> **引导案例**
>
> **玩具品牌COM4ARTS的销售突破**
>
> 2021年，不到1年半的时间，潮流玩具品牌COM4ARTS从淘宝店到天猫店，累计销售额突破千万元。
>
> 该品牌创始人陈国平总结道，站外的持续种草不断助推淘内品牌词、人物词的搜索，同时也引流至天猫直播间，每天开盒互动，搭配优惠券，提升了转化效能。
>
> 直播成为该品牌会员关系沉淀、加深与转化的阵地。通过品牌数据银行，对进入直播间的访客进行追踪，根据站内外渠道特征，设定不同的会员权益，锚定高价值人群，持续提升场域的引力。例如，该品牌通过天猫会员购物金工具的充送权益，吸引忠实粉丝入会，在直播间进一步维系会员黏性，提升单个会员的长期店铺购买力与成交贡献。
>
> 从新品打爆的维度来看，直播间也是最佳场域。在新品上线前，COM4ARTS通常会通过微信、微博、哔哩哔哩、小红书等平台，为玩具的"人设"做大量的铺垫，直播间则为人设的进一步延展提供了更生动的场合。
>
> 与此同时，在逛逛、订阅号上持续发布短视频，通过IP的社交属性不断强化产品的使用场景，让更多用户收藏加购，为大促做好前期蓄水，通过新客会员秒杀、会员立减券强捆绑、联名款会员限定首发等权益来完成持续打爆。
>
> **思考题**：玩具品牌COM4ARTS是如何实现销售突破的？
>
> **解析**：玩具品牌的营销需要特别重视品牌词、人物词等关键词的分析和选定，引流渠道的优化，落地页的确定，玩家互动，优惠券吸引等环节，只有这样才能提升转化效能。

思政教育

1. 思政目标

为人：☑大国方略　　□身正德高　　□理想信念　　☑价值引领

为学：☑创新思维　　□逻辑思维　　□计算思维　　□批判性思维

为事：☑实践出真知　☑传统与创新　□实事求是　　☑自主创新

2. 思政案例：物流无人机技术

在电子商务常规运营中，物流运营是最容易被忽视也是最不可忽视的环节。物流运营的效率和质量深刻地影响着电子商务的运营。在新冠肺炎疫情防控期间，从抗疫物资的急需、火神山医院的建设到居民日常所需，都对物流技术提出了新的需求。

无论是电子商务企业自建物流体系还是与快递公司合作，发展自动化、智能化的现代物流配送体系都是电子商务企业当前迫切需要解决的问题。无人机物流具有距离短、成本低、效率高等优势。2018年5月29日，饿了么获准开辟第一批无人机即时配送航线，标志着配送行业从劳动密集型向技术密集型进化。顺丰、京东、亚马逊、DHL等电子商务平台均在布局无人机快递配送。物流无人机是指用于物流业的无人机，可以解决时效性、廉价性和可达性几个物流业的重要问题。2013年，电子商务企业和物流业巨头亚马逊采用多旋翼方案开发第一代物流无人机，随后又采用多旋翼和固定翼混合方案设计物流无人机，在2016年完成首单送货。2017年12月，顺丰研发出大型物流无人机，翼展20米，载重1.2吨，并首次进行应急物资快递投递的演示验证飞行。2018年6月18日，真正基于物流运输场景的京东自主研发设计的第一架重型无人机——京东"京鸿"大型货运无人机在西安正式下线。无人机物流是指以无人机为主要工具，实现物品从供应地向接收地运输而进行的规划、实施和控制过程。无人机物流主要分为无人机运输、无人机末端配送、无人机救援和无人机巡检几种形式，其中以无人机运输和无人机末端配送为主。无人机运输是指通过自备的程序控制或无线电遥控设备，操纵无人机进行货物运送的过程。无人机物流快递体系是指以智能化平台为核心，通过无人机建立的智慧物流网络。顺丰提出了"大型有人运输机+支线大型无人机+末端小型无人机"三段式空运网无人机物流网络体系。其中，大型有人运输机和末端小型无人机已经试飞完成。京东提出了"干线—支线—末端配送"三级无人机智慧物流网络体系，以满足不同应用场景下的配送效率最大化，成为引领我国未来无人机物流领域体系发展的方向。在产业实践方面，随着第一架大型货运无人机的下线，标志着京东在支线布局上进入落地阶段。

本章学习目标

1. 理解并熟悉选品逻辑；
2. 能够进行视觉营销；
3. 熟悉主流的第三方物流公司；
4. 掌握纠纷处理的技巧。

本章论述了电子商务的常规运营，内容包括选品运营、营销、物流和客服，这些运营项目是运营人员能力构建的基础，能够让运营人员比较全面地掌握运营的基础知识和技巧。

3.1 选品

在电子商务运营中，产品是核心竞争力之一，占有很重要的地位。因此，做好产品运营工作对电子商务企业而言是非常关键的。运营人员应站在经营全局的高度对产品进行管理，并能熟练使用产品定位、选品与定价等技能。大中型电子商务企业的运营人员还应掌握产品供应链的管理技能。

3.1.1 选品逻辑

只要产品好，电子商务运营就成功了一半。所谓"七分靠选品，三分靠运营"，一款好的产品能带来的利润是可观的，产品规划对于品牌形象的建立至关重要。产品规划主要涉及产品定位、类目规划、选品、产品定价4个方面的内容。选品就是选择产品。在确定了产品的定位与类目之后，运营人员需要对具体销售的产品进行选择。选品是电子商务运营过程中非常重要的一个环节，也是影响产品销量的主要因素之一。在如今的市场环境下，商家缺乏的往往不是产品本身，而是对产品款式受欢迎程度的把控和对产品质量的保障。

产品选品基本有两种情况。一是初次开店，在没有确定具体销售的产品的情况下，产品要如何选择？二是针对拥有固定产品线的店铺，在产品上新时如何选择合适的款式？无论是哪种情况，运营人员都应该尽量根据产品的品质、风格、类型、功能、价格等因素来选择符合市场需求的产品进行销售。图3.1是选品的思维导图。

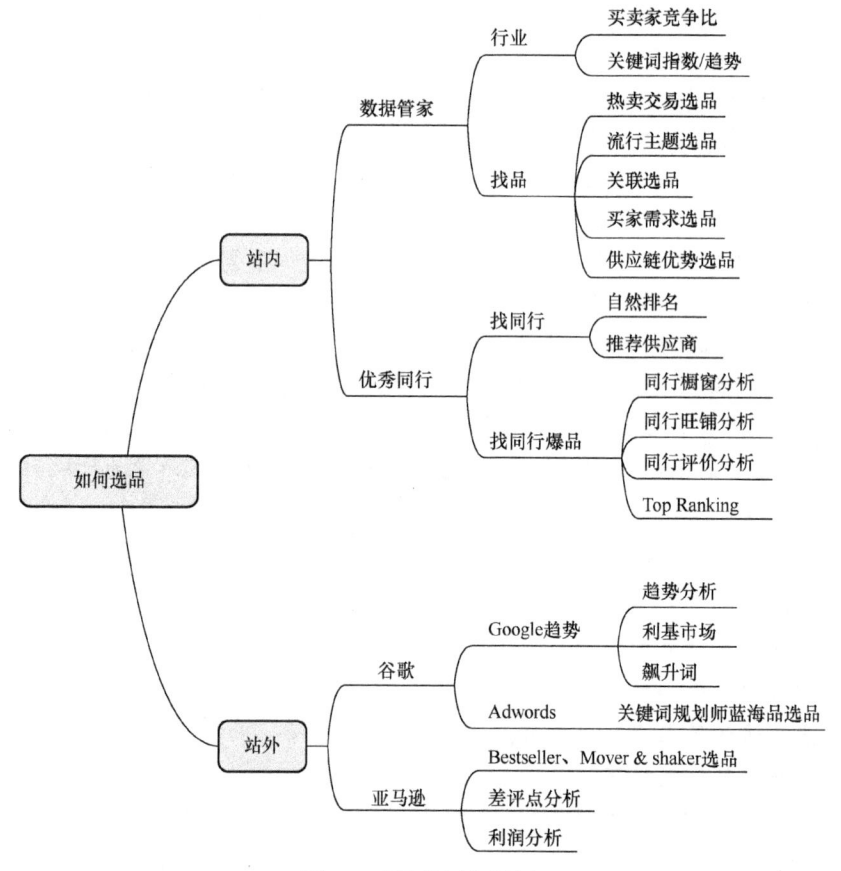

图3.1 选品的思维导图

对商家来说，正确选择经营的产品，往往是成功打开电子商务经营之门的重要一环。如果商家没有选对产品，即使在后续的运营中投入大量的精力和时间，也不一定能取得很好的效果，反而有可能影响店铺的销量和利润。因此，在选品时，要注意以下几点。

1. 掌握多种选品方法

在选择经营的产品时，常用的几种选品方法如下。

1）选择自己熟悉的产品或擅长的服务

商家选品时首先要遵循的原则就是选择自己熟悉的产品或擅长的服务。商家必须对自己销售的产品或服务有足够的了解，才能够在后期的运营中游刃有余，保证店铺的利润，否则将来在经营的过程中可能会遇到很多不必要的困难和挫折，造成无谓的损失。

2）选择有较高复购率的产品

如果某一产品的复购率高，就能有效提高静默成交量，降低营销成本和客服成本，因此选择有较高复购率的产品很重要。在店铺里购买产品的用户很多都是老用户，他们经常购买的一些产品决定了这些产品的复购率。复购率较高的产品一般都是一些快消易耗品，如纸巾、化妆品、食品等。

另外需要注意，如果发现竞店在销售一款产品，卖了一两个月就不卖了，那么这类产品有可能不好卖，或者进货不易，或者存在其他问题等，总之一定要谨慎选择。

3）选择价格适中的产品

一般来说，除了商家自己独创的产品，产品的价格都是由厂家决定的。在这种情况下，商家可以决定的是选择销售什么价位的产品。如果商家选择的产品价格太高，可能会失去一些潜在用户；如果选择的产品价格太低，利润就会很低。

商家在选择产品时，要从自身的产品定位来考量产品的价格问题。例如，一个具有品牌影响力的大商家，却销售一些价格低廉的产品，这就与其产品定位不太相符了；相反，一个兼职开网店的学生，却销售一些高端奢侈产品，这就会让用户质疑其所销售的产品是否为正品。

4）选择有合适利润的商品

商家追求的就是利润。一般来说，合理的利润主要受3个条件的制约，即客单价、毛利率和市场竞争的激烈程度。

如果客单价较高，毛利率可以低点。通常一个普通商家的毛利率为30%～40%。如果毛利率达到70%，该产品的质量就无法保证了。利润还取决于产品市场竞争的激烈程度。如果产品的市场竞争已经非常激烈了，适当降低利润可以提升产品的竞争优势。当然，具体情况需要企业根据自己的产品来决定。

2. 引流款产品的选择

引流款产品就是店铺主推的用于吸引流量的产品。流量对电子商务企业来说是非常重要的，而引流款的主要作用就是为店铺引流。如果一家店铺能够主推引流款产品，那么店铺的流量必定是很可观的。与同类目产品的竞争对手相比，引流款具有价格或其他方面的优势，从而更利于在电子商务平台上占据较好的位置，后期可带来较多的免费流量，其产品的转化率也较高。

引流款产品通常是目标用户群体中绝大部分用户都可以接受的大众化产品，毛利率适中。在选择引流款产品时，商家应该对产品进行市场测试，在产品推广初期给予比较小的流量，观察营销的数据变化情况，选择转化率较高、地域限制较少的产品。

3. 爆款产品的选择

爆款产品是指在产品销售过程中，那些供不应求、销量很高的产品，也就是大家通常所说的人气很高的产品。爆款产品可以给店铺引入自然流量，带动全店产品的销量，提升店铺人气。因此，打造爆款一直是店铺运营的头等大事。

1）爆款产品应具备的特点

潜力爆款产品应具备以下几个特点。

① 产品质量一定要可靠，不能选择劣质的产品去蒙蔽用户，否则会使自己店铺或品牌的信誉受损。

② 在线上、线下没有被品牌垄断的产品。对中小商家来说，不适合选择品牌特征比较明显的产品作为爆款产品，因为有一定品牌知名度的产品，大多会被大品牌商家垄断，用户的品牌忠诚度也比较高，中小商家很少有机会抢占市场。

③ 在不推广的情况下，也能带来很可观的销量。如果潜力爆款产品的自然流量大，在后期的推广中会起到锦上添花的作用。

④ 产品的用户反馈较好，回头客比较多。如果一款产品在销售初期能够得到大部分用户的认可，说明该产品很有潜力成为爆款产品。

⑤ 不是特别冷门的产品。自创个性类产品、不符合用户搜索习惯的产品、没有一定市场基础的产品、搜索热度太低的产品等都不适合用来打造爆款产品。

2）选择爆款产品的方法

能不能正确地选择一个潜力爆款产品，直接关系到爆款产品是否能够打造成功。运营人员通常可以通过跟款法、活动选款法、数据分析法和预售法4种方法来选择潜力爆款产品。

（1）跟款法

跟款法是指选择其他商家的爆款产品来作为自己的爆款产品，中小商家通常使用这种选款方法。跟款法的优点在于操作简单，风险相对较小，因为其他商家能够将产品卖得很好，说明这类产品的市场需求量较大，具有成为爆款产品的潜力；缺点在于其他商家已经在产品上积攒了很多销量和评价，如果自己的产品在质量或价格上没有较大优势，就很难与其竞争。

（2）活动选款法

活动选款法是指通过策划活动来选择爆款产品。天猫店铺多用此方法进行选款。例如，选定8～12个新款产品，置于店铺首页展示位置，进行新品促销活动。在店铺首页和产品详情页写明各种促销方式，如"1折抢购""买一送一"等，实现最大程度的引流。经过1～2天的活动，选出销量前三的产品作为爆款产品。为了让选出来的爆款产品更经得起市场的考验，可以选出销量前五的产品作为潜力爆款产品，然后将这5款产品加大折扣力度，再进行1～2天的促销销售，最后选择销量前三的产品作为爆款产品。

（3）数据分析法

数据分析法是指通过分析网店后台数据、生意参谋的多项数据来选择爆款产品。使用数据分析法选款，运营人员首先通过店铺后台数据分析产品的自然流量、收藏率、转化率及用户停留时间等一系列数据，筛选出店铺中较优秀的产品。然后分析用户的地域、年龄、购买能力等，找出其中关联性最好的关键词。最后结合市场情况进行综合选款。完成选款以后，可以先通过老用户来积累销量，如使用旺旺或短信等形式通知老用户，并给予老用户一定的优惠，让老用户尽量转化，积累产品前期的基础销量和好评。

（4）预售法

预售法是指通过网店预售的形式选择具有爆款潜力的产品。这种选款方法是最近几年才兴起的，它的优点在于商家既可以避免压货的风险，又可以营造一种"饥饿营销"的效果。选出爆款产品之前，商家先不进行大批量的生产，在通过预售的形式收集用户的反馈信息后，选出更受市场欢迎的产品，不好的产品直接摒弃。接着运营人员在店铺策划一场预售活动，一般预售期为 2 周左右，可采用多种引流手段。例如，在特定时间内进行秒杀抢购。活动期间，运营人员应关注店铺收藏量这一重要的参考数据，选出收藏量最大的产品作为潜力爆款产品。

4．利润款产品的选择

商家销售产品的最终目的是获取利润，因此利润款产品在一家店铺实际销售的产品中占比应该是最高的。利润款产品适用于目标用户群体中某一特定的小众人群，这部分人追求个性。因此，利润款产品应尽可能突出产品的卖点及特点，以满足这部分人的购物需求。

以下 3 种类型的产品一般比较适合作为利润款产品。

① 搭售产品：搭售的产品往往能够贡献较高的利润。

② 独占产品：商家自有货源，仅此一家有的产品。

③ 高端产品：客单价相对较高的产品。

利润款产品的前期选款对数据的挖掘有很高的要求，运营人员应该精准分析这部分用户的偏好，挖掘适合他们的款式、风格、价位、卖点等。对于利润款产品的推广，商家需要以更精准的方式进行人群定向推广，推广前商家需要进行少量的定向数据测试，也可以以预售的方式对产品进行调研，以获得更精准的市场销售容量。

5．活动款产品的选择

活动款产品，就是商家用于做活动的产品，不同电子商务平台对参与活动的商家、产品都有各自的要求。

1）商家做活动的原因

商家做活动、搞促销，无非 3 个原因：清库存、冲销量、品牌体验。出发点不同，活动结果肯定不同。

① 清库存。如果商家做活动是为了清库存，那么这些活动款产品多半是一些陈旧或尺码不全的产品，带给用户的体验就相对差一些，这时低价就是弥补用户体验的一个很好的方式。例如，淘宝的"淘清仓"就是一个专门清理库存的电子商务交易平台，当当网的"当当优品"也为用户提供一些库存尾单，用超低的价格吸引用户抢购。

② 冲销量。冲销量通常出于 3 个原因：平台对基础成交额的要求（如淘宝搜索排名的需要）；公司部门的 KPI 考核；第三方运营合作公司完成业绩任务的需要。商家常常会在电子商务平台上做一些活动来冲销量，如与淘宝客合作、打造爆款、低价抢购等。活动期间，商家千万不能为了冲销量而不考虑其他因素的影响，如成本、人力资源等，否则会"欲速则不达"。

③ 品牌体验。活动款产品还有一个很重要的作用，那就是让用户通过体验产品来体验品牌。这就要求产品能够提高用户对品牌的信任度和忠诚度。活动期间，商家切记不要忽略用户的体验，以免用户对品牌产生负面的印象。

2）活动款产品的选款

根据自己策划活动款产品的目的和电子商务平台对活动款产品的要求，商家可以确定选择活动款产品的大致思路和要求。

① 选择大众款产品，款式简单且不挑人。

② 选择季节性、流行性强的产品。

③ 选择复购率高的快销品。快销品的复购率相对较高，商家用此类产品做活动，不仅可以提高产品复购率，还可以向老用户提供优惠和福利。

④ 活动款产品的定价不能太高。商家要让用户看到产品原价与活动期间价格之间的差距，从而让用户产生购物的冲动，因此产品需要设定一个较大的折扣。

⑤ 活动款产品的利润率应该是店铺中最低的。由于很多活动款产品的销量是不计入搜索排名的，活动仅作为产品品牌对外宣传的渠道，因此商家应该在活动期间压缩甚至放弃活动款产品的利润，以提高用户对产品品牌的认知度。商家如果想依靠活动款产品来赚钱的话，很有可能陷入一种"非活动不走量"的困境。

6. 形象款产品的选择

形象款产品的主要作用是展示品牌形象，因此商家应该选择一些款式独特、风格独特、设计感强、价格偏高的可体现品牌价值的产品作为形象款产品。形象款产品属于极小众的产品，一个店铺有3~5款形象款产品即可，适合目标消费群体中的3~5个细分群体。虽然形象款产品仅占店铺产品销量的极小部分，但它们的客单价和利润率都保持在一个较高的水平，这样才能体现产品的价值，更好地提升品牌形象。

7. 选品过程中常犯的错误

选品的成败将直接影响店铺的经营。众所周知，选品时需要进行市场调研、竞品分析，制定合理的利润目标。但有时候即使严格执行了这些流程，选出来的产品销量仍然不好，这可能是因为商家在选品时犯了一些想当然的错误。选品时常犯的错误如下。

1）认为评价数量越多的产品就一定越好

很多商家都会根据平台提供的产品搜索排名，在目标类目中确定选品思路。因此，商家优先考虑的选品对象就是那些评价数量多的产品，但这样做并不正确。

众所周知，评价数量多的产品市场容量通常都比较大，但这种产品的竞争也十分激烈，其中不乏一些有实力的大商家，中小商家的竞争难度是相当大的。而且即使产品的评价数量多，也不一定所有的评价都是有利于产品销售的。如果一款产品虽然评价数量很多，但用户的好评很少，就达不到好的销售效果。因此，对中小商家来说，通过产品评价数量来进行选品并不是最好的方法。

2）分析产品评价时只考虑差评

商家确定一款意向产品后，为了提高用户体验，通常会通过分析竞争对手的差评，对产品进行优化和改进，以降低差评率。其实这样的做法过于片面了。商家在查看产品评价时，不仅要关注差评，还要关注好评，尤其是用户的一些真实评价。分析竞争对手的好评，一方面可以让商家看到用户的使用场景，从而让自己对产品的定位更加清晰和精准；另一方面也可以让商家从好评中知道这个产品给用户带来了哪些价值，满足了用户的哪些需求，这些就是产品的核心卖点，商家是可以借鉴的。

3）调研竞争对手时只考虑短期销量

一些商家通过对竞争对手的调研，发现竞争对手某款产品的销量在调研期间很不错，再分析其竞争环境与产品利润空间等，发现都还不错，于是确定此产品为具有潜力的爆款产品，并向供应商下大量订单。可是，在选品的过程中，这些商家却忽略了产品季节性这一重要的因素。这些商家没有考虑到有些产品是因为季节性因素才会在某段时间销量走高，季节一过，这些产品的销量便会急剧下滑。针对这类产品，如果订单量太大，在换季前没有销售完，就会造成大量的库存积压。因此，商家在选品时，一定要考虑所选产品有没有季节性。

3.1.2 产品定价策略与方法

产品定价，是产品规划的重要组成部分。价格通常是影响交易成败的重要因素，也是市场营销组合中最难以确定的因素。产品定价的目标是促进销售、获取利润。因此，定价既不能太低从而影响利润，也不能过高从而影响目标消费者的购买欲望。

除此之外，产品定价还会受到很多因素的影响，包括市场性质、市场竞争情况、销售策略和路线、产品的形象等。运营人员应根据市场中的不同变化因素对产品价格的影响程度，合理采用不同的定价方法和定价策略，制定适应市场的产品价格。

产品的价格不仅是竞争的重要手段，也是吸引消费者、塑造店铺形象的重要因素。如果商家在产品定价上有失误，就会直接影响产品的竞争力和店铺的盈利能力。因此，掌握一定的产品定价策略与方法对运营人员来说非常重要。

1．产品定价策略

1）吸脂定价策略

吸脂定价策略又称撇脂定价策略，是指商家把新产品推向市场时，利用一些消费者的求新心理，将产品价格定在一个较高的水平，在竞争者研制出相似的产品之前，尽快收回投资，并且获得丰厚的利润。随着时间的推移，再逐步降低价格，使新产品进入普通消费者市场。

（1）吸脂定价策略的适用范围

通常来说，适用吸脂定价策略的产品主要有全新产品、流行产品、价格弹性小的产品、受专利保护的产品等。如果店铺的产品具备以下条件，就可以采取吸脂定价策略。

① 产品的消费群体购买力很强且对价格不敏感。
② 产品的消费群体数量众多，可以保证店铺的利润空间。
③ 产品具有明显的差异化优势，市场上暂时没有竞争对手。
④ 当有竞争对手加入时，商家有能力改变定价策略，并通过提高产品的性价比来提高竞争力。
⑤ 产品的品牌在市场（或行业）中具有一定的影响力，是知名品牌。

（2）吸脂定价策略的优缺点

① 吸脂定价策略的优点如下。

- 采取高定价高利润的策略，可以实现短期利润最大化，让店铺利用新产品在短时间内快速收回投资，以减少投资风险。
- 在新产品上市初期先制定较高的价格，当产品进入成熟期后便可以有较大的调价空间。通过逐步降价，不仅可以提高店铺的竞争力，而且可以吸引更多偏好低价产品的消费者。
- 利用消费者求新的心理，为全新产品（换代产品）制定较高的价格，可以塑造高品质、高价格的品牌形象。

- 由于新产品在研发之初存在人力、资金、技术等各方面的不足，很难满足市场规模化生产的需求，这时采取高定价来限制需求的快速增长，不仅可以缓解产品供不应求的情况，还可以让商家获取高额利润，进而逐步扩大生产规模，以满足市场需求。

② 吸脂定价策略的缺点如下。

- 高定价产品的消费者群体有限，价格过高不利于市场的开拓和产品销量的增加。
- 高定价高利润会吸引大量竞争者。例如，市场上会出现大量仿制品和替代品，从而导致产品价格下降，商家精心打造的高价优质的产品形象可能会因此受到极大的损害，从而失去一部分消费者。
- 由于产品的价格远高于其价值，损害了消费者的利益，容易引起消费者的抵制。

由此可见，吸脂定价策略是一种追求短期利润最大化的定价策略，如果应用不当，可能会影响店铺的长期发展。因此，商家采用这一定价策略时必须小心谨慎。

2）渗透定价策略

渗透定价策略也称低价定价策略，是指产品在进入市场初期，以低定价尽可能地吸引消费者的一种定价策略。这种定价策略是以低价为手段，将产品投入市场，以快速占领市场为目标，在短时间内加速该产品的成长，以牺牲利润的方式获得较高的销量和市场占有率。例如，拼多多"九块九特卖"专区中的产品采用的就是渗透定价策略。

（1）渗透定价策略的优点

① 能够使产品迅速占领市场，并且销量大，可降低成本，可获得长期稳定的市场地位。
② 价格低，可以有效阻碍新竞争对手的进入。
③ 低价策略有利于扩大消费市场的消费需求。

（2）渗透定价策略的缺点

采用渗透定价策略的产品利润微薄，不利于资金回收，也不利于日后提价，并有可能给用户留下低价低质的产品印象。

（3）渗透定价策略的适用条件

① 市场对该类产品的价格十分敏感，低价可以快速提升产品的市场占有率。
② 该类产品的生产和经营费用会随着经营经验和销量的增加而减少。
③ 市场对该类产品的需求旺盛，价低利薄不会引起市场的过度竞争。

3）竞争定价策略

竞争定价策略是指以市场上相互竞争的同类产品或服务的价格为依据确定产品价格的一种定价策略。商家通过对竞争对手的生产、服务、质量、价格、规模、经营等因素进行研究，再根据自身的实力，参考产品生产经营成本、市场供需状况及质量或服务来确定产品的价格。

竞争定价策略主要考虑的是市场上主要竞争者的产品价格，商家的产品价格可以与竞争者产品价格的平均水平一致，并随着竞争者产品价格的变化而做出相应的调整。同时，商家还应根据自身的信誉状况、购物环境、服务质量、经营产品的种类结构等因素来调整产品的定价。

如果商家过度关注产品价格上的竞争，而忽略产品差异化的竞争优势，容易造成恶性的价格竞争，从而导致市场价格秩序混乱，使商家无利可图，不利于行业的发展。

4）组合定价策略

组合定价策略是指在对互补、关联类产品定价时，为满足消费者的某种心理需求，通过价格高低搭配组合的方式进行定价的一种定价策略。例如，消费者通常对滞销、高价值产品的价格比较敏感，而对畅销、低价值产品的价格不敏感。针对这类互补、关联类产品，可以采取组合定价策略来定价，适当降低滞销、高价值产品的价格，提高畅销、低价值产品的价格，这样可以使两类产品的销售都得利，从而提升商家的整体利润。

组合定价策略是一种很好的定价策略，它通常适用于相关类、搭配类、附加类、主副类产品。组合定价策略有利于提高产品销量，增加信誉度和曝光率，并节省邮费。因此，很多商家都选择这种定价策略。例如，一家销售零食的店铺将多款小零食组合搭配后，合并定价进行销售。这些小零食中有的产品单价较高，有的产品单价较低，商家将其组合搭配后，在保证整体利润的基础上，制定一个合理的整体价格进行销售。

使用组合定价策略的定价思路如下。

首先，确定店铺中某款产品的价格为最低价，这款产品的主要作用是吸引消费者进店购买其他产品，可以称为引流款。

其次，确定店铺中某款产品的价格为最高价，这款产品的主要作用是塑造店铺的品牌形象，提高店铺的利润，可以说是利润款和形象款产品。

最后，对于店铺中的其他产品，可以根据其在店铺中的不同作用而制定不同的价格。

消费者购买产品的比例如图 3.2 所示。

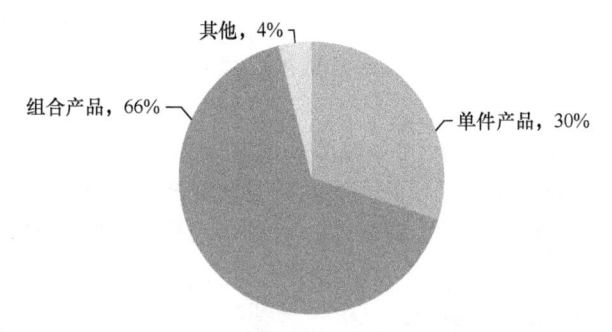

图 3.2　消费者购买产品的比例

5）分层定价策略

分层定价策略是一种价格差异化策略，通常是指商家向不同的用户提供相同（相近）等级、相同（相近）质量的产品或服务时，在用户之间实行不同的销售价格或收费标准的一种定价策略。

分层定价策略可以针对不同级别或层次的用户设置不同的价格，如新人价、会员价、学生价等；也可以针对同一个用户的不同购买数量或购买规格收取不同的价格，如单件产品和套餐价格的不同、定制款和普通款价格的不同等。

6）动态定价策略

动态定价策略也叫需求差异定价策略，是指根据市场对产品的供需关系和消费者的购买力来定价的一种定价策略。

动态定价策略通常以时间、地点、产品及不同的消费需求差异为定价的基本依据，再根据差异在基础价格上进行加价或减价。常见的动态定价形式主要有以下几种。

① 依据时间定价。产品在旺季价格较高，在淡季价格较低。

② 依据地点定价。酒店、餐厅等的产品在热门地段价格较高，在偏僻地段价格较低。

③ 依据产品定价。在世界杯举办期间，与世界杯相关的一些产品，如参赛球队的球衣、印有吉祥物标志的 T 恤等产品的价格会比其他同类产品的价格高。

④ 依据用户需求定价。遇到雨雪天气，网约车、外卖等服务平台会对服务费实行动态加价。

动态定价策略在市场上非常常见。例如，某些蔬菜在冬季价格变高，机票、酒店房间的价格在节假日期间会上涨，原因就是市场上需求量增加了或供应量减少了。从一家酒店五一假期期间的房间价格和平时的房间价格的对比中可以明显看出，在五一假期期间，酒店的房间价格有所上涨。

2. 常用的产品定价方法

不同的产品定价能够带给消费者不同的心理感受，进而直接影响消费者的消费意向。成功的经营者不仅要熟练掌握定价的各种策略，还要善于运用这些定价策略来制定具体的定价方法。下面介绍几种常用的产品定价方法。

1）成本加成定价法

成本加成定价法又叫毛利率定价法，即根据产品的单位采购成本，再加上期望的利润值形成定价。计算公式如下：

$$产品售价=单位产品采购成本×（1+成本加成率）$$

成本加成定价法的产品售价是在出厂价或批发价的基础上，加上运输费、产品损耗、零售税金、经营管理费、资金利息及零售利润等形成的。成本加成率根据店铺及所经营产品的类目来定，如图书店铺的利润一般控制在 15%～30%。

由于成本加成定价法简单易用，大多数商家通常采用这种定价方法。在稳定的市场环境下，运用此方法能够保证商家获取预期的利润。并且同类产品在各店铺的成本和加成率都相差不大，定价都很接近，所以店铺之间竞争较小。另外，消费者通常觉得这种定价方法比较公平合理，易于接受。

成本加成定价法示例如表 3.1 所示。

表 3.1　成本加成定价法示例

卖家	进价/元	利润率	定价/元	月销量/件	利润/元
甲	200	80%	360	30	5 400
乙	200	50%	300	100	10 000
丙	200	20%	240	150	6 000

2）习惯定价法

习惯定价法是指按照市场上已经形成的定价习惯来定价的方法。市场上的一些产品，销售时间较长，已经在消费者心中形成了一种习惯性价格标准，符合该标准的价格易被消费者接受。如果定价偏高，既不利于销量的提高，又会被认为是不合理涨价；如果定价太低，消费者会怀疑产品的品质，也不利于销售。因此，采用习惯定价法定价的产品价格要力求稳定，避免因价格波动给商家带来不必要的损失。

一般洗发用品采用习惯定价法，如图 3.3 所示。

3）分制定价法

分制定价法就是一种运用心理策略来定价的方法，商家通过分制数字的方式将产品的价格制定得更有吸引力，能给消费者带来产品价格低廉的感觉。分制定价法的形式有以下两种。

① 用较小的单位报价。例如，将茶叶每千克 91.2 元报成每 250 克 22.8 元，如图 3.4 所示。

② 用较小单位产品的价格进行对比。例如，"使用这种电冰箱每天只耗 1 度电，才 0.52

元钱";而不是"使用这种电冰箱每月只耗 30 度电,才 15.6 元"。很多贵金属产品采用的就是分制定价法。例如,一款 100 克的银元宝售价 499 元,将价格拆分为每克 4.99 元后,消费者更容易被产品低廉的价格吸引。

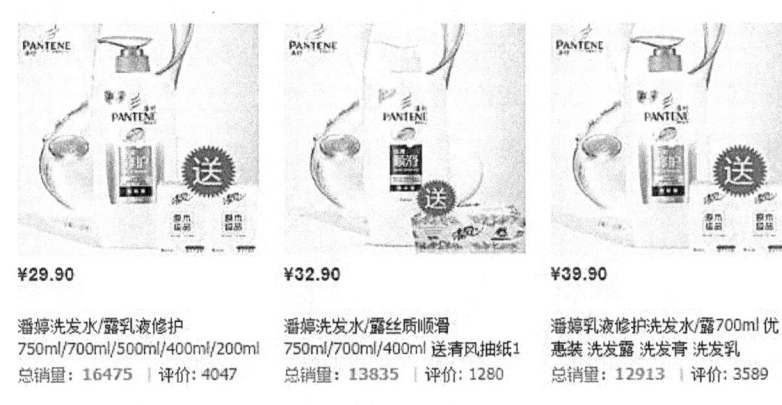

图 3.3 习惯定价法

图 3.4 分制定价法

4)数字偏好定价法

数字偏好定价法就是利用消费者对价格数字的一种特殊心理偏好来定价的方法。数字偏好定价法属于心理定价策略。从消费心理学分析,带有弧形线条的数字对消费者没有刺激感,如 9、8、6、5、3、2、0,消费者对该类价格很容易接受;不带弧形线条的数字对消费者有强烈的刺激感,如 1、4、7。不同数字在定价中的占比如图 3.5 所示。一般玉饰品选择人们喜欢的数字作为产品定价。

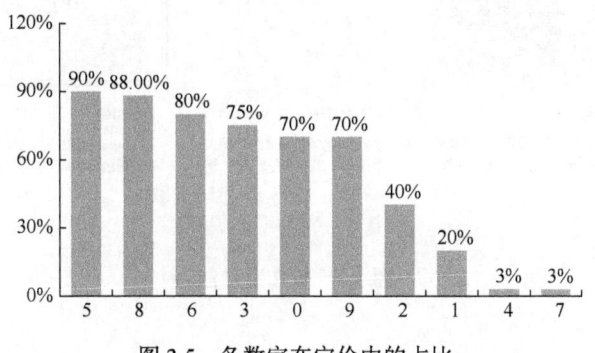

图 3.5 各数字在定价中的占比

5）整数定价法

整数定价法是指商家利用消费者"一分钱一分货"的消费心理，并为满足消费者的支付方便这一需求，有意将产品价格定为整数的一种定价方法，以该方法确定的价格通常以"0"作为尾数。以整数定价的产品能给消费者留下一种方便、简洁的印象。整数定价法通常适用于具有高端品质或知名品牌的产品，如高档礼品、工艺品、高档时装等；流动性比较强的零售产品，如方便食品、散装小零食。整数定价法如图3.6所示。

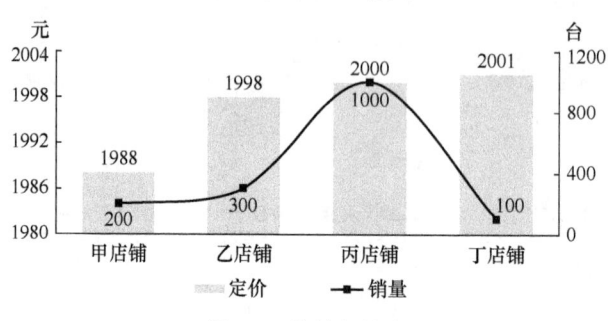

图 3.6　整数定价法

6）非整数定价法

非整数定价法也属于一种心理定价策略，是指当产品的价格处于整数与零头的分界线时，定价不取整数，而以接近整数的方式来设定最后一位数字的定价方法。非整数定价法可以给消费者一种价格低、实惠的直观感受，能够满足消费者希望购买实惠产品的购物心理。例如，一件价值10元的产品，定价9.8元，虽然只少了0.2元，但更能激发消费者的购买欲望。非整数定价法适用于比较常见的、价值较低的、更容易被消耗的日常用品。例如，某店铺销售的拖鞋的价格就采用了非整数定价法。

7）折扣定价法

折扣定价法是指对产品的原价进行有条件的折扣销售，以此刺激消费者多购买，适度扩大销量的一种定价方法。这种方法既能让消费者得到真正的实惠，又能给商家带来产品销量的快速增长，是商家经常采取的一种定价方式，也深受消费者的喜欢。例如，某店铺销售的抱枕的价格就采用了折扣定价法。折扣定价法如图3.7所示。

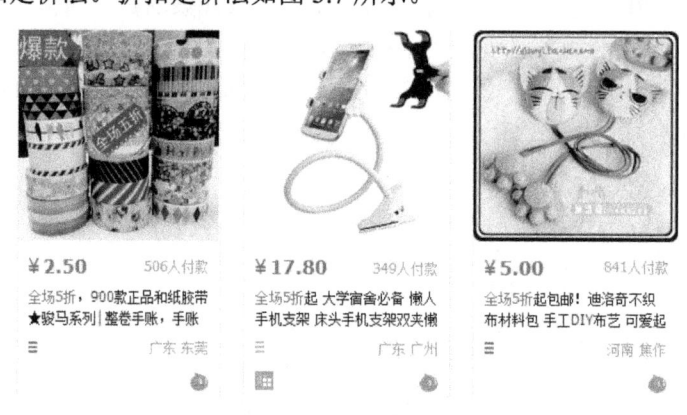

图 3.7　折扣定价法

8）参考定价法

如果产品没有特别的卖点，商家也可以参考同类产品的价格来定价。以淘宝平台为例，商家可以通过阿里指数查看同类产品的价格带分布图,将自己的产品价格定在最易成交的价格区间。

要查看某类产品的价格带分布图,可在阿里指数界面切换至"属性细分"页面,并下拉页面,即可查看产品的价格带分布情况。例如,"连衣裙"在近 30 天内,买家浏览最多的产品价格带和采购最多的产品价格带均为 54~82 元。某商家便据此将自己的一款连衣裙价格设置为 60 元。图 3.8 是几个品牌的牛仔裤平均售价。

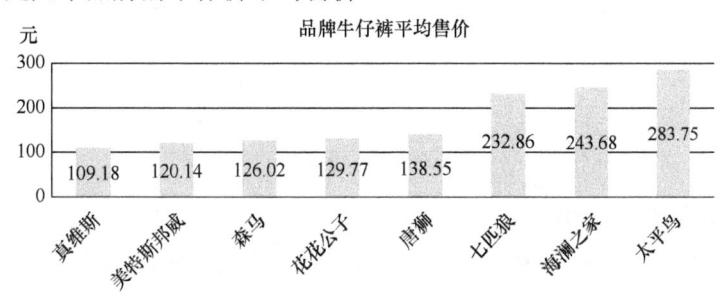

图 3.8　牛仔裤平均售价

3.1.3　产品上下架

产品的上下架管理是产品日常管理工作中非常重要的一环,产品上下架时间的安排及产品上下架的布局将直接影响产品在平台中的搜索权重和曝光度。

1. 合理安排产品上下架时间

合理安排产品的上下架时间,能够使产品通过平台的搜索排名规则获取更多的自然流量,为产品的销售奠定一个很好的基础。因此,运营人员一定要重视对产品上下架时间的选择。

1)理解产品上下架时间的重要性

运营人员在编辑好产品以后,先不要随意将产品上架,因为产品的上下架时间是影响产品搜索排名的重要因素,而产品搜索排名对自然流量的获取来说至关重要。

根据淘宝产品的排名规则,当消费者搜索一款产品时,产品离下架时间越近,搜索排名就会越靠前,也越容易被搜索到。因此,要想让店铺中的产品有一个好的搜索排名,获得更多消费者的关注,吸引更多的自然搜索流量,就必须考虑产品的上下架时间。根据淘宝的系统规定,产品的上架周期为 7 天,也就是说产品在某个时间上架后,7 天后的同一时间就会下架,这是一个自动循环的周期,而这个周期内的起始时间和结束时间就是产品的上下架时间。只要知道了产品的上架时间,就能知道产品的下架时间,因此准确地找到产品上架的最佳时间,就能够有效地提高产品的搜索排名。

2)用数据分析手段把握产品上下架时间

运营人员要想为产品获取更多的自然流量,就需要合理地安排产品的上下架时间,利用精准的数据分析为店铺中的产品找到一个最佳上架时间。将产品的上架时间设置在流量高峰时段,可以使产品获得更多的展示机会,从而获得更多的流量。

根据相关数据统计,在淘宝上,一周中通常周一和周五是流量最多的两天,因此很多商家会把产品的上下架时间设置在周一或周五。而一天当中流量较多的时间段通常是在上午的10:00—11:00,下午的 3:00—4:00,以及晚上的 8:00—10:00。因此,运营人员应当尽量把产品的上架时间设置在这几个时间段内,这样才能够获得更多的流量。

需要注意的是,虽然全网各个时间段的流量变化基本相同,但是由于销售产品的类目和消费者的购买习惯不同,流量高峰时间段可能会存在一定的差异。因此,运营人员在设置产品上架时间前，一定要先利用数据分析工具查询店铺销售的产品所在类目的产品上架时间段分布。产品上架法则如图3.9所示。

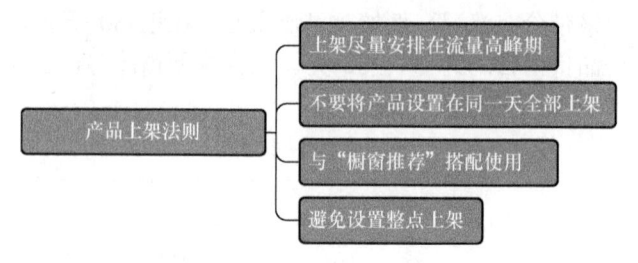

```
                    ┌─ 上架尽量安排在流量高峰期
                    │
                    ├─ 不要将产品设置在同一天全部上架
     产品上架法则 ──┤
                    ├─ 与"橱窗推荐"搭配使用
                    │
                    └─ 避免设置整点上架
```

图3.9　产品上架法则

2．产品上下架的基本操作

产品上下架的基本操作不只包括产品的上架和下架，还包括修改产品信息、删除库存产品等。

（1）产品的上架

一般在产品发布之后，还需要对产品进行上架操作，才能最终将产品呈现在消费者面前。

（2）产品的下架

一般来说，产品发布后7天会自动下架再上架，不需要商家来人工管理。但有时候因为一些意外，如突然发现产品有质量问题或产品供货跟不上，就需要人工下架正在出售的产品。

（3）修改产品信息

有时候需要修改正在出售的产品的某些信息，如颜色、数量或价格，则可以在"卖家中心"操作。

（4）删除库存产品

对于已经不再出售的产品，可以将之从"仓库"中删除，操作方法也很简单。

3.1.4　货源

1．货源常见问题分析

对商家来说，除了确定产品，选择何种进货渠道也是一件重要的事情。如果是新手商家，一般在获得利润之前不敢贸然大量进货，而是在有订单后再采购，或者只投入少量资金，先进行一次尝试。如果是做兼职商家，则没有太多时间去市场挑货。一些新手商家寻找货源时的常见问题如表3.2所示。

表3.2　新手商家寻找货源时的常见问题

常见问题	解决方式	风　险
因为是新手商家，在获得利润之前，不敢贸然大量投资囤货，而是在有订单后再采购，零库存	零售的订单，去国内其他网店进货	有可能遇到网站断货的情况，造成成交不卖的问题
因有全职工作，兼职做网店，没有时间去市场挑货	批发的订单，去国内有批发性质的网站进货；商家也可以加入一些比较靠谱的行业信息群，在了解最新信息的同时掌握一手货源	金额稍大的订单在网上进货不放心
只投入少量资金，尝试一下销售过程	不囤货、零库存，避免预算被无效使用	有订单再采购，可能遇到物流等不可抗力因素导致超过发货周期

寻找货源最重要的注意事项是切忌跟风。不要看见其他商家卖得火，自己的店铺就跟着卖，这是生意场上的大忌讳。要将自身的具体情况和外部条件综合起来，比较之后再做出决定。除了货源市场，商家还要根据自己的时间条件来选择货源。如果上班族兼职网站商家，那就要确定是否有充足的时间去处理进货、发货等一系列细节问题。售后服务和货源同样重要。作为商家，对行业知识懂得越深、越精，买家越觉得其是行家，越对其有信任感，从而越有可能与其交易。

2．寻找货源的方法

优质的货源无疑是商家获得更多订单、赚取更多利润的基础。因此，商家在考虑进货渠道时，可以从质量、议价空间、是否便捷等方面综合考虑。下面介绍几种寻找货源的方法。

1）利用人际关系寻找货源

如果商家自己或朋友开有实体店，或者和某些生产厂家有关系，那就不用担心货源问题。利用好自己的交际圈子，可以节省成本，产品售后也有保障。

2）在 B2B 网站寻找货源

阿里巴巴上聚集了各类厂家，很多都提供批发业务，产品也配有图片。不过，这类厂家很多都要求大量进货。如果商家前期资金和经验不足，建议在阿里巴巴的小额批发区进货。200～500 件混批，虽然进价会稍微高一点，但是刚开始经营店铺不要过度追求高利润。

3）做网店代理或代销

现在很多电子商务网站上不仅有做批发业务的，还有提供代理、代销服务的。网店代理比较适合网店新手，不用什么成本就能将网店开起来。但是在找这类代理的时候，一定要多对比，可以先买一两件产品看看。

4）直接在淘宝上寻找货源

淘宝上有很多有实力的大商家，其中就有提供批发或代销的。可以对他们多了解一下，看看他们的客户对产品的评价如何，如果质量和货源都比较稳定，就可以找他们供货。

5）去当地的批发市场寻找货源

如果商家资金比较充裕，可以直接去批发市场看货、进货。这样有两个好处，一是可以看到商品的质量，二是自己有库存就不会出现断货的情况。

总结来说，不同的商家寻找货源的方法如图 3.10 所示。

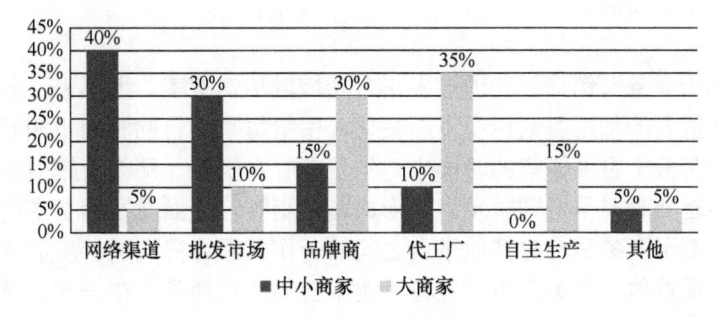

图 3.10　不同的商家寻找货源的方法

3.2　营销

随着电子商务领域的竞争日益激烈，各大商家开始意识到营销推广的重要性。营销推广不仅可以为店铺引流，带来销售额的增长，而且可以提升产品或店铺的知名度，吸引潜在消费者，增强消费者的黏性，助力商家塑造品牌。随着移动互联网的普及，电子商务营销推广的策略越来越丰富，面对这些策略，如何选择、运用成为商家关注的重点。

3.2.1 电子商务营销基础

1. 电子商务营销的特点

电子商务营销是基于电子商务完成一系列营销环节，达到营销目标的过程。电子商务营销具有以下几个特点。

① 电子商务营销离不开互联网，可以说电子商务营销与网络营销有着密不可分的关系。

② 电子商务营销具有交互性，双向互动的沟通方式使消费者的参与性和积极性得到了有效提升，也使企业营销策略更具有针对性。

③ 电子商务营销具有个性化特点，它是一种由消费者主导的、非强迫性的和循序渐进的低成本与人性化的促销，消费者可以根据自己的需求自由选择产品，或者通过信息主动寻找产品，并提供需求和反馈，以方便企业提供更加个性化的产品和服务。

④ 电子商务营销效率更高，需要熟练使用计算机、网络技术和营销手段的复合型人才。

⑤ 电子商务营销的传播速度快，网络社交群体之间信息的高效传输，使好的产品和品牌能够在电子商务营销中快速形成口碑传播。

2. 电子商务营销的发展趋势

我国电子商务营销的发展较为兴盛，在各种内容平台的助力之下，电子商务营销已经能对消费者施加较大影响，并呈现智能化、全域化、内容化的趋势。

1）智能化

与电子商务营销相关的技术逐步升级，将助力电子商务营销实现智能化。电子商务营销过程中所要完成的工作相当繁杂，如在投放广告时需要不断根据实际效果调整投放策略，并将营销信息尽可能地推送给更多的目标消费者。这些工作对相关人员的能力和经验要求很高。一旦出现偏差，就可能无法实现电子商务营销的目标，对营销资金也无法实现充分的利用。而利用新的技术使营销流程的各环节实现智能化，将有效提高电子商务营销过程中操作的便捷度和资金的使用效率。因此，各大商家对电子商务营销的智能化升级都有较为强烈的需求，这一需求将有力推动相关技术的发展。

2）全域化

全域化是指电子商务营销信息能通过多平台全域触达消费者。近年来，各类内容平台如雨后春笋般涌现，消费者的使用习惯也在不断变化，留给每个平台的时间也相对减少。若商家只利用消费者在电子商务平台上停留的时间来对消费者施加影响，那么营销效率将不会很高。电子商务营销发展的趋势为多平台同时发力，形成营销矩阵，全面激发消费者的购买欲。可以预见的是，在未来，电子商务平台与其他平台之间的合作关系将得到进一步加强。

就目前而言，通过电子商务广告联盟将各类平台系统化地整合在一起，是未来各电子商务平台为实现全域化发展而建设的方向。对阿里巴巴、京东等已经建立了电子商务广告联盟的电子商务平台而言，下一步的工作是吸纳更多类型的合作平台，将消费者在各个平台上留存的数据进行有效整合，提升电子商务营销模式与各类平台的适配度。

3）内容化

随着消费者上网与消费习惯的改变，千篇一律、过于直白的营销方式对消费者的影响已经大不如前。借助内容来打动消费者的营销模式越来越被消费者所接受,这也使得电子商务营销不再停留在单纯的产品介绍上,而是进一步融合具有可看性、娱乐性的内容。

可以预见的是,在未来的电子商务营销中,具有强大粉丝基础的关键意见领袖(Key Opinion Leader,KOL)将进一步凸显其流量价值,与 KOL 合作或培养自己的 KOL 将成为很多商家的选择。而内容形态较弱的交易型电子商务平台将跟随内容化趋势,进一步加大自身内容板块的建设力度,以分享社区、短视频、直播、资讯等内容模式吸引消费者,从而提升消费者的黏性。

电子商务营销推广策略,可以分为电子商务平台内营销推广和新媒体平台营销推广两部分。

3. 付费工具推广

为了帮助商家提升店铺流量和销售额,电子商务平台为商家提供了很多付费推广工具,如淘宝网提供的直通车、钻石展位,京东提供的京东快车等。这些付费工具能够为店铺带来一定的流量,但会产生相应的推广费用。商家在新建推广计划前,要保证所推广的产品的主图、详情页等具备一定的吸引力,并尽可能地提高成本收益率。虽然不同的付费工具的运作原理并不完全相同,但很多运营思路是共通的,如衡量好成本与收益之间的关系、注重转化率的优化等。

1)直通车

直通车(见图 3.11)是淘宝网为商家量身定制的一种推广方式。直通车按点击付费,可以精准推广商品,是淘宝商家进行宣传与推广的主要手段。直通车不仅可以提高产品的曝光率,还能有效增加店铺的流量,吸引更多消费者。

图 3.11　直通车

直通车是淘宝网推出的一种付费推广方式，消费者可通过点击直通车推广展位的产品进入该产品详情页，产生一次甚至多次跳转流量。同时，直通车还给参与商家提供了淘宝网首页热卖单品活动、各个频道热卖单品活动，以及不定期举办的直通车商家专享活动，通过多种方式给产品带来流量。

2）钻石展位

钻石展位（见图3.12）是淘宝网提供的一种营销工具，主要依靠图片创意吸引消费者点击，从而获取流量。钻石展位为商家提供了数量众多的网内优质展位，包括淘宝网首页、内页频道页、门户、画报等多个淘宝站内广告展位，以及搜索引擎、视频网站等多个站外媒体展位。钻石展位分为展示广告、移动广告、视频广告和明星店铺4种类型。其中，展示广告平台以图片展示广告为基础，以精准定向为核心，面向全网精准流量实时竞价。钻石展位展示广告平台支持按展示付费（Cost Per Mille，CPM）和按点击付费（Cost Per Click，CPC）。其中，按展示付费是指按照广告创意每1 000次展现计费；按点击付费是指广告创意按照消费者点击次数计费。钻石展位的展示位置包含淘宝网、新浪微博等几十家淘宝网内外优质媒体中的上百个流量优质展位。

图3.12 钻石展位

4．平台内活动营销

电子商务平台通常会安排一系列营销活动来激发消费者的购物欲，如淘宝网的聚划算、淘金币，拼多多的9.9元竞价活动，京东的秒杀活动等。对商家而言，参加电子商务平台的营销活动可以为店铺带来更多的流量，是一种非常有效的营销手段。只要满足活动要求，商家即可报名参加活动或竞争活动名额。不同的活动具有不同的针对性，所带来的推广效果也不相同。一般而言，在正式开始营销活动前，商家要对以下5个方面进行策划。

1）选择营销时机

商家应选择一个合适的营销时机，这样不仅能减少竞争压力，还能最大限度地获取利润。在选择营销时机时，通常有两种方式：一是在节假日期间进行促销，即借助节假日，如"双十一""6·18"等，引入更多的客流；二是按照产品季节周期进行促销，对于季节性产品，可以在产品销售旺季安排营销活动。

2）设计营销活动时长

营销活动时长最好设计在 2～5 天，营销活动的关键在于给消费者制造一种紧迫感，促进产品的销售。

3）确定营销活动频率

不少商家都有跟风开展营销活动的习惯，其实这是不对的。开展营销活动一定要把握一个合理的度，过于频繁的营销会让消费者怀疑产品的品质，降低产品的档次，不利于塑造品牌形象。

4）策划营销活动力度

营销活动需要在价格上给予折扣或付出推广成本，因此商家不可一味追求活动力度，要确定参与活动的产品数量、产品降价幅度等，提前做好活动预算。

5）选择参加营销活动的产品

参加营销活动的目的是增加产品销量，提高销售额。但进行营销的产品必须具备好的质量，同时还应该具有以下 5 项必备要素：利润空间大，销量转化较好；热销潜力比较大，评价比较好；货源比较稳定，不会出现断货、缺货的情况，最好不缺码、缺色；尺码标准，颜色主流，容易被大众接受；产品应季，符合当前的流行趋势。

5．移动端营销

在移动电子商务环境下，消费者的习惯和需求逐渐发生变化——消费者希望能够随时随地精准地享受各项个性化服务，这就需要商家进行更加精准的营销定位，使用更加完善的移动营销手段。随着移动端网购逐渐成为消费者的购物习惯，移动端营销的重要性也日益凸显。各大电子商务平台对移动端营销也颇为重视，为商家提供了很多移动端营销手段，如淘宝网的微淘、淘宝群、淘宝直播，京东的直播等。相对于 PC 端营销，移动端营销具有如下几个特征。

1）高度的便携性

移动端具有极高的便携性，消费者可以随时查看商家发布的相关内容。而蓬勃发展的移动通信技术让更多营销手段成为可能，如移动网络速度的提升使消费者能够随时随地观看直播。

2）高度的精准性

大数据技术和移动定位服务使得商家可以更加精准地将营销信息推送给目标人群。例如，经营鲜花的店铺通过移动定位服务，将线上线下渠道打通，为线下实体店附近的消费者推送自己的营销信息，将其引导到自己的实体店中。

3）成本相对低廉

目前电子商务行业的流量成本逐渐上涨，如对直通车而言，商家往往需要支付较高的推广费用才能占据较好的推广位置。而在移动端营销中，商家可以利用有价值的内容吸引消费者的关注，以相对较低的成本获得更好的推广效果。

3.2.2　目标用户特征分析

用户运营是整个电子商务运营工作中的一个重要环节。用户运营需要运营人员从目标用户的特征（如性别、年龄、职业等）出发，分析用户的消费需求、消费特点、消费心理，根据分析结果来定制对应的运营方案。当有了一定的用户基础后，运营人员要将用户集中到群组中，实行统一管理，吸引更多新用户，并将之转化为老用户，同时也要维持老用户的数量，并挽回流失的老用户。

目标用户群体分析是运营人员必备的技能之一，只有通过分析目标用户的特点，才能制定相应的运营方案、个性化的产品与服务等。下面就介绍一些分析用户群体常见属性的方法。

1. 性别分析

确定目标用户的性别，对发展新用户、将新用户转化为老用户等方面的运营活动有较大的帮助。在店铺装修风格上，以大多数目标用户的性别为主来选择装修风格，在设置活动规则方面同样如此。例如，某店铺以经营女装为主，其目标用户大多为女性，店内装修风格应偏向女性化，活动礼物也应优先选择女性用品。

运营人员可以根据产品的关键词在百度指数或生意参谋中获取目标用户的性别分布。例如，在百度指数搜索页面输入关键词"领带"，在用户画像中将显示搜索该关键词的男女性别比例。根据这一结果可知，在对领带感兴趣的用户中，男性占 57.96%，女性占 42.04%。由此可见，领带产品的目标用户性别为男性。

另外，运营人员可以根据用户画像制定相应的运营策略。例如，商家可以推出买领带送领带夹的活动来吸引男性用户的注意。运营人员也可以使用逆向思维来制定运营策略。例如，大多数女性用户对领带没有兴趣，主要是因为她们自己很少使用领带。针对这一特点，运营人员可以在电子商务平台内部、社交平台上发布一些有关领带的软文。例如，发布一些女性为男朋友、丈夫或父亲挑选领带的方法，从而吸引更多女性用户的关注。

网店主要用户群体的特征如图 3.13 所示。

图 3.13 网店主要用户群体的特征

2. 年龄分析

不同年龄层的用户在购物方面有不同的特点，例如，年龄在 18 岁左右的用户一般是学生，消费水平普遍不高，对产品价格较为敏感。运营人员在策划活动时，应重点突出产品的性价比,吸引用户购买。年龄在 25~30 岁的用户,有一定的经济基础,通常追求的是产品的品质,因此应在文案中突出产品品牌和质量以吸引用户。

有些电子商务平台提供访客分析功能,运营人员可以借助该功能查看进店用户的年龄信息。如果电子商务平台没有提供该功能,运营人员也可以在百度指数平台搜索关键词来查看用户的年龄信息。例如,在百度指数平台输入关键词"电视机",在用户画像中将显示搜索该关键词的用户的年龄分布。根据这一结果可知,在所有搜索该关键词的用户中,年龄在 30~39 岁的占比最高(43%),这也是电视机的主要目标用户人群。策划营销活动时应重点考虑该年龄段用户的特点。

通常,年龄在 30~39 岁的用户,在购买电视机时更看重产品的品质和品牌。运营人员应重点利用产品的品牌和品质来吸引这部分用户,不能只注重价格方面的调整。

3. 消费水平分析

用户在网店的消费水平体现了用户的消费能力,运营人员应优化产品的价格,迎合大部分用户的消费水平。

运营人员可在电子商务平台的后台收集访客信息、已下单用户信息和支付金额等内容。例如,在淘宝、天猫平台开设店铺的商家,运营人员可以利用生意参谋查看近 90 天的支付金额,再根据这些支付金额分析大部分用户的消费金额。

优化产品的价格不是将产品价格降低或提高到大部分用户可承受的水平,而是在做推广活动时,要选择大部分目标用户都能轻松接受其价格的产品作为活动产品。

4. 地域分析

不同地域的用户有不同的性格特征、购物偏好,运营人员可以根据地域分布来分析用户的偏好、风俗习惯与消费行为习惯等。例如,食品行业的商家应该都熟知"南甜北咸、东辣西酸"的基本信息。运营人员可以根据大部分用户的集中分布地域来调整运营计划。

用户地域分析并不仅限于食品类目,也适用于其他类目。例如,服装类目,上海地区用户更偏向精致、华贵的服装;云南地区用户更偏向具有民族风格的服装。如果店内的用户人群分布地域相对比较稳定,运营人员就需要根据这几个地域的用户特征,强化店铺风格。例如,某类服装的用户人群集中在云南地区,运营人员就可以将云南地区特有的文化元素、地域元素添加到店铺设计中,增加用户的好感和黏性。

5. 关键词分析

关键词对产品引流至关重要,一个有吸引力的关键词,能吸引更多用户点击产品详情页,进而促使更多用户下单,所以运营人员应分析产品目标用户搜索的关键词。

分析目标用户的营销偏好,可以帮助运营人员决定在店铺页面添加哪些风格的元素。例如,某店铺未支付访客的营销偏好是天天特价,为了转化这部分用户、促成交易,运营人员可在店铺首页设置"天天特价"板块,用以展示特价产品。

分析用户的搜索关键词,可将关键词组合到产品标题、软文标题中。例如,用户的搜索关键词前三名是"显瘦""长款""文艺",运营人员在组合标题时可写为"2022 年夏季新款文艺中长款无袖背心打底裙薄棉提花显瘦连衣裙"。

3.2.3 视觉营销

视觉体验作为消费者购物的第一印象,受到越来越多商家的重视。做好视觉营销,能够第一时间抓住消费者眼球,提升网店的客流量、停留时间,并提升转化率与品牌认知度。

1. 视觉营销基础

视觉营销是营销技术的一种,也是一种可视化的视觉体验。视觉营销是指通过视觉达到产品营销或品牌推广的目的,可以理解为通过视觉的冲击提高消费者(潜在的)兴趣,实现产品或服务的推广。

视觉是人类接收外界信息的重要渠道,也是影响消费者行为的重要先决因素。视觉营销的根本目的在于塑造网店的良好形象和促进销售。视觉营销,顾名思义,就是在消费者的视觉上下功夫,引起消费者注意,唤起消费者兴趣,激起消费者购买欲望,促进消费者采取购买行为。

1)视觉营销的必备技能

一名优秀的视觉营销人员,掌握的技能非常全面,如懂得图片处理和网页设计,并熟知拍摄技巧和网络营销。

要做好视觉营销,主要从以下几个方面着手。

① 文案策划。
② 产品拍摄。
③ 图片处理。
④ 详情页设计。
⑤ 网店装修。

2)视觉规范化的实施和应用

① 不要超过 3 种字体,建议采用一种字体,用不同的字号来突出关键词。
② 不要超过 3 种修饰,如不要同时使用阴影、金属、发光和描边。
③ 不要超过 3 种颜色,否则无法突出重点。
④ 字体要与产品和网店风格协调。
⑤ 时尚家居类产品一般选择罗马字体。
⑥ 3C 电子类产品一般选择黑体字体。
⑦ 婴童类产品一般选择可爱的圆体字体。
⑧ 运动、汽配类产品一般选择黑体和斜体字体。
⑨ 杂货类产品一般选择"万能字体"——黑体类,如 Arial、Helvetica。

2. 文案策划

文案就是文字内容,策划就是通过文字内容来塑造一些画面、情景,刺激消费者的感官,让其产生联想,从而唤起消费者的兴趣。在网络营销中,所有图片的设计都必须先从文案入手。文案策划主要考虑的是广告文案的策划,如传达对象、传达重点、创意构思、情景设计等。在电子商务企业,营销策划的工作通常由运营人员或营销人员负责,而文案策划的工作通常由文案策划人员负责。

文案策划要做的只是真实地展示产品的功能、用途、适合人群、适用场景等。视觉营销的最终目的是营销,所以人们常把好的产品文案称为营销型文案。

1)文案的类型

(1)店招文案

店招就是商店的招牌。随着网络交易平台的发展,店招也延伸到网店中,即虚拟网店的招牌。店招的大小一般都有统一要求,以速卖通来说,店招宽度一般为 100px,高度为 100 150px。

格式为 jpg、gif（淘宝网自身有 fah 格式的店招）。为了追求良好的视觉营销效果，卖家往往会重视店招的吸引力。由此，店招的形象化和生动化逐渐为网店卖家所重视。而一个好的店招文案能够在说明店招图像的基础上，促进产品或品牌的文字推广，并引起消费者对产品详细信息的关注。

国内网店，以淘宝网店为例，店招的组成要素一般包括网店名称、品牌标识、主营产品 3 个基本部分；速卖通店招一般由店名、文字说明和产品图片组成，在文案设计中，要求有明确的产品定位，再加上适当的文字说明。

网店名称一定要通俗易懂，朗朗上口。经营多种类产品的网店，店名可以使用一个词或简单的词组，但一定要简单大气。经营单一种类产品的网店，则店名最好与产品有一定的关联，可以选择将产品的关键词包含在店名中。

设计店招要做好产品、品牌、买家的定位，要充分体现网店的优势，并辅以让人过目不忘的广告词。此外，网店的卖点和优势也是店招中要体现的重要元素。如果网店经营的是品牌类产品，就可以考虑做个性化定制，如"支持海外仓发货"或"厂家直销"等。最后，由于店招所处的页面位置视觉展示效果较好，也可以将促销活动元素加入店招图片和文字的设计中，如"年中大促""双十一大促""打折季"等。每年 3 月和 8 月，速卖通平台都有大型促销活动。除此之外，网店还可以根据自己的经营性质自行设计一些促销活动，这些都可以在店招中体现出来。

（2）海报文案

网店的海报文案主要是指广告图片中的文案。这类文案的主要作用是吸引消费者点击进入网店或产品详情页，扩大品牌影响力或产品的传播面。这类文案对站内、站外引流起着至关重要的作用。

通常来说，网店海报可以分为 3 种类型，分别为爆款打造、品类推荐、活动广告。爆款打造又指单品推荐，一般放在网店的首页滚动 banner 中和产品详情页的关联推荐中。爆款打造的产品以低廉的价格吸引消费者关注，所以在海报图片设计中要突出价格优势，可适当地突出价格文字的表现效果。

品类推荐是指针对网店主营类目产品进行推荐，所吸引的流量针对类目下的一个大类，通过吸引流量到类目下，提升网店的整体转化率。因此，这类文案策划需要把握这类产品的共同优势，将流量和转化率较高的产品及介绍放在海报主图的显要位置。

活动广告一般有新品预售、清仓甩卖、节日促销等方式，活动设计强调利益刺激，所以在策划文案的时候一定要注意这一点。

（3）产品详情文案

产品详情文案有许多选择，可以按部就班地做一个从产品实际属性角度出发的文案，也可以做一个更加灵活、富有创意、有故事情节的文案。产品详情文案直接关系到网店内的成交转化，因此需要多费一些功夫。

一份好的产品详情文案，能更好地体现产品的卖点，打动消费者的心，也能提高消费者的访问深度，甚至还能起到引导购买、提高转化率的作用。有些文案可以以图片的形式出现，但更多的时候，网店在上传产品详情的时候直接使用文字就行，这样才能真正算图文并茂，有利于提高产品的搜索匹配度。

2）文案策划的注意事项

（1）七秒定律

七秒定律是由美国营销界人士通过数据调研总结出来的，是指面对琳琅满目的产品，消费者只需要 7 秒就可以确定购买意愿。如今在各大网络购物平台，"秒杀"一词也是七秒定律的应用。

在竞争异常激烈的互联网信息时代，消费者搜索任意产品、进入产品页面停留的时间都是用秒来计算的，如何让消费者在 7 秒甚至更短的时间内获取最能够激发其购买兴趣的信息是关键，即人们常说的"视觉秒杀"。因此，做好视觉营销，"秒杀"是关键。

（2）KISS 原则

KISS 是英语 Keep It Simple & Stupid 的首字母缩写，也称为"懒人原则"。KISS 原则是针对产品的设计来说的，指产品的设计越简单越好，简单就是美。产品的文案设计也是一样的道理，需要把一些专业的产品参数转化成通俗易懂的文字。

（3）FABE 原则

FABE 是英文单词 Feature、Advantage、Benefit、Evidence 的首字母缩写，即特性、优势、好处、证据。FABE 原则就是指在产品介绍中，将产品的属性（特性）、所具有的作用（优势）、能够给消费者带来的好处、相关证据有机地结合起来，按照一定的逻辑顺序加以阐述，形成完整、完善的推销话术。FABE 法则是推销员向消费者分析产品利益的好方法，也是文案策划中经常用到的营销方法。

以羊毛衫为例，可以把以下内容落实到产品详情页上。①产品特性：产地、材质、做工、品牌。②产品特征带来的优势：产地就是一种优势，如嘉兴皮草、岭南荔枝、泰国大米、安西铁观音等。③带给消费者的好处：保暖、抗起球、防静电等。④相关证据：官方检测报告、营业执照、生产证明、好评截图、厂房图片、仓储、设计等。

（4）规避敏感词和违禁词

① 亚马逊的敏感词：Insecticidal（杀虫）、Antitoxic（抗毒性）、Antimildew（防霉）、Disinfect（消毒）、Waterproof（防水）、Antifungal（抗真菌药）、Allergens（过敏原）、Dustproof（防尘）、Preservatives（防腐剂）、Filters（过滤器）、Insecticide（杀虫剂）、Mites（螨虫）、UV（紫外线）、Dust（灰尘）、Antimicrobial（抗菌剂）、Insect repellent（驱虫剂）、Used to prevent（用于防止）、Insects（昆虫）、Eliminate（消除）、Pests（害虫）、Antioxidation（抗氧化）、Bacteriostatic（抑菌剂）、Mildew proof（防霉）、Anti-Virus（防病毒）、Filter Air（过滤空气）、Resist Ultraviolet Rays（抗紫外线）、FDA Certified（FDA 认证）、Anti-Bacteria（杀菌）、CE Certified（CE 认证）、Sanitize-Blight（防病毒）、With Nicotine（含尼古丁）、Sterilize（消毒）、High Quality（高品质的）、Anti-Fouling（去污）、New Arrival（新品）、Satisfaction Guarantee（保证满意）、Extended Service Warranties（延长保修服务）、Most beautiful（最美的）、Money-back Guarantees（保证退款）、Imported（进口的）等。

② 淘宝的违禁词及可替换词。
- "最"系列：不能用"最佳""最优""最好""最大""最高""最低""史上最""最先""最新""最后"，可替换为"理想""特出""超卓""头家""头等""同类产品性价比指数高""有史以来"。
- "一"系列：不能用"第一""唯一""No.1""TOP1""一流""仅此一天/次/款""最后一波""全国×大品牌之一"，可替换为"首要""仅此""Number 1""T.O.P1""当先""只是今日/次""没有来日""中国××品牌佼佼者"。
- "级"系列：不能用"国家级""国际级""世界级""千万级""百万级""星级""5A""甲级""超甲级"，可替换为"民族级""国外级""寰球级""万万级""××

级""AAAA""优级""超优级"。
- "独"系列：不能用"独创""开发者""缔造者""创始者""发明者"，可替换为"创举""开启者""锻造者""发起人""发现人"。
- "绝"系列：不能用"史无前例""永久""万能""百分之百"，可替换为"史前无例""悠久""全适用""遗漏"。
- "奖"系列：不能用"点击领奖""恭喜获奖""点击有惊喜""抽奖"，可替换为"轻点领奖""恭喜得奖""一点惊喜到""摸奖"。
- "首"系列：不能用"首个""首发""首席""首选""首屈一指""全国首家""国门""填补国内空白""国际品质"，可替换为"首先""始发""Leader""首挑""压倒元白""中国头家""民族大门""填补民族空白""寰球品质"。
- "领"系列：不能用"领先""著名""掌门人""领导者""领袖""引领"，可替换为"当先""盛名""执掌人""掌舵者""首领""指引"。

3．图的设计和构建

不同电子商务平台对图的尺寸要求各不相同，图的设计要符合各平台的规定。淘宝的要求是：店标 80px×80px，移动端店招 280px×50px，PC 端店招 950px×120px，通栏 1 920px×150px，页头 156px×150px，大轮播海报 1 920px×500px，中轮海报 950px×（100～600）px，小轮海报 750px×（100～600）px，店铺固定背景 1 920px×1 080px。拼多多的要求是：店招 1 920px×150px，海报宽 1 920px，高不限，主图 800px×800px，详情页宽 990px，高不限。天猫的要求是：海报 1 920px×（600～1 000）px，店招 990px×150px，全屏 1 920px×150px，主图直通车图 800px×800px，详情页图宽 790px，高不限，无线端 640px×200px，PC 端首页宽 1 920px，高不限，App 首页宽 750px，高不能超出 2 000px。京东的要求是：店招 1 920px×150px，海报 1 920px，高不限，主图 800px×800px，详情页宽 990px，高不限。

1）产品主图

当消费者在电子商务平台搜索产品的时候，出现在他们眼前的是产品主图。主图的设计将直接影响点击转化率。亚马逊的产品主图和产品详情页如图 3.14 所示。

图 3.14　亚马逊的产品主图和产品详情页

主图制作容易出现的误区包括：主体很多，没有重点；画面杂乱，主体不突出；图片很暗，主体不突出；图片比例不一致，非正方形；文字过多，遮盖主体。

产品主图的设计工作包括了解主图制作、制作主图内容、成图。

（1）了解主图制作

制作主图之前需要准确把握电子商务平台对主图的要求。例如，速卖通对产品主图的格式、大小等有硬性要求，具体如下。

图片格式 JPEG；文件大小 5MB 以内；图片像素建议大于 800px×800px；横向和纵向比例建议 1∶1～1∶1.3；图中产品主体占比建议大于 70%；背景白色或纯色，产品图片风格统一，建议放在左上角，不宜过大，不建议自行添加促销标签或文字。

（2）制作主图内容

制作主图内容之前需要确定主图成品标准和参考，确定拍照的姿势，为后续的图片调型找好参照物；做好纠正图片偏色的准备，为后续纠正偏色放置灰卡；注意拍摄细节，方便后期处理，为后续调型留出衣袖和衣身的空间。

使用 Photoshop 制作主图内容的标准流程和操作方法如下。①调整偏色。按 Ctrl+M 组合键调出"曲线"对话框，选中"灰场"图标，调整曲线之后纠正偏色；调整中线。②按 Ctrl+T 组合键旋转图片，使中线与参考线平行，要注意旋转中心点的位置；抠图换背景。服装通常可用选择工具结合调整边缘抠图；如有高要求，可用钢笔工具抠图。

（3）成图

将处理好的图片拉到做好的模板中，调整好大小。保存图片，单击"文件"按钮，选择"存储为 Web 所用格式"选项，打开"存储为 Web 所用格式"对话框。在"预设"下拉列表框中选择"JPG"选项，优化图片，保持图片大小在 5MB 以内。图 3.15 列举了几种不同风格的主图。

图 3.15 几种不同风格的主图

2）店招图设计

（1）店招图视觉标准

店招指店铺招牌，店招中通常包含店铺名称、标识等内容，买家看到店招后，会对店铺有一个大体的印象，并对店铺产品有一个大致的定位。

通常来说，只要选取了试用模板，店招、全屏轮播等模块都会出现。在第三方提供的模板中，店招还能调整导航栏的样式。

导航背景的高度为 33px，商家可以充分发挥自己的创意去打造独特的导航。对于较大的图片，速卖通的图片空间暂时无法支持，可以借助阿里巴巴的图片空间来实现。可以将图片上传到阿里巴巴网站的图片空间，取得图片地址后使用。

（2）店招图设计方式

速卖通平台的店招尺寸为宽 1 200px，高度可以在 100～150px，一般在设计店招的时候应该尽量将店招区域充分利用起来，将尺寸设计为 1 200px×150px。这样能够用尽可能大的空间展示店铺信息，店招也会显得相对大气，从而提高买家的认可和购物体验。

在进行店招图片设计的时候，目前速卖通平台的店招板块只能加入一个超链接。在不同的时间段，有不同的促销方式和不同的重点推荐产品，因此店招也要随之改变。爆款产品、产品分类、促销链接等都可以放置在店招中。但是在大多数情况下，店招设置的链接是首页链接，以方便买家挑选商品时随时回到网店首页。

速卖通平台的新店招还为网店提供了更多的功能，如国际语言、店铺收藏、二维码等。使用这些功能时，首先勾选需要添加的内容，然后在相应的板块中调整参数和图标。

3）广告图设计

（1）广告图视觉标准

轮播广告图在系统板块内的尺寸为宽 960px，高 100～600px。对宽 960px 的广告图片来说，高为 400px 在视觉效果上更加美观。图片要求无边框和水印，不允许拼图。另外，标识需统一放在图片左上角，约占主图的 1/10。

轮播广告图占用了系统首页的大部分面积，并占据了非常醒目且有价值的空间位置，所以在设计轮播广告图时要注意，广告图片一定要有有效的文案与行为导向按钮。在轮播广告图的设计中，通过真实的产品展示，并配以营销型文案口号，更容易抓住买家的心。买家被海报的文案口号所吸引，对产品产生了购买欲望，就会迫切地进入产品购买页面，此时一个醒目的购买链接就能很好地满足买家的需要。

（2）广告图设计方法

在速卖通平台打开图片轮播的编辑页面，可以单击"点击添加图片"按钮来上传图片，或者单击"添加新图片"按钮来增加图片的数量。

单击"点击添加图片"按钮后，页面下方会出现上传图片的区域，可以选择上传本地图片，也可以从 URL 中直接添加。

图片上传成功后，单击"使用这张图片"按钮，即可在当前位置使用刚刚上传的图片。

（3）广告图设计误区

① 夸大其词。有些广告为了吸引消费者，难免有些夸大其词，但是如果过度吹嘘，尤其是保健品广告，容易让产品"昙花一现"。

② 重创意，轻叫卖。叫卖式的广告要比含蓄的广告更容易让人接受。创意广告设计除了强调美观，还要强调叫卖，能见效益。

③ 广告表现与广告诉求脱节。广告表现不是目的，而是手段，广告表现的最终作用是将广告诉求以鲜明、容易记忆的方式传达给目标消费者。广告表现与广告诉求一致的广告即便投放量少，也能让买家记住重点内容，如果吸引买家注意力的广告表现与后期的广告许诺不符，

就会造成广告成本的加大。

电子商务企业常备的作图网站有千图网、花瓣网、素材中国、昵图网、淘图网、千库网、摄图网、包图网等。

实际操作

> 利用图怪兽处理图片素材。登录图怪兽网站，单击"开始作图"按钮，选定相关模板，对图片素材进行处理。

3.2.4 网络营销

1. 网络营销基础

电子商务产品要进入市场，要做的第一件事情就是营销。营销一直是商业运营活动的一个重要组成部分。营销的目的是吸引更多的消费者并维持消费者关系。传统的市场营销使用多种营销手段，包括定价、广告、渠道选择等。网络出现并流行后，营销进入新时代，新的工具被添加到营销手段中，市场划分越来越细，营销理念越来越新。

1）营销的定义

营销（Marketing）的定义有很多。西方学者杰罗姆·麦卡锡（Jerome McCarthy）于1960年对市场营销下了定义：市场营销是企业经营活动的职责，它将产品和劳务从生产者直接引向消费者或使用者，以便满足消费者需求，实现公司利润。这个定义指出了满足消费者需求及实现企业盈利是市场营销的目标。

市场营销是一种企业经营活动，是企业有目的、有意识的行为。满足和引导消费者的需求是市场营销活动的出发点和中心。

2）营销模型

（1）4P模型

4P理论由杰罗姆·麦卡锡于20世纪60年代提出。最初的模型中只有产品（Product）、价格（Price）、渠道（Promotion）和促销（Place）4个要素，后来英国特许市场营销协会的课件将其进行了迭代：将品牌的"承诺"放在了"靶心"的位置。

（2）SWOT模型

SWOT模型即态势分析法，由美国管理学教授海因茨·韦里克（Heinz Weihrich）于20世纪80年代初提出。SWOT模型被用来分析企业和竞争对手的优势与劣势、机会与挑战。优劣势分析主要着眼于企业自身的实力及其与竞争对手的比较，而机遇和威胁分析将注意力放在外部环境的变化及对企业可能的影响上。通过进行SWOT模型分析，可以帮助企业把资源和行动聚焦在自己的强项和有最多机会的地方，并让企业的战略变得明朗。

（3）波特五力模型

波特五力模型由迈克尔·波特（Michael Porter）于20世纪80年代提出。五力是指：同行业内现有竞争者的竞争能力；潜在竞争者进入的能力；替代品的替代能力；供应商的讨价还价能力；购买者的讨价还价能力。

波特五力模型能够让人们看清在行业中的生存空间、机遇和风险；特别重要的是可以让人们判断未来的竞争对手是谁，以及这个竞争对手的能量如何。

(4)整合营销传播模型

整合营销传播理论及原始模型由美国西北大学教授唐·舒尔茨（Don Schultz）于20世纪80年代提出。品牌的营建依靠4类传播工具：传统广告、数字营销、公共关系、销售促销。消费者的决策包括4个阶段：认知、兴趣、决策、购买。整合营销传播模型可以让人们认识到针对不同的客户要使用不同的传播工具。

(5)4Cs营销理论

美国学者罗伯特·劳特朋（Robert Lauterborn）教授在1990年提出了4Cs营销理论。它以消费者需求为导向，重新设定了市场营销组合的4个基本要素，即顾客（Customer）、成本（Cost）、便利（Convenience）和沟通（Communication）。它强调企业首先应把追求消费者满意放在第一位，其次应努力降低消费者的购买成本，再次应充分注意到消费者在购买过程中的便利性，而不是从企业的角度来决定销售渠道策略，最后应以消费者为中心，实施有效的营销沟通。

(6)PEST模型

PEST模型由英国学者格里·约翰逊（Gerry Johnson）和凯万·斯科尔斯（Kevan Scholes）于1999年提出。PEST的意思是政治（Politics）、经济（Economy）、社会（Society）、技术（Technology）。

(7)品牌价值图

品牌价值图由英国伯明翰大学教授莱斯利·德·切尔纳托尼（Leslie de Chernatony）于2002年提出。品牌价值图通过拆解品牌的"承诺""功能价值""情感价值"，指导营销的方向，根据"功能价值"，聚焦推动"情感价值"。

(8)竞争者模型

竞争者模型由胡超于2010年提出。竞争者模型可用来鸟瞰直接竞争对手、间接竞争对手、替代者和潜在进入者。竞争者模型可以让人们看清楚在近距离和远距离范围内有哪些竞争对手。

(9)用户画像模型

用户画像模型可以让人们从背景和行为的各个方面对"一个用户"进行描述。这"一个用户"其实代表的是"一类用户"。用户画像模型可以让商家真实、具体、生动、有场景感地感受到目标用户的模样。

(10)AIPL模型

AIPL模型来源于美国的一个营销模型。AIPL的意思是认知（Awareness）、兴趣（Interest）、购买（Purchase）和忠诚（Loyalty）。

2. 网络营销的主要方法

网络营销需要借助一定的方式来实现。随着移动互联网、智能设备等的发展，各种新的网络营销方法层出不穷。几种常见的方法如下。

1）网络广告

网络广告是网上开展促销活动最有效的沟通渠道之一。网络广告的沟通方式不是传统促销中"推"的形式，而是"拉"的形式；不是传统的"强势"营销，而是"软"营销。网络广告主要基于信息的理性说服机制，通过提供海量信息、信息展现、信息比较，使消费者更容易做出理性的判断。同时，网络广告是一种即时交互式广告，它的营销效果是可以测试的，在一定程度上克服了传统广告效果测试的困难。

企业发布网络广告一般有以下几种方式。

① 按钮型广告。这是网络广告中最早和最常见的方式，通常是一个链接了公司的主页或站点的公司标志，并注明"Click Me"，希望网络浏览者主动点击。

② 旗帜型广告。网络媒体在自己网站的页面中分割出一个个具有一定大小的画面来发布广告，因像一面面旗帜，故称旗帜型广告。旗帜型广告允许企业用极简练的语言和图片介绍自己的产品或宣传企业形象。

③ 移动广告。这是一种为改变旗帜型广告比较呆板的缺点而出现的新广告形式。该广告是一种可以在屏幕上移动的小型图片，当用户点击图片时，广告会自动扩大至全屏。

④ 主页广告。企业将所要发布的信息内容分门别类地制作成主页，放置在网络服务商的站点或企业自己建立的站点上。主页广告可以详细地介绍企业信息。

⑤ 分类广告。网络上的分类广告类似报纸杂志中的分类广告，是一种专门提供广告信息服务的站点，在站点上提供一些深度广告信息，可以分别按产品或企业等检索。这种形式的广告向那些想了解广告信息的访问者提供了一种快捷、有效的途径。

2）广告联盟营销

广告联盟营销，也称网络联盟营销，是指商家（又称广告主，在网上销售或宣传自己产品和服务的厂商）利用专业联盟营销机构提供的网站联盟服务，拓展其线上及线下业务，扩大销售空间和销售渠道，并按照营销实际效果支付费用的一种新型网络营销模式。广告联盟营销包括3个要素：广告主、联盟会员和联盟营销平台。

（1）广告联盟营销的形式

广告联盟营销主要有两种形式。一种靠中小会员网站来发布广告，如搜狗、百度、雅虎等广告联盟。这种广告联盟本身没有广告发布网站，依靠在数量庞大的中小网站展示广告并产生点击量来挣取佣金。另一种是大型门户网站的广告联盟营销，如新浪竞价，商家的广告都是在新浪网站上发布的。这类广告联盟下面没有中小网站。

（2）广告联盟营销的付费方式

按照用户指定行为的不同，广告联盟营销主要分成3种付费方式。

① 按点击付费（Pay Per Click）。用户只要点击联盟链接，广告商就要支付一定金额的佣金。一般广告商把按点击收费作为广告联盟营销的辅助手段。

② 按引导付费（Pay Per Lead）。用户点击联盟链接进入广告商网站后，需要完成某个引导行为，如注册账号、下载试用软件等。这里的引导行为通常是免费的，不需要用户付费购买。

③ 按销售付费（Pay Per Sale）。用户点击联盟链接进入广告商网站后，需要完成购买行为并产生销售额，广告商才按商定的金额支付佣金。按销售付费是最常见的广告联盟营销付费方式。

（3）广告联盟营销的主要优势

① 双赢局面。对广告主来说，这种"按效果付费"的营销方式意味着他们只需要在对方真正带来了"生意"之后才付钱，而且用户的每次点击行为和在线活动都可以被管理软件记录下来，使广告主更清楚地了解广告费用的用途。如果广告主成为类似脸书这样的联盟营销平台的会员，只要有访问量，就能给自己带来利润。

② 更广的网络覆盖面和品牌强化。如果广告主的网站在百度搜索结果中的排名较低，而联盟会员网站可能在排名较高的位置中占据了很高比例，那么广告主无须特别对自身网站进行优化，可以直接凭借自己在联盟会员网站上的链接和旗帜型广告吸引目标市场的大部分潜在用

户，这对于提高访问量和强化品牌是非常有效的。

③ 可计算的结果。强大的联盟营销管理平台具有跟踪记录、分析记录，并使用这些记录分析来为产品开发和营销策略提供科学决策依据的功能。由于通过这种方式可以基本上解决网站访问量的问题，因此商家可以将精力集中在产品开发、客户服务及销售渠道上，从而大大提高工作效率。

④ 额外的增值服务。提供联盟营销管理平台的服务商可以为广告双方提供许多额外的增值服务，包括有价值的市场营销报告和广告主在联盟营销平台上的业绩报告。服务商还可以为网络促销活动提供策划及运作、电子邮件营销支持、与联盟网站进行交流及宣传活动等支持服务，以提高广告主的营销活动效果。

（4）使用广告联盟营销的步骤

使用广告联盟营销的主要方式是第三方联盟计划服务，一般步骤如下。

① 广告商注册及管理。网站在第三方联盟平台注册信息。

② 链接管理。广告商在后台使用自己的广告、图标、推荐的广告语等，也可以在后台上传自己的产品数据库。

③ 跟踪。联盟平台会跟踪用户的行为。

④ 统计。广告商的统计报表包括各个联盟网站的点击率、引导或销售数字及转化率、佣金数额等。联盟会员网站站长的统计报表包括所有站长参加的广告商联盟计划列表、点击率、显示率、转化率、佣金数额等。

⑤ 付费。广告商按指定的付费方式付费。

⑥ 推广联盟计划。积极推广广告商的联盟计划。

淘宝联盟首页如图 3.16 所示。

图 3.16　淘宝联盟首页

3）电子邮件营销

电子邮件营销是互联网上最早出现的商业活动之一。电子邮件营销是指通过电子邮件的方式向目标用户传递有价值的信息的一种网络营销手段。电子邮件营销强调了 3 个基本因素：基于用户许可、通过电子邮件传递信息、信息对用户是有价值的。这 3 个因素缺少一个，都不能称之为有效的电子邮件营销。

电子邮件营销的优势主要有以下几个。

（1）范围广

随着国际互联网的迅猛发展，全球网民总数已经超过 28 亿名。面对如此庞大的用户群，只要企业拥有足够多的电子邮件地址，就可以在很短的时间内向数千万名目标用户发布广告信息，营销范围可以是中国全境乃至全球。

（2）成本低廉

电子邮件营销是一种低成本的营销方式，所有的费用支出就是上网费，成本比传统广告形式要低得多。

（3）应用范围广

电子邮件营销的广告内容不受限制，适合各行各业。因为广告的载体就是电子邮件，所以具有信息量大、保存期长的特点。电子邮件具有长期的宣传效果，而且收藏和传阅简单方便。

（4）针对性强、反馈率高

电子邮件是点对点传播，可以实现非常有针对性的、高精准的传播，如针对某一特点的用户群体发送特定的邮件；也可以根据需要按行业和地域等进行分类，然后针对目标用户进行邮件群发，使宣传一步到位。

（5）可实现连续推销

电子邮件营销可以使网站营销人员与邮件订阅者保持长期联系，实现连续沟通，以这种方式建立的强烈信任和品牌价值很少有其他网络营销方式能够实现。网站有任何新产品或有任何打折促销活动，都能及时传达给长期订阅者，销售转化率也比随机进入网站的用户高得多。

4）社会化媒体营销

社会化媒体主要是指一个具有网络性质的综合站点，如微信、QQ、微博。其内容大多由用户自愿提供，而用户与站点不存在直接的雇佣关系。社会化媒体极大地改变了人们的生活，将人们带入了一个社交网络的时代。社会化媒体营销是指利用社交网络、在线社区、博客、百科或其他互联网协作平台媒体来传播和发布资讯，从而形成营销、销售、公共关系处理和客户关系服务维护及开拓的一种营销方式。

（1）社会化媒体营销的优势

由于社会化媒体具有用户互动交流、由用户产生和共享内容、形成用户关系和社区的特点，使其具备如下主要优势。

① 提高网络曝光量和点击流量。

② 准确定向目标用户。通过对目标用户的精准定向和地理位置定向，企业在社交网络媒体上推广的信息能收到比传统网络媒体更好的效果。

③ 吸引更多的业务合作伙伴。

④ 提升搜索排名。企业在社交媒体频道页面的更新频率非常高，在搜索中更容易排在靠前的位置。

⑤ 带来高质量的销售机会。企业通过社交媒体发布信息，发放网络优惠券，发起与产品有关的话题，监控感兴趣的用户的行为，结合电子邮件营销、视频营销、病毒营销和博客营销等，可以带来大量的销售机会。

⑥ 有利于进行舆论监控和市场调查。只要企业能随时进行舆论监控，便可有效地降低企业品牌危机产生和扩散的可能。通过对社交平台大量数据的分析，或者进行市场调查，企业能有效地挖掘用户的需求，为产品的设计与开发提供很好的市场依据。

（2）社会化媒体营销的策略

社会化媒体营销对很多企业来说是必备项目，在社会化媒体营销中关键的几点有：让目标用户触手可及并参与讨论；传播和发布对目标用户有价值的信息；让用户与品牌或产品产生联系；与目标用户形成互动。具体策略包括以下几个。

① 精准定位。企业应精准定位目标用户。不同的社交平台有着不同的用户特征，企业营销的第一步就是根据自身定位和用户特征来判断、选择适合企业的社交平台。

② 建构品牌社群。在开放的网络结构下，消费者的身份已经从原来的受众、顾客，转变成了品牌建构全程的参与者，甚至消费者比品牌本身拥有更大的品牌建构权。在开放的网络结构下，品牌与消费者是相互作用的关系。企业可以利用社交媒体建立自己的品牌社群。

③ 建立关系链。在社会化属性日益强化的互联网中，关系链自然是社会化媒体最重要的组成部分。社会化媒体营销的显著优势就是用户对信息的信任度高，而信任度高的原因就在于社交关系链。社会化媒体营销一定要增强营销内容的传播动力，通过社交关系链实现内容的快速传播。

④ 做好数据监测和报告。实时的监控和定期的数据分析是必不可少的。企业需要有一套监控机制来提供服务，找到关心的问题和相关人物。

5）口碑营销

口碑营销是指企业在品牌建立过程中，通过用户之间的交流，将自己的产品信息或品牌传播开来。口碑营销又称病毒式营销，其核心内容就是能"感染"目标受众的"病毒体"——事件，"病毒体"威力的强弱则直接影响营销传播的效果。在信息大爆炸的时代，消费者对广告甚至新闻都具有极强的免疫能力，只有制造新颖的口碑传播内容，才能吸引大众的关注与议论。口碑营销具有宣传费用低、可信任度高、针对性强、提升企业形象、发掘潜在消费者成功率高、缔结品牌忠诚度、更加具有亲和力等优势。

有效的口碑营销的基本要素如下。

① 提供有价值的产品或服务。大多数口碑营销计划都提供有价值的免费产品或服务来引起消费者注意，因为"免费"一直是最有效的营销工具。

② 提供无须努力向他人传递信息的方式。携带营销信息的媒体必须易于传递和复制，如微信、微博、电子邮件等。

③ 信息传递范围很容易从小规模向大规模扩散。信息传递方法必须有利于信息传递范围从小到大迅速扩散。

④ 利用公众的积极性。巧妙的口碑营销计划会让公众产生积极性。

⑤ 利用现有的关系网络。大多数人都是社会性的，每个人都有自己的朋友圈和关系网络。只有把信息置于人们现有的关系网络之中，才能迅速地把信息传播出去。

⑥ 利用他人的资源。最具创造性的口碑营销计划可以利用他人的资源达到自己的目的，如会员制计划。企业可以在别人的网站上设立自己的文本或图片链接，对对方网站进行推广的同时也为自己带来了访问量。

6）定制营销

定制营销（Customization Marketing）是指在大规模生产的基础上，将市场细分到极限程度，把每位消费者都视为一个潜在的细分市场，并根据每位消费者的特定要求，单独设计、生产产品并迅捷交货的营销方式。它的核心目标是以消费者愿意支付的价格并以能获得一定利润的成本，高效率地进行产品定制。美国著名营销学家菲利普·科特勒（Philip Kotler）将定制营销誉为21世纪市场营销的最新领域之一。

全新的网络环境为定制营销的形成提供了技术基础。定制营销的一个重要特征就是数据库营销，通过建立和管理比较完善的消费者数据库，向企业的研发、生产、销售、服务等部门和人员提供全面的、个性化的信息，以理解消费者的期望、态度和行为，根据消费者的要求及在需求上存在的差异，将信息或服务化整为零或提供定时定量服务，由消费者根据自己的喜好选择和组合，形成定制营销。

(1) 定制营销的优势

与传统的营销方式相比，定制营销具备以下几个竞争优势。

① 能体现以消费者为中心的营销观念。从消费者的需要出发，与每位消费者建立良好的关系，并为其开展差异化服务，满足其个性化需求。

② 实现了以销定产，降低了成本。定制营销将确定和满足消费者的个性化需求放在企业营销的首要位置，同时又不牺牲效率。它的基本任务是以消费者愿意支付的价格并以能获得一定利润的成本，高效率地进行产品定制。

③ 在一定程度上减少了企业新产品开发和决策的风险。在定制营销中，消费者可以直接参加样品的设计，企业也可以根据消费者的意见直接改进产品，从而实现一定程度上的产品创新，并能始终与消费者的需求保持一致。

(2) 定制营销的不足

① 由于定制营销将每位消费者都视作一个单独的细分市场，这固然可使每位消费者按其不同的需求和特征得到有区别的对待，使企业更好地服务于消费者，但同时也将导致市场营销工作复杂化、经营成本增加及经营风险加大。

② 技术的进步和信息的快速传播，使产品的差异日益淡化，今天的特殊产品和服务，到明天可能就大众化了，对产品和服务独特性的长期维护工作因此变得极不容易。

③ 定制营销的实施要求企业具有过硬的软硬件条件。企业首先应加强信息基础设施建设；其次必须建立柔性生产系统；最后，也是最重要的，定制营销的成功实施必须建立在企业卓越的管理系统之上。

7) 搜索引擎营销

搜索引擎营销是指根据用户使用搜索引擎的方式，利用用户检索信息的机会，尽可能地将营销信息传递给目标用户。

与其他网络营销方法相比，搜索引擎营销的特点主要有以下几个。

(1) 搜索引擎营销的基础是企业网络营销信息

网络营销信息源包括内部信息源和外部信息源，两者都可利用搜索引擎实现信息传递，当然，前提是信息源发布的网站平台具有良好的网站优化基础。因此，无论是通过企业官方网站、关联网站还是第三方网站平台发布信息，都要求信息发布平台具有搜索引擎优化（Search Engine Optimization，SEO）基础，因为这是企业信息发布搜索引擎推广效果的基础。

(2) 搜索引擎营销与企业网站密不可分

一般说来，搜索引擎营销作为网站推广的常用方法，在没有建立网站的情况下很少被采用。搜索引擎营销需要以企业网站为基础，企业网站设计的专业性对网络营销的效果有直接影响。

(3) 搜索引擎营销具有主动性

搜索引擎营销的主动性是指搜索引擎营销可以对用户行为进行准确分析并实现高精度定位，用户搜索时留下的各类浏览信息会被记录下来并进行分析判断，在用户之后的搜索中主动呈现。

(4) 搜索引擎营销受众可信度高

搜索引擎营销是一种由用户主导的网络营销方式，用户使用搜索引擎检索信息的行为是主动发生的，对搜索引擎广告的接受没有强迫性，用户更加自由，更能给予信任。

(5) 搜索引擎营销门槛低、竞争激烈

搜索引擎是开放的平台，营销门槛比较低，任何企业——不论企业规模大小，也不论品牌知名度大小，都可以在搜索引擎上推广宣传，并且机会均等，因此市场竞争十分激烈。

8）其他网络营销方法

除以上方法外，还有目录登录、文章营销、事件营销、资源合作营销、线上线下相结合营销、付费搜索竞价广告等多种营销方法。企业必须选择合适的营销方法组合，并注意营销效果的监控和测评，才能获得良好的效果，取得网络营销的成功。

3.2.5 新媒体营销

随着新媒体对人们生活的改变，越来越多的商家开始意识到必须利用新媒体强大的引流能力来为自己的店铺做推广。当下热门的微信、微博、抖音等平台成了新的营销阵地。

1. 微信推广

微信是基于智能移动设备而产生的主流即时通信软件，也是一个可以及时与消费者互动的交流平台，可以实现一对一的互动交流。微信的渗透率高，覆盖率广，能够渗透到人们生活和工作的方方面面，因此拥有巨大的流量。流量对电子商务的重要性不言而喻，商家要想在电子商务领域有所作为，必须把握好微信这个营销渠道。

商家利用微信进行推广，主要是在微信平台开设账号、发布内容并引导消费者点击商品或店铺网址，甚至主动搜索店铺或品牌名称。在微信上进行营销推广不受时间和地点限制，相比传统广告，成本更低，互动性更强，因此微信已经成为主要的站外推广平台之一。

微信推广有两种常用的方法，即微信朋友圈推广和微信公众号推广。

1）微信朋友圈推广

微信朋友圈推广是指商家通过微信个人朋友圈发布一些碎片化、及时性的状态来传达店铺或商品的信息，通过朋友圈的频繁互动来拉近与消费者的距离。这种方式可以为目标消费者提供更持续、更精准的服务，并在服务的基础上做一定程度的口碑传播。

商家通过微信个人账号进行朋友圈营销，可以提升店铺销售业绩。商家首先应该积累微信好友，有了一定数量的好友后，就可以在朋友圈发布状态进行营销推广了。朋友圈比较私人化，在朋友圈中进行营销要注意策略，切忌发布刷屏广告。发布的朋友圈状态既要有可看性，同时又要实现推广的目的，这就要求商家掌握如下推广技巧。

（1）适度发布产品信息

对商家来说，发布朋友圈的主要目的是推广产品，所以可以适当地在朋友圈发布自己的产品上新信息、产品详情信息、促销活动、发货情况等内容。但是，信息发布不能太频繁，一天一两次或两天一次最佳，这样的分享会刺激一些潜在消费者产生购买冲动。

（2）在生活分享中植入广告

朋友圈是一个分享个人信息的平台，硬推广这种方式虽然可以直观地展示产品，但也很可能造成好友的反感。一般来说，商家微信个人账号的好友数量往往非常多，有些可能根本就不认识，此时采用生活分享的方式来进行产品或店铺的推广，会给微信好友一种亲切、自然的感受，让他们在不知不觉中认可商家分享的信息，达到软推广的目的，同时有利于树立商家的形象。发布生活分享类朋友圈状态并不复杂，商家只要写出自己生活中的趣事，然后将需要推广的信息自然而然地融入其中，让微信好友在真实的生活场景中感受和了解推广信息即可。

（3）分组发布广告信息

营销时，商家往往关注引流的效果。一般而言，流量的大小往往不是最重要的，稍小但更精准的流量反而有助于提高店铺的转化率。因此，对商家来说，不要抱着密集投放的传统营销思维，而要做好信息的分组发布。分组发布有两个思路，一是根据好友的类型分组，二是将好友按照熟悉程度分组。前者主要表现为根据好友的类型进行推广，如某条广告比较幽默诙谐，包含很多网络现象和词汇，可以设置给指定分组的年轻人群查看。后者主要表现为根据商家与好友的熟悉程度进行推广，如对于刚添加不久的好友，可以推广一些客单价不高的产品；对于有了信任基础或交易记录的好友，可以进一步推广客单价更高的产品等。

2）微信公众号推广

相较于微信个人朋友圈状态，微信公众号推广辐射的范围更大，能吸引的潜在消费者更多，推广效果更好。微信公众号主要通过推送一定篇幅的文章来推广产品，呈现的内容更详细，呈现形式更多样，具有更强的感染力。

目前商家在进行微信公众号推广时主要有两种策略：一种是自己打造公众号，这样推广成本相对较低，也有助于形成自己的品牌，但需要较长的时间才能产生明显效果；另一种是与一些比较成熟的、符合自身店铺定位的公众号合作，合作的方式主要是在公众号推广中进行广告植入，该方式需要支付一定的推广费，但很快就能看到效果。

2. 微博推广

微博是一个即时信息传播平台，在信息传播和分享的过程中，可以为用户提供更短的路径，使其快速、准确地获取有价值的内容。在微博这个平台上，用户既可以作为读者浏览自己感兴趣的信息，也可以作为发布者发布内容供其他用户浏览。微博蛛网式的传播方式给了流量运营很大的发挥空间，因此有很多商家在微博上运用各种手段为店铺做推广。

1）微博推广的常见方式

微博推广是一种基于粉丝进行的营销，商家要注重价值的传递、内容的互动、系统的布局和准确的定位。商家可以通过微博向粉丝传播品牌信息、商品信息，树立良好的店铺形象，提升品牌影响力。对利用微博进行推广的商家而言，微博推广的方式有以下3种。

（1）利用微博热搜

微博热搜聚集了大量的流量，且大都具有很强的话题性，因此商家可以利用讨论热搜话题、在热搜微博下留言等方式来增加曝光率，植入商品广告。在讨论热搜话题时，内容应以"#热搜关键词#"的形式开头，然后对该热门话题发表意见，并植入商品地址。这样当消费者查看这个热搜关键词时，就可以搜索到这条微博。热搜微博下的留言一般会很多，所以商家应把握好时机进行多次操作。

（2）利用关键词搜索

与利用微博热搜类似，利用关键词搜索也是通过在微博中嵌入关键词来提高被消费者看到的概率。商家也可以搜索与店铺商品相关的关键词来定位目标消费者。例如，经营五谷杂粮的商家可以搜索关键词"养生"，查看哪些消费者发布过含有该关键词的微博。这些消费者一般都是关注该话题的人，与店铺消费群体高度吻合，属于精准流量，商家可以主动与其联系，介绍自己的商品。

（3）发布内容

运营微博最重要的还是内容。通过发布内容来增加商品曝光率，以优质的内容吸引粉丝关注、转发、传播，是目前微博推广的主要方式。相对于其他方式，发布内容能带来持久稳定的流量，更有利于塑造店铺形象，体现店铺自身的特色和个性，提升品牌价值。

2）微博推广的内容

微博拥有几亿名用户，每天产生的信息量非常庞大，每位用户几乎都只关注自己感兴趣的信息。在微博引流的各种方式中，发布内容引流是较为重要且有长期价值的一种形式。

相较于公众号推文，微博更加碎片化。如何写出既能为店铺做推广又能留住粉丝的微博，对商家来说是一个难题。一般微博推广的内容有以下两种。

（1）发布店内优惠或上新信息

此类微博内容旨在将店铺促销、新品上架等信息直接传达给消费者，通过产品自身的品质和促销活动的刺激来吸引消费者查看产品，达到为店铺引流的效果。此类微博内容写作起来相对简单，只需要将店内产品详情页使用的文案加以筛选提炼，再配以高品质的产品图片，最后附上店铺网址或产品链接即可。但要注意的是，此类微博内容趣味性不强，一个微博账号如果长期发布这样直白的促销内容，很难获得良好的运营效果。因此，最好将此类微博内容与其他类型的微博内容进行一定比例的搭配，提升所发布内容的可看性和趣味性。

（2）开展有奖互动活动

微博具有很强的互动性，如果只把微博当成一个单向发布的账号，就无法真正拉近与粉丝之间的距离。商家要将自己的微博账号拟人化，使冷冰冰的网络账号变成亲切活泼的"小伙伴"，充分体现账号的亲和力。因此，互动是非常重要的。商家除了日常回复、转发粉丝留言等，还可以经常发起一些粉丝比较关注的话题或投票，然后许诺参与互动有奖。获奖规则可以灵活多样，如第 10/20 层回复有奖、转发抽奖、最高点赞量有奖等。商家可以发动粉丝为新品投票，凡参与者均有店铺优惠券奖励，从而刺激大家的参与热情。这种操作既可以与粉丝互动，为店铺引流，又可以宣传自己的新品，并及时获取消费群体的反馈，一举多得。

3．抖音推广

抖音于 2016 年 9 月上线，最初是一个专注于服务年轻人的音乐短视频社区。凭借多元的音乐风格、酷炫的视觉编辑功能、个性化的分发机制及良好的社区氛围，抖音在上线后不久便受到了年轻消费者的喜爱。虽然抖音后来也开发了直播功能，但抖音的走红主要还是凭借短视频。随着抖音的横空出世，短视频时代到来。

抖音推广，顾名思义，就是在抖音上为自己的店铺或产品进行推广。由于短视频的特殊性，抖音在营销效果上与传统平台相比具有较大的优势，包括：成长快、消费者数量多；流量优质；内容直观；商业营销性强；能够整合电子商务。

3.3 物流

物流作为电子商务不可缺少的重要一环，主要指物质实体（产品或服务）的流动过程，如产品的运输、配送和信息管理等活动。

1915 年，阿奇·萧（Arch Shaw）在其著作《市场流通中的若干问题》（*Some Problems in Marketing Distribution*）中首先提出了"实物配送"（Physical Distribution）的概念。经过 100 多年的发展，物流的内涵无论是在广度上还是在深度上都有了极大的变化，特别是在对物流的认识和管理上。物流是指产品在时间和空间上的位移，具体指流通环节的仓储包装和采购配送等。随着电子商务的发展，市场对物流的要求越来越高，基于现代信息技术和现金管理思想的集成化运作模式的物流体系成为现代物流的主流。此外，强调物流、产品和营销之间的互动与联系的供应链管理也逐渐被纳入物流管理体系。因此，不局限于自身原有范围，而与整个生产流通紧密结合的物流管理，成了现代化物流管理体系中的重要部分。

物流系统对电子商务来说具有重要的作用，滞后的物流管理成为电子商务发展的瓶颈和电子商务流通过程中的难点。对传统企业来说，物流是其电子商务化过程中继节约原材料、提高劳动生产率之后的又一利润源。传统企业可以通过现代化、集约化的物流管理，降低库存甚至实现零库存，以缩短产品运转周期，从而满足自身的发展需要。

3.3.1 电子商务物流管理

1. 典型的物流管理模式

国内目前的电子商务行业存在3种物流管理模式，即电子商务企业自建物流、第三方物流和物流联盟。

1）电子商务企业自建物流

自建物流是指社会市场中自营型企业集团组织，根据企业自身的发展经验及各方面所具备的独特优势，独立组建物流中心，从而有效地实现对企业内各部门物品的自由供应。这类电子商务企业的主要经济来源不在物流，只是其有能力承担自身的物流业务并从中获利。随着电子商务的发展，物流显得越发重要，一些大型电子商务平台为了使消费者有更好的购物体验，保证产品的物流配送时间及配送品质，纷纷建立了自己的物流系统。

自建物流体系的管理模式主要有两种：第一种是从制造业分离出来的物流企业参与供应链物流管理；第二种是从流通企业分离出来的物流部门参与供应链物流管理。在电子商务的发展过程中，一些传统的大型企业集团凭借原有庞大的连锁分销渠道和零售网络，利用电子商务技术构建自己的物流体系并提供物流配送服务，如联想集团、海尔集团和方正集团等就采用了第一种物流管理模式。这些企业在传统业务经营中有所积累，实力较强，向电子商务型企业的转型步伐也较为迅速。第二种模式需要流通类企业投入大量的精力和资金，从本企业分离出一个部门，专门做垂直一体化物流体系，通过物流来提高企业的竞争力。这种模式在新兴的电子商务企业中应用较多。例如，京东商城就是通过成立物流公司来解决配送问题的，采取自建物流、自建物流+第三方物流、高校代理人等方式布局全国物流体系。该模式需要庞大的物流队伍，需要花费巨额资金建立仓储设施，还需要从内部加强信息化建设，从外部加强供应商管理，与核心供应商建立统一的供应链管理平台。

自建物流有利于企业监控物流运营过程，企业可以利用原有的资源降低交易成本，提高企业品牌价值，推进消费者关系管理，为消费者提供个性化、优质的物流配送体验，如京东的自建物流就以配送效率高获得了消费者的好评。但自建物流也存在缺陷：首先，投资成本大，自建物流需要先建设物流系统，包括物流固定设施的建设、物流场地的选择等，这一系列活动的开销并不小；其次，自建物流会分散企业的主业，需要很大一部分员工来做物流操作，从而把大量资金投入物流操作中，不利于企业集中资源做主业；最后，在自建物流模式下，企业虽然有一整套物流设施和物流技术，但有可能造成资源闲置。

2）第三方物流

第三方物流一般称合约物流，是指从生产到销售的整个流通过程中提供服务的第三方，其本身不生产和拥有产品，而是通过合作协议或结成合作联盟，在特定的时间段按照特定的价格向商家提供个性化的物流代理服务。第三方物流是社会分工日益明确的产物。由于技术先进，配送体系比较完备，第三方物流成为电子商务物流配送的理想方案之一。除了有实力自建物流体系的大企业，更多的中小企业倾向于采用这种"外包"方式进行物流管理。

第三方物流是相对于自建物流而言的，其前身一般是运输业、仓储业等从事物流及相关活动的企业。现在的第三方物流公司一般有两类：一类是由以邮政、铁路和航空为主体的国有企业发展而成的公司，另一类是由民营速递公司、仓储公司发展而成的公司。第三方物流拥有以下几个特点。

（1）提供合同导向的一系列服务

第三方物流有别于传统的外协公司，外协公司只限于提供一项或一系列分散的物流功能，如运输公司提供运输服务，仓储公司提供仓储服务；第三方物流则根据合同条款的规定，提供多功能、全方位的物流服务。

（2）建立在现代化电子信息技术基础之上

第三方物流采用现代化电子信息技术进行管理，提高了仓库管理、装卸运输、采购、订货、配送、订单处理的自动化水平，使订货、包装、保管、运输、流通加工实现一体化。同时，随着计算机软件技术的飞速发展，混杂在其他业务中的物流活动的成本能被精确地计算出来。第三方物流还能有效管理物流渠道中的商流，这就使企业有可能把原来在内部完成的作业交由物流公司运作。

（3）企业之间是物流联盟关系

依靠现代化电子信息技术，第三方物流公司之间能够共享信息，取得比单独从事物流活动更好的效果。从物流服务提供者的收费原则来看，平行的第三方物流公司之间是共担风险、共享收益的。此外，企业之间可以相互更换交易对象，既不采取自身利益最大化的原则，也不采取共同利益最大化的原则，而只是通过契约结成物流中间组织，并使该组织具备优势相当、风险共担、要素双向或多向流动的特点。因此，企业之间是物流联盟关系。

在第三方物流模式下，企业将自己不擅长的物流业务交给拥有专业物流服务的第三方物流公司，不仅可以相应地减少固定资产投入，还可以整合各项物流资源，降低物流成本，提高物流效率。但相应地，企业对物流的控制能力会大大降低，一旦第三方物流公司在运送环节出现问题，就有可能造成较大的物流风险。

3）物流联盟

物流联盟是指两个或两个以上的经济组织为实现特定的物流目标而采取的长期联合与合作，其目的是实现联盟参与方的"共赢"，如菜鸟网络科技有限公司。物流联盟具有相互依赖、核心专业化及强调合作的特点，是一种介于自营和外包之间的物流模式。物流联盟是为了实现比单独从事物流活动更好的效果，而使企业间形成相互信任、共担风险和共享收益的物流伙伴关系。参加物流联盟的企业汇集、交换或统一物流资源以谋取共同利益；同时，合作企业仍保持各自的独立性。中小企业可以通过物流联盟的方式解决自身能力不足的问题，提高物流服务水平。大型企业可以通过物流联盟的方式把物流外包给一个或几个第三方物流公司，保持其核心竞争力。

对电子商务企业而言，物流联盟的建立减少了物流合作伙伴之间相关交易的费用，有效维持了物流的稳定性，有助于企业学习并建立自身完善的物流服务体系。我国企业目前的物流管理水平总体还处于初级阶段，组建物流联盟可以让企业在投入相对较少的资金的前提下提高物流服务质量。因此，物流联盟对企业的物流战略来说是十分重要的。

2．仓储物流运作

1）网上发货物流方式

网上交易发送货物需要通过物流来完成，物流方式大体可分为邮政运输、普通快递和物流托运 3 种。

(1) 邮政运输

邮政运输的基本特点有以下几个。

① 邮费单价由邮局统一规定，价格比较低廉。

② 邮寄速度比较慢。

③ 对邮寄物品的属性要求比较严格。

④ 安全保障比较高，服务规范。

(2) 普通快递

普通快递这种物流方式是大多数网店卖家常用的。市场上主要的快递公司有顺丰速运、宅急送、圆通速递、申通快递、全一快递、中通快递等。

普通快递的基本特点有以下几个。

① 资费由快递公司自行制定，且可以议价。综合比较，价钱适中。

② 邮寄速度很快，且物品能直接送到收件人手中，很方便。

③ 安全保障性能参差不齐，服务态度等也有很大差别。

(3) 物流托运

如果卖家要发出的货物数量比较多，体积比较大，使用平邮或快递会非常贵，这时卖家不妨借助客车运输货物。如果买家离卖家不远，卖家可以借助短途客车托运货物。这种运输方式一般会要求寄送方先付运费。卖家一定要及时通知收货方收货，并且在货物上写清楚收货人的联系方式和姓名。在托运前，卖家必须严格按照合同中有关条款及相关国际规范中的条款包装并标记货物。距离远的大件物品可使用铁路托运。

① 汽车托运。运费可以到付，也可以现付。货物到了之后可能还会向收货方收取卸货费。一般来说，汽车托运不需要保价。当然，有条件的话最好选择保价，保价费一般是货物价值的 4%。收货方的联系方式最好写两个，一个是手机号码，另一个是固定电话号码，以确保收货方能接到电话通知。

② 铁路托运。铁路托运一般价格低廉，速度也较快，但是只能到达火车站。火车站都有价格表。货物如果包装得好，一般不会打开检查，现在还会在包装上贴上"小心轻放"的标签。收货方需要凭传真件和身份证提货，运费要现付，不太方便。

③ 物流公司。物流公司如佳吉、华宇等，发货方式和其他托运方式不太一样。其他托运方式一般是点对点运输；物流公司则不同，可以转运到一个城市中的几个地点，卖方可选择收货方方便取货的地点。这种送货方式速度慢，中转次数多，因此要求卖方将货物包装好，否则容易造成破损。

2) 选择物流公司

了解了物流公司的种类后，商家需要选择一家适合自己的物流公司，以便长期合作。

一家合适的物流公司可以让货物运输的安全性和送货时间得到保障，提升消费者对商家的信任。

(1) 选择物流公司时应考虑的因素

电子商务的快速发展带动了物流行业的发展，物流服务的范围越来越广，加入这个行业的企业也越来越多，难免出现服务质量良莠不齐的情况。在这样的物流环境中，商家需要慎重地选择物流公司，其中对物流安全、物流价格、发货速度和服务质量等因素需要优先考虑。

① 物流安全。物流安全是商家必须考虑的问题，丢件、物品破损等情况会严重损害店铺

的形象，引起消费者的强烈不满。为保证物品的安全，商家可以选择顺丰速运寄送贵重物品，并进行保价，从而保障消费者的利益。在选择其他物流服务时，要有购买保险的意识，同时了解物流公司的理赔服务。此外，商家还可以对物品进行运输提示，如在包装箱上标注"易碎""轻放"等字样，叮嘱物流公司注意保护等。若选择的物流公司不靠谱，消费者和商家的个人信息就容易被泄露。

② 物流价格。物流价格与经营成本息息相关，为了降低成本，很多商家都优先选择价格更低的物流服务。这当然无可厚非，但也绝不能盲目地以低价作为选择物流服务的标准。如果低价的物流服务是以物流质量为代价的，那么商家将得不偿失。因此，商家需要对物流公司进行详细对比。物流费用一般按千克计算，超过 1 千克按 2 千克算，超过 2 千克按 3 千克算，以此类推。商家在选择物流服务时，可以借助一些软件、网站等进行对比，如快递比价网等，根据实际情况选择合适的物流公司。

③ 发货速度。网上购物的消费者，通常都对发货的速度非常在意。如果商家选择的物流公司发货速度快，那么商家就非常容易赢得消费者的好感，进而提升消费者的忠诚度；反之，则容易引起消费者的不满甚至投诉。因此，商家一定要注意物流公司的发货速度，首先自己发货的速度要快，其次物流揽件、运送的速度也要快。由于物流公司不同地区的网点一般都采用独立核算的方式，因此不同地区的物流网点，其服务质量、发货速度等可能不一样，商家最好亲自考察并对比发货速度，选择服务比较优秀的网点。电子商务平台往往对商家的发货时间有要求。例如，淘宝网要求除"双十一"大促等特殊时期外，商家应在消费者下单后 72 小时内完成发货，否则有可能被消费者投诉，进而被淘宝网处罚。

④ 服务质量。服务质量也是商家挑选物流服务的标准之一。物流行业作为服务行业，应该具备服务行业的精神，遵守服务行业的准则。质量好的物流服务，能够给消费者带来舒适的体验，提高消费者的忠诚度。

（2）选择物流公司的建议

对商家而言，在选择物流公司时，需要兼顾物流成本与物流服务质量。一般来说，商家可以根据以下 6 条建议来选择物流公司。

① 尽量选择直营模式的物流公司。一般来说，直营模式的物流公司的经营管理比较规范，货物安全保障高，如宅急送、顺丰速运等；而通过加盟方式成立的物流公司由于加盟条件放松、自身经营管理不善等，很容易出现一些管理不好、信誉较差的网点，甚至出现无法保证货物安全的问题。

② 尽量使用本地经过正规注册的规模较大的物流公司。一般而言，本地的物流公司为了打造在本地的良好口碑，会比较重视货物的运输质量。同时，商家也可以方便地对本地的物流公司进行实地考察。

③ 尽量选择网点多的物流公司。网上购物的消费者遍布大江南北，如果消费者购买了商品而物流公司无法送达，就会比较麻烦，因此选择网点多的物流公司很有必要。为了保证发货的速度、质量，商家也可以选择多家物流公司进行合作。

④ 尽量选择使用靠谱工具取件的物流公司。物流公司的业务员主要通过 3 种交通工具取件，即电瓶车、电动三轮车和货车。商家一般可以选择使用货车取件的物流公司，因为此类物流公司实力较强。若店铺出货量较小，业务员用电瓶车取件也属正常。目前流行的取件方式是电动三轮车。

⑤ 尽量选择快递单上条形码清晰的物流公司。选择快递单上条形码清晰的物流公司可以

避免条形码难以扫描、扫描出来的数字和印刷的数字不符合、货物因为对不上物流条形码而丢失、重码（两套快递单甚至几套快递单的条形码相同），从而造成货物发错地方或弄丢等情况。

⑥ 尽量选择赔偿金额或倍数高且保价率低的物流公司。虽然丢件的发生率并不高，但对一些利润薄的商家而言，一旦丢件，就会导致其利润降低。因此，商家需要慎选物流公司，尽量选择赔偿金额或倍数高且保价率低的物流公司，因为保价率低的物流公司一般信誉较好。

3）处理物流意外事件

在快递运输过程中，如果出现货物丢失、破损、滞留等情况，很容易引起消费者的不满，从而使店铺获得负面评价甚至被投诉。因此，商家必须及时了解货物的物流情况，与物流公司保持联系，并在出现意外事件时快速解决，以赢得消费者的好感，减少中、差评。

（1）货物丢失

货物丢失属于物流运输过程中比较严重的问题。当出现货物丢失的情况时，商家一定要与物流公司沟通，及时了解货物丢失的详细情况。一般来说，货物丢失分为人为和非人为两种情况，如果是人为原因造成的货物丢失，则需追究责任人的责任。为了防止这种情况的发生，商家在包装货物时，特别是在包装电子产品等贵重货物时，一定要做好防拆措施，并提醒消费者先验收再签字，将风险降至最低。如果是非人为原因造成的货物丢失，那么可以要求物流公司对货物的物流信息进行详细排查，检查货物是否被遗漏在了某个网点，如果确实找不到了，可以追究物流公司的责任。

不管是何种原因造成的货物丢失，都可能延长消费者收到货物的时间。为了避免纠纷，当出现货物丢失的情况时，商家应该及时告知消费者，并与之协商处理办法。

（2）货物破损

货物破损会非常影响消费者对商家的好感度。货物包装不当、物流运输不当等都可能导致货物破损情况的发生。为了预防这一情况，商家在包装货物时一定要仔细严谨，选择合适的包装材料，保证货物在运输过程中的安全。如果是运输不当造成的货物破损，商家可以追究物流公司的责任。

对消费者而言，收到破损的货物是一件非常影响心情的事情，这可能直接导致差评的产生。因此，商家一定要重视货物的包装，如果是易碎、易坏货物，则要告知快递员小心寄送，并在包装上做出标识。

（3）货物滞留

货物滞留是指货物长时间停留在某个地方，迟迟未派送。货物滞留的原因分为人为和非人为两种情况，其中人为滞留大多是由派送遗漏、派送延误等原因造成的；非人为滞留则大多是由天气等客观原因造成的。如果是人为原因造成的货物滞留，商家需要联系物流公司了解滞留原因，催促物流公司及时派送。如果是非人为原因造成的货物滞留，商家则应该及时与消费者联系，告知物流滞留原因，并请求消费者的理解。

4）仓储管理

仓储管理即对仓库和仓库中储存的物资进行的管理。仓储管理是电子商务运营管理中非常重要的一个部分，商家应该对仓储管理有一个基本的了解。

（1）商品入库

商品入库是店铺日常运营工作的一部分，一般包括商品检查、货号编写和入库登记3个步骤，下面分别进行介绍。

① 商品检查。商品检查是指对入库的商品进行检查，商家一般需要检查商品品名、等级、规格、数量、单价、合价、有效期等信息。通过商品检查，商家可以掌握入库商品的基本信息，筛选出不合格的商品。

② 货号编写。当商品种类和数量较多时，商家可以采取编写货号的方式对商品进行区分。在编写货号时，商家可以采用"商品属性或名称+编号""商品属性或名称缩写+编号"等方式。

③ 入库登记。入库登记是指商家将商品按照不同的属性、材质、颜色、型号、规格、功能等，分别放置到不同的货架中，同时编写入库登记表格，对商品入库信息进行记录。

(2) 商品包装

好的商品包装不仅可以方便物流运输，还可以在物流运输过程中保护商品。商品包装一般需要根据实际情况而定，不同类型的商品，其包装要求也不同。当然，商家也可以对商品包装进行美化，以提高物流质量，提升消费者的好感度。

① 包装的形式。商品包装是商品的一部分，反映商品的综合品质，一般分为内包装、中层包装和外包装 3 种形式，下面依次介绍。

- 内包装。内包装即直接包装商品的包装材料，主要有 OPP 自封袋、PE 自封袋及热收缩膜等。一般情况下，商品出厂时，厂家已经做好了内包装。
- 中层包装。中层包装通常指商品与外包装盒之间的填充材料，主要用于保护商品，防止商品在运输过程中被损坏。报纸、纸板、气泡膜、珍珠棉、海绵等都可以用作中层包装。商家在选择中层包装材料时，应根据实际情况进行选择，灵活使用各种填充材料，如包装水果的网格棉也可用于其他小件商品的包装或作为填充材料使用。
- 外包装。外包装即商品最外层的包装，通常包括包装袋、包装盒、包装箱、包装纸等。

② 不同类型商品的包装技巧。下面分别对常见类型商品的包装技巧进行简单介绍。

- 服饰类商品。服饰类商品在包装时一般需要折叠，多用包装袋进行包装。为了防止商品起皱，商家可以用一些小别针来固定服饰，或者使用硬纸板来支撑服饰，还可以在服饰外包装上理一层塑料膜以防水、防潮。
- 首饰类商品。首饰类商品一般直接用大小合适的首饰盒进行包装。如果是易碎、易刮花的首饰，商家还应使用一些保护材料对其进行单独包裹。
- 液体类商品。化妆品、酒水等液体类商品都属于易碎品，商家必须非常注意防震和防漏，严格把握商品的包装质量。在包装这类商品时，商家可使用塑料袋或胶带封住瓶口以防止液体泄漏，再用气泡膜包裹液体瓶子或在瓶子与原包装之间进行填充，还要在外包装与商品的间隙填充泡沫等材料。
- 数码类商品。数码类商品一般价格比较昂贵，因此一定要注意包装安全，商家一般需要使用气泡膜、珍珠棉、海绵等对此类商品进行包裹，同时还需要使用抗压性较好的包装盒进行包装，避免运输过程中商品被挤压损坏。此外，商家还应对数码类商品进行保价，并提醒消费者验货后再确认签收。
- 食品类商品。食品类商品必须注意包装材料的安全，即包装袋和包装盒必须清洁、干净、无毒。部分食品保质期较短，对温度要求也较严格，包装这类商品时要注意包装的密封性等。商家在收到订单后应尽快发货，尽量减少物流时间。
- 书籍类商品。书籍类商品的防震防压性能都比较好，商家在包装时主要应注意防水、防潮，一般可使用包装袋或气泡袋进行封装，再使用牛皮纸或纸箱进行打包。

（3）商品出库

商品出库是指仓库根据商品出库凭证，按所列商品编号、名称、规格、型号、数量等，准确、及时、保质、保量地将商品发给收货方的一系列工作。对商家而言，商品出库主要包括提取商品并选择物流公司、联系快递员取货、填写并打印物流信息等步骤。

① 提取商品并选择物流公司。当收到出库通知时，商家首先需要核对出库商品的信息，并根据商品信息提取对应的商品，填写商品出库表，登记商品出库信息，选择物流公司。

② 联系快递员取货。根据商品所在地区联系物流公司在该区域的快递网点，通知其前往取货。

③ 填写并打印物流信息。填写商品的物流单，记录并打印商品的物流信息，以对物流信息进行保存和跟踪。

（4）物流跟踪

将商品包装好并交给物流公司运输后，商家还应时刻关注和监督物流公司的发货与运输信息，对物流情况进行跟踪，保证将商品在最短的时间内送达消费者手中，避免因物流速度过慢而引起消费者的不满。

3.3.2 物流系统 ERP 平台

电子商务企业需要用物流系统管理自己的仓储物流，承担 B2C 业务。也有企业选择承担 B2C 业务的仓储服务商，对 B2C 业务进行强大的信息系统管理。图 3.17 展示了仓储物流信息管理系统的一般结构。

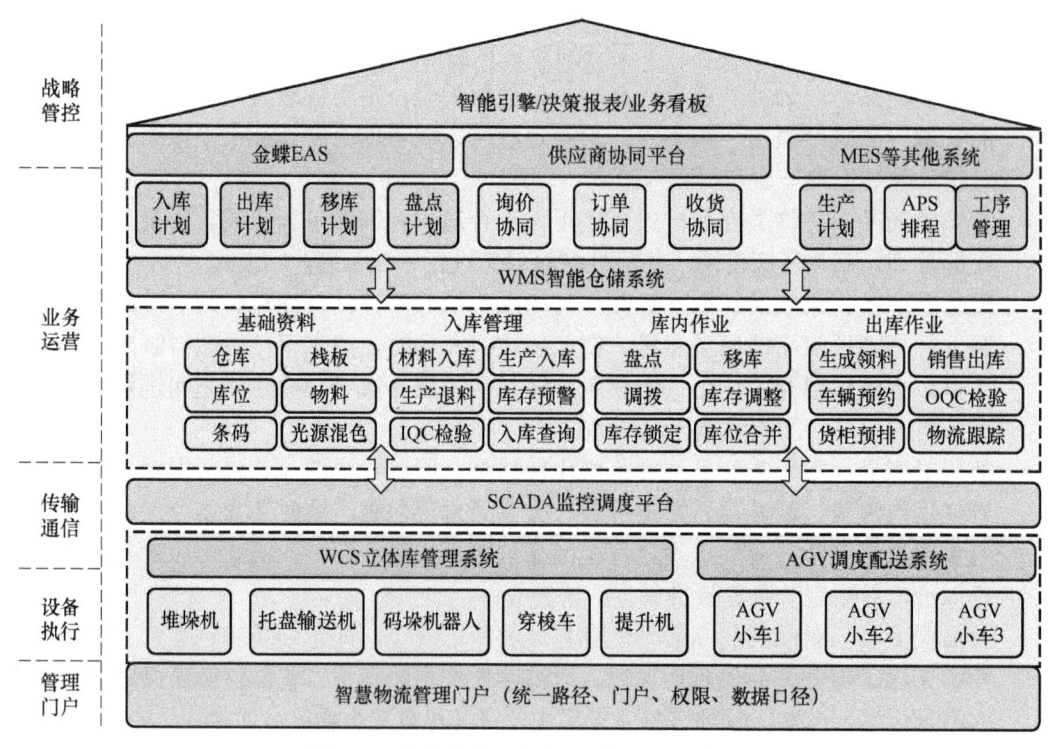

图 3.17 仓储物流信息管理系统的一般结构

仓储管理通常是通过专业的仓储管理系统（Warehouse Management System，WMS）进行的。WMS 系统可以协助企业进行公仓和合同仓库的管理，支持装运整合、配送等仓储延伸作业，提供多仓共管、虚拟库存管理等供应链职能，细分仓库配置。WMS 系统具备结算功能，能协助物流从业者为客户提供从仓储、装卸、集装箱场装、配送到结算的集成作业环境。WMS 系统还可以帮助库房操作人员实现高效的出入库操作，提升库存的准确性，并提供用于统计分析的报表功能，以及客服人员对投诉和异常情况的管理模块。

仓储物流系统主要分为客户系统和运营商系统，进行用户管理、权限管理和接口管理，运用基础数据进行统计分析。在具体内容上，流程管理可分为入库管理、在库管理和出库管理。仓储系统会将状态、库存信息回传给电子商务服务商。电子商务服务商将状态、库存等信息回传给淘宝、京东和当当等商城或平台。电子商务服务商的数据与仓储数据是同步的。

3.3.3 主流的第三方物流公司

1. 邮政速递

邮政速递旗下有国内特快专递、国内经济快递、国内代收货款、国内收件人付费等业务。其中，国内特快专递是邮政速递的精品业务，运营规范，网点多，具有运输速度较快、运送安全、支持送货上门、可跟踪物流信息等特点。其缺点是费用偏高，起重 500 克及以内价格为 20 元，每续重 500 克，分区域加收 6~15 元不等。

2. 圆通速递

圆通速递成立于 2000 年 5 月 28 日，它立足国内，面向国际，致力于开拓和发展国际、国内快递和物流市场。公司主营包裹快递业务，经营同城当天件、区域当天件、跨省时效件和航空次晨达、航空次日下午达，以及到付、代收货款、签单返还等多种增值服务产品。公司服务涵盖仓储、配送及特种运输等一系列专业速递服务，并为买家量身定制速递方案，提供个性化、一站式服务。

圆通速递采用加盟形式，因此各地区的服务水准和快递员素质可能有所差别。圆通速递目前覆盖地区比较广泛，价格相对低廉，而且江浙沪地区的网点较多，价格更加便宜。

3. 韵达速递

韵达速递是具有中国特色的物流及快递品牌，它结合中国国情，运用科技化和标准化的模式运营网络，也是一家具有国资背景的民营快递企业。韵达速递致力于不断向卖家提供创新的、满足卖家不同需求的解决方案。

韵达速递依靠科技的投资和推进，不断优化内部管理和卖家服务，以提高卖家满意度；建立了多方位、多层次的运送保障体系，提供适合卖家需要的产品。

韵达速递网点分布均匀，规模适中，服务质量尚可，非偏远地区一般 3~4 天送达，同城一般当天或隔天到达，价格相对比较便宜。

4. 申通速递

申通速递创建于 1993 年，是国内最早经营快递业务的品牌之一。经过多年的发展，申通速递在全国范围内形成了完善、流畅的自营速递网络，基本覆盖了全国地市级以上城市和发达地区县级以上城市，尤其是在江苏、浙江、上海地区，基本实现了派送无盲区。截至 2021 年 1 月，申通速递拥有独立网点及分公司超 4 500 家，服务网点及门店 25 000 余个，从业人员超过 30 万人，每年新增就业岗位近 1 万个。

申通速递运输速度适中，同城当天或隔天到达，江浙沪地区一般 2～3 天（大多为 2 天）到达，偏远地区 5～7 天到达。申通速递的收费会根据各地承包商不同而有所不同，但总体价格比较适中，适合寄送中小型物品和非急件包裹。

5．中通速递

中通速递创建于 2002 年 5 月 8 日，是一家集物流与快递于一体、综合实力排名位于国内物流快递企业前列的大型集团公司。截至 2021 年，全网服务网点 30 400 多个，转运中心 99 个，直接网络合作伙伴 5 700 多个，自有干线运输车辆 10 900 辆（其中超过 9 000 辆为高运力甩挂车），干线运输线路约 3 700 条，网络通达 99%以上的区县，乡镇覆盖率超过 93%。

中通速递是一家集快递、物流、电商业务于一体的国内物流快递企业，提供海外转运、本地化落地配送等服务，曾荣获"中国快递行业十大影响力品牌"和"中国快递行业客户满意安全放心十佳品牌"等荣誉称号。中通速递的运输速度、价格都较为适中，但偏远地区运输速度稍慢，价格稍高。

6．顺丰速运

顺丰速运于 1993 年 3 月 27 日在广东顺德成立。顺丰速运是国内领先的快递物流综合服务商。经过多年发展，顺丰速运已经具备提供综合物流解决方案的能力，为卖家提供仓储管理、销售预测、大数据分析、金融管理等一揽子解决方案。

顺丰速运还是一家具有网络规模优势的智能物流运营商。经过多年的潜心经营和前瞻性战略布局，可覆盖国内外的综合物流服务网络。在快递品牌中，顺丰速运以快速和相对优质的服务成为广受欢迎的快递品牌之一。顺丰速运采用直营的经营模式，由总部统一管理，所以各地的服务水准基本统一，是业内公认的服务好、态度好、监督机制好、运输速度快的物流公司。但其缺点是很多偏远的地区还没有开设网点，并且配送费用稍高。

7．其他快递

1）中铁快运

中铁快运是大型铁路专业运输公司，中国 AAAAA 级物流企业。中铁快运的限时达能够提供全国各城市间的当日达、次晨达、隔日达等不同时限等级的运输服务。中铁快运的网点依赖铁路，没有铁路的地区网点较少。中铁快运短途的运费和中长途的运费接近，且一般按物品重量或体积收费，比较适合中长途大货件的货运。

2）宅急送

宅急送的配送时限一般为 2～5 天，快速产品服务有急速达、捷惠达和普运达。宅急送服务全面，网点较多，但不做文件快递。其保价费用较低，计费比较合理，小件商品不建议选择宅急送。

3）天天快递

天天快递创建于 1994 年 10 月，是国内著名的快递企业，公司品牌被誉为"中国驰名商标"。经过多年的发展，天天快递在全国范围内形成了完善、高效的快递网络。

4）菜鸟

2013 年 5 月 28 日，阿里巴巴集团、银泰集团联合复星集团、富春集团、顺丰集团、"三通一达"（申通、圆通、中通、韵达）及相关金融机构共同宣布"中国智能物流骨干网"项目正式启动，合作各方共同组建的菜鸟网络科技有限公司正式成立。"菜鸟"小名字大志向，其目标是通过 5～8 年的努力，打造一个开放的社会化物流大平台，在全国任意一个地区做到 24

小时送达。

5）科捷物流

北京科捷物流有限公司（以下简称科捷物流）成立于 2003 年，是神州数码旗下的全资子公司，隶属神州数码供应链服务战略本部，也是神州数码旗下五大主营业务之一。目前，科捷物流主要致力于为客户提供全面的供应链解决方案，包括多行业的 B2B 物流解决方案、电子商务供应链解决方案，以及针对数码类产品的售后维修解决方案，现在已经成为中国最大的电子商务供应链服务提供商之一。

科捷物流在全国 57 个城市设置了 69 个仓库和 76 个自有网点，覆盖全国 2 073 个城市，拥有一支 3 000 人左右的高素质队伍、资深物流专家，拥有丰富的仓储、配送和运输资源，形成了覆盖全国的物流网络。其自行研发了电子商务信息系统，包括订单管理系统、仓储管理系统、运输跟踪系统、条码扫描系统和进出口系统，具备丰富的系统开发和客户接口经验。

3.4 客服

在电子商务运营管理的前端营销中，作为与顾客接触的第一人，客户服务（以下简称客服）人员扮演着重要的角色。有别于传统客服人员，电子商务客服人员的工作范畴和职责更广、更大，同时也兼顾销售的角色。

3.4.1 客服的职责

1. 电子商务客服岗位的职责

电子商务客服是指企业（或个人）为顾客提供的，协助顾客完成产品购买、体验或售后等相关环节的服务。电子商务客服岗位的职责主要表现在如下 8 个方面。

1）反应及时（反应快、训练有素）

顾客首次到访时，打招呼的时间不能超过 15 秒。打字速度要快，至少要达到 50 字/分，且不能有错别字；每次回答顾客问题时，顾客等待时间不能超过 20 秒。如回答内容太长，宜分次回答。

2）热情亲切（赞美、热情、称呼亲昵、自然、真诚）

用语规范，礼貌问候，让顾客感觉到热情；语气不能很生硬，要做到称呼亲昵、自然亲切。

3）了解需求（细心、耐心、有问必答、准确、找话题）

对顾客的咨询、需求给予准确回应，并快速提供令顾客满意的答复；当顾客需求不明确时，要引导顾客明确需求。

4）专业销售（自信、随机应变、舒服）

以专业的语言、专业的知识、专业的技能、消除顾客异议，让顾客感觉很专业、很舒服。

5）主动推荐和关联销售

善于向顾客推荐公司主推款，并给予关联推荐，从而达成更高的客单价。

6）建立信任（建立好感、交朋友）

根据经验，找到能让顾客产生共鸣的话题，想顾客之所想，给顾客适当的建议，建立销售信任。

7）转移话题，促成交易

遇到顾客刁难、吵闹或公司弱点问题，迅速转移话题，引导销售，并以促成交易为目的。

8）体验愉悦（解决问题、强化优势、欢送）

在服务过程中为顾客找准记忆点，强化顾客记忆，给顾客留下良好的体验和愉悦的回忆。

2. 电子商务客服人员的工作职责

电子商务客服人员代表了店铺和企业的形象，是企业的产品专家和形象专家，需要了解顾客需求、引导话题、引导成交和让顾客记住店铺的特色；同时还需要掌握产品属性与应用知识、品牌基本信息和顾客消费心理常识等。

1）售前阶段客服人员的工作职责

在售前阶段，即顾客产生需求阶段，顾客在向客服人员咨询之前，一般都看过了商家的商品介绍，在确定商品基本符合自己的购买需求后才会向客服人员咨询。顾客提出的第一个问题使客服人员有机会详细地向其介绍商品，直至销售成功。因此，客服人员回答第一个问题时需要在宝贝介绍上面下功夫。下面主要介绍客服人员在售前阶段的主要职责，以及关于宝贝介绍的主要服务条款。

（1）在线时间

明确在线时间是客服工作中不可以遗漏的重点之一，可以帮助顾客选择客服人员进行咨询和挑选商品，避免无谓的等待。如果顾客等待时间长，就可能会转向其他商家。

（2）回复时间

在明确在线时间的同时，客服人员也需告知顾客如何留言提问，并及时回复提问，因为有的顾客离成交可能就差一步了。同时，及时回复顾客咨询也能够提升顾客对客服人员的信任感和对服务的认同感。

（3）退换货条件

网络购物本来就存在不能实际观看和接触商品的缺陷，顾客难免会根据自己的想象来美化商品，导致拿到实物以后不满意，或者因为不清楚自己的尺码而买到不合适的商品。这时，良好的退换货服务也是客服人员提高顾客满意度、增加顾客黏性的良好手段，做好退换货服务可以直接提升好评率。但服务好顾客绝不等同于无原则地顺从顾客，因此，事先明确是否能退换、退换的基本条件和时间限制等至关重要。

（4）折扣优惠标准

设置折扣优惠标准可能会刺激顾客的购买欲望。例如，顾客原本可能只想购买一件商品，但因为优厚的折扣条件，最后的消费额可能比其实际预算高了两三倍，这样销售目的就达到了。同样，折扣优惠也是增加顾客黏性、吸引回头客或让回头客介绍新顾客的重要条件。

（5）运输条件

商家有必要说明汇款方式和发货方式。邮费是网络购买行为中一个比较敏感的话题。包邮往往是顾客要求的优惠手段之一，不管商家能不能包邮，明码标价都是必须做到的。另外，运送时间等都需要事先说明，以避免反复解释的麻烦。同时，为了提高支付宝中货款的现金流动率，方便对发出的商品进行查询和接收，客服人员也可以用默认快递的方式来向顾客推荐快递公司。

2）售中阶段客服人员的工作职责

如果说售前准备工作基本上是商家自己在努力的话，那么售中的服务就是由顾客和商家相互配合完成的。售中服务主要涉及收集信息、比较判断和做出决定3个重要内容。

（1）收集信息

要收集信息，客服人员需要学会与不同类型的顾客沟通。在销售工作开始时，先清楚了解面对的是什么类型的顾客，才能有的放矢地做出推荐和服务。针对不同类型的顾客，客服人员所能提供的服务也是不同的。按照对商品知识的了解程度，可将顾客大致分为以下3种。

① 不了解型。这类顾客可能缺乏其所要购买商品的知识，不懂的地方非常多，每一步都需要客服人员耐心引导。这类顾客很多都有购买的需求和诚意，所以客服人员应细心解答，全程辅导。

② 专家型。这类顾客是商家比较欢迎的一种，他们知识面广，对要购买的商品比较了解，而且购买意向相对确定，有可能就是冲着某件商品来的，只是需要得到客服人员的配合和答疑，这时候切忌答非所问、不懂装懂。

③ 一知半解型。这类顾客对商品略知一二，比较主观，容易冲动。客服人员在与这类顾客沟通时要控制情绪，有理有节，不卑不亢，切忌固执己见、争强好胜。

（2）比较判断

当顾客对商家提供的信息存在疑虑时，如对交易网站、信用、商品、支付、物流和售后服务等产生疑虑，客服人员要通过良好的沟通打消他们的疑虑，具体做法如下。

① 认同顾客所处的立场。
② 分析顾客疑虑的原因。
③ 针对顾客的疑虑，表明自己的观点。
④ 说服顾客接受自己的观点。

换位思考、将心比心、求同存异是良好沟通的基础，而良好的沟通是交易成功的重中之重。

（3）做出决定

在比较判断之后，客服人员需要做出各种决定。不管遇到什么类型的顾客，详尽专业的知识解答都是客服工作的重点。在客服工作中，有许多简单的问题经常被顾客问到，客服人员可以有意识地收集这些问题的答案，从而方便、快捷地回答顾客。

此外，客服人员还可以将曾经为顾客解答过并得到顾客认同的回复作为参考答案，在顾客提及时复制给顾客，以节省打字时间。但在回复顾客时需要做必要的修改，不能只注意其提出的问题，而自动忽略问题中附带的信息。

3）售后阶段客服人员的工作职责

售后服务包括发货、售后保修及退换等。对电子商务企业来说，售后阶段客服人员的主要工作是处理顾客的差评和投诉。下面将分析顾客提出差评或向客服人员表示不满的原因及客服人员的应对办法。

（1）商家因素

商家因素主要表现为延迟发货、发错货品等。如果顾客在购物全程因为商家的服务造成不满并投诉，客服人员就要及时向顾客表示歉意，并提供服务投诉渠道，使顾客获得满意的答复，同时客服部门要对相应的人员进行教育，防止再次出现类似情况。

（2）顾客因素

顾客因素主要表现为兴趣转移、后悔购买、商品与买之前想象中的不符等。若差评主要是由顾客自身原因造成的，那么客服人员就要给予合理的解释，耐心说服，向顾客解释清楚后引导其修改评价。

（3）物流因素

物流因素主要表现为收货延迟、物流时间过长、无法正确送达和货品丢失等。如果顾客因为物流问题投诉商家，客服人员就要及时向物流公司核实原因并追究物流公司的责任，同时对顾客表示歉意，根据情况给予顾客相应的补偿以解决差评和投诉问题。

（4）商品因素

商品因素主要表现为商品有瑕疵、与描述不符、数量有缺少等。如果顾客投诉所买商品质量有问题，客服人员就要向顾客及时提供退换货服务，消除顾客的不满情绪，并引导其修改评价。

总之，对顾客的不满，客服人员要快速回应，认真倾听，诚恳道歉，安抚与解释，提出补救建议，采取补救措施，通知顾客并及时跟进。

3.4.2 客户维护

电子商务要良性地运营下去，需要保持相对稳定的客户群体。留住客户可使企业的竞争优势长久保持下去，使成本大幅度降低，有利于发展新客户，获取更多的客户份额。因此，要做好客户维护工作。电子商务客户维护的有效途径和方法主要有：①明确客户需求，细分客户，积极满足客户需求；②建立客户数据库，和客户建立良好关系；③与客户深入沟通，防止出现误解；④制造客户离开的障碍；⑤培养忠实的员工，不断培训服务人员。具体说来，在日常客户维护工作中，商家主要应做好下面4项工作。

1．客户分类

将客户按照不同的类别进行分类、分组，按照类别进行维护。商家可以根据自己的喜好进行分类，如按照客户出生的月份来分，或者按照客户收单签约的月份来分等。分类之后，在小组内与客户进行小范围交流，会让客户觉得交流更真切。同时，小众化聚会更能兼顾每位客户，有利于一对一交流。

2．列出清单

客户维护人员要提高工作效率，必须对自己每天的工作按照轻重缓急安排一个清单。只有在计划的时间内完成工作，才能更高效地做好客户维护工作。

3．定期维系感情

不管什么样的客户，都要定期联系，以维系感情。例如，给客户的朋友圈点赞、留言，以获得对方的好感。

4．定期回馈

送客户小礼品是常见的定期回馈套路。客服人员一定要让客户觉得自己是用心的。例如，在定期举办的客户研讨会上，将客户铭牌放在桌子上，让客户依次入座。每个座位上都摆上精美的礼品，同时附上一个小卡片，卡片上写着对客户个人的评价、赞扬和期许。文字以手写为佳，从而给客户留下深刻的印象，让客户觉得自己是被重视的，是被用心呵护的。

3.4.3 纠纷处理

纠纷是指买卖双方就某事/某物产生了误会，或者由于一方刻意隐瞒事实，导致双方协商无果的情形。处理交易纠纷是技巧性比较强的工作，需要长时间的经验积累，它能够最大限度地锻炼售后客服人员的心理承受能力和应变能力。售后客服人员处理纠纷的流程是：倾听—分析—解决—记录—跟踪。

1. 倾听

当消费者收到自己期盼已久的商品，却发现商品和自己的心理预期相差甚远时，难免会觉得不舒服，自然就会找售后客服人员抱怨对商品的不满。此时，售后客服人员首先要充分理解消费者的心情，耐心倾听消费者的抱怨，给予消费者发泄的机会。

当消费者发泄时，售后客服人员不要急着去辩解，所有的解释在消费者愤怒的时候都是无力的，甚至会激化与消费者之间的矛盾。售后客服人员应该做耐心的倾听者，站在消费者的立场听对方把话讲完，肯定并认同消费者的感受。最好的应对方式就是闭口不言、仔细倾听。当然，售后客服人员不能让消费者觉得被敷衍，所以要保持情感上的交流，认真倾听消费者的话，判断消费者遇到的问题。

耐心倾听完消费者的抱怨之后，无论纠纷的发生原因是什么，售后客服人员都应该先道歉，让消费者知道商家已经了解了他的问题。但是，道歉并不意味着商家有错，相反，道歉是一种防止问题恶化的有效手段。

2. 分析

售后客服人员认真倾听完消费者的抱怨后，需要对消费者抱怨的内容进行分析、归纳，然后找出消费者抱怨的原因。一般消费者抱怨的原因主要有以下 4 个：商品与描述不符；客服的服务态度不好；发货速度太慢；快递员的服务态度差。

售后客服人员要弄清楚消费者抱怨的中心点是什么，以及他们急需解决的问题到底是什么。售后客服人员要理解消费者在不满情绪的驱使下，会对店铺、客服产生抵触情绪，认为自己是受害者，把店铺和商品数落个遍。消费者最不能接受的是商品本身的质量问题。因此，售后客服人员在为消费者解决问题时，首先要解决商品的质量问题，通过退换货、小礼品、优惠券、红包等方式消除消费者的不满，再对其他抱怨与不满进行弥补。

3. 解决

当售后客服人员了解了消费者抱怨的真实原因后，就要竭尽全力为其解决问题，这是处理纠纷的关键步骤。在解决消费者抱怨的问题时，售后客服人员首先要安抚消费者的情绪，创造一个和谐的对话环境，然后对消费者提出的问题给予相应的解释，请求消费者的理解，最后提出解决方案，并努力与消费者达成共识。

售后客服人员在解决问题之前，要针对消费者所描述的情况进行分析，明确责任主体，针对不同的责任主体提出不同的解决方法，下面分别进行介绍。

1）商家的责任

当商家由于在销售商品或服务环节的疏忽而造成消费者财产损失时，商家应该承担主要责任，让纠纷得到妥善解决。解决纠纷的方法为商家首先主动承担责任，诚挚地道歉，然后主动退换货并承担来回的运费，最后给予消费者一定的补偿，如赠送优惠券、升级高级会员等。

2）快递公司的责任

快递公司的任务是将网购的商品运送到消费者手中，但由于快递在运输过程中是无法被买卖双方实时监管的，快递途中出现的意外也会影响消费者的购买体验，如快递运输过程中掉件、商品受损等。

当消费者向售后客服人员抱怨这些问题时，售后客服人员要帮助消费者主动联系快递公司，弄清楚在运输过程中出现的问题，要求快递公司赔偿，并向消费者赔礼道歉。

3）消费者的责任

在商品交易过程中，不可避免地会因为消费者操作不当或心理期望过高等而引起交易纠纷。此时，售后客服人员应从店铺的利益出发，让消费者承担纠纷中的主要责任，不能一味地忍让。

4．记录

售后客服人员在与消费者就纠纷事宜达成一致后，要对协商情况进行记录，总结消费者抱怨的原因、纠纷的严重性及纠纷解决方案等。这些记录不仅可以为售后客服人员积累一些处理纠纷案例的经验，还可以帮助店铺各个部门根据消费者的抱怨来自省，检查自己的工作是否做到位，以此督促店铺及时改进。

5．跟踪

售后客服人员还要对纠纷处理进行跟踪调查，包括纠纷处理的进度和满意度。纠纷处理的进度包括为消费者采取了什么样的补救措施，目前进行到了哪一步等。售后客服人员应该及时将进度告诉消费者，让消费者了解纠纷处理的进度和售后客服人员付出的努力。在解决了与消费者的交易纠纷之后，售后客服人员还应该进一步询问消费者对此次解决结果是否满意、对执行方案的速度是否满意，通过这些弥补性行为，让消费者感受到商家的诚意和责任心。

习题

1．简述在千牛卖家工作台发布商品的操作过程。

2．在电子商务 App 上寻找一款热门商品，分析其详情页，说明页内包含哪些模块、各模块所起的作用，以及应该如何优化该详情页。

3．从多个角度论述商家应该如何选择物流公司。

4．简述售后客服人员应当如何处理消费者的中差评。

5．在小红书上寻找粉丝数量多、粉丝忠诚度高的商家，对其文案加以分析，分析其如何通过发布文案内容来为店铺引流。

实训

【实训目的】

1．掌握域名申请的方法和步骤；

2．了解虚拟主机提供商的服务和收费。

【实训内容】

1．为企业设计一个有意义的域名，然后到 CNNIC 进行域名查询，看其是否已被注册。如果没有被注册，选择一家域名注册服务机构申请注册。

2．收集以下几家虚拟主机提供商的资料，比较其提供的服务和收费情况。

（1）中国万网。

（2）新网。

（3）中资源。

（4）西部数码。

（5）商务中国。

第 4 章
电子商务数据分析与数据运营管理

> **引导案例**
>
> **鸭鸭的数字化推广**
>
> 　　服装品牌老字号鸭鸭的线上销售额由 2019 年的 8 000 万元增长到 2020 年的 35 亿元，主要是因为它做对了两件事：一是全力发展线上业务，二是坚定地走平民化定价。
>
> 　　作为深耕羽绒服行业多年的品牌，完善的供应链让鸭鸭在前端有了更大的发挥空间，天猫平台则更好地激发了这个供应链的能力。测款是鸭鸭天猫旗舰店的"大招"之一，店铺基本天天上新，而所有交易中产生的数据，又将成为下次业绩增长的依据。
>
> 　　依靠供应链优势，鸭鸭电子商务负责人倪蓓表示："我们每年都要从几万个设计稿中选出 2 000 多个有效款。"鸭鸭用"广撒网"的款式，承接来自各个渠道的流量。
>
> 　　除了天猫旗舰店，鸭鸭在淘系也建立了分销体系，经销商的好处在于可以提升品牌的销量和知名度，但同时品牌形象也会因经销商的低价清仓而受损。为了尽量降低负面影响，鸭鸭利用平台数据对各经销商进行了详尽的分析和货款建议，每个淘系经销店铺都有"标签"，从而减少了因"没踩中款式"而导致的低价清货。
>
> 　　传统意义上，服装品牌会根据门店所在地理位置、消费者购买力等因素，进行有针对性的铺货。鸭鸭转型线上后，发现数字化的推广效果更加精准。在全域营销已经成为品牌共识的当下，可以通过天猫提供的工具，把货品和潜客精准连接，"在全域种草，根据消费者的位置、消费能力、年龄等标签，向其推荐匹配的产品，最后回流到天猫成交"。
>
> 　　**思考题：**鸭鸭在线销售额的飞跃与数据运营有何关联？
>
> 　　**解析：**鸭鸭的天猫旗舰店天天上新，所有交易中产生的数据都通过测款成为下次业绩增长的依据。通过天猫提供的工具，在全域种草，根据消费者的位置、消费能力、年龄等

标签，向其推荐匹配的产品，最后回流到天猫成交。

对电子商务数据进行分析，可以让电子商务运营工作更加高效，量化改进运营的偏差。但是，对于为了不当利益而进行的数据分析，必须坚决抵制。

思政教育

1. 思政目标

   为人： ☑大国方略　　　☑身正德高　　　□理想信念　　　☑价值引领

   为学： □创新思维　　　□逻辑思维　　　□计算思维　　　☑批判性思维

   为事： □实践出真知　　□传统与创新　　☑实事求是　　　□自主创新

2. 思政案例：数据反垄断

各大电子商务平台都积累了大量的客户数据，电子商务数据分析成为电子商务企业做好数据运营的基础。与此同时，电子商务平台企业大数据"杀熟"、"二选一"、扼杀式并购等违反公平竞争秩序的问题日益凸显。2020年12月，国家市场监督管理总局依法对阿里巴巴集团实施"二选一"等涉嫌垄断行为进行了立案调查。2021年4月，公布处罚决定，责令阿里巴巴集团停止滥用市场支配地位的行为，并处以罚款182.28亿元，成为《反垄断法》实施以来开出的最大罚单。2021年7月，国家市场监督管理总局对其他22起互联网领域违法实施经营者集中案做出行政处罚。同月，对"虎牙与斗鱼合并案"做出禁止经营者集中的决定，以事前禁令的方式维护可竞争性市场结构。同年10月，对美团在中国境内网络餐饮外卖平台服务市场实施"二选一"垄断行为做出行政处罚，处以罚款34.42亿元。在加大执法力度的同时，反垄断立法工作积极推进。2021年2月，国务院反垄断委员会印发《关于平台经济领域的反垄断指南》。同年10月，《反垄断法》修正草案首次提请全国人大常委会会议审议，为强化反垄断提供了更加明确的法律依据和更加有力的制度保障。互联网领域的垄断行为严重侵害了公平公正的市场秩序，更对国家安全和社会稳定带来了重大风险隐患。以习近平同志为核心的党中央审时度势，做出"强化反垄断和防止资本无序扩张"的决策部署。对阿里巴巴、美团等平台企业实施反垄断调查，加快《反垄断法》等法律规范的制定完善，是贯彻落实党中央加强反垄断部署的有力举措，有助于更好地维护市场主体利益、激发市场活力，促进我国平台经济规范、有序、创新、健康发展。

本章学习目标

1. 了解用户行为分析的各个维度；
2. 了解推荐系统的工作原理；
3. 能够有意识地进行社会化网络分析；
4. 掌握数据运营的管理。

本章对电子商务数据分析和数据运营管理进行了论述。数据运营不同于常规运营，它能够发现潜在的不为人直观所知的运营规律。通过了解用户行为分析的各个维度，基于用户行为数据的推荐系统为电子商务企业广泛使用，电子商务数据运营成为电子商务运营中至关重要的一个环节。

4.1 电子商务数据分析

电子商务已经进入高度精准化和个性化的时代。这种精准化和个性化要求既需要电子商务能够准确地把握用户整体的大众化需求，根据用户个人的偏好和习惯来给予差异化的服务与体验，准确地预测用户在未来一定时间内可能的活动和需求，又需要电子商务能够根据这些活动和需求来实现网络生态层面的调控与优化。这些要求都离不开数据分析。

数据分析的基础方法集中在统计学、数据挖掘和大数据分析领域。

回归分析法属于统计方法，是通过统计分析得到一组随机变量 X 与另一组随机变量 Y 之间的可靠模型，再利用这个模型对某个 X 的对应 Y 值进行预测。时间序列分析法是另一种重要的统计方法，就是将经济发展、购买力大小、销售变化等同一变数的一组观察值，按时间顺序加以排列，构成统计的时间序列，然后运用一定的数学方法使其向外延伸，预计市场未来的发展变化趋势，确定市场预测值。

聚类分析是数据挖掘的主要任务之一，聚类分析是指将描述物理或抽象对象的数据集合分组为由类似的对象组成的多个类的分析过程，其目标就是在相似的基础上收集数据进行分类。

大数据分析方法有简单建模、组合建模和文本分析等。简单建模是一种通过降低部分预测效果来加快模型构建过程的分析方法。对大数据来说，只使用一种方法来建立模型往往难以应对现实的多样性，而组合建模的思想是使用多种方法建立许多模型，再通过组合每个模型的产出结果，形成较好的结果。许多大数据都属于文本类的非结构化数据源的范畴，文本分析使用多种类型的文本作为分析的输入源，再借助统计模式学习、主题建模和统计学语言建模等手段发现文本中的模式和趋势。

电子商务平台和企业都积累了大量的用户数据，通过对这些数据的分析，可以判断用户的行为，为商家营销提供指导。

4.1.1 用户行为分析

根据电子商务服务的需求，对用户行为的探索主要包含以下 3 个方面的基本内容。

第一，要对用户的大众化和个性化行为特性本身进行多角度的分析与建模，揭示其中所隐藏的基本规律与机制。其中既包括对用户整体的行为特性的共性研究，也包括对不同类别甚至不同个体的行为反映其个性的统计规律，以及这些可反映个性的特性与用户的年龄、性别、职业、社会关系、心理特点等各种因素之间的关联的深入探索。

第二，要针对所发现的这些行为特性在互联网生态中的各种社会效应和经济影响，以及它们相互之间的影响关系等，展开全面细致的研究。这方面的探索将在简化模型层面诠释用户行为与外部生态之间的种种相互关系，其核心目的是架起对用户行为的基本认知与解决实际应用问题之间的若干关键桥梁，如用户行为特性对信息、舆论、恶性病毒等传播的影响，基于社交网络来预测用户行为趋势等。

第三，针对互联网应用中的实际问题，根据对用户行为特性的认知和理解，寻求高效、优化、稳妥的解决方案。例如，基于各个用户之间的交友与通信行为中隐藏的普遍特性和个性特征，构建准确高效的通信预测和好友推荐算法。根据用户网购行为的特性和偏好，探索更加有效的商品推荐方法；根据用户日常出行的统计特性，研究有效的城市交通疏导策略等。图4.1展示了用户行为分析的流程。

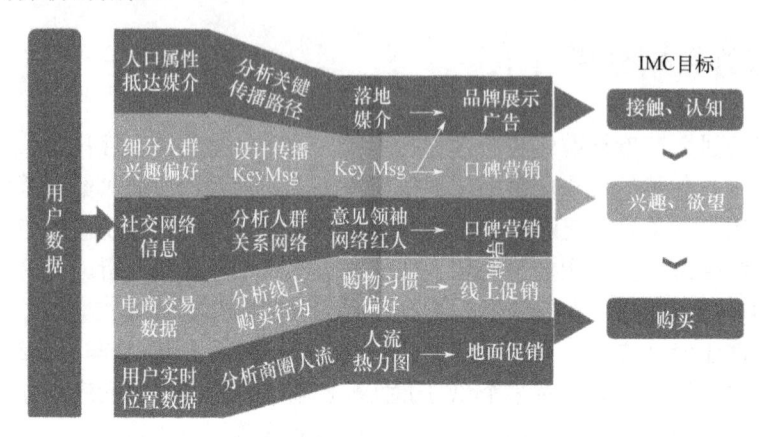

图 4.1　用户行为分析流程

本节将重点介绍对用户行为的统计特性的一系列实证分析及用户行为模型。

1. 用户行为的统计特性的实证分析

传统上，心理学家通过心理学实验的方法对人类的社会行为进行研究，其主要研究手段是：基于一些理想的假设，研究人类在各种环境下的心理反应，并给予定性或半定量的描述。数十年来，复杂性科学成为新兴科学研究中的一个重要热点领域，并取得了令人瞩目的成就，深刻地影响了当前大多数学科领域，其中也包括对人类行为和社会演变的研究。近年来，随着互联网技术的突飞猛进，特别是各类社会交互网站的兴起，人们有了获取可全面细致地反映各种人类行为规律的海量数据的技术和能力。在这样的背景下，基于数理统计的方法被广泛应用在对人类行为规律的认知上。

这种基于数理统计的方法迥异于传统的心理学实验方法。这种方法主要通过对大量的人类行为事件进行定量统计，研究其中所隐藏的定量的统计性规律，并根据所研究的问题和针对的行为类别，提出基本假设，建立可再现所发现的统计规律的理论模型，从而定量地探索这些规律的产生机制。基于这样的研究方法，近年来人们发现了人类行为中存在的大量特殊现象和规律，如行为的爆发性与时空的不均匀性等。这些研究不但深入发掘了人类的多种日常活动中所具有的普遍规律，而且对这些规律所引发的社会动力学效应（如信息、谣言与疾病的传播，公共意见的形成等）进行了初步的探索，发现了大量有重要价值的现象和规律。随着这一领域研究的不断深入，其在科学认知上的重要意义和广泛的潜在应用前景逐渐明朗。

1）用户行为的时间统计特性

在数据记录中，用户的行为一般由一系列行为事件和相应的时间点组成。以电子邮件通信数据为例，对每名用户而言，除去邮件的详细内容，一类重要的可直观反映用户通信行为的信息就是该用户每次发送和接收邮件的时间。分析统计这样的包含行为事件时间点的数据，研究用户各个行为事件的时间统计特性，是分析用户行为的基本方法。

在分析用户行为的时间统计特性方面常用的统计学知识有时间间隔分布、等待时间分布、持续时间分布、阵发性与记忆性等。

常见的时间间隔分布类型包括泊松分布类型、规则分布类型、幂律分布类型、处在泊松分布与幂律分布之间的过渡类型，以及特殊分布类型等。

在以往一些对社会、经济系统的研究中，常常把个人行为简化为可以使用泊松过程描述的稳态随机过程。这种稳态随机过程的基本原理是：用户在任何时间段，做某件事情的概率都固定为某个确定值。可以看出，这是描述用户行为事件发生规律时最简单的一种模型范式，因而它在传统认知和传统用户行为建模中被广泛应用。这种稳态随机过程的基本结论就是，用户行为事件的时间间隔分布满足泊松分布。泊松分布类型的时间间隔分布的主要特点是：行为事件的发生时间点相对稳定且均匀，时间间隔长度大多集中在平均值附近，大大偏离平均值很长和很短的时间间隔出现的概率很低。

尽管泊松分布模式的假设极为简单，但是自 2005 年以来，在对电子邮件发送与回复、普通邮件通信等人类行为的时间间隔的一系列实际统计中，人们发现这些行为存在与上述假设极为不同的特性：长时间的静默与短期内高频率的爆发，同时呈现在这些人类行为中，其时间间隔分布往往存在满足反比幂函数的胖尾特性。也就是说，这些行为的发生过程是不能用泊松过程描述的。

这种胖尾特性与泊松分布类型极为不同。因为幂律分布有着前面所述的高度不均匀性，其分布尾部的衰减速度非常缓慢。当时间间隔分布满足幂律分布类型时，一方面会出现行为事件在短时间内的密集爆发，另一方面还会出现长时间的静默期。这种密集爆发加上长时间静默的特性被称作"爆发性"。从时间间隔分布的角度来看，阵发性很强的系统大部分时间间隔都小于平均时间间隔，但是时不时也会出现非常大的时间间隔。

这种胖尾特性在人类行为中广泛存在。通过各种不同的数据收集方法，人们所研究的人类行为的范围正在逐步扩大。当前涉及的人类活动有电子邮件通信，名人之间的普通邮件通信，图书的借阅，市场交易活动，网站浏览、电影点播、音乐下载等在线服务，手机呼叫或短消息等移动通信，网络即时通信，在游戏反论坛、博客等虚拟社区中的行为，计算机指令操作和任务执行等行为，人群中个体之间的物理接触，以及作品的写作与出版等，包含商业行为、娱乐行为、日常使用习惯、社会交互行为等众多类别的人类行为。在这些行为中，普遍发现有类似的偏离泊松过程的特性，其中相当一部分可以用幂函数来拟合其时间间隔或等待时间分布。

除了时间间隔分布，对各种事件进行回应的等待时间分布，以及反映执行某类事件的持续时间分布，也常常被用到。实证结果显示，在实际人类行为中，等待时间分布和持续时间分布中广泛存在接近幂律分布的特性，如从用户收到邮件到回复该邮件的时间差、打印任务的执行时间等。研究发现，在人类的日常社会交互行为中，有强烈的多重标度特性，即不仅在社会交互的时间间隔分布方面，在针对不同交互对象的频度、交互的响应时间、交互的持续时间等多个方面都有胖尾特性。

2）用户行为的空间统计特性

当前有众多的数据记录了用户在地理空间中的移动过程，如 GPS 信息、手机基站漫游信息、乘坐各种交通工具的信息等。通过分析这些数据，可以高度精确地获得用户的日常活动特性、出游旅行习惯乃至多种社交信息等。对空间统计特性的分析，针对的就是用户数据中的这些空间运动信息。

分析用户的空间运动行为时，一个重要的统计量是行程分布。行程分布表示的是在一个人的出行过程中，相邻两次停留之间的空间距离。考虑到空间运动数据的获取方法有限，而且人们的日常出行高度依赖交通工具和道路，又常常受到各种外部因素的干扰而出现无效停留（如交通信号灯导致的停留），在实际分析中，需要首先根据具体的数据记录进行时间和空间上的粗粒化处理来获取实际的有效停留信息，然后进行分析统计。

下面以基于 GPS 数据的有效停留识别为例，讲述如何对用户行为的空间统计特性进行分析。用户的 GPS 记录的原始数据显示为系列时间点对应的空间坐标，把这些坐标按照时间顺序进行连接，就可以绘制出用户的空间移动轨迹。由于这些数据来自用户运动时的自动记录，多数情况下并不能表示用户真实的停留，而真实的停留常常对应那些在某个时间段内密集出现在小范围内的数据。在这种情况下，可以取这些小范围内密集出现的数据的平均位置作为用户的实际停留地点。

与时间统计特性一样，人类出行的行程分布中也广泛存在明显的胖尾特性。

2. 用户行为模型

用户行为在时间和空间上具有统计特性。要深入理解这些统计特性的形成原因，就需要构建模型。用户行为建模的一个核心问题是：上述统计特性说明众多的人类行为是不能使用泊松过程来描述的，那么这种胖尾分布的行为特征的来源是什么？最近几年，人们从各个方面对这个问题进行了全方位的探索，先后提出了数十种动力学或非动力学模型。这些模型大多数有着深刻的现实背景，其基本假设往往植根于日常生活中影响人们行为的实际因素，深刻地揭示了人类行为中非泊松特性的根源。

此外，构建模型的意义不仅在于揭示用户行为特性的来源与机制。通过对这些模型进行规则细化，并采用实证数据对模型参数进行校订，这些模型还可以进一步发展成为用于对用户行为的未来趋势进行预测的算法基础。

当前针对人类行为统计特性建模的主流思想是任务队列理论。这种理论建立在这样一种生活经验上：一个人在日常生活中往往需要处理很多工作，如发送电子邮件或普通邮件、打电话、阅读书报、写文章等。一般来说，人们在生活中是按照一定的顺序来做这些工作的。在针对人类行为的建模中，可以把这些日常活动概括为需要处理的"任务"。基于这类思想，研究者提出了一种基于任务队列理论的模型。

在任务队列理论模型中，每个人被分配了一个可容纳 L 个任务的列表。任务列表的长度是模仿人类等待执行任务的记忆而设定的。在每个时步，个体选择执行其中的任务。该任务完成后，将其从任务列表中去除，并加入一个新的任务。每个任务标记一个优先级参量 x_i（$i=1, 2, \cdots, L$），该参数由给定的分布函数 $\eta(x)$ 随机生成。这时个体对这些任务有 3 种可能的处理方案。

第一种是先进先出方案，这种方案是指个体按照其获得任务的顺序执行任务。这种方案在很多服务过程中普遍存在。在这种情况下，一个任务的等待时间为在其之前接受的所有任务的等待时间的和。如果执行每个任务的时间满足一个有界分布，则任务从接受到执行完成之间的等待时间是均匀分布的。

第二种是执行任务不受任务优先级和接受时间约束的随机执行方案。在这种方案中，每次从列表中随机抽取一个任务执行。任务的等待时间分布呈现指数特性。

最后一种也是最重要的一种方案，是按照任务优先级执行。在这种方案中，优先级最高的任务最先执行，即使它们是后加入任务列表的。优先级低的任务可能会等待很长时间才能被执行。这种方案在人类日常行为中被广泛应用。例如，人们会优先做那些重要的或紧急的工作，再做其他的。

在任务优先级模型中,在每个时步,个体执行最高优先级任务的概率是 p,随机选取一个任务执行的概率是 $1-p$。容易得出:如果 $p \to 0$,模型退化为第二种随机选择方案;如果 $p \to 1$,模型则成为高优先级执行方案。

这种基于任务队列理论构建的模型不仅可以合理地解释很多人类行为中的非泊松特性,如电子邮件和普通邮件的发送等,而且可以相当容易地推广到存在多个个体交互的情况,在解释人类行为时间统计特性的胖尾特性方面取得了很大的成功。针对早期模型中存在的各种问题,近年来研究者从各种现实情况出发,更深入地挖掘了它的内在机制,提出了多种改进模型。例如,研究者深入讨论了它的严格数学解析,提出了其背后的等效渗流理论,引入了任务本身的时间特性、任务处理优化等各种现实因素,并且更进一步,将其拓展到社会网络中。

此外,由于人类行为的复杂性,影响人类行为的因素是多种多样的。在任务队列理论的框架下,深刻影响人类行为的生理周期因素和工作时间因素并未被考虑,前后所做事情的相关性因素也没有被引入。要深入理解人类行为中的非泊松统计特性,还需要有任务队列理论以外的新方法和模拟方案,因此研究者也从任务队列理论以外的多个角度对人类行为的统计特性进行了研究。有部分研究从不同于任务队列的方面出发,提出了多种非任务队列理论模型。这些研究涉及历史记忆特性、生理周期和工作周期的影响、前后所做事情之间的相关性、自适应的兴趣变化等。这些工作丰富了对人类行为的非泊松特性机制的认识,也反映了人类行为本身所具有的高度复杂性特点。

4.1.2 推荐系统

1. 推荐系统基础

1)推荐系统的定义

商家提供一些智能化的选购指导,根据用户的兴趣爱好推荐用户可能感兴趣或满意的商品,使用户能够很方便地得到自己所需要的商品。从现实经验来看,用户的需求经常是不明确的、模糊的,可能会对某类商品有着潜在的需求,但并不清楚什么商品能满足自己的模糊需求。这时,如果商家能够把满足用户模糊需求的商品推荐给用户,就可以把用户的潜在需求转化为现实需求,从而提高商品的销售量。在这种背景下,推荐系统应运而生,它根据用户的特征(如兴趣爱好),推荐满足用户要求的对象,也称个性化推荐系统。

现在被广泛引用的推荐系统的定义是雷斯尼克(Resnick)和瓦里安(Varian)于 1997 年提出的:利用电子商务网站向用户提供商品信息和建议,帮助用户决定应该购买什么产品,模拟销售人员帮助用户完成购买过程。它主要通过以下 3 种途径提高电子商务系统的销售能力:将电子商务网站的浏览者转变为购买者;提高电子商务网站的交叉销售能力;提高用户对电子商务网站的忠诚度。推荐活动在人们的日常生活中普遍存在,推荐活动形式多样,如超市导购员为用户推荐商品、生活中朋友之间相互推荐喜爱的电影、推销员向用户推销产品等,都是推荐活动。可以说,只要存在多个候选对象,就存在选择问题,存在选择就存在推荐问题。个性化推荐系统目前在国内的主要代表有京东网上商城、当当网、优酷视频、拉手团购网、淘宝网、人人网等。国外比较著名的推荐系统有网上新闻过滤系统 GroupLens、音乐推荐系统 Ring、CD/DVD 推荐系统 Video Recommendation、笑话推荐系统 Jester,著名网上书店亚马逊(Amazon)采用协同过滤技术推荐书籍。此外还出现了一批专门从事第三方推荐服务的公司,如百分点科技有限公司。图 4.2 展示了基于大数据的推荐系统结构。

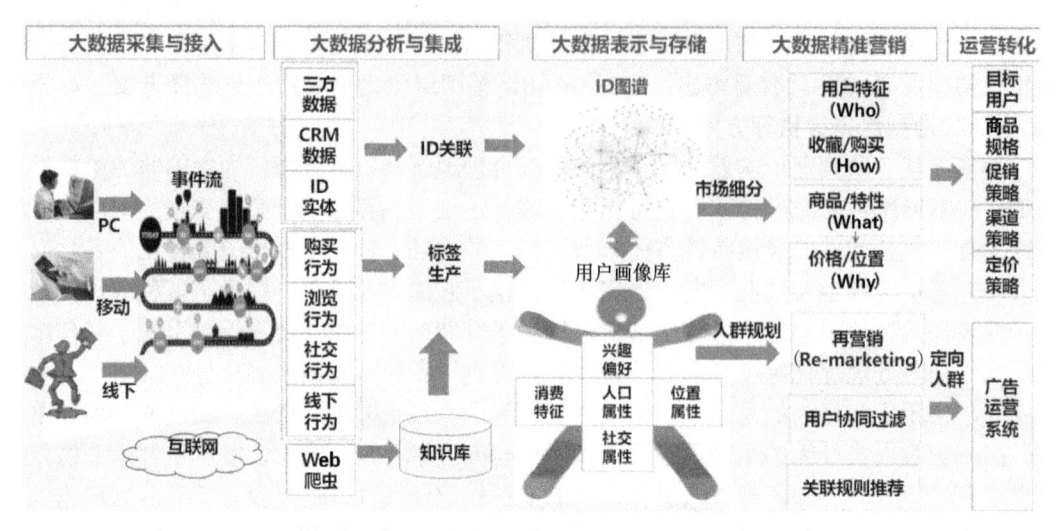

图4.2　基于大数据的推荐系统结构

2）个性化推荐系统的意义

推荐系统可以增加在线销售额。据阿伦森集团（Aaronson Group）的分析师杰克·阿伦森（Jack Aaronson）估计，由于推荐系统能带动销售额的增长，对推荐系统的投资能获得 10%～30%的收益。而且，这还只是刚刚起步。现在，对研究推荐系统的人来说，最大的挑战在于弄清楚如何判断新的方法和算法。这不像基准化分析微处理器那么简单，因为不同的推荐系统有着完全不同的目标。

评价推荐系统的作用的最简单方法，是看它的预测与用户的实际评价之间的差异有多大。举例来说，假如约翰给青春浪漫小说《暮光之城》（*Twilight*）打了一颗星，亚马逊或许会注意到推荐系统根据其他相似用户的评价曾预计约翰会打两颗星，即预测与实际评价之间差了一颗星。但是，卖家更加关心推荐系统在用户评价高的商品上出的错，因为好评多的商品是用户更有可能购买，而约翰不会购买小说《暮光之城》。因此，把这个评价计入考虑对理解推荐系统起了多大作用没什么帮助。

评价推荐系统的作用的另一个常见方法是看推荐系统给出的推荐结果和用户实际购买的商品之间匹配度有多高。不过，这种方法也可能会起到误导作用，因为这样分析会将用户自己设法找到商品错误地算在推荐系统的头上，而用户自己找到的东西恰恰是最不应该被推荐的。鉴于这些方法的缺点，研究人员一直在研究新的评判指标，不只看精度，也关注发现意外惊喜和多样性等其他属性。

发现意外惊喜会加权不寻常的推荐结果，尤其是那些对某名用户极具价值但对其他同类用户没什么用的推荐结果。调整为发现意外惊喜的推荐系统会注意到，小说《白色相簿》是一个对几乎每个人来说都不错的推荐，因此推荐系统会改为寻找一个不太常见的选择，如小说《爱和情感》。这个不那么热门的推荐结果不太可能击中目标，一旦击中了，就会给用户带来一个大得多的惊喜。

看推荐结果的多样性同样也很能说明问题。例如，一个超爱看迪克·弗朗西斯（Dick Francis）的神秘类小说的用户在看到推荐表单里全都是 Dick Francis 的作品时，仍有可能感到失望。一个真正多样化的推荐表单会包括不同作者和不同类型的书，还有电影、游戏和其他产品。

对推荐系统的研究需要突破各种各样的阻碍，而不只是在现有的系统上进行微调。研究者眼下正在考虑的是，推荐系统应该在何种程度上帮助用户发掘一个网站的内容集合中他们未曾了解的部分。例如，推荐系统把买书的用户引导至亚马逊的服装部门，而不是提供一些安全的、用户更有可能接受的推荐结果。在零售世界之外，推荐系统还可以帮助人们接触新的想法，就算人们不同意其中的一些想法，但整体作用也是积极的，因为这将有助于减少社会的碎片化。推荐系统能不能做到这一点，同时不让人感到厌烦或不信任，仍需拭目以待。

3）推荐系统的组成

一个完整的推荐系统由 3 部分组成：输入模块、推荐处理模块和输出模块，图 4.3 为优酷的推荐系统框架。

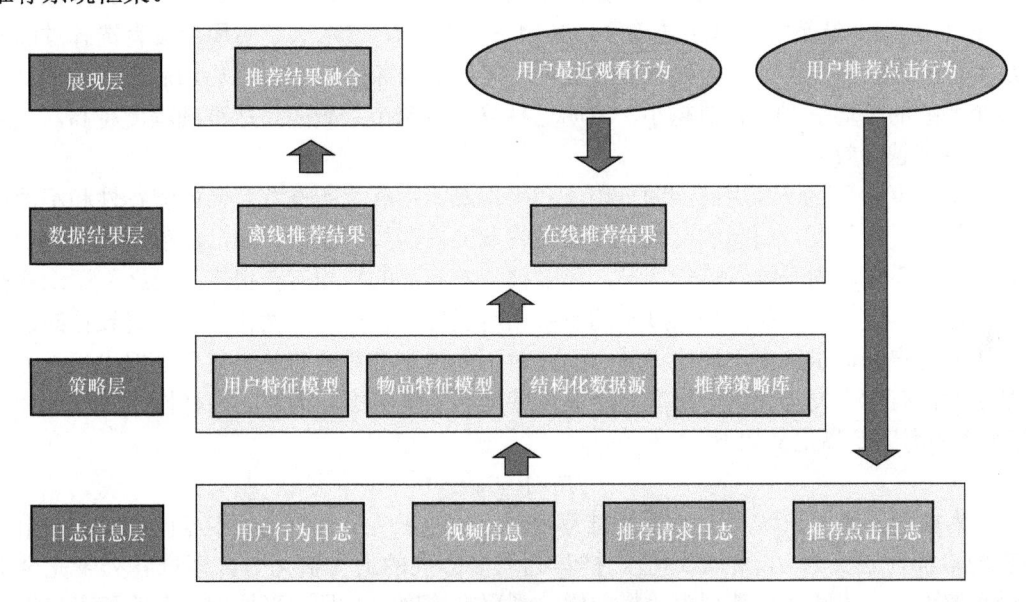

图 4.3 优酷的推荐系统框架

输入模块是用户和推荐系统交互的窗口，主要负责对用户信息的收集和处理。不同类型的电子商务推荐系统，根据不同的输入信息产生不同的推荐结果。电子商务推荐系统收集的信息各式各样，主要包括：①用户注册信息；②用户显式评分信息，即用户根据已定义的评分规则，显式地描述对商品的喜好程度，推荐系统可以根据评分数据对用户进行推荐；③用户隐式浏览信息；④用户文本评价信息；⑤关键字/商品属性输入信息；⑥用户购买信息，等等。

推荐处理模块是电子商务推荐系统的核心，一般包括推荐建模和推荐引擎模块。利用后台的推荐算法，实时地从商品集合中筛选出用户感兴趣的商品进行推荐。推荐算法不同，推荐处理模块也不同。常见的推荐算法主要有基于关联规则的推荐算法、基于协同过滤的推荐算法、基于内容的推荐算法、基于网络结构的推荐算法，这些将在后文详细论述。

输出模块负责将推荐结果输出给用户，主要采用基于图形化的用户界面与用户直接进行信息反馈和交互。

4）推荐系统的评价指标

不同的推荐系统，因为各自的任务不一样，衡量它们的评价指标也不尽相同。对于不同的推荐系统，应该选取不同的指标来衡量，原因首先是不同的算法在不同的数据集上表现不同；其次是评价的侧重点和目的不一样。准确度和多样性是目前推荐系统中最常见的两个指标。人们一方面希望推荐系统能准确地对待测用户进行推荐，使用户最喜欢的项目在推荐列表中排在前面；另一方面希望推荐系统能提供一些用户在系统中不容易发现的，但有可能很喜欢的项目，这样就能对用户进行多样性推荐。

准确度是用来衡量绝大多数推荐系统的性能的方法。准确度可以定义为推荐算法的预测排名与用户的实际排名的贴近度。常用的准确度又可以分成预测准确度、分类准确度、排序准确度等。预测准确度考虑推荐算法的预测打分与用户实际打分的相似程度；分类准确度是将一个项目推荐给用户，看用户喜欢的比例，这比较适合用户只有二元选择的情况；排序准确度用于量度推荐算法产生的列表与用户对项目喜欢程度序列的相符性。

平均排序准确度（Ranking Score）是最常用来量度推荐系统的有效性的指标。用系统平均的排序值（r）来衡量系统的排序准确度，其中 $r=L_i/N$，N 表示系统中用户没有选择过的商品数，L_i 为待推荐商品在整个推荐列表中的位置。把每个目标用户的 r_i 值相加后取平均值，即可得出整个系统的平均 r 值。r 值越小，表明这种算法对整个系统的排序准确程度越高，也就是该算法对系统越有效。

除了准确度，还可以利用商品的平均度和平均海明距离对所推荐商品的流行性和不同推荐列表的多样性进行量度。商品的度就是商品被收藏或被购买的次数，商品的度越大，说明商品越流行。如果系统趋向于推荐流行商品，那么被推荐商品的平均度会很高；反之，平均度会很低。一般而言，被推荐商品的平均度小的系统相对更好。另外，个性化推荐系统设计的宗旨就是针对不同用户的需求给出不同的推荐，因此对不同用户推荐的商品也需要表现出相当的多样性。基于此，有学者提出利用平均海明距离量度推荐系统中推荐列表的多样性。用户 i 和用户 j 推荐列表的海明距离定义如下：

$$H_{ij}=1-Q_{ij}/L$$

式中，L 为推荐列表的长度，Q_{ij} 为系统推荐给用户 i 和 j 两个推荐列表中相同商品的个数。推荐列表的多样性定义为 H_{ij} 的平均值。推荐列表多样性的最大值为 1，即推荐列表完全不一样；最小值为 0，意味着推荐列表一模一样。利用准确度，商品的平均度和海明距离可以对推荐系统进行综合评价。除了多样性，覆盖率、新鲜性、意外性及实时性等都可以用来作为推荐系统的衡量指标。总之，衡量推荐系统的指标是多种多样的，需要根据实际情况进行合适的选取。

2. 基于关联规则的推荐系统

基于关联规则的推荐系统是基本的推荐技术，也是目前应用最广泛的一种推荐形式。关联规则最典型的例子就是购物篮分析。在一家超市里有一个有趣的现象，尿布和啤酒竟然摆在一起出售。但是这个奇怪的举措使尿布和啤酒的销量双双增加了。这不是一个笑话，而是发生在美国沃尔玛连锁超市的真实案例，并一直为商家津津乐道。原来，美国的妇女们经常会嘱咐她们的丈夫下班以后为孩子买尿布。而丈夫在买完尿布之后又会顺手买回自己爱喝的啤酒，因此啤酒和尿布放在一起可以提高销量。

基于关联规则的推荐系统以关联规则挖掘理论为基础，将已购商品作为规则前置，将推荐对象作为规则后置。关联规则挖掘可以发现不同商品在销售过程中的相关性，从而发现用户的购买行为。该推荐技术最关键的步骤是关联规则的挖掘，其直观的意义在于判断一个用户在购买某些商品的同时购买另一些商品的倾向。关联规则用于发现交易数据库中不同商品（项）之间的联系，这些规则反映了用户的购买模式，如购买某一商品对其他商品的影响。发现这些规则之后，可将其应用于用户购物分析、目录设计、商品广告邮寄分析、追加销售、商品货架设计，并根据购买模式对用户进行分类等。关联规则挖掘已经在商业等领域得到了成功的应用。

对于挖掘得到的关联规则，都会制定一些指标来衡量它们的有效程度，最经典的指标有支持度和置信度。简单来讲，支持度是指商品 A 和 B 在全部销售订单中所占的比例，从概率学的观点来看，就是用户同时购买商品 A 和 B 的概率。数学表达式为：

$$S(A \rightarrow B) = N(AB)/N$$

支持度是一个重要的量度，支持度低的规则很可能是偶然现象，对推荐的意义不大。此外，支持度还是数据剪枝的一个重要依据。

置信度是指购买了商品 A 的同时也购买了商品 B 的订单在所有包含商品 A 的订单中所占的比例。从概率学的观点来看，就是用户在购买商品 A 的情况下，购买商品 B 的概率。数学表达式为：

$$C(A \rightarrow B) = N(AB)/N(A)$$

关联规则要解决的问题就是寻找支持度和可信度分别大于用户给定的最小支持度和最小置信度的关联规则，这样的规则称为强关联规则。

基于关联规则的电子商务推荐系统的结构如图 4.4 所示。使用用户的原始交易记录作为数据源，为推荐系统提供原始数据，通过数据预处理转换成标准用户交易数据。在查询大量用户交易数据的基础上，基于关联规则算法，寻找用户交易中包含的购买模式和购买兴趣，以关联规则的形式保存在规则库中。这一步比较费时，但可以离线按周期进行。在获得用户的查询或购买信息后，根据关联规则，产生 Top-N 推荐，实时地向用户推荐其可能感兴趣的商品。产生 Top-N 推荐的算法步骤如下。

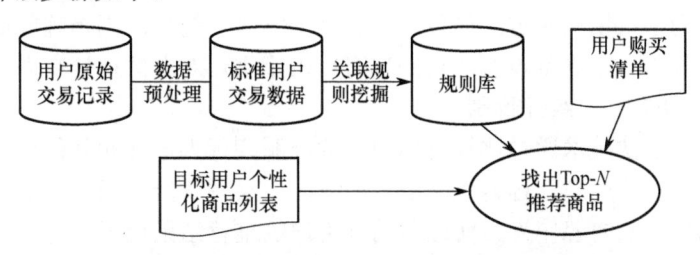

图 4.4 基于关联规则的电子商务推荐系统的结构

① 根据交易数据库中每名用户购买过的所有商品的历史交易数据，创建每名用户的事务记录，构造事务数据库。

② 使用关联规则挖掘算法对构造的事务数据库进行关联规则挖掘，记为关联规则集合 R。

③ 对每个当前用户 u，设置一个候选排荐集 P_u，并将候选推荐集 P_u 初始化。

④ 对每个当前用户 u，搜索关联规则集合 R，找出该用户支持的所有关联规则集合 RI，即关联规则左部的所有商品出现在用户 u 的当前购买数据和历史交易记录中。

⑤ 将关联规则集合 RI 右部的所有商品加入候选推荐集 P_u。

⑥ 从候选推荐集 P_u 中删除用户已经购买过的商品。

⑦ 根据关联规则集合 RI 的置信度，对候选推荐集 P_u 中所有的候选项进行排序，如果一个候选项在多条关联规则中出现，则选择置信度最高的关联规则作为排序标准。

⑧ 从候选推荐集 P_u 中选择置信度最高的前 N 个作为推荐结果返回给当前用户 u。

3．协同过滤的推荐系统

协同过滤是目前应用最广泛的推荐算法之一，Grundy 被认为是第一个投入应用的协同过滤系统。Grundy 系统可以建立用户兴趣模型，利用模型给每名用户推荐相关的书籍。Tapestry 邮件处理系统人工确定用户之间的相似度，随着用户数量的增加，其工作量将大大增加，而且准确度会大打折扣。CroupLens 建立用户信息群，群内的用户可以发布自己的信息，依据社会信息过滤系统计算用户之间的相似性，向群内的其他用户进行协同推荐。Ringolg 利用相同的社会信息过滤方法向用户推荐音乐。亚马逊不仅基于那些用户经常购买的商品，而且参考了用户的购买历史及不同用户之间兴趣行为的相似度进行商品推荐。亚马逊在推荐系统的常见问题答疑页面上是这么描述的："我们通过检查您已经购买的商品、您已经评分的商品及您所喜欢的商品来判断您的兴趣，接下来我们会比较您与其他顾客的购买行为，通过对比分析相似度，为您推荐您可能喜欢的商品。"

协同过滤技术的出发点是任何人的兴趣都不是孤立的，应处于某个群体所关心的兴趣当中，如果某些用户对一些项目的评分比较相似，则他们对其他项目的评分也比较相似。该推荐方法实现的基本思想是采用某种技术找到目标用户的若干最近邻居（与目标用户有相似兴趣的用户），然后根据最近邻居对目标项目的评分产生推荐，把预测评分值最高的多项商品作为该用户的推荐列表。

1）第一代协同过滤技术

第一代协同过滤技术，又称基于用户（User-based）的协同过滤技术，其基本原理是基于用户行为选择的相关性进行商品推荐。用户的行为选择在这里指的是下载、购买、评价等能够显式或隐式地体现用户喜好的行为。在一个典型的基于协同过滤技术的推荐系统中，输入数据通常可以表述为一个 $m \times n$ 的用户内容矩阵 R，m 是用户数，n 是内容数。矩阵的值与内容的类型有关，通常由行为记录模块决定。如果内容是网上书店中的书，则矩阵的值可以表示用户购买与否，如 1 表示购买，0 表示没有购买；也可以表示用户对书的评价有多高，这样的评价值有几个等级，如常见的 1～5 级评价制。

基于用户的协同过滤技术通过比较目标用户的一系列行为选择和其他用户之间的相似性来识别一组具有类似喜好的用户，称为"同好"用户。一旦系统能够识别一名用户的同好用户，就能够将他们最感兴趣的内容作为当前这名同好用户的推荐结果推荐给他。

用户之间的相似度是通过比较两名用户的行为选择矢量得到的。目前，比较行为选择矢量的相似度的算法有许多，比较经典的算法包括泊松相关系数（Person Correlation Coefficient）和余弦相似性（Cosine-based Similarity）。定义用户 x 和 y 共同打分的商品集合为 $S_{xy} = S_x \cap S_y$，则用户 x 和 y 之间的泊松相关系统定义为：

$$\text{Sim}(x,y) = \frac{\sum_{s \in s_{xy}}(r_{x,s} - r_x)(r_{y,s} - r_y)}{\sqrt{\sum_{s \in s_{xy}}(r_{x,s} - r_x)^2 \sum_{s \in s_{xy}}(r_{y,s} - r_y)^2}}$$

式中，$(r_{x,s})$ 是用户 x 对商品 s 的打分。

最近邻居产生后，就能够计算得到用户最可能感兴趣的内容集（也叫作 Top-N 推荐集）。为了得到推荐集，分别统计最近邻居中各用户对不同内容的兴趣度，取其中排在前面的内容作为推荐集。下面是一个简化的示例。假如用户张三有两个好友，李四和王五。

张三喜欢看电影 A；

李四喜欢看电影 A、B、C 和 D；

王五喜欢看电影 A、B、D、E 和 F。

这样，推荐系统就能够过滤出相似用户都喜欢看的电影 B 和 D 作为张三最有可能喜欢的电影推荐给他。

2）第二代协同过滤技术

推荐集的产生方式意味着一个内容只有被用户选择（购买）后才有机会被推荐给其他用户。对一家网上书店来说，新上架的书因为还没有被足够数量的用户购买或评价，所以很少有机会被用户的最近邻居筛选进入推荐集。这个问题也被称为协同过滤的"冷启动"问题。此外，因为用户的相似度是通过将目标用户的历史行为记录与其他每名用户的记录相比较得出的，所以对一个现实的推荐系统来说，扩展性将成为非常严重的问题。设想一下，对一个拥有上百万名用户的网站来说，每计算一名用户都将涉及上百万次比较，更不要说其中带来的大量数据库 I/O 操作的开销了。

于是，第二代基于内容项（Item-based）的协同过滤技术就产生了。与基于用户的协同过滤技术不同，这种基于内容项的协同过滤技术比较的是内容项之间的相似度。该技术同样需要通过 3 个步骤获得推荐。

① 得到内容项的历史评分数据。

② 针对内容项进行内容项之间的相似度计算，找到目标内容的最近邻居。

③ 产生推荐。这里内容项之间的相似度，是通过比较两个内容项上的用户行为选择矢量得到的。

与基于用户的协同过滤技术相比，基于内容项的协同过滤技术最大的改进是更具有扩展性。基于内容项的协同过滤技术通过计算内容项之间的相似性来代替用户之间的相似性。对通常的互联网应用来说，其提供的内容项数量相对比较稳定。例如，一家大型网上书店，出售的图书数量可能就几十万本，而用户数量可能达到几百万名。

4．基于网络结构的推荐系统

1）图和二部分图

对于一个系统，可以用点来表示其中的对象，用边来表示对象之间的关系，这样系统就能简单地抽象成一个图来描述。 对于一个均质系统，即系统中的对象是同一类，抽象出来的就是一个一部分图，典型的一部分图有社交网络（如人人网上的人与人之间的关系）、WWW（各个 URL 之间的链接关系）、航空网络（各个机场之间的交通关系）等。当系统中存在两种不同类别的节点，而且连边只存在于不同类的节点之间时，抽象出来的图称作二部分图，如用户购买商品、用户在电影网站给电影打分等，都可以抽象成"用户–对象"的二部分图；男女之间的恋爱关系等也是典型的二部分图。

图可以方便地描述系统的结构关系，对于用户购物系统，其购买关系可以在图中清晰地反映出来。定义一个二部分网络 $G(X; Y; E)$，其中 $X=\{x_1, x_2, \cdots, x_m\}$，$Y=\{y_1, y_2, \cdots, y_n\}$ 分别表示用户和商品的集合，m、n 分别为系统中用户的数目和商品的数目，E 为用户购买商品的集合。对于这个二部分图，可以采用邻接矩阵的形式表示，即 $A=a_{i\alpha}$。其中，当 $x_i y_\alpha \in E$（用户购买了商品）时，$a_{i\alpha}=1$；其他时为 0。

2）基于网络结构的推荐算法

基于网络结构的推荐算法不考虑用户和商品的内容特征，只把它们看成抽象的节点，所有算法利用的信息都藏在用户和商品的选择关系之中。对于电子商务中用户购买商品的行为，用户和商品之间的关系可以在二部分图中显示出来。以此为依据，计算出用户可能感兴趣的商品，就是基于二部分图的推荐算法。推荐算法的基本思想是"用户购买该商品是因为感兴趣"。

此外还有混合推荐算法。协同过滤、基于内容和基于网络结构的推荐算法，在实际运营过程中都有各自的缺陷。因此，实际的推荐系统一般会把不同的推荐算法进行结合，从而提出了混合推荐算法。研究显示，混合推荐算法具有比上述独立的推荐算法更好的准确率。目前，常见的混合推荐算法是基于协同过滤和基于内容的、基于网络结构算法自身的混合，以及其他类型的组合推荐算法。混合推荐算法能够在一定程度上综合各种推荐算法的优点，达到提高推荐效果的作用。

5．推荐系统的作用

总体说来，一个成功的个性化推荐系统的作用主要表现在以下 3 个方面。

1）将电子商务网站的浏览者转变为购买者

电子商务网站的访问者在浏览过程中经常没有购买欲望，个性化推荐系统能够向用户推荐他们感兴趣的商品，从而促成购买。

2）提高电子商务网站的交叉销售能力

个性化推荐系统在用户购买过程中向用户提供其他有价值的商品推荐，用户能够从系统提供的推荐列表中购买自己确实需要但在购买过程中没有想到的商品，从而有效提高电子商务网站的交叉销售能力。

3）提高用户对电子商务网站的忠诚度

与传统的商务模式相比，电子商务网站使用户拥有了越来越多的选择，用户更换商家极其方便，只需要单击鼠标就可以在不同的电子商务网站之间跳转。个性化推荐系统分析用户的购买习惯，根据用户的需求向其推荐有价值的商品。如果推荐系统的推荐质量很高，那么用户会对该推荐系统产生依赖。因此，个性化推荐系统不仅能够为用户提供个性化的推荐服务，而且能与用户建立长期稳定的关系。

4.1.3 社会网络分析

自人类文明诞生之日起，社会网络就出现了，并持续至今。每个人都是社会网络中的一员，与其他相关的人一起形成了错综复杂的关系网：人是主体，关系是桥梁。这些关系可以是亲缘关系、朋友关系，也可以是同学关系、同事关系等；关系有强有弱，如好朋友比普通朋友更加亲近，亲人比普通同事更加亲近。进一步地，不同的关系又构成了不同的圈子，如关系亲密的好友、共历寒窗的同学。如今，社会网络已经发展到了线上，国内有大家熟知的腾讯QQ、人人网、新浪微博等，国外有著名的脸书、推特（Twitter）、雅虎网络相册（Flickr）等，这些网站都有大量的用户。不仅如此，人们在这些社会网络中的关系很多都是与真实世界中的关系（线下关系）对应的。换句话说，社会网络中的关系极大地反映了人们的真实关系，通过社会网络分析的方法，不仅能对人们的关系行为有更准确的了解，而且能产生巨大的应用价值，如在电子商务网站中应用商品推荐等。本节将介绍社会网络的构成，以及社会网络中的强弱关系、群组和意见领袖。

1．点、线和数据

一个三角形可以看作由 3 个点和 3 条边构成的网络，一个四边形可以看作由 4 个点和 4 条边构成的网络。推而广之，网络就可以看作由一些相连的点构成的图。这些点可以指代多种有联系的个体，如城市、动物、蛋白质等；这些边则对应这些个体之间的关系，如城市之间可以由公路、铁路、航线相连从而构成城市公路网、铁路网、航空网，动物之间存在捕食关系从而构成食物链，蛋白质可能需要相互协作才能完成生物的某种机能。在社会网络中，这些个体被定义为"人"，这些线则指代人与人之间的各种关系，如 QQ 上的好友关系、人人网中的同学/朋友关系、微博中的关注/被关注关系等。

人与人之间的关系复杂多样，不仅有类型之分，更有强弱之别，这些差异在不同的在线社交网络中均有体现。从关系的方向性来看，腾讯 QQ、人人网和 Facebook 都是双向关系（也称无向关系，必须通过验证才能加对方为好友），而新浪微博和 Twitter 都是基于单向关系建立起来的（若两个人都有连边指向对方，则构成这两个人之间的双向关系）。从关系的强弱程度来看，又可分为强关系和弱关系。从关系指代的类型来看，这些社交网络都包含朋友关系和网友关系，朋友关系中又不乏同学关系和亲缘关系等。除了朋友，也可能存在敌人或讨厌的人。例如，国外网站 slashdot.com 就允许用户标记别人为朋友或敌人；在投票选举中，人们会有 3 种态度，即支持、反对和弃权；腾讯 QQ 还设有陌生人和黑名单分组。

用网络来刻画这些关系，是简化关系研究的重要手段。这一方法可以追溯到 1736 年。俄罗斯加里宁格勒（旧称柯尼斯堡）的普莱格尔河上有 7 座桥，它们将河中的岛及岛与河岸连接起来。当时有一个难题：如何从 4 块陆地（一个岛和三个河岸）中的任何一块开始，每座桥只通过一次，再回到起点？遗憾的是，前人做了无数次尝试都没有成功。后来，数学家莱昂哈德·欧拉把每块陆地用一个点来代替，将每座桥用连接相应的两个点的一条线来代替，这样就相当于得到了一张"图"，如图 4.5 所示。如此问题就转化为在图中找到一条回路，此回路经过所有路径一次且仅一次。换句话说，如果图可以一笔画成，那么此问题便迎刃而解了。但是，欧拉给出了可以一笔画成的图的充要条件，即如果要求起点和终点重合，那么图中的所有节点都必须有偶数条线与之相连（一进对应一出）。由此得到柯尼斯堡七桥问题无解。欧拉对七桥问题的抽象和论证思想开启了数学中的一个分支——对图论的研究。他也因此被称为"图论之父"。

图 4.5 柯尼斯堡七桥问题

现在很多对社会网络的分析都是在图论的基础上展开的，如用于研究人类群聚现象的社区划分方法，对不断演化的人际关系进行预测的链路预测模型，社会网络中的信息传播、疾病传播的模型等。这些分析方法都需要通过大量实验来检验，而实验又需要数据的支撑。互联网上有许多不同来源的社会网络数据，但大部分都来自在线社交网站，包括用户属性、关系、行为方面的信息。根据网站性质的不同，这些数据也会有一些差异，如脸书是无向网络，Google+、推特、微博是有向网络，Epinions、Slashdot、Wiki-vote 等是含有不同类型连边（信任与不信任、朋友与敌人、支持与反对）的网络，还有论文引用关系网络、科学家合作网络这种带有关系强弱程度的数据。还有一些非常好的数据整理网站，如斯坦福的 SNAP、Pajek datasets、LPG 链路预测小组的数据收集网站等。

如何刻画一个网络？这里给出一个无向无权网络的例子。一个简单无向无权网络，记为 $G(V, E)$，是由节点的集合 $V=\{v_1, v_2, \cdots, v_N\}$ 和边的集合 $E=\{e_1, e_2, \cdots, e_M\}$ 组成的，其中任意一条边对应一个节点的二元组：$e_x=\{v_i, v_j\}$。简单无向无权网络满足以下 4 个条件。

① 节点不能和自己连接——不允许存在诸如 $e_x=\{v_i, v_i\}$ 这样的边。

② 两个节点之间最多只能有一条连边，不允许多条连边对任意两条边 e_x, e_y, 不会出现诸如 $e_x=e_y=\{v_i, v_j\}$ 这样的情况。

③ 连边没有方向性，即 $\{v_i, v_j\}=\{v_j, v_i\}$；

④ 连边只代表节点之间存在关系，没有权重的概念，故也没有与之对应的数值。

2. 强关系与弱关系

每个人都有不少朋友，但与每个朋友的关系都不尽相同。利兹·斯宾塞（Liz Spencer）和雷·帕尔（Ray Pahl）总结了 8 种人际关系：认识的人（Associates），指彼此不太了解，仅一起参加过某项活动的人；有用的联系人（Useful Contacts），指可以相互提供信息和建议的人，这类信息和建议往往与工作或事业相关；玩伴（Fun Friends），指主要为了娱乐而往来的人，这类人之间交情不深，不能给彼此提供情感上的支持；帮忙的朋友（Favor Friends），指可以在行事而非情感上为彼此提供帮助的人；益友（Helpmates），指同时具有帮忙和玩伴特征的朋友；好友（Comforters），与益友类似，但彼此交情更深；密友（Confidants），这类人之间无话不谈，他们喜欢与对方相处，但并不总能为对方提供实际的帮助；知己（Soulmates），这类人具有以上所有类型的人的特征。

据此定义，好友、密友和知己与自身关系比较亲近，可称为强关系；而益友、帮忙的朋友、玩伴等则是自己不太了解的人，可称为弱关系。然而，人们的强关系相对较少，密友和知己更是屈指可数，但大部分交流都是与强关系展开的。尼古拉斯·克里斯塔基斯（Nicholas Christakis）和詹姆斯·福勒（James Fowler）对 3 000 名美国人展开调查研究，发现这些人的强联系仅为 2~6 人。史蒂芬娜·布劳德本特（Stefana Broadbent）也发现，对大部分人来说，与之有持续往来的人平均为 7~15 个，但 80%的往来都发生在固定的 5~10 个人身上，80%的电话都是打给固定的 4 个人的。在社交网络中，人们的行为也明显倾向于与强关系交流。脸书内部统计数据显示，人们在脸书平台平均拥有 160 位好友，但仅与当中的 4~6 位有直接联系。

相比之下，人们与弱关系的联系就少得多。人们与弱关系的往来通常是出于共同利益或目标，这意味着双方可能是通过共同的朋友认识的，也可能是因为需要共同完成某项任务而互动的，或者是由于共同的爱好或需要寻找某些信息而互动的。不过，弱关系虽弱，却并非不重要，弱关系很有可能是消息的重要来源。社会学家马克·格兰诺维特（Mark Granovetter）在其发表的关于强弱联系的研究论文中指出，与一个人的工作和事业关系最密切的社会关系并不是强连接，而是弱连接。弱连接处于社交圈的外围，且数目众多，他们的往来对象背景更加丰富，获得的信息自然也就更多。

强关系与弱关系的区分直观地表现在直接联系的频率上，然而许多数据集中都缺乏此类信息。那么关系的强弱是否与关系结构有关呢？直观感觉社交网络中的强关系应该存在于稠密的网络邻居之间，弱连接则是桥接强关系的那些边。J.P.翁内拉（J.P.Onnela）等在通信网络中验证了这一点，他们发现连接各个社群之间的"桥连边"的权重通常是比较小的，即通话次数比较少，而社群内部的连边的权重通常较大。

然而，关系强度与网络结构的关系并不总是这样。拉吉·库玛·潘（Raj Kumar Pan）和扎里·萨拉玛奇（Jari Saramaki）发现，在科学家合作网中，稠密的近邻主要构成弱连接，强连接则桥接于各个社群之间。西尼莎·派杰维克（Sinisa Pajevic）和迪特玛尔·普兰兹（Dietmar Plenz）通过调查多种真实网络，也发现了两种不同的情况：在脑神经网络、基因表达网络、社交网络和语言类网络中，强连接更优先产生于拥有重叠邻居的节点之间，即产生于社群内部；但在美国航空网络、科学家合作网中，情况完全相反。此外，基于同质性的思想，衡量人们之间的关系强弱还可以基于用户之间的交互行为（如查看资料、建立连接、标记图片等）和用户资料的相似度。

强关系与弱关系的区别还体现在商品购买与信息传播上。人们在向他人获取信息或观点时，首先会询问自己的强关系（亲朋好友），因为虽然弱关系可能更了解相关信息，但人们更信任强关系。现在许多应用于微博中的营销手段，除了事件、文案本身的影响力，最有影响力的还是那些利用了强关系的营销手段。然而，强关系和弱关系并不是一成不变的，它们会随着时间的推移而慢慢变化，弱关系有可能转变为强关系，强关系也有可能转变为弱关系。有研究表明，这种转变主要取决于人们是否接受过高等教育或是否喜欢搬迁，接受过高等教育的人拥有的强关系数量通常是没有接受过高等教育的人的两倍。

3. 社群的划分

每个人生来就处于人际关系之中，随着自己的成长，会与各种人群形成自己的社交圈：有家庭、朋友、同学及同事群体，并可能与朋友的朋友产生关联。社交圈会随着人们年龄的增长而发展、变化：进入大学，来到新的城市，认识新的朋友；步入社会，面临新的环境，结识新的同事，慢慢融入新的团体。因此，很多人都拥有多个朋友圈，这些朋友圈也可能会有重叠。

格文（Girvan）和纽曼（Newman）指出，社群结果是真实网络的一个重要特征。在真实生活中，社群是由一些具有相同特征的人构成的集合。相应地，在网络中，社群是一组可能拥有共同属性的节点。社群有许多实际的应用。例如，识别具有相似兴趣并且在地理位置上邻近的用户，为其提供更优质的互联网服务；找到具有相似兴趣的用户群，为其提供更准确的推荐。另外，社群结构还可能具有层级性，即一些社群可能包含更小的社群。社群划分的目的就是通过网络拓扑结构来找出这些小社群，并尝试分析其层级结构。

基于模块度优化的社群发现算法是目前研究最多的一类算法，其思想是将社群发现问题定义为优化问题，搜索目标值最优的社群结构。由纽曼等人首先提出的模块度 Q 值是目前使用最广泛的优化目标之一。该指标通过比较真实网络中社群的边密度与此网络的随机化网络中相应节点之间的边密度，来量度此社群结构的显著性。模块度本质上是描述真实网络划分群落后在多大程度上比相应的随机网络具有更多的内部连边，定义为：

$$Q = \frac{1}{2M} \sum_{i \neq j} \left(A_{ij} - \frac{k_i k_j}{2M} \right) \delta^{ij}$$

式中，A 是网络的邻接矩阵；M 是网络总边数；k_i 为节点 i 的度；$\delta^{ij}=1$ 表示节点 v_i 和 v_j 同属于一个群落，否则为 0。

模块度优化算法根据社群发现时的计算顺序大致可分为 3 类：聚合、分裂及直接寻优。基于聚合的思想，纽曼的快速算法将每个节点看作一个社群，每次迭代选择产生最大 Q 值的两个社群并将其合并，直至整个网络融合成一个社群，找出最大 Q 值对应的结果。在此基础上，CNM 算法采用了更快的数据结构来计算和更新网络的模块度，大大提高了计算速度。MSG-MV 算法则引入了多步扩展，即迭代过程中每次可合并多对社群，以避免过早地收缩到少数较大的社群。纽曼的 GN 算法基于分裂的思想，与前一类算法相反，它将整个网络不断分割，方法是依次删去网络中边介数最大的边，直至每个节点单独退化为社群，然后从整个删边过程中选取对应最大 Q 值时的结果。直接寻优法有杜赫（Duch）等人提出的 EO 算法及阿加瓦尔（Agarwal）等提出的整数规划方法，前者将每个节点对模块度 Q 值的贡献大小定义为局部变量，通过贪婪策略对局部变量进行调整以提高全局目标函数；后者则是通过求解对应的松弛线性规划问题，给出最大模块度的一个上界。

基于谱分析的社群发现算法是建立在谱图理论基础上的，其主要思想是根据特定图矩阵的特征向量导出对象的特征，利用导出的特征来推断对象之间的结构关系。这类算法普遍将节点对应的矩阵特征分量看作空间坐标格网络节点，映射到多维特征向量空间，运用传统的聚类方法将节点聚成社群。多内蒂（Donetti）等基于节点之间的距离量度，卡波奇（Capocci）等基于同一社群节点对应的随机矩阵特征分量强相关这一性质，提出了计算特征向量的皮尔逊相关系数来量度节点之间的相似度反映真实情况的划分结果。安娜·拉扎尔（Anna Lazar）等认为传统的方法要么单纯追求圈子内部的稠密度，要么只考虑圈子内部的平均路径长度，或者社区内、外部连边的比较，这样做很可能会把许多不相干的人放在一起，因此他们提出了一个方法，同时考虑了两个影响因素，即"社区内节点的连边更多地指向内部"和"社群应更稠密"，以此判断是否应将社群合并。

4．寻找意见领袖

现代社会每时每刻都有新的消息产生，然而几乎所有的消息都转瞬即逝。新浪微博每天有上亿条信息，但被大量转发的少之又少；雅虎研究院和密歇根大学的研究人员分析了推特中的 7 400 万条信息，其中只有几十条信息被转发上千次，两条信息被转发上万次。分析热门微博的转发情况，可以看出很大一部分转发行为明显归功于少数个体，这些个体就可以被称作意见领袖。意见领袖的价值随处可见：面对众多商品，人们倾向于购买他们喜欢的明星所代言的那些；置身于舆论争辩之中，粉丝更愿意支持自己的偶像。社会化营销的关键在于人人参与，然而从微博实际被转发的情况来看，意见领袖的作用依然不可忽略。

事实上，早在 1957 年，卡茨（Katz）就指出，意见领袖对人们的观点、表现和行为的影响甚于媒体，相比之下他们更具影响力，也更值得信任。他还道出了意见领袖所具备的特质：价值观念的展现、专业能力和他的社交网络特性。马尔科姆·格拉德威尔（Malcolm Gladwell）在《引爆点》（The Tipping Point）一书中提出了"个别人物法则"，认为在社会中存在为数不多的有巨大影响力的人，如果能联系并影响他们，那么就可以借助他们影响数百、数千甚至数百万人。这一观点被广泛用在微博营销中，而此行为也产生了大量微博大号来支持这种营销手段。格拉德威尔将这些有影响力的人总结为人脉广、说服力强并在其所在领域深受信任，与卡茨的观点非常一致。近年来，人们的行为越来越多地呈现在在线社交网络中，这一点极大地加深了科学家对意见领袖的认识。

在衡量网络中节点重要性的方法中，PageRank 和 HITS 是最有名的两个。PageRank 是谷歌搜索引擎的核心，它用一种迭代的思想来衡量网络中节点的质量。PageRank 最初用于网页排序，并由此诞生了谷歌公司，成为谷歌搜索的基本核心算法。其基本想法是：www 上一个页面的重要性取决于指向它的其他页面的数量和质量。给定所有节点的初始 PageRank 值（简称 PR 值），$PR_i(0)$，$i=1, 2, \cdots, N$。把每个节点在第 $t-1$ 步的 PR 值平分给它所指向的节点。如果一个节点的出度为 0 的话，那么它就始终把 PR 值给自己。每个节点的新 PR 值校正为它所分得的 PR 值之和，于是有

$$\mathrm{PR}_i(t) = \sum_{j=1}^{N} a_{ij} \frac{\mathrm{PR}_j(t-1)}{k_j^{\mathrm{out}}}$$

式中，$a_{ij}=1$ 表示有从节点 i 指向节点 j 的边；$a_{ij}=0$ 表示节点 i 和节点 j 之间没有连边。

除此以外，还有一些别的排名方法，如利用一些相关指标来衡量。在当前在线社交网络环境中出现了许多结合用户属性和行为的排名方法。例如，Klout 同时考虑了用户的关注数、粉丝数、"僵尸"数、粉丝数、被转发数及转发者的影响力等；PeerIndex 同时考虑了用户的权威性、活跃度和粉丝的质量，等等。

以上所说的只是网络中有影响力的个体，他们不一定是信息的制造者，却是信息的强力传播者。然而信息的传播涉及两方，即传播者和接收者。不同的人对新思想的接受门槛不尽相同，同一个人对不同思想的接受门槛也不一样。邓肯·沃茨（Duncan Watts）开展的多项研究显示，一种思想得以传播的关键因素并不是具备影响力的人，而是存在相互联系且易被影响的不同人群。从大的方面来讲，意见领袖有极为重要的作用；从小的尺度来看，普通用户的影响也不能小视，因为在许多小团体内，可能存在小众的意见领袖。

除了信息的传播者和接收者，信息本身的性质对信息传播的效果也有重要的影响，这对于意见领袖的识别也是至关重要的。例如，一些影视明星对时尚类商品具有相当大的影响力，但是对科技类商品的影响力几乎没有。当大家对一个信息的接受程度较低时，社会加强作用对信息传播的效果就很重要了。戈登堡（Goldenberg）关于口碑营销的研究成果显示，对于高质量的商品，即使没有核心人物推荐，最终也会被大众接受，核心人物只能加快商品被接受的进程，但并不能决定商品能否被接受。不过在信息化社会，加快商品被接受的进程十分关键。例如，电影要想盈利，就需要在首映周获得高票房；小公司的创新商品也需要在极短的时间内爆发口碑。这时候意见领袖的作用就非常大了。

4.2 数据运营管理

数据能够帮助运营人员看清潜藏在交易和用户行为下的"真相"，及时做出正确的运营决策。随着数据环境的成熟，商家能够获取的数据越来越多，数据类型越来越多元化，并且获取数据的成本也越来越低，这对电子商务运营来说是非常有利的。

4.2.1 数据运营基础

1. 常见数据指标

电子商务的数据主要涉及网店访客数、网店浏览量、点击率、跳失率、商品页浏览量、访问深度等。量化的数据指标能帮助网店更好地运营。

1）网店访客数

网店访客数（Unique Visitor，UV）是指通过互联网访问某个网店的自然人的数量，即网店访客数。一个独立的 IP 地址访问同一个网店只能产生一个 UV，在 24 小时内，同一个 IP 地址只会被记录一次，所以 UV 不会累加或累减。

2）网店浏览量

网店浏览量（Page View，PV）是指通过互联网浏览网店页面的自然人的数量，即网店浏

览量。一个独立的 IP 地址浏览网店的不同页面可以产生多个 PV。例如，淘宝买家进入淘宝网店首页后，看了 4 个不同的商品，且每个商品都有 1 个页面，那么，该淘宝买家对该网店就产生了 5 个 PV（首页 PV 和 4 个商品的 PV）。通常所说的流量就是网店的浏览量，店内浏览量越高，表示网店的访问深度越大，商品对买家的吸引力越大。相应地，买家的跳失率降低，商品的权重增加。

3）点击率

点击率（Lick Rate）是指买家在浏览某网店的商品并点击进入网店的次数与总浏览次数的比例。商品的点击率越高，证明网店的商品对买家的吸引力越强。

4）跳失率

跳失率（Bounce Rate）是指买家通过相应的入口访问网店，只访问了一个页面就离开的访问次数与该页面的总访问次数的比例。跳失率可以很直观地体现某个页面对买家是否具有吸引力，是否能继续深入访问。跳失率越小，表示页面对买家的吸引力越大，反之则越小。

5）商品页浏览量

商品页浏览量是指网店商品页面被查看的次数，当买家打开或刷新一个商品页面时，商品页浏览量就会增加。

6）访问深度

访问深度是指买家一次性浏览网店页面的页数，也是 PV 和 UV 的比值。淘宝买家一次性浏览网店的页数越多，用户体验就越好，网店的黏性也越高。

7）收藏数

收藏数是指直接收藏网店或商品的买家数量。网店的收藏量越高，表示买家对网店越感兴趣。

8）转化率

转化率是指在网店最终下单的 UV 与当天 PV 的比值。针对新手卖家，网店的转化率应为 1%～2%。当转化率低于 1% 时，就要分析网店是否存在问题了。

9）自主访问流量

自主访问流量是指买家主动访问网店时产生的流量。自主访问流量是所有流量中质量最高的流量，这类流量具有很强的稳定性，且成交转化率极高，可以很直观地看出访问网店的买家性质和质量。

10）付费流量

付费流量是指商家通过付费获取的流量。例如，搜索引擎的导流、平台的导流等都需要付费。付费流量的最大特点是精准度高、流量大。最受欢迎的、使用频率最高的付费流量的方式主要是淘宝客、淘宝直通车和钻石展位。

11）站内流量

站内流量是指从平台获取的流量。站内流量对一个淘宝网店的流量构成来说是相当重要的。淘宝网站每天都有几千万甚至过亿的流量，没有流量就等于没有销量。站内流量可分为免费流量和付费流量，新手淘宝卖家可以先从站内的免费流量渠道获取流量，如微淘、淘宝头条等淘宝官方的互动交流平台。

12）站外流量

站外流量是指从平台之外的所有渠道获得的流量。流量是影响网店发展的关键因素，获得更多站外流量逐渐成为卖家关注的焦点。站外流量主要是由各大知名网站带来的，如论坛、微博、QQ、贴吧等社交网站。

除了这些常见的数据指标，还有很多行业类的宏观数据指标，如采购指数、搜索指数等。

2．常见数据处理软件

数据处理软件有很多，常见的数据处理软件有 Excel、Python、Power BI、FineBI、Tableau、Echarts、Spss 和 Matlab 等。Excel 属于装机必备软件，几乎每台电脑上都有安装。Excel 的数据处理功能包括创建预算、编制费用表、分析调查问卷结果、财务分析、实验数据分析等。在 Excel 中，主要使用数据透视表和 Power 系列插件进行数据分析。

1）数据透视表

数据透视表是交互式报表，可对大量数据快速汇总并建立交叉列表。通过转换行和列，不仅可以看到源数据的不同汇总结果，而且可以显示感兴趣区域的明细数据，如图 4.6 所示。

订单ID	订单日期	月份	季度	员工姓名	客户名称	销往地区	产品名称	产品类别	销售额		产品类别	销售总额
1	2022/1/15	1	1	张雪眉	文成	江苏	啤酒	饮料	¥1 400.00		焙烤食品	982
1	2022/1/15	1	1	张雪眉	文成	江苏	葡萄干	干果和坚果	¥105.00		点心	2 550
2	2022/1/20	1	1	李芳	国顶有限	广东	海鲜粉	干果和坚果	¥300.00		干果和坚果	3 713
2	2022/1/20	1	1	李芳	国顶有限	广东	猪肉干	干果和坚果	¥530.00		谷类/麦片	280
2	2022/1/20	1	1	李芳	国顶有限	广东	葡萄干	干果和坚果	¥35.00		果酱	5 740
3	2022/1/22	1	1	郑建杰	威航货运	辽宁	苹果汁	饮料	¥270.00		奶制品	3 132
3	2022/1/22	1	1	郑建杰	威航货运	辽宁	柳橙汁	饮料	¥920.00		肉罐头	2 208
4	2022/1/30	1	1	孙林	迈多贸易	陕西	糖果	焙烤食品	¥276.00		水果和蔬菜罐头	1 560
5	2022/2/6	2	1	张雪眉	国顶有限	广东	糖果	焙烤食品	¥184.00		汤	2 799
6	2022/2/10	2	1	李芳	东旗	广东	玉米片	点心	¥127.50		调味品	4 514
7	2022/2/23	2	1	郑建杰	坦森行贸	河北	虾子	汤	¥1 930.00		意大利面食	1950
8	2022/3/6	3	1	刘英玫	森通	天津	胡椒粉	调味品	¥680.00		饮料	22 636
9	2022/3/10	3	1	张雪眉	康浦	江苏	柳橙汁	饮料	¥13 800.00		总计	52 063
10	2022/3/22	3	1	李芳	迈多贸易	陕西	玉米片	点心	¥1 275.00			
11	2022/3/24	3	1	郑建杰	广通	重庆	绿茶	饮料	¥598.00			
12	2022/3/24	3	1	张颖	广通	重庆	酱油	果酱	¥250.00			
12	2022/3/24	3	1	张颖	广通	重庆	盐	调味品	¥220.00			
12	2022/3/24	3	1	张颖	广通	重庆	糖果	焙烤食品	¥92.00			
13	2022/4/7	4	2	张颖	康浦	江苏	虾子	汤	¥482.50			
13	2022/4/7	4	2	张颖	康浦	江苏	虾米	肉罐头	¥920.00			

图 4.6 数据透视表

数据透视表的操作步骤如下。

① 选择数据区域。单击选择要创建透视表的数据区域内的任一单元格。

② 选择"插入|表格|数据透视表"菜单命令，打开"创建数据透视表"对话框。确认或指定数据源，并指定放置数据透视表的位置。单击"确定"按钮，Excel 根据指定数据源，打开"数据透视表字段"窗格，用以设计数据透视表的布局。

③ 指定分类字段。在"数据透视表字段"窗格，拖曳分类字段到指定数据透视表的分类区域（"筛选器""行""列"区域）。

④ 指定汇总字段。在"数据透视表字段"窗格，拖曳汇总字段到"值"区域。

⑤ 设置值字段（汇总计算方式）。在"数据透视表字段"窗格的"值"区域，单击汇总值字段右侧的菜单按钮，选择"值字段设置"命令，打开"值字段设置"对话框，设置值字段汇总方式（计算类型）和值显示方式。

利用收集的数据源、数据透视表分析，再结合图表，就可以制作数据看板。

表 4.1 展示了常规的电商运营数据，图 4.7 展示了常规的电商运营数据看板。

表 4.1 电商运营每月指标汇总

	指标	2022年1月	2022年2月	2022年3月	2022年4月	2022年5月	2022年6月	2022年7月	2022年8月	2022年9月	2022年10月	2022年11月	2022年12月
1	访客数	86 845	88 058	85 168	88 785	80 855	99 885	90 809	80 434	96 836	95 211	99 854	85 736
3	移动端访客数	47 996	76 634	70 596	78 071	49 399	46 495	69 027	58 516	58 350	59 325	50 671	79 967
4	PC端访客数	38 849	11 424	14 572	10 714	31 456	53 390	21 782	21 918	38 486	35 886	49 183	5 769
5	浏览量	228 139	187 565	219 960	182 638	205 460	206 775	212 287	203 702	199 832	180 341	183 678	198 281
6	移动端浏览量	180 039	112 516	184 724	103 565	134 083	189 135	176 423	195 980	192 563	163 037	131 337	131 561
7	PC端浏览量	48 100	75 049	35 236	79 073	71 377	17 640	35 864	7 722	7 269	17 304	52 341	66 720
8	商品访客数	71 592	75 473	83 690	85 318	83 034	85 072	76 838	77 388	82 713	84 869	89 320	72 146
9	移动端商品访客数	69 193	61 040	70 250	73 838	62 731	74 084	64 150	72 846	68 761	64 023	69 238	66 630
10	PC端商品访客数	2 399	14 433	13 440	11 480	20 303	10 988	12 688	4 542	13 952	20 846	20 082	5 516
11	商品浏览量	151 383	116 890	165 628	175 135	160 482	150 516	179 600	148 212	160 841	196 317	185 569	123 692
12	移动端商品浏览量	102 340	109 345	114 205	91 390	125 064	115 412	110 885	98 310	114 063	122 884	97 474	120 009
13	PC端商品浏览量	49 043	7 545	51 423	83 745	35 418	35 104	68 715	49 902	46 778	73 433	88 095	3 683
14	平均停留时长	13.9	14.9	15.9	16.9	17.9	18.9	19.9	20.9	21.9	22.9	23.9	24.9
15	移动端平均停留时长	12	13	14	15	16	17	18	19	20	21	22	23
16	PC端平均停留时长	86.55	87.55	88.55	89.55	90.55	91.55	92.55	93.55	94.55	95.55	96.55	97.55
17	跳失率	67.86%	68.86%	69.86%	70.86%	71.86%	72.86%	73.86%	74.86%	75.86%	76.86%	77.86%	78.86%
18	移动端跳失率	67.65%	68.65%	69.65%	70.65%	71.65%	72.65%	73.65%	74.65%	75.65%	76.65%	77.65%	78.65%
19	PC端跳失率	75.18%	76.18%	77.18%	78.18%	79.18%	80.18%	81.18%	82.18%	83.18%	84.18%	85.18%	86.18%
20	商品收藏买家数	1 271	2 093	2 122	1 027	2 437	1 601	1 513	1 995	1 249	1 673	1 409	1 129
21	移动端商品收藏买家数	1 061	1 341	1 120	882	1 416	1 435	1 100	1 762	1 092	1 552	1 223	1 027

2）Power 系列插件

Excel 的 Power 系列插件是用户的自助式商业智能解决方案。

① Power Query 是 Excel 的一个插件，提供数据查询、转换和导入功能。它将数据从外部数据源检索到 Excel（及 Power Pivot 数据模型）中，并做进一步的分析处理。

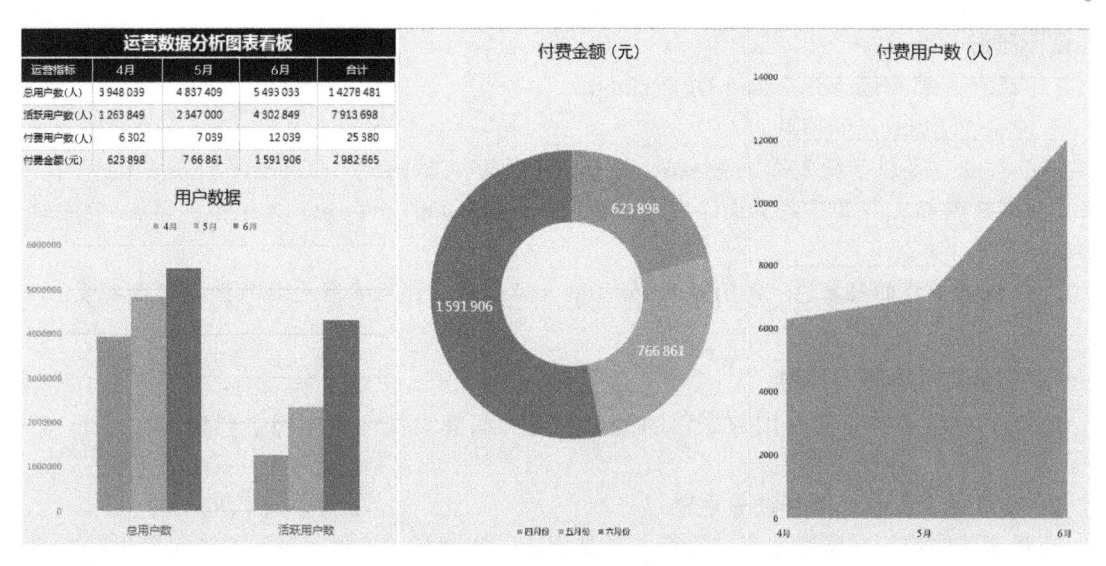

图 4.7 电商运营数据看板

② Power Pivot 是数据模型的引擎,是自助式商业智能的核心。Power Pivot 本质上是一个直接在 Excel 中运行的内存进程提供的 SQL Server Analysis Services 引擎。Power Pivot 可以管理数据模型中的表之间的关系,创建计算列和度量值。通过数据透视表(及数据透视图),可以对数据进行透视分析。

③ Power View 是 Excel 中的 Power 系列插件之一,用于制作数据交互式可视化仪表盘,也可以用于交互式数据浏览,实现可视化数据演示,还可以对数据进行交互式可视化探索分析。

④ Power Map 可以对数据进行三维可视化分析演示。

⑤ Power BI Desktop 可以对数据进行交互式可视化探索分析。Power BI Desktop 基于 Power Pivot 数据模型,可以分析处理海量数据。使用丰富的可视化对象,可以创建交互式数据仪表盘报表。通过将报表发布到 Power BI 中,可以实现商业智能的共享。在 Power BI 网站上可以发布共享数据分析结果。图 4.8 展示了 Power BI Desktop 数据分析样例。

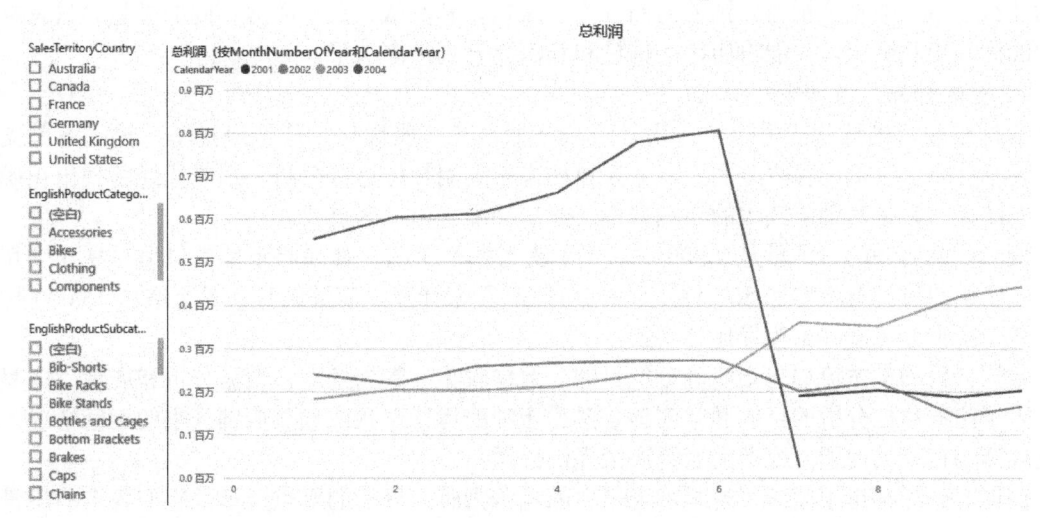

图 4.8 Power BI Desktop 数据分析样例

> **实际操作**
>
> 下载和安装 Microsoft Power BI Desktop。
> ① 登录 Microsoft 网站。
> ② 单击"高级下载选项"超链接，打开下载页面，选择语言"Chinese（Simplified）"，单击"下载"按钮，打开下载页面，勾选"PBIDesktopSetup_x64.exe"复选框，单击"Next"按钮，开始下载。
> ③ 双击下载的安装包"PBIDesktopSetup_x64.exe"，按照安装向导的提示完成安装。

3. 数据驱动运营的作用

数据驱动运营的目的是用数据帮助商家实现利润最大化，其作用主要体现在以下 4 个方面。

1）流量运营：优化店铺流量渠道

流量运营的作用是帮助商家和运营人员掌握店铺和商品的流量渠道。在流量数据精准运营的时代，运营人员除了要知道有哪些流量渠道，还要知道各渠道的流量大小，以及各渠道流量的质量，如渠道转化率大小、成交量大小、渠道访客停留时间的长短、跳失率大小。这样运营人员才能全方位掌握流量的指标，进行流量趋势的预测和流量渠道的调整。总体原则是，高质量的流量渠道要加大引流力度，低质量的流量渠道要控制引流力度，否则会影响产品及店铺的转化率。

2）用户运营：维护好新老用户

除了用数据驱动流量运营，还可以用数据驱动用户运营，帮助商家维护好与用户之间的关系，增加新老用户的数量。在电子商务市场，每名用户都会发生多种行为，包括访问行为、浏览行为、页面跳转行为、购买行为、评论行为等。根据这些行为建立数据库，并为用户贴上标签，目的是找到优质的用户，更精准地对其进行维护和营销。

3）产品运营：从全店的角度来考虑

在网店运营中，几乎所有的行为都是围绕商品进行的，运营的最终目的就是销售商品。在进行商品运营时，运营人员需要从全店的角度来考虑，而不是从单一商品的角度来考虑。这就是为什么要通过数据分析将店铺的商品分为引流款、利润款、活动款等不同的类型。只有整个店铺的商品相互配合，才能将店铺的销量和利润提升到最高水平。

4）查缺补漏：增加额外收入

数据驱动店铺运营的另一个作用是查缺补漏。在客服优化、降低退货率、提高下单支付率、精准补货、降低库存等方面，运营人员如果不运用数据进行分析，很难凭经验找出正确的优化方法。尤其是对销量较大的店铺来说，查缺补漏工作尤为重要。

例如，某店铺的日销量是 7 500 件，下单支付率是 75%，如果将下单支付率提高 5 个百分点，该店铺的日销量将增加 500 件，以一个月 30 天来计算，店铺的月销量将增加 15 000 件，这将是一个十分可观的销售优化结果。

数据分析的基本流程包括明确分析目的、数据收集、数据处理、数据分析和展现、撰写报告。电子商务数据分析的目的通常应该是熟悉店铺的运营现状或预测店铺未来的运营情况，及时发现店铺存在的问题，或者为店铺决策提供依据。

例如，分析某电子商务平台与淘宝平台的竞争力时，分析的重点应该是它们各自的流量，而不是交易量，主要分析每天进来多少新用户，销售了多少商品。因为两个平台竞争的核心问题在于人气（流量），而不是交易量。某电商平台需要流量来提升人气，淘宝平台对流量不怎么看重，而是更看重交易转化率和用户回头率。

4.2.2 数据分析

要进行数据分析，首先要收集数据。收集数据的工具有很多，常见的有百度指数、百度统计、生意参谋、淘数据、站长之家、星网大数据、店铺内工具、数据小插件、店侦探、店怪兽等，如图4.9所示。

图4.9 常见的数据收集工具

1．行业市场数据分析

1）行业市场数据分析的内容

行业市场数据分析有助于运营人员了解和掌握本行业的发展现状和趋势。行业市场数据分析的内容主要包括市场容量分析、品牌分析、市场趋势分析、选款分析、定价分析和消费者特征分析。

① 市场容量是指在指定的时间段、指定的区域或品类的市场中，具有购买力及购买意愿的消费者的数量或这些消费者能产生的购买总金额。市场容量越大，其需求量就越大，商品销量自然也就越好。

② 品牌分析有助于运营人员清楚消费者的品牌偏好，对商品的定位和自身店铺品牌的打造是非常有利的。

③ 市场趋势分析有助于运营人员及时了解电子商务市场的搜索热点，查询成交走势，研究市场和商品类目，定位消费人群。

④ 选款分析可以让商家根据数据来准确地选款，而不是只凭经验甚至盲目选择。

⑤ 定价分析有助于科学合理地制定商品定价，有效地刺激消费者的购买欲望，为商品打

开销路，形成一定的竞争优势。

⑥ 消费者特征分析有助于运营人员直观地掌握消费者的消费习惯、消费能力和分布状况等，从而对其进行精准营销。

2）分析行业市场数据的平台

分析行业市场数据的平台主要有生意参谋和百度指数。

（1）生意参谋

生意参谋是专业的反映电子商务市场动向的数据分析平台，能够对整个淘宝市场的行业价格、供求关系、采购趋势数据进行统计和分析，帮助商家充分掌握采购市场动态，如行业大盘、属性细分、采购商素描、阿里排行、专题报告、供应商素描等。

① 根据行业大盘查看商品的采购指数。商家在采购商品前需要考虑特殊日期和特殊事件，这些因素都会影响消费者的购物趋势。连衣裙的采购指数如图4.10所示。

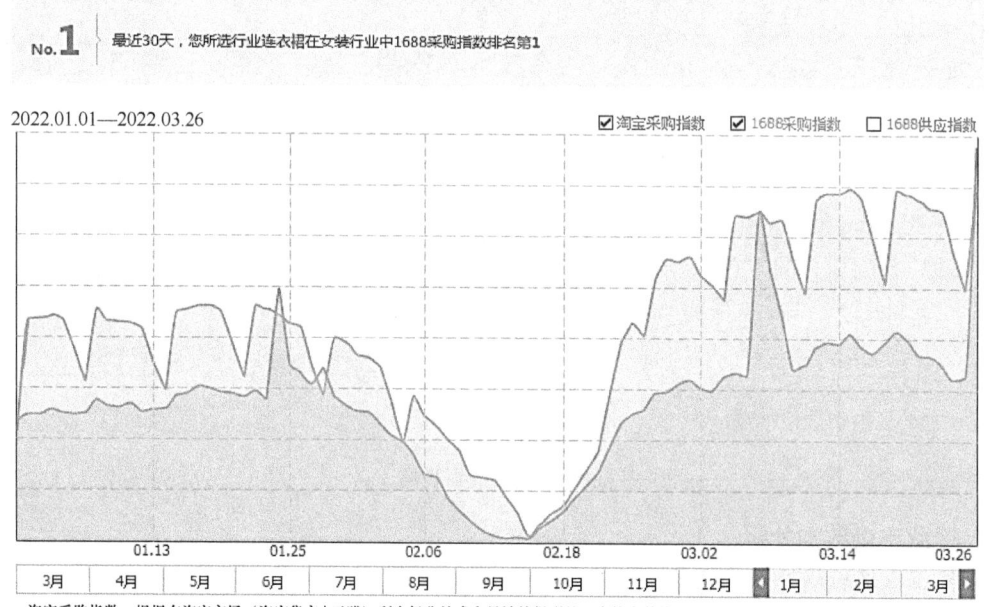

图 4.10 连衣裙的采购指数

② 根据行业大盘了解相关热门行业。商家在采购主营商品时，可以关注与所查询行业相关的热门行业。连衣裙的相关热门行业如图4.11所示。

③ 根据行业大盘了解相关潜力行业。商家在选择服装类商品时一定要结合当下的季节进行选择，而选择对季节不敏感的其他商品时要重点关注与它们相关的类目。连衣裙的相关潜力行业如图4.12所示。

④ 根据采购商素描分析采购关联行业。根据采购商素描搜索的关联行业会按照相关性的强弱给出排名，排名越靠前，其与所搜索的商品的关联性就越强。连衣裙的采购关联行业如图4.13所示。

图 4.11 连衣裙的相关热门行业

图 4.12 连衣裙的相关潜力行业

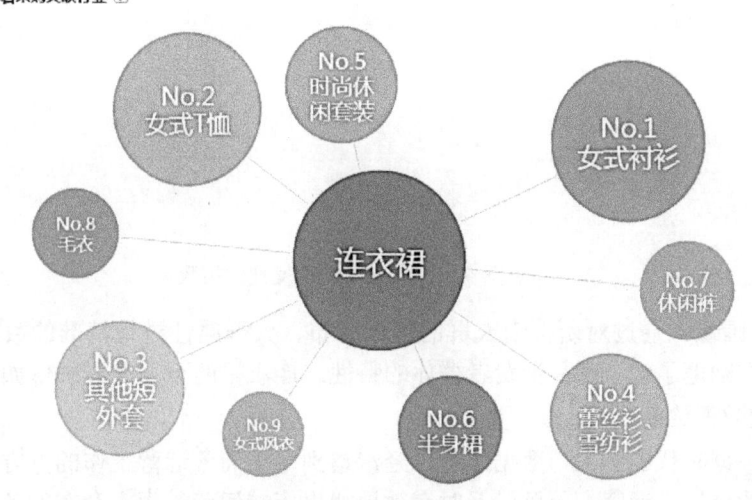

图 4.13 连衣裙的采购关联行业

（2）百度指数

百度指数是研究消费者兴趣习惯的重要数据参考平台。淘宝商家通过百度指数可以查看商品的长周期走势、消费者的人群特性、商品搜索量和成交量排行榜。

① 搜索指数。商家通过搜索指数趋势可以掌握商品的长期搜索趋势（见图 4.14）。商家也可以修改查询区域，了解不同地区人群的喜好，精准定位不同地区的消费者特性。

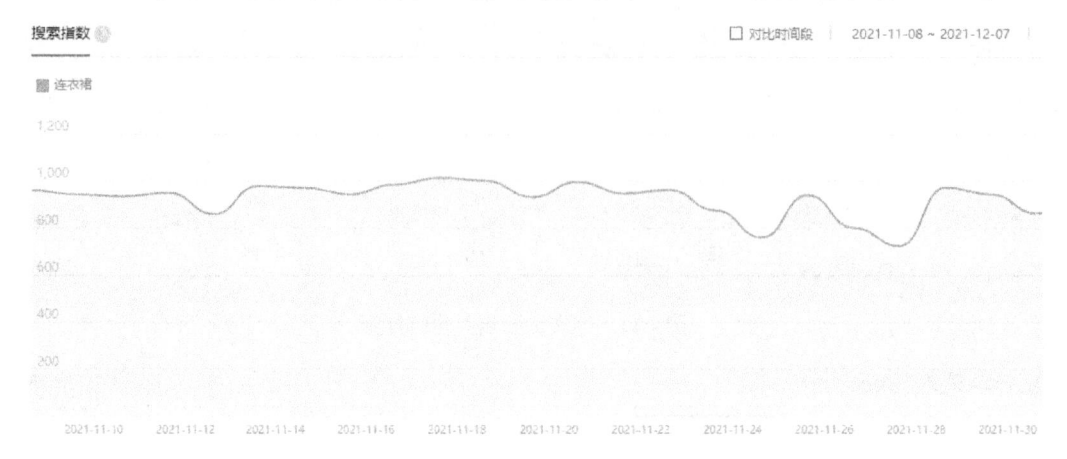

图 4.14　搜索指数反映商品的长期搜索趋势

商家通过搜索指数趋势的变化可以提前对未来一段时间的市场行情做出判断。连衣裙的百度搜索指数如图 4.15 所示。

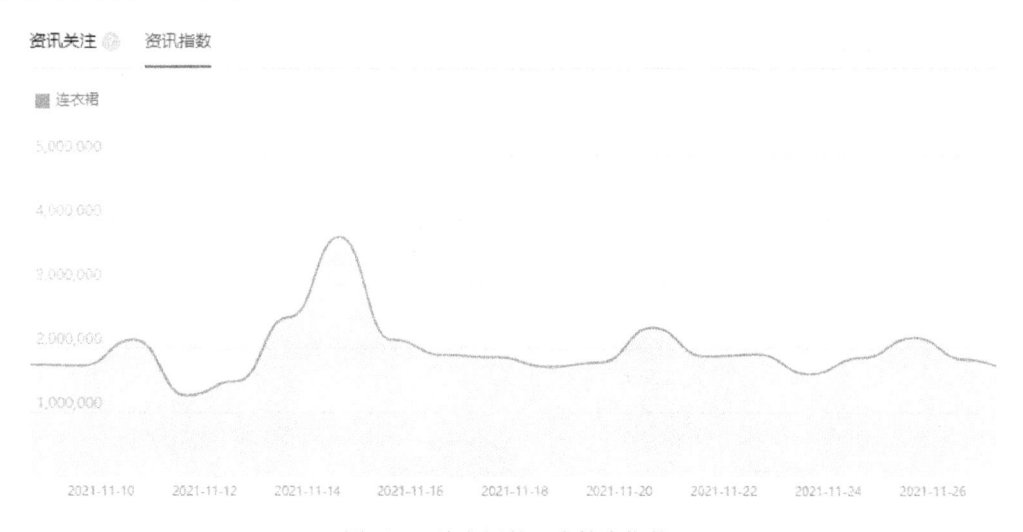

图 4.15　连衣裙的百度搜索指数

② 人群画像。通过对所搜索人群的地域分布、人群属性进行精准的数据统计与分析，商家可以更加准确地了解该商品消费者群体的特性。连衣裙的百度人群画像如图 4.16 所示。

2．店铺数据诊断

随着大数据时代的到来，数据运营已经渗透到电子商务运营工作的方方面面。通过对店铺中各项数据的分析，运营人员可以及时有效地找出店铺运营过程中存在的各种问题，进行进一步的优化和改进。

1）访客分析

很多商家在运营店铺时常常会有这样的困惑：店铺明明有不少流量，但转化率一直不高。

这主要是因为商家对店铺的访客不够了解，没办法做到精准营销。因此，运营人员在做数据分析时必须对访客的数据进行分析。在生意参谋数据分析工具中有专门的访客分析模块，可以很好地帮助运营人员进行访客数据分析。

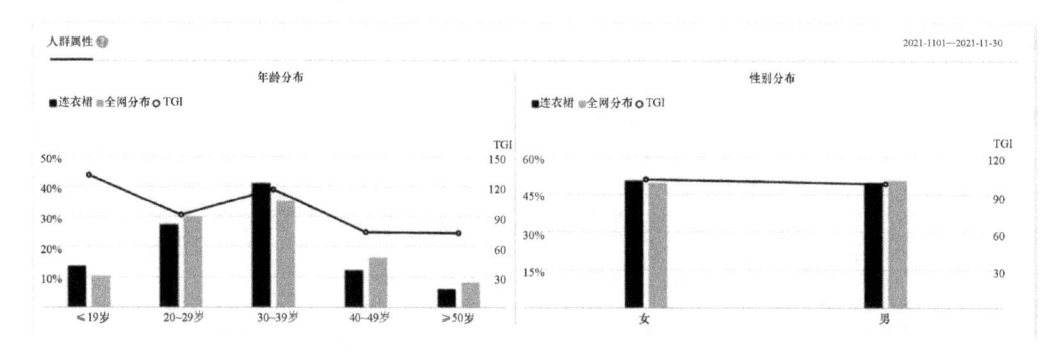

图 4.16　连衣裙的百度人群画像

运营人员进入生意参谋首页，依次单击"流量""访客分析"选项，进入访客分析页面。在该页面中一共有两个板块，一个是访客分布板块，另一个是访客对比板块。

在访客分布板块，可以看到访客时段分布、访客地域分布等数据信息的汇总和展示。

（1）访客时段分布

从访客时段分布中可以查看店铺访客的来访时间段及下单时间段。

（2）访客地域分布

从访客地域分布中，运营人员可以查看哪个地区的访客和下单用户最多，从而确定对该地区的用户进行重点运营。例如，某店铺的访客和下单用户主要集中在广东、江苏、浙江这 3 个省，那么运营人员就应该重点在这 3 个省加大推广运营的力度。

2）转化分析

在众多的数据参考指标中，商家最关注的指标莫过于店铺的转化率，因为转化率的高低将直接影响店铺的利润和发展。转化率与商品的价格、页面的设置及客服的应答等因素都有着密切的关系。转化分析表如表 4.2 所示。

表 4.2　转化分析表

访客来源	浏览量	访客数	订单金额/元	成交金额/元	订单支付率
淘宝宝贝搜索	2 569	1 299	6 398.75	4 215.42	65.88%
买家中心	821	736	3 156.88	3 034.12	96.11%
淘宝活动	4 799	2 328	7 941.39	5 879.63	74.04%
淘宝付费推广	3 145	1 052	2 349.11	1 464.12	62.32%
淘宝其他页面	1 531	527	163.45	56.37	34.49%
站外访问	899	312	80.18	32.46	40.48%

下面就从页面转化和客服服务数据这两个方面来详细地分析一下店铺商品的转化率。

（1）页面转化

很多商家发现，虽然花费了较多资金引流，但店铺的转化率并不高，很多用户只浏览了一个页面就离开了。后台统计的店铺访客数在不断增加，但是跳失率也随之增长。

如果一家店铺的跳失率较高，那么它的有效进店率就比较低，而有效进店率恰恰是影响转化率的关键指标之一。

$$店铺访客数=有效进店人数+跳失人数$$
$$有效进店率=有效进店人数÷店铺访客数×100\%$$
$$出店率=出店人次÷出店页面浏览量$$

有效进店人数是指访问至少两个店铺页面才离开的访客数。

在掌握了相关的数据后，运营人员可以根据店铺不同页面的访问量对流量进行细分，并根据页面平均停留时间等对店铺的页面转化做相关分析，如图4.17所示。

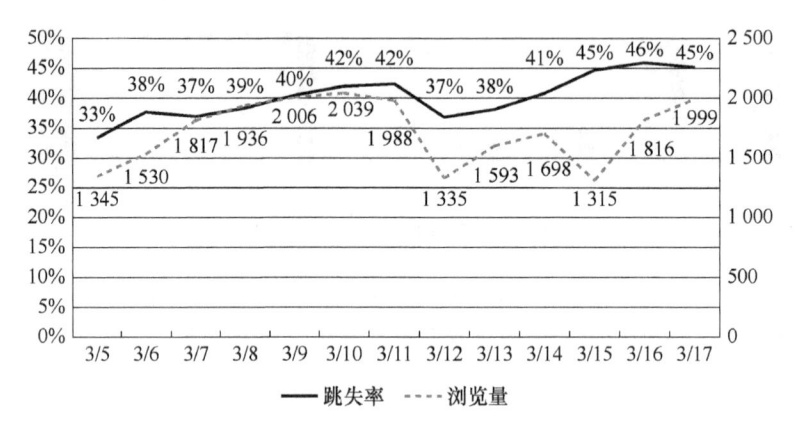

图4.17　跳失率与浏览量

首页是整个店铺的脸面，也是流量转化的中转站，但是首页的流量占比一般不宜超过15%，因为店铺的交易主要是在商品详情页中完成的，所以商品详情页的流量占比至少要达到50%才算健康。当店铺的首页流量占比过高，而商品详情页的流量没有达到健康标准时，店铺的运营人员就应当对店铺首页进行优化，并提升商品详情页的流量占比。

分类页就是店铺的商品列表导航页，流量占比一般应为20%左右。如果店铺的分类页流量占比过低，说明该店铺分类页的设计存在一定的问题。图4.18展示了某店铺各种页面的流量占比情况，需要进行优化。

并不是所有页面的平均停留时间都越长越好。首页的平均停留时间较长，说明用户没有在较短的时间内找到自己想要的商品，因此运营人员应该对店铺首页进行整改。店铺首页的设计应该简洁大方、操作性强，使用户能够在较短的时间内找到自己想购买的商品。商品详情页的平均停留时间越长，说明用户对该产品越感兴趣，愿意花更多的时间了解该商品。因此，商品详情页的平均停留时间越长，潜在的成交转化率就越高。

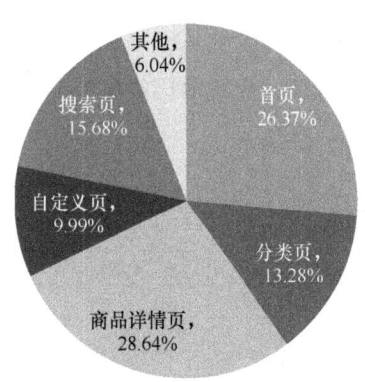

图4.18　需要优化的页面流量占比

此外，运营人员还要关注店铺的分类页和搜索页的平均停留时间，分类页和搜索页的主要功能是帮助用户在最短的时间内找到想购买的商品，并引导用户进入商品详情页进行深入的访问。因此，运营人员最好在分类页设置筛选功能，以更好地帮助用户选择感兴趣的商品。图4.19展示了某店铺各种页面的平均停留时间。

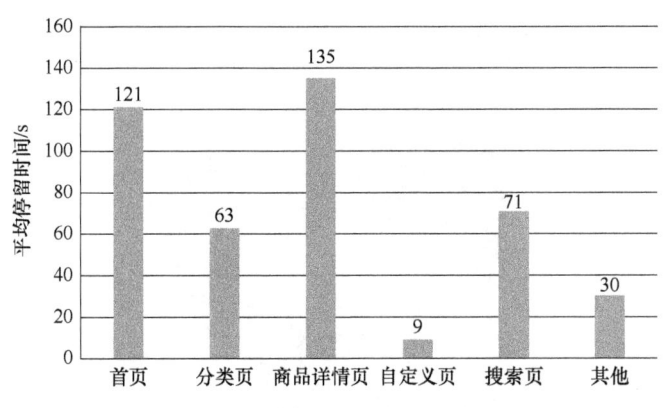

图 4.19　某店铺各种页面的平均停留时间

（2）客服服务数据

商家通过对店铺各类页面进行优化，可以吸引大量用户进入更深层次的页面进行访问。当用户在访问过程中产生了一些疑问时，大都会与店铺的客服人员交流，如果客服人员能够顺利地解答用户的疑问，用户下单购买的可能性就会很大，这也就是大家常说的询单转化率。

询单转化率是指用户通过咨询客服人员而成功下单的人数比例，具体的计算公式如下。

$$询单转化率 = 付款订单数 \div 有效咨询量 \times 100\%$$

询单转化率是考验店铺客服人员对商品知识掌握程度的一项重要指标。因此，要想提高店铺商品的询单转化率，客服人员是关键。如果客服人员的专业性较强且服务态度较好，能在短时间内解答用户的疑问，那么店铺商品的询单转化率就会比较高。

售后服务中的评价管理也是对网店影响最大的环节，正面的影响对网店发展是有利的，负面的影响给网店造成的损失是十分严重的。"100 个好评抵不过 1 个差评"。图 4.20 和 4.21 分别展示了某店铺 30 天内的客服数据和纠纷原因统计。

图 4.20　某店铺 30 天内客服数据

3）竞争对手分析

分析和研究竞争对手，并通过学习竞争对手的先进经验来提升自己的业绩是企业的必修课之一。运营人员通过数据对比的方法，可以有效地找出自己店铺的商品与竞争店铺和竞争商品之间的差距，然后根据数据反馈的问题，制定有针对性的营销方案。竞争对手分析示例如图 4.22 所示。

更加便捷的数据分析方式是使用插件，电子商务运营常见的必备插件如下。

① 大白工具。大白工具是一个电子商务大数据创新工具，提供跨类流量来源、生意参谋指数换算、竞品分析、店铺分析及详情页工具等功能。

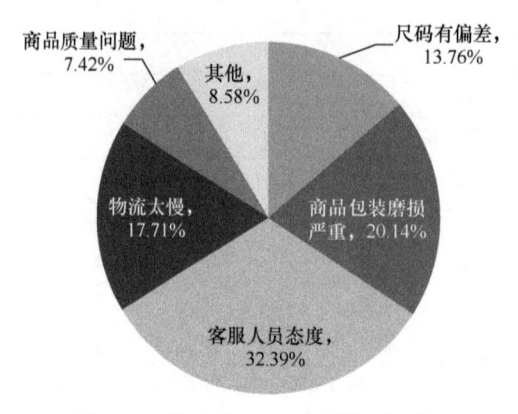

图 4.21 某店铺 30 天内纠纷原因统计

图 4.22 竞争对手分析示例

② 店查查。店查查是一款专业免费的淘宝网店数据分析插件，可以帮助用户查询各种网店数据，包括商品价格、上架时间和淘宝排名等，能够让用户清楚完整地了解网店的运营状况。

③ 千里眼。千里眼可以直观地展示淘宝官网搜索页面上每件商品的上下架时间、PC 端在线人数、商品的关键词排名、展现量、点击量、价格变化曲线等汇总数据。

④ 魔镜。利用魔镜可以快速查询同行店铺及直通车自然搜索数据。

> **实际操作**
> 使用魔镜来快速查询同行店铺的竞品情况。

4.2.3 数据管理

1. 初创企业的数据管理

上文的数据分析可以在电子商务运营过程中进行，其结果支持对运营管理工作的改进。对一个初创电子商务企业而言,通常可以按以下需求实施所需的分析和运营管理工作。

1)产品选择

在初期运营中,商品的选择和定位非常重要。当然,这和企业的经营策略有关,可以选择做细分市场,也可以选择做大而全的市场。

2)平台选择

在选择平台时,企业首先要想明白入驻平台的目的是什么,是做品牌推广还是扩大销售规模,抑或是套现。如果想通过一个平台完成所有的目的和诉求,那么可能会适得其反。

3)经营策略选择

企业的成功依赖经营策略选择得当。选对策略并认真执行,做到极致,往往会取得成功。

4)推广选择

网站/网店需要进行推广,尤其应重视线下推广。推广渠道的选择与商品和网站的定位有关。网站的主打商品与广告投放渠道的选择直接相关,如体育商品与服装、食品的推广渠道和推广方式就有很大的差异。

2. 数据运营的优化

企业在数据运营过程中,总会遇到各种各样的问题,导致业务运营停滞不前、不温不火,这时就需要对业务运营进行优化。下面是业务运营的优化过程,目标是提高运营效果和效率。

1)明确业务需求并进行分解

关键业务需求(Key Business Requirements,KBR)是商品在商业上要达到的目标及其关键环节,是运营管理的关注点。首先,要明确当前商品运营所处的阶段,不同阶段关注的 KBR 是不同的。对网购业务来说,应特别关注客户购买的流畅性,涉及问询、下单、付款等多个环节。具体而言,如果客户经过问询后,确定通过微信公众号自助下单,则"微信公众号留存率"这个指标就是当前运营管理的 KBR。如果客户从某个渠道进入并使用某商品,在一段时间后,该客户依然从该渠道继续使用该商品,则该客户被认为是该渠道的留存客户。留存率是留存客户数量与一开始该类客户总数量的比值。

借助客户生命周期的概念,可以对客户的整个购物过程进行 KBR 分解,这样就能对细化的过程有一个清晰的认识,了解分解的关注重点在哪里。经过 KBR 分解,可以获得影响微信公众号客户端留存的 3 个关键指标,即新客户留存、老客户留存和回流客户留存。

2)明确运营的问题和目标

经过对 KBR 的分析,可以在每个关键指标下列出所要跟踪的关键子指标。这些子指标又分别对应相关的因素,必须明确分析这些因素对应的问题及其影响关系。在此,应分析、比较、找出当前的首要问题和对整体留存率起全局影响作用的关键子指标。优化关键子指标会带来全局性长时间的持续优化。

3)梳理分析核心业务流程,找出问题发生的原因

进一步对整个业务流程进行深入分析,特别是对业务的核心流程进行细化,寻找问题发生的原因。只有这样才可能有针对性地提出解决方案,从而对症下药,迅速解决问题。

例如,在分析核心业务流程时发现,登录与未登录客户的商品使用体验明显不同。登录客户在首次输入寄件人地址或收件人地址后,下次下单时就不用重新输入寄件人的地址了。另外,地址簿中也会存储客户以往的联系人地址,客户只要在输入寄件人地址或收件人地址时选择相应的联系人即可,不需要每次都重新填写。但是,新客户第一次下单后,系统并没有引导客户登录,且不容易找到登录入口,只有在菜单栏"查收货"页面和下单页面左侧导航栏有客

户登录入口。对于这一做法，新客户是不了解的。

　　4）提出假设和可迭代的解决方案

　　找到问题发生的原因后，分析人员应分析这些原因的相关性及是否存在相互影响，明确哪些原因是问题发生的根源，然后提出假设场景和多种可迭代的解决方案。例如，问题发生的原因是：新手引导内容只陈述了商品功能，未对客户行为进行清晰的引导。解决方案是：新手引导明确指出客户下单后应立即登录。

　　5）追踪指标变化，不断验证、反馈、迭代

　　对给出的解决方案进行实验，验证其有效性。分析人员可以先在实验环境中实验，待证明有效后，再在真实的运营环境中试运行，同时还需要进行实验过程的效果度量，并分析指标结果。当优化的指标达到预期的目标，对比历史数据或基准值有了较大的提高时，分析人员就可以着手分析下一个问题、开始下一轮优化迭代了。

　　3．数据质量的管理

　　电子商务运营离不开数据运营，而数据运营的基础是高质量的数据。电子商务企业通常以两种方式使用数据：一种是在业务流程中使用数据执行事务处理，支持日常的运营活动；另一种是管理分析师通过报告和分析引擎考查日常运营结果数据，以找出新的增长机会。企业必须有合理的流程来确保数据具有相当的质量以满足运营管理的需求。因此，在企业的数据运营管理中，必须整合对数据质量进行评价、测量、报告、应对和控制的计划，这样才能避免数据质量低劣的风险。

习题

　　1．网络购物行为越来越普及，请统计自己、好友或周围人群的电子商务消费行为，分析行为特点和习惯。

　　2．以某社会热门事件的微博发帖为事件轴，统计和分析该事件在微博中的大致传播过程。

　　3．推荐系统和搜索系统有什么区别？

　　4．如果想成为社交关系网络中的关键意见领袖，应该怎么做？

　　5．举例说明数据运营的优化过程，说明要完成的具体任务。

实训

【实训目的】

　　1．了解淘宝网生意参谋的实时直播功能；

　　2．了解淘宝网生意参谋的流量分析功能。

【实训内容】

　　1．下载、安装并打开生意参谋，分析店铺实时概况、地域和流量来源、实时榜单。

　　2．进入流量看板页面，查看店铺浏览量、访客数及其变化；根据跳失率、人均浏览量、平均停留时长这几个指标了解入店访客的质量。

　　3．进行访客分析。选择日期、终端，查看对应统计周期内各类终端下的访客和下单买家数，帮助商家更好地掌握店铺访客来访的时间规律，验证广告投放，调整引流时段策略。

第5章 电子商务安全风险运营管理

> **引导案例**
>
> ### 国内某银行存储设备瘫痪导致数据缺失6小时
>
> 国内某银行生产中心存储设备发生故障,导致包括核心业务系统在内的多个系统长时间中断,柜面及各电子渠道业务均受到较大影响。
>
> 该银行生产中心存储设备(系某国外品牌)因容量扩容操作触发光纤桥接器固件程序缺陷,造成大量磁盘在短时间内出现故障,两个互为备份的控制器同时工作紊乱,数据无法读写,核心、柜面等系统停止运行。
>
> 该存储设备还承载了该银行虚拟化平台中的数十个信息系统的数据,造成了6小时的业务缺失。
>
> 该银行未建立同城灾备中心,异地灾备中心仅实现数据级灾备而未实现应用级灾备,异地仅存储了本地备份数据的远程副本,与生产系统数据存在较大差距,而且不具备业务所需要的基本软硬件环境,导致核心、柜面、电子渠道等重要信息的灾难恢复能力严重不足。
>
> 因故障存储设备无法完全修复,该银行紧急调配服务器和存储资源,在本地搭建生产系统,导入备份数据,并通过人工补录的方式,逐步恢复缺失的业务数据,最终才恢复业务运营。
>
> 对数字世界进行及时有效的灾难管控对维持现实世界的正常运转来说至关重要。数字经济时代,数据之于企业、社会的重要性不言而喻。如今,"数据保护"作为一项产业,引发了业界的广泛热议。一个加强数据容灾备份的时代即将到来。
>
> 完整的灾备架构、合适的解决方案及严格的流程规范,是保障各行各业业务连续性的基础,同时也是社会的需要和政策法规的要求。"无灾备,不数据"。随着企业客户、IT

厂商、第三方机构、国家和标准组织对数据灾备的重视程度逐渐提高，可想而知，拉长战线，一举成就时代弄潮儿，前途无量的数据保护产业发展空间远不止我们眼前所想。

思考题：该银行为什么不能及时应对存储设备瘫痪问题？

解析：该银行未建立同城灾备中心。完整的灾备架构、合适的解决方案及严格的流程规范，是保障各行各业业务连续性的基础，同时也是社会的需要和政策法规的要求。

思政教育

1. 思政目标

为人：	☑大国方略	□身正德高	□理想信念	□价值引领
为学：	□创新思维	□逻辑思维	□计算思维	☑批判性思维
为事：	☑实践出真知	□传统与创新	☑实事求是	□自主创新

2. 思政案例：电子商务法律不断完善国家法制体系

电子商务面临各种安全风险，要做好电子商务的安全风险运营管理，离不开法律制度的完善。电子商务面临的安全风险有技术上的受监控风险。例如，美国国家安全局和联邦调查局于 2007 年启动了一个代号为"棱镜"的秘密监控项目。该项目直接进入美国互联网巨头的中心服务器以挖掘数据、收集情报，包括微软、雅虎、谷歌、苹果等在内的 9 家国际网络巨头皆参与其中。2013 年 6 月，美国前中情局职员爱德华·斯诺登（Edward Snowden）将两份绝密资料交给英国《卫报》和美国《华盛顿邮报》，并告知媒体何时发表，这就是著名的"棱镜门"事件。除了技术上的受监控风险，还有政治上的胁迫性风险。例如，美国时间 2021 年 9 月 24 日，美国商务部工业安全局和技术评估办公室下发了一则《半导体供应链风险公开征求意见》通知。该通知提出，为促进供应链各环节的信息流通，其向半导体供应链中对此有兴趣的企业征集相关数据和信息，该信息收集截至 2021 年 11 月 8 日。受该通知影响的企业有台积电、三星、SK 海力士、英特尔、美光、福特、通用等芯片设计企业、芯片制造商、材料供应商、设备供应商和终端应用企业等。作为全球第一、第二大晶圆厂，台积电和三星如果公布制程节点、良率、库存、产能等信息，很可能使自身在商业竞争中陷入不利地位。而订单信息、客户信息则涉及更多问题。"每家公司的库存、订单和销售信息都是机密，是不可以对外透露的。"一位曾在台积电、三星工作过的资深研发人员说。通过订单和库存，可以知道代工厂产能分布到客户的情况。这些信息公开后，既会使工厂自身的"底盘"在美国政府面前一览无余，也会影响工厂的客户。对中国企业来说，寻求代工需要更加谨慎。如果一些中国大陆的企业通过其他途径委托台积电或三星代工产品，很容易被美国政府以"安全理由"制裁，这是很大的风险。

为了对抗各种安全风险，全国人大常委会充分发挥立法的引领推动作用，先后制定了《电子商务法》《数据安全法》《个人信息保护法》。2019 年 1 月 1 日起正式实施的《电子商务法》，作为规范电子商务活动的专门立法，坚持规范经营与促进发展并重，遵循鼓励创新、包容审慎的原则，确立电子商务的各项法律制度，营造有利于线上线下融合发展、公平竞争的制度环境，保障电子商务健康发展，激发全社会的创造力和发展活力。2021 年 9 月 1 日起正式实施的《数据安全法》，作为我国数据安全领域的基础性法律，明确了数据处理活动规则和数据安全保护义务，有力地提升了国家数据安全的保障能力和数字经济的治理能力。2021年11月1日起正式实施的《个人信息保护法》，作为总领个人信息保护的专门立法，构建了权责明确、保护有效、利用规范的个人信息处理和保护制度框架，为个人信息处理活动提供了明确的法律依据，为维护个人信息权益提供了充分的保障。习近平总书记强调，要把依法治网作为基础性手段，继续加快制定互联网领域的法律法规。加强网络数字领域法律法规的制定，是落实依法治网，推进网络治理、数据治理法治化的重要保障。《电子商务法》《数据安全法》《个人信息保护法》与《网络安全法》一道，构建了我国网络安全发展法治体系，也为网络监管者明确了监管的依据和标准，为网络服务者明确了服务的界限和尺度，为广大网民提供了行为的指引和要求，让人民群众在数字经济发展中享受更多的获得感、幸福感、安全感，有力助推网络强国、数字中国、智慧社会建设。

本章学习目标
1. 了解电子商务网站的安全风险；
2. 掌握电子商务网站的安全措施；
3. 熟悉防火墙的配置；
4. 能够依法运作电子商务事务。

互联网技术的高速发展使电子商务的应用越来越广泛。电子商务基于网络，网络带来了一系列信息安全方面的问题，如黑客攻击、病毒入侵等，严重的甚至可能造成难以估量的经济损失。因此，电子商务的信息安全问题需要被高度重视。

大多数电子商务活动都是运作在公开的网络上的，支付信息、订货信息、谈判信息、机密的商务往来文件等商务信息在计算机系统中存放、传输和处理，计算机诈骗、计算机病毒等造成的商务信息被窃、篡改和破坏，以及机器失效、程序错误、误操作、传输错误等造成的信息失误或失效，都严重危害电子商务系统的安全。尤其是基于因特网的电子商务活动，对安全通信提出了前所未有的要求。

本章首先讲解了电子商务安全的基本知识，然后针对电子商务企业应该了解的法律法规进行了论述。

5.1 电子商务网站的安全

没有安全就没有交易，没有交易就没有电子商务。因此，对电子商务网站来讲，安全是第一位的。如何保证网站的安全、稳定与持续运营等一系列问题应被提升到战略高度。

5.1.1 电子商务网站的安全风险

1. 电子商务网站面临的安全隐患

1）信息的截获和窃取

如果网站的加密措施不够，攻击者可能会通过互联网、公共电话网在电磁波辐射范围内安装截获装置截获数据，获取机密信息，或者通过对信息流量、流向、通信频度和长度进行分析，推测出有用信息，如消费者的银行账号、密码及企业的商业机密等，从而破坏信息的机密性。

2）信息篡改

当攻击者熟悉网络信息格式后，通过技术手段在传输途中对网络信息进行修改并发往目的地，破坏信息的完整性。

3）信息假冒

当攻击者掌握网络信息数据规律或解密商务信息后，假冒合法用户或发送假冒信息欺骗其他用户。例如，钓鱼网站就是指不法分子利用各种手段，假冒真实网站的 URL 地址及页面内容，以此来骗取用户银行或信用卡账号、密码等私人资料。

4）交易抵赖

交易抵赖包括多个方面，如发信者事后否认曾发送信息、收信者事后否认曾收到消息、购买者下了订单却不承认、商家卖出商品后因价格差而不承认原有的交易等。

2. 电子商务网站安全需求

电子商务网站面临的安全隐患导致了对网站安全的需求，这些需求主要包括保密性、隐私性、正确性和完整性、不可抵赖性。电子商务网站要想实现安全运营，必须满足这些需求。

1）保密性

传统贸易通过可靠的通信渠道发送商业报文来达到保守机密的目的，电子商务网站如果没有采取相应的安全措施，就很有可能导致一些敏感的商业信息被泄露。

2）隐私性

隐私性与保密性相关，但两者并不是同一个概念。如果没有保密性，可能会损害隐私性，但这并不是绝对的。因为个人可以选择不与他人分享自己的隐私，从而保全自己的隐私。但参与电子商务的个人无法选择不与他人分享自己的隐私，因为想在不提供个人信息的前提下参与电子商务活动几乎是不可能的事。而这些个人信息如果被泄露，就必然会损害个人隐私。

个人隐私的泄露不仅涉及技术问题，有时企业会因为商业利益，在未经客户许可的情况下，彼此交换所获取的客户信息，这实际上就已经破坏了客户的隐私。

侵犯隐私的问题不解决，参与电子商务对个人用户来说就是一件很危险的事。技术问题可以结合解决保密性问题的方法来解决，但非技术问题就只能依靠道德和法律来约束了。

3）正确性和完整性

信息的正确性和完整性要从两方面来考虑。一方面是非人为因素，如因传输介质损坏而引起的信息丢失、错误等。这个问题通常通过校验来解决，如果校验出错，接收方可向发送方请求重发。另一方面则是人为因素，主要是指非法用户对信息的恶意篡改。这方面的安全性也是由信息加密来保证的，因为如果攻击者无法破译信息，就很难篡改信息。

4）不可抵赖性

电子商务离不开商业交易，如何确定贸易方的身份是电子商务能否顺利进行的关键。在传统贸易中，贸易双方通过在交易合同、契约或贸易单据等书面文件上签名或加盖印章来鉴别贸易伙伴，从而确定合同、契约或贸易单据的可靠性并预防抵赖行为的发生。然而，在无纸化的电子商务方式下，通过上述方法进行贸易方的鉴别已不可能。因此，要在交易信息的传输过程中为参与交易的个人、企业或国家提供可靠的标识。不可抵赖性可通过对发送的消息进行数字签名来获取。

5.1.2 电子商务网站的安全防范措施

1. 防火墙

1）防火墙简介

防火墙作为一种访问控制技术，通过严格控制进出网络边界的分组，禁止任何不必要的通信，从而减少潜在入侵行为的发生，尽可能降低这类安全威胁所带来的安全风险。

防火墙是一种特殊编程的路由器，安装在一个网点和网络的其余部分之间，目的是实施访问控制策略。这个访问控制策略是由使用防火墙的单位自行制定的，因此应当最适合本单位的需要。图 5.1 展示了防火墙的位置，图中防火墙 R2 位于互联网和内部网络之间。互联网是防火墙的外部，内部网络是防火墙的内部。一般都把防火墙内部的网络称为"可信的网络"，而把防火墙外部的网络称为"不可信的网络"。

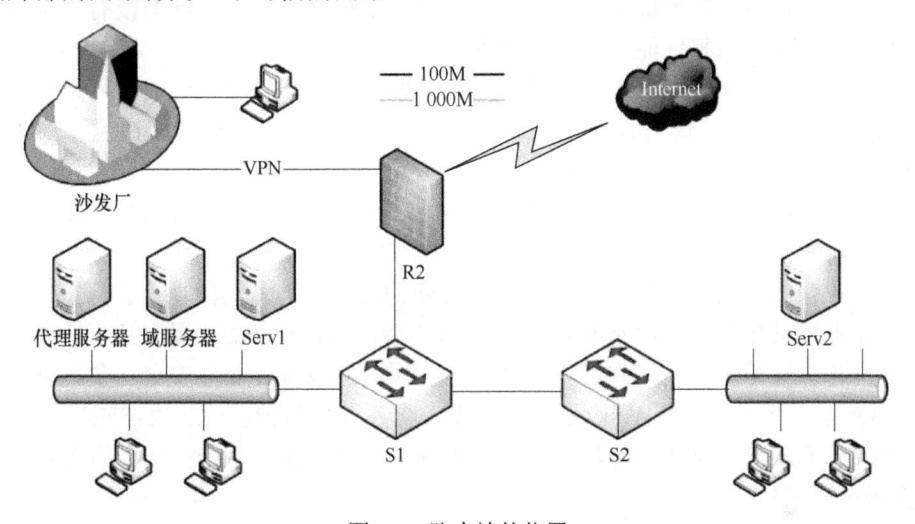

图 5.1 防火墙的位置

2）防火墙技术的种类

（1）分组过滤路由器

分组过滤路由器是一种具有分组过滤功能的路由器，它根据过滤规则对进出内部网络的分组执行转发或丢弃（过滤）命令。过滤规则基于分组的网络层或运输层首部的信息，如源/目的 IP 地址、源/目的端口、协议类型（TCP 或 UDP）等。我们知道，TCP 的端口号指出了在 TCP 上面的应用层服务。例如，端口号 23 是 TELNET，端口号 119 是新闻网 USENET，等等。因此，如果在分组过滤路由器中将所有目的端口号为 23 的入分组都进行阻拦，那么所有外单位用户就不能使用 TELNET 登录到本单位的主机。同理，如果某公司不愿意其雇员在上班时间花费大量时间浏览互联网上的 USENET 新闻，就可以将目的端口号为 119 的出分组阻拦住，使其无法发送到互联网。

分组过滤可以是无状态的，即独立地处理每个分组；也可以是有状态的，即要跟踪每个连接或会话的通信状态，并根据这些状态信息来决定是否转发分组。例如，一个目的地是某个客户动态分配端口（该端口无法被事先包含在规则中）的进入分组，它被允许通过的唯一条件是：该分组是该端口发出合法请求的一个响应。这样的规则只能通过有状态的检查来实现。

分组过滤路由器的优点是简单高效，且对用户来说是透明的，但不能对高层数据进行过滤。例如，不能禁止某名用户对某个特定应用进行某个特定的操作，不能支持应用层用户鉴别，等等。这些功能需要使用应用网关技术来实现。

（2）应用网关

应用网关也称代理服务器，它在应用层通信中扮演报文中继的角色。一种网络应用需要一个应用网关，万维网缓存就是一种万维网应用的代理服务器。在应用网关中，可以实现基于应用层数据的过滤和高层用户的鉴别。

所有进出网络的应用程序报文都必须通过应用网关。当某应用的用户进程向服务器发送一份请求报文时，先发送给应用网关，应用网关在应用层打开该报文，查看该请求是否合法（可根据应用层用户标识 ID 或其他应用层信息来确定）。如果请求合法，应用网关以用户进程的身份将请求报文转发给原始服务器；如果请求不合法，报文则被丢弃。例如，一个邮件网关在检查每封邮件时，根据邮件地址或邮件的其他首部甚至报文的内容（如有没有"导弹""核弹头"等关键词）来确定该邮件能否通过防火墙。

应用网关也有一些缺点。首先，每种应用都需要一个不同的应用网关（可以运行在同一台主机上）。其次，在应用层转发和处理报文，导致处理负担较重。最后，应用程序不透明，需要在应用程序用户端配置应用网关地址。

通常可将上述两种防火墙技术结合使用，结合后的防火墙同时具有这两种技术，包括两个分组过滤路由器和一个应用网关，它们通过两个局域网连接在一起。

在目前企业纷纷入云的情况下，云服务提供商的防护能力尤其重要。云服务商的 Web 应用防火墙要提供云安全大数据检测能力，通过 Web 入侵防护、0day 漏洞补丁修复、恶意访问惩罚、云备份防篡改等多维度防御策略，全面防护网站的系统及业务安全。要提供多种接入模式、爬虫 Bot 行为管理、AI+Web 应用防火墙、业务风险防护、CC 攻击防护、全量日志支持、0day 漏洞虚拟补丁、30 线 BGP IP 接入防护等，这样才能满足企业安全的需要。

2．入侵检测系统

防火墙试图在入侵行为发生之前阻止所有可疑的通信，但事实是不可能阻止所有的入侵行为。因此，有必要采取措施在入侵已经开始但还没有造成危害或在造成更大的危害之前，及时检测并尽快阻止入侵行为，把危害降到最小。入侵检测系统（Intrusion Detection System，IDS）正是这样一种技术。IDS 对进入网络的分组执行深度分组检查操作，当观察到可疑分组时，向网络管理员发出告警或执行自动阻断操作（由于 IDS 的误报率通常较高，多数情况下不执行自动阻断操作）。IDS 可用于检测多种网络攻击，包括网络映射、端口扫描、DoS 攻击、蠕虫和病毒、系统漏洞攻击等。图 5.2 为 IDS 的部署。

IDS 一般可以分为基于特征的 IDS 和基于异常的 IDS 两种。

1）基于特征的 IDS

基于特征的 IDS 维护一个所有已知攻击标志性特征的数据库。每个特征都是一个与某种入侵活动相关联的规则集，规则集中的规则可能基于单个分组的首部字段值或数据中的特定比特串，或者与一系列分组有关。当发现有与某种攻击特征匹配的分组或分组序列时，则认为可能检测到了某种入侵行为。这些特征和规则通常由网络安全专家生成，机构的网络管理员定制并将其加入数据库中。

2）基于异常的 IDS

基于特征的 IDS 只能检测已知攻击，对于未知攻击则束手无策。基于异常的 IDS 通过观察正常运行的网络流量，学习正常流量的统计特性和规律，当检测到网络中流量的某种统计规律不符合正常情况时，则认为可能发生了入侵行为。例如，当攻击者对内网主机进行 ping 搜索时，会导致 ICMP ping 报文突然大量增加，与正常的统计规律明显不同。但区分正常流和异常流是一件非常困难的事情。目前，大多数部署的 IDS 都是基于特征的。

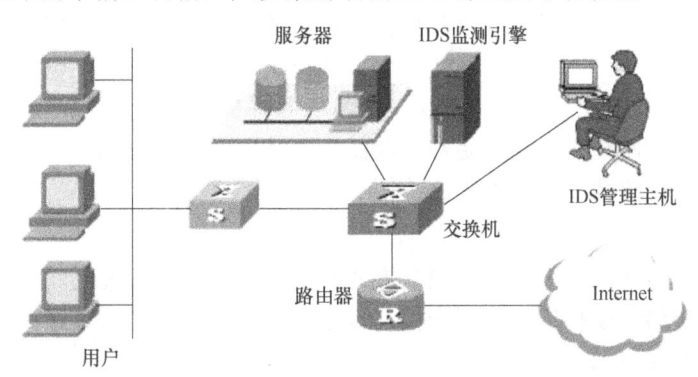

图 5.2　IDS 的部署

不论采用什么检测技术，都存在漏报和误报的情况。如果漏报率比较高，则只能检测到少量的入侵，给人以安全的假象。对于特定的 IDS，可以通过调整某些阈值来降低漏报率，但同时会提高误报率。误报率太高会导致大量虚假警报，网络管理员需要花费大量时间分析报警信息，甚至会因为虚假警报太多而对警报视而不见，使 IDS 形同虚设。

5.2　电子商务的依法运作

"互联网+"时代，电子网络越来越普及，很多事情都可以通过电子网络解决，签订合同也不例外。无论是商业领域，还是生活领域，使用电子合同的频率越来越高，通过电子合同完成的交易数量甚至超过了传统的合同形式。无纸化的电子合同与数字化的订立方式改变了传统的合同形式，同时也产生了新的法律问题，需要人们正视并合理解决。

5.2.1　电子合同的依法签订和履行

电子合同形式并未改变合同的基本法律制度，传统的合同法律制度仍然适用于电子合同，只不过需要结合合同的电子形式灵活适用。本章根据我国《民法总则》《合同法》《电子商务法》《消费者权益保护法》等法律法规的一般规定，结合网络交易的特点，对电子合同的相关法律问题进行讨论。

1. 电子合同概述

电子合同，又称电子商务合同，是当事人之间通过计算机和互联网，以数据电文形式达成的设立、变更、终止财产性民事权利义务关系的协议。根据我国《电子签名法》第三条第二款规定，下列事项的设立不适用电子合同形式。

① 涉及婚姻、收养、继承等人身关系的。
② 涉及土地、房屋等不动产权益转让的。
③ 涉及停止供水、供热、供气、供电等公用事业服务的。
④ 法律、行政法规规定的不适用电子文书的其他情形。

数据电文是指经由电子手段、光学手段或类似手段生成、储存或传递的信息。数据电文包括但不限于电子数据交换、电子邮件、电报或传真所传递的信息。在电子合同中，合同的文本是以可读的形式存储在计算机磁性介质上的一组电子数据信息，该信息首先通过一方计算机输入内存，然后自动转发，经过互联网到达对方计算机。

随着电子技术的发展，电子合同以其传输方便、节约等特点得到了普遍认可。电子合同通过电子脉冲传递信息，不再以纸张为原始凭据，而只是一组电子信息。电子数据交换和电子邮件是电子合同的两种基本形式，两者以各自的特点和优势在电子商务活动中的应用越来越普遍。电子合同与传统合同相比，其本质是相同的，但是由于缔约方式和合同载体发生了革命性变化，因此表现出与传统合同显著不同的特征。

2．电子合同的订立

电子合同的订立是缔约人利用数据电文方式做出意思表示并通过互联网发出以达成合意的过程。电子合同的缔结过程和传统合同一样，也是通过要约、承诺的方式完成的，只不过做出要约、承诺的方式不同而已。

《电子商务法》第五十条规定，电子商务经营者应当清晰、全面、明确地告知用户订立合同的步骤、注意事项、下载方法等，并保证用户能够便利、完整地阅览和下载。电子商务经营者应当保证用户在提交订单前可以更正输入错误。

1）电子要约

（1）要约和电子要约的定义

要约是希望和他人订立合同的意思表示，又称订约提议、发盘、发价、出价等。在要约关系中，发出要约的一方称为要约人，接受要约的一方称为受要约人。要约一般向特定对象发出，有时也向非特定对象发出（如悬赏广告等）。电子要约是指缔约方以缔结合同为目的，通过网络向对方当事人做出希望订立合同的意思表示。

关于电子要约的形式，联合国《电子商务示范法》第十一条规定："除非当事人另有协议，合同要约及承诺均可以通过电子意思表示的手段来表示，并不得仅以使用电子意思表示为理由否认该合同的有效性或可执行性。"电子要约的形式既可以是明示的，也可以是默示的。

（2）电子要约的生效条件

电子要约通常都具有特定的形式和内容，一项电子要约要发生法律效力，必须具备以下有效要件。

① 电子要约须由有订约能力的特定人做出。电子要约的要约人必须有订立合同的相应民事行为能力。无民事行为能力人或限制民事行为能力人发出要约，签订电子合同，属于效力待定的电子合同。

② 电子要约须有订立合同的意思表示。电子要约的要约人发出要约的目的是订立合同。只有以订立合同为目的的意思表示，才构成要约。如果一方向对方发出提议，但该提议并不能发生订立合同的法律后果，那么该提议就不是电子合同的要约。

③ 电子要约须向受要约人发出。电子要约的要约人只有向受要约人发出要约，要约才能成立。

④ 电子要约的内容须明确具体。电子要约必须包括能够决定合同成立的主要内容，因为要约具有一经受要约人承诺，合同即告成立的效力。

⑤ 电子要约须送达受要约人。电子要约送达受要约人时生效。电子要约送达受要约人前，要约人可以撤回，但撤回要约的通知必须在要约送达受要约人之前或与要约同时送达受要约人。

电子要约一旦生效，就对要约人产生法律约束力。要约人必须按照要约的内容履行电子合同，否则要承担相应的法律责任。

2）电子承诺

（1）承诺和电子承诺的定义

我国《合同法》第二十一条规定："承诺是受要约人同意要约的意思表示。"电子承诺，是指受要约人以数据电文方式通过互联网做出的接受要约并愿意与要约人缔结合同的意思表示。

电子承诺是针对网络上发出的电子要约而做出的。电子承诺人既可以用电子邮件的形式，也可以用点击的方式做出承诺。如果只是在线上谈判，在线下通过面对面签约或以电话、电报等方式做出承诺，仍然属于传统合同订立中的承诺，而不属于在订立电子合同中做出的承诺。

（2）电子承诺的生效条件

以数据电文方式做出的意思表示要构成承诺，需具备以下几个要件。

① 电子承诺须由受要约人做出。受要约人是要约人选定的，只有受要约人才有权做出承诺，受要约人以外的第三人没有承诺的资格，不能对要约做出承诺。即使第三人向要约人做出同意要约的意思表示，也不是承诺，而是新的要约。

② 电子承诺的内容须与电子要约的内容一致。电子承诺的内容与电子要约的内容一致，并非指所有的内容都一致，只要实质性内容一致即可。承诺只要在实质性内容上与要约的内容一致，电子合同即可成立。受要约人对要约的内容做出实质性变更的，为新要约。承诺对要约的内容做出非实质性变更的，除要约人及时表示反对或要约表明承诺不得对要约的内容做出任何变更外，该承诺有效，合同的内容以承诺的内容为准。

承诺对有关合同标的、数量、质量、价款或报酬、履行期限、履行地点和方式、违约责任和解决争议方法等的变更，是对要约内容的实质性变更。

③ 电子承诺在承诺期限内做出。电子要约如果规定了承诺期限，受要约人应在承诺期限内做出承诺。电子要约没有规定承诺期限的，承诺应当在合理期限内做出，当事人另有约定的，从其约定。

④ 电子承诺须送达要约人。电子承诺送达要约人时生效。按照《合同法》的规定，采用数据电文形式订立合同，收件人指定特定系统接收数据电文的，该数据电文进入该特定系统的时间视为到达时间；未指定特定系统的，该数据电文进入收件人的任何系统的首次时间视为到达时间。

3）电子合同的成立

电子合同的成立是指当事人以数据电文做出的意思表示通过互联网发送后彼此达成意思表示一致的状态。《电子商务法》第四十九条第一款规定："电子商务经营者发布的商品或者服务信息符合要约条件的，用户选择该商品或者服务并提交订单成功，合同成立。当事人另有约定的，从其约定。"

电子合同成立的时间和地点对电子合同当事人有着重大意义。电子合同成立的时间决定了电子合同效力的起始时间和法律关系的确立时间。

3. 电子合同的履行

电子合同的履行是指电子合同规定义务的执行。任何电子合同规定义务的执行，都是电子合同的履行。凡是不执行电子合同规定义务的行为，都是电子合同的不履行。电子合同规定的义务执行完毕，电子合同也就履行完毕了。

1）电子合同履行的基本原则

根据我国《合同法》的规定，电子商务合同的当事人应当按照约定全面履行自己的义务。在合同履行的过程中，当事人应当遵循诚实守信原则，根据合同的性质、目的和交易习惯履行通知、协助、保密等义务。电子合同履行的基本原则如下。

（1）适当履行原则

适当履行原则是指当事人应当按照合同约定的标的物质量、数量，由适当的主体在适当的期限、地点，以适当的方式，全面完成合同义务。这一原则要求如下。

① 履行主体适当。履行主体适当是指当事人必须亲自履行合同义务或接受履行，不得擅自将合同义务或合同权利转让他人代为履行或接受履行。

② 履行标的物及其数量和质量适当。履行标的物及其数量和质量适当是指当事人必须按合同约定的标的物履行义务，而且应依照合同约定的数量和质量来给付标的物。

③ 履行期限适当。履行期限适当是指当事人必须依照合同约定的时间来履行合同，债务人不得迟延履行，债权人不得迟延受领；如果合同未约定履行时间，则双方当事人可随时提出或要求履行，但必须给对方必要的准备时间。

④ 履行地点适当。履行地点适当是指当事人必须严格依照合同约定的地点来履行合同。

⑤ 履行方式适当。履行方式包括标的物的履行方式及价款或酬金的履行方式，当事人必须严格依照合同约定的方式履行合同，如果没有约定，履行方式应当符合惯例。

（2）协作履行原则

协作履行原则是指在合同履行过程中，双方当事人应互助合作、共同完成合同义务。合同是双方的民事法律行为，不仅是债务人一方的事情，债务人实施给付，需要债权人积极配合受领给付，才能达到合同目的。在合同履行的过程中，债务人比债权人更多地受诚实信用、适当履行等原则的约束，而协作履行往往是对债权人的要求。

协作履行原则也是诚实信用原则在合同履行方面的具体体现。协作履行原则具有以下几个方面的要求。

① 债务人履行合同债务时，债权人应适当受领给付。

② 债务人履行合同债务时，债权人应创造必要条件，提供方便。

③ 债务人因故不能履行或不能完全履行合同义务时，债权人应积极采取措施防止损失扩大，否则应就扩大的损失自负其责。

（3）经济合理原则

经济合理原则是指在合同履行过程中，应讲求经济效益，以最少的成本取得最佳的合同效益。在市场经济社会中，交易主体都是理性地追求自身利益最大化的主体，因此，如何以最少的履约成本完成交易过程，一直都是合同当事人追求的目标。由此，交易主体在履行合同的过程中应遵守经济合理原则。

（4）情势变更原则

所谓情势，是指合同成立后出现的不可预见的情况，即影响及于社会全体或局部之情势，并不考虑原来法律行为成立时其环境或基础之情势。所谓变更，是指合同赖以成立的环境或基础发生异常变动。我国学者一般认为，变更是指构成合同基础的情势发生了根本变化。

在合同有效成立之后、履行之前，当出现某种不可归责于当事人的客观变化，直接影响合同履行结果时，如果仍然要求当事人按合同原来的约定履行合同，往往会给一方当事人造成显失公平的结果，这时，法律允许当事人变更或解除合同而免除违约责任。这种处理合同履行过程中情势发生变化的法律规定，就是情势变更原则。

2）电子合同的履行方式

从我国当前电子商务开展的情况来看，电子合同的履行方式基本有 3 种：一是在线付款，在线交付；二是在线付款，离线交付；三是离线付款，离线交付。

在线交付合同的标的物一般是信息产品，如音频、视频的在线下载等。合同标的物为采用在线传输方式交付的，合同标的物进入对方当事人指定的特定系统且能够检索识别的时间为交付时间。合同标的物为提供服务的，生成的电子凭证或实物凭证中载明的时间为交付时间。前述凭证没有载明时间或载明时间与实际提供服务时间不一致的，实际提供服务的时间为交付时间。

当然，信息产品也可以选择离线交付。采用在线付款和在线交货方式完成电子合同履行的，与离线交货相比，其履行环节比较简单。合同当事人对交付方式、交付时间另有约定的，从其约定。

《电子商务法》规定，电子商务当事人可以约定采用电子支付方式支付价款。

电子支付服务提供者为电子商务提供电子支付服务，应当遵守国家规定，告知用户电子支付服务的功能、使用方法、注意事项、相关风险和收费标准等事项，不得附加不合理的交易条件。电子支付服务提供者应当确保电子支付指令的完整性、一致性、可跟踪稽核和不可篡改性。电子支付服务提供者应当向用户免费提供对账服务及最近 3 年的交易记录。电子支付服务提供者提供电子支付服务不符合国家有关支付安全管理要求，造成用户损失的，应当承担赔偿责任。

用户在发出支付指令前，应当核对支付指令所包含的金额、收款人等完整信息。支付指令发生错误的，电子支付服务提供者应当及时查找原因，并采取相关措施予以纠正。造成用户损失的，电子支付服务提供者应当承担赔偿责任，但能够证明支付错误非自身原因造成的除外。

电子支付服务提供者完成电子支付后，应当及时、准确地向用户提供符合约定方式的确认支付的信息。

用户应当妥善保管交易密码、电子签名数据等安全工具。用户发现安全工具遗失、被盗用或未经授权的支付的，应当及时通知电子支付服务提供者。未经授权的支付造成的损失，由电子支付服务提供者承担；电子支付服务提供者能够证明未经授权的支付是因用户的过错造成的，不承担责任。电子支付服务提供者发现支付指令未经授权，或者收到用户支付指令未经授权的通知时，应当立即采取措施防止损失扩大。电子支付服务提供者未及时采取措施导致损失扩大的，对损失扩大部分承担责任。

5.2.2 电子签名和认证的法律安全问题及防范

随着通信技术的发展和智能设备的广泛普及，在很多电子商务活动中，签名方式不再是在印刷纸上加盖公章、签字捺手印等，电子签名取代了这种传统的纸质签名。电子签名在日常生活中已经很常见，用户在支付宝上通过指纹识别完成付款、在网上通过 U 盾完成网上银行交易等场景，实际上都是在使用电子签名来确定交易行为。在交易过程中使用电子签名，可节省大量合同签署、管理及归档成本，提升合同管理和交易完成的效率。电子签名的普及、有效，引发了人们对电子签名安全性的质疑，防范电子签名的法律风险也因此成了一个重要问题。

1. 电子签名的法律本质

根据我国《电子签名法》第二条的规定，电子签名是指"数据电文中以电子形式所含、所附用于识别签名人身份并表明签名人认可其中内容的数据"。而数据电文是指"以电子、光学、磁或者类似手段生成、发送、接收或者储存的信息"。由此可以看出，电子签名主要的用途是识别签名人并表明签名人对内容的认可。

根据《电子签名法》第十三条的规定，可靠的电子签名应同时具备如下条件。

① 电子签名制作数据用于电子签名时，属于电子签名人专有。
② 签署时电子签名制作数据仅由电子签名人控制。
③ 签署后对电子签名的任何改动都能够被发现。
④ 签署后对数据电文内容和形式的任何改动都能够被发现。

总体来说，从法律的角度看，电子签名实际上属于电子数据的应用，通过外部签约行为与内部加密行为配合实现。其中，内部加密行为是重点，只有经过加密，才能保证电子签名的唯一性，并保证相关签署行为的真实性和结果的不可篡改性。

2．电子签名的法律适用范围

根据我国《民法典》《电子签名法》及其他相关法律的规定，电子签名方式的适用范围包括签署一般民事合同（如借款合同和买卖合同）、电子招投标活动等。

同时，《电子签名法》第三条明确规定了以下文书不可使用电子签名。

① 涉及婚姻、收养、继承等人身关系的。
② 涉及停止供水、供热、供气等公用事业服务的。
③ 法律、行政法规规定的不适用电子文书的其他情形。

3．电子签名的实现方式

一般而言，在通过电子签名方式签署电子合同的过程中，需要电子认证服务机构（CA 认证中心）、电子合同服务平台、签订合同的主体及可信第三方时间戳服务中心（Time Stamp Authority，TSA）四方的参与，如图 5.3 所示。其中，电子合同服务平台是处于核心地位的中介机构，它能够将其他三方连接起来，签订合同的主体均应在电子合同服务平台上完成认证注册。

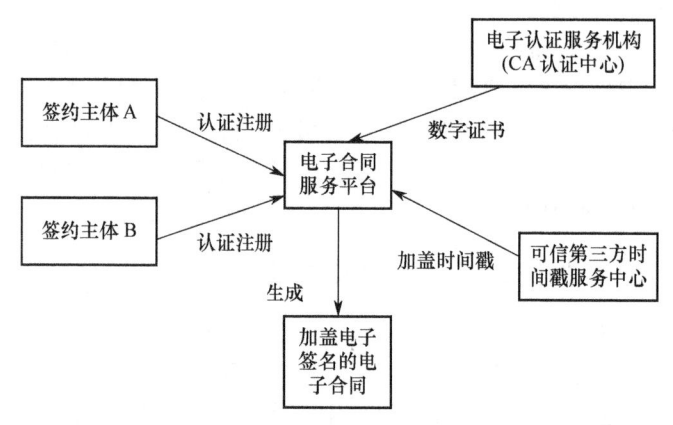

图 5.3 参与电子签名的各方

TSA 负责颁发可信时间戳——一种能证明电子文件产生时间的电子凭证。可信时间戳与电子认证服务机构颁发的数字证书相结合，可使电子签名满足签署时间的不可篡改性，从而使电子合同与纸质合同一样被法律承认。

4．电子签名的法律风险

就目前而言，电子签名的法律风险主要表现在以下3个方面。

1）电子签名使用人未履行失密告知义务而造成的风险

《电子签名法》第二十七条规定："电子签名人知悉电子签名制作数据已经失密或者可能已经失密未及时告知有关各方、并终止使用电子签名制作数据，未向电子认证服务提供者提供真实、完整和准确的信息，或者有其他过错，给电子签名依赖方、电子认证服务提供者造成损失的，承担赔偿责任。"因此，如果电子签名使用人发现电子签名失密或可能存在失密情况，就有义务将此情况及时告知相关方，否则将可能承担赔偿因电子签名失密而给相关方造成的损失的法律责任。

2）电子签名被冒用而造成的风险

在使用电子签名前的交易过程中，纸质合同与印章往往由交易双方妥善保管，且印章管理较为严格，印章被其他无关第三方仿制的可能性比较小。电子签名普及后，使用电子签名的交易双方均将自己的图章信息上传到网络中，由此就带来了图章信息泄露的风险，第三方很可能利用不法手段收集交易主体的图章，进而相对容易地加以仿制或盗用。当然，我国法律也对伪造、冒用电子签名等违法行为的法律责任做出了明确的规定。《电子签名法》第三十二条规定："伪造、冒用、盗用他人的电子签名，构成犯罪的，依法追究刑事责任；给他人造成损失的，依法承担民事责任。"

3）电子认证服务机构泄露信息而造成的风险

从本质上而言，电子签名只是一串虚拟的数字或代码，属于一种网络信息，因此在使用电子签名的过程中存在信息泄露的可能，如电子认证服务机构因操作失误甚至故意行为导致的电子签名相关信息泄露或遗失。电子签名签约主体面对这些风险，往往很难在技术上予以应对，难以保障电子签名的信息安全，只能在遭遇电子签名泄露时，诉诸法律并请求赔偿。《电子签名法》第二十八条规定："电子签名人或者电子签名依赖方因依据电子认证服务提供者提供的电子签名认证服务从事民事活动遭受损失，电子认证服务提供者不能证明自己无过错的，承担赔偿责任。"

5．电子签名的法律风险防范

电子签名因其自身特性及受限于互联网技术的发展水平，在使用过程中具有一定的法律风险。企业可以采取以下防范措施降低相关风险。

① 选择正规的、业内知名度较高的电子合同服务平台。
② 确保电子签名制作数据在用于电子签名时，为电子签名人专有。
③ 确保合同签署时电子签名制作数据仅由电子签名人控制。
④ 严格监控电子签名，防止被他人篡改。
⑤ 明确相关法律法规，不将电子签名用于法律规定的适用范围之外的文书中。
⑥ 针对重大合同另行签订确认书，为合同的真实有效多加一层保障，降低交易风险。

5.2.3 电子支付安全问题及防范

支付是电子商务交易流程的关键环节。随着网络通信技术的发展，电子商务的支付环节完全实现了电子化。电子支付具有便捷、安全等特点，已经获得越来越多的消费者的认可，表现出巨大的发展潜力。但电子支付在为消费者带来便利的同时，也带来了一定的安全问题，需要加以防范。

1. 电子支付面临的安全问题

电子商务活动的正常开展离不开电子支付，如网上银行转账、在线支付等。无论是电子商务企业、消费者还是银行等金融机构，都需要通过电子支付来进行连接，从而为整个支付活动画上完美的句号。随着网络通信技术的不断发展，电子支付的方式也向多样化的方向发展，其前景非常乐观。

与此同时，电子支付中也存在许多安全问题，包括经济与金融波动风险、网络安全问题、法律和监管问题及安全意识问题。

1）经济与金融波动风险

与传统金融活动一样，电子支付系统也面临着相同的经济周期性波动的风险。电子支付由于具有国际化、信息化、无形化等特点，遇到经济波动时风险会相对扩散得更快，从而造成更大的危害。一旦金融机构出现资金问题，整个金融体系就会出现连锁反应，造成全局性、系统性的金融安全问题，电子支付体系也会被牵连。

2）网络安全问题

网络安全问题主要涉及以下 6 个方面。

（1）钓鱼平台

不法分子可能会以仿冒 URL 地址或向消费者发送欺诈性电子邮件的方式来开展非法活动。钓鱼平台通常都会建设一个与知名网站相似的网站，出售相同的商品，从而伪装成知名网站，诱导消费者在网页中输入用户名和密码，借机盗取消费者的银行卡账号、密码及口令。

（2）业务拒绝

不法分子利用支付系统存在的漏洞，向系统发出大量的访问请求，或者通过故意反复输错支付密码等方式，让支付系统难以负荷，使得合法消费者的访问请求被拒绝，系统资源无法被合法消费者使用。

（3）网络跟踪

不法分子利用跟踪监测软件，对消费者的网站使用痕迹进行跟踪，监测其支付过程，使得消费者的支付账号或密码等相关信息面临被泄露的风险。不法分子甚至可能进一步肆意修改消费者账户信息，破坏消费者数据，盗取消费者账户中的个人财产，造成严重后果。

（4）信息篡改破坏

不法分子熟悉网站结构编写方式后，有可能采用技术手段破坏程序，对传输过程中的信息进行恶意删除或修改，从而破坏支付过程的准确性和真实性。

（5）假冒合法消费者

由于电子商务中交易双方无法面对面接触，所以存在无法确定对方身份信息的可信程度等问题，不法分子常常会借机采取各种不法手段来窃取消费者的身份信息，并凭借此信息假冒合法消费者，攫取非法利益。

（6）安全认证漏洞

电子商务主要在网络上进行，交易双方实际上都无法完全确定对方的真实身份，因此辨别对方实际身份的工作显得尤为重要。一般而言，CA 认证中心颁发的数字证书是"一网一证"，可以实现对网络身份的认证。但其中也存在漏洞，因为数字证书存在交叉混用的情况，这就为电子支付带来了一定的安全隐患。

在电子支付越来越普及的今天，消费者普遍需要管理较多的支付密码，所以很容易遗失或混淆密码。因此，很多消费者会将支付密码设置得十分简单，且存在各网上银行或第三方支付平台共用一个支付密码的问题。不法分子只要利用计算机强大的运算能力，采用非法手段截取一个平台的数据，或者用破解软件破解密码，就可能盗取消费者的一系列支付密码。

3）法律和监管问题

我国有关电子支付的法律法规还不完善，虽然2018年颁布了《电子商务法》，但除了《电子签名法》《电子支付指引（第一号）》，还没有与电子支付相关的专门立法，相关规定也不明确，无法较好地保障电子商务交易双方的合法权益。例如，电子支付中往往会出现资金沉淀的问题，这些沉淀资金通常会产生一些利息，而目前我国对这部分利息的所有权还未做出明确的法律规定。此外，对于发行电子货币的主体资格、电子货币发行量、电子支付业务资格、银行应承担的责任等问题也缺乏相应的法律法规加以规范。

同时，电子支付还缺乏严格有效的监管，如信用监管、信息监管及对涉税问题的监管等，这些均会带来一些安全问题。例如，电子支付中可能会出现越权使用款项的问题，即对于消费者绑定的银行卡，第三方支付平台可能会越权支配和使用卡中的款项，同时电子商务交易的私密性也容易让贿赂洗钱或诈骗等非法行为有机可乘。

4）安全意识问题

由于电子支付是近年来才开始逐渐普及的，很多人对其操作并不熟悉，对电子支付安全问题的重视程度也不够高。不法分子往往利用一些刚刚接触电子支付的群体（如中老年群体）支付安全意识淡薄的特点，通过各种借口骗取其支付密码和短信验证码等，轻易地将其账户中的款项转走。

2．电子支付安全问题的防范

总体来说，要防范电子支付中的安全问题，需要电子支付交易双方、银行等金融机构和政府相关部门共同努力。就电子支付交易双方而言，要使用一系列新的技术手段，如短信验证、指纹识别等来降低支付风险；就银行等金融机构而言，要建立完备的支付体系和支付系统；就政府相关部门而言，要加强法律法规建设，强化对电子支付的监管。

1）加强电子支付法律法规建设

电子支付若要长远健康地发展，一方面需要相关金融机构进一步对现有的金融监管制度加以完善，另一方面也需要政府相关部门为电子支付制定一系列法律法规，对电子支付业务操作、电子资金划拨的风险责任进行规范，为电子支付过程中交易双方的权益保障、约束或制裁提供法律依据。

针对第三方支付平台提供的支付服务，政府相关部门应制定详细的规范和管理办法，对于越权转移消费者资金的行为予以严厉的处罚，而对于电子货币这种新形态货币的发行，也应颁发具有法律效力的许可依据。

2）加强过程监管

要想确保电子支付与相关金融秩序的安全，构建银行业公平有效的竞争框架，为中央银行货币政策的顺利实施提供切实保障，加强对电子支付过程的监管是十分有必要的。目前，电子支付中规避监管的现象较为严重，政府相关部门应该明确职责，加大监管力度，对金融违法行为予以处罚。

3）建立失信惩罚制度

要防范电子支付的信用风险，必须使相关信息对称、透明。因此，建立失信惩罚机制是十分有必要的，这也属于社会信用体系建设中的一个重要组成部分。不同银行可实行客户信用信息共享制度，对信用不良者建立预警名单或黑名单。对于电子支付活动中的不法行为，一方面要予以法律处罚，另一方面也应记入信用档案。只有不断加强电子支付的信用体系建设，才能使整个支付环境更健康，从源头规避一些安全问题。

4）采取技术措施

对电子支付安全问题的防范还需要采取一系列技术措施。

① 大力发展数据库与数据仓库技术，通过建立大型电子支付数据仓库或决策支持系统来防范信用风险、经济波动风险等金融风险。

② 建设完备的网络安全防护体系，规范数字证书的颁发与使用，利用杀毒软件、防火墙、非对称加密等技术手段来确保电子支付的信息流通和操作安全，如近年来兴起的手机短信验证、人体特征识别技术等。

人体特征识别技术又称生物特征认证技术，是通过唯一的可测量或可自动识别、验证的身体特征或行为特征进行身份认证的一种方法。例如，利用指纹、脸型、掌型、视网膜、虹膜、DNA等生物特征进行身份认证。

5）加大电子支付安全知识的普及力度

各大网上银行或第三方支付平台应就电子支付的基本原理、操作方法、注意事项等向消费者进行介绍，如在 App 支付界面醒目位置注明安全信息提示"切勿将短信验证码告知他人"等，并引导消费者使用更安全的验证手段，如指纹验证、人脸验证等，提醒消费者及时查看账户信息、定期修改密码等，尽可能让消费者养成良好的支付习惯。

5.2.4　电子商务中的知识产权保护

电子商务通过互联网开拓了一个全新的超越国界的巨大市场。在电子商务活动中，知识产权保护制度受到了冲击，著作权及其邻接权的关系、域名与商标的冲突、商标权和专利权等都面临法律适用的新问题。如何在以互联网为基础的电子商务时代保护知识产权，是世界各国面临的一个新课题。

1．知识产权与知识产权法概述

1）知识产权的定义

知识产权是指权利人对其智力创造的成果所依法享有的专有权利。知识产权主要包括专利权、著作权、商标权等。

2）电子商务对知识产权法提出的挑战

（1）电子商务对传统知识产权观念提出的挑战

知识产权作为一种确认权利、保障权利的制度，要依据一定的标准来确认是否授予某项智力成果专有权。依据传统的知识产权观念，智力成果是无形的，但是一项智力成果要获得知识产权法律的保护，一般需要采用物质载体表示或显示出来。

在电子商务技术开发和应用的过程中，大量的技术通过计算机数据表现和完成，具有技术的实质特性，可以帮助人们利用计算机完成创造性工作，这些作为计算机语言的数据却不能采用传统知识产权法律所保护的表现形式。

(2)电子商务对传统知识产权特点提出的挑战

知识产权具有与有形财产不同的特点，如地域性、时间性等。电子商务活动建立在互联网基础之上，网络的传输表现出"公开"的开放性和"无国界"的全球性特点及状态。"公开"为"公知"提供了前提，也为"公用"提供了方便，严重威胁了知识产权所有人的专有权；"无国界"又使知识产权的地域性遭遇严峻的挑战。

(3)电子商务对知识产权保护程序提出的挑战

① 电子商务对法院管辖权提出的挑战。对任何纠纷而言，管辖法院及适用法律的确定都会对当事人的利益产生重要影响。通常，知识产权纠纷案件采用被告住所地或侵权行为发生地确定管辖法院，并通常根据法院地法作为处理纠纷的实体法律依据。但是，互联网上的侵权行为难以确定具体的发生地点和受害地点。

② 电子商务对证据及保留提出的挑战。在传统的知识产权纠纷诉讼过程中，当事人主张权利和行使抗辩权所依据的证据必须是"原物"，这是各国对证据的基本要求。但是，在电子商务活动中，电子数据存储在计算机内，其打印出来的书面形式只是一种复制件，无法满足传统诉讼法对于证据"原件"的要求。计算机数据又是可以毫无痕迹地改动的，这种极易改动的特点又给计算机数据作为证据的权威性和可信任性带来了挑战。

(4)电子商务经营主体的知识产权保护义务

《电子商务法》对电子商务经营主体的知识产权保护义务做了原则性规定。电子商务经营主体应当依法保护知识产权，建立知识产权保护规则。电子商务第三方平台明知平台内经营者侵犯知识产权的，应当依法采取删除、屏蔽、断开链接、终止交易和服务等必要措施。否则，给知识产权权利人造成损失的，电子商务第三方平台应承担赔偿责任。

电子商务第三方平台接到知识产权权利人发出的平台内经营者实施知识产权侵权行为通知的，应当及时将该通知转送平台内经营者，并依法采取必要的措施。

电子商务第三方平台内经营者接到转送的通知后，向电子商务第三方平台提交声明保证不存在侵权行为的，电子商务第三方平台应当及时终止所采取的措施，将该经营者的声明转送发出通知的知识产权权利人，并告知该权利人可以向有关行政部门投诉或向人民法院起诉。知识产权权利人因通知错误给电子商务第三方平台内经营者造成损失的，依法承担民事责任。电子商务第三方平台应当及时公示收到的通知、声明及处理结果。

2. 电子商务中著作权的法律保护

1) 著作权与著作权法

著作权也称版权，是指法律赋予文学、艺术、科学作品的作者对其创作的作品所享有的专有权利。

著作权法是指调整因著作权而产生的各种社会关系的法律规范的总称。我国的著作权法律规范主要包括《著作权法》《著作权法实施条例》《民法总则》《刑法》中有关著作权的条款，以及各种相关的行政法规、规章等。我国缔结或加入的与著作权有关的知识产权国际条约、我国与其他国家签订的有关著作权保护的条约，也属于我国著作权法的组成部分。

2) 电子商务中的商标权保护

(1)电子商务中的商标权

电子商务活动作为商务活动的一种新手段或新方式，与商标密切相关。电子商务与商标的联系主要表现在以下几个方面。

① 电子商务主体需要有自己的商品商标或服务商标。电子商务活动中的各类主体在其提供的商品或服务进入市场时，需要有自己的识别性标志。例如，提供网络服务的经营主体新浪、搜狐、网易、谷歌，提供网络交易平台的阿里巴巴，以及数量庞大的开展网上经营的商业主体，都属于利用网络开展网络服务及电子商务活动的经营主体，它们在提供商品或服务的活动中会使用各种商品商标和服务商标。

② 电子商务主体可能会涉及对他人商标的使用。电子商务主体在从事商品流通、服务提供、广告宣传等商业活动的过程中，可能会涉及对他人商标的使用。例如，开展电子商务的商品销售企业要在网上销售商品、发布广告等，这些行为势必涉及对其他企业商标的使用。

③ 电子商务主体可能会成为商标权的侵权主体。电子商务主体除了自身商标权的开发，还涉及对他人商标权的使用，因此也可能成为商标权的侵权主体。如果电子商务主体擅自使用他人的商标，或者自己在开发和使用商标时，在相同或类似的商品或服务上使用了与他人相同或相似的商标，都可能使自己成为商标权的侵权主体。

（2）电子商务中商标权保护面临的问题

① 商标权的使用和保护环境更加复杂。电子商务活动使商标使用的范围扩大到了整个网络。随着网络应用的普及，电子商务促成的交易量迅速增长，货物流通具有隐蔽性强、范围大、取证困难、执行困难等特征，使得商标权的使用和保护环境都变得非常复杂。

② 电子商务使商标侵权出现了新的特点。传统商标侵权的主要形式是将相同或相似的商标用于相同或类似的商品上，应用的方式主要是用于商品或商品包装上，以及用于商品或服务的广告宣传上等，这些商标侵权形式存在现实的表现形式，无论是认定还是查处都有一定的证据基础。

但是，电子商务是利用网络完成交易的，商标侵权的形式更加多样和复杂，电子商务中产生了一些新的商标侵权形式。例如，网页上的商标使用侵权、链接侵权、用商标图形作为网页装潢、将商标作为域名等，都是电子商务中的商标侵权形式。

③ 网络商标侵权行为简单易行。网络的开放性决定了网络侵权行为的实施简单易行。一方面，由于网络是一个巨大的虚拟空间，行为人可以在任何时间、任何地点进行商标侵权行为；另一方面，在技术上，网络侵权行为十分容易实施，行为人即使不具备深厚的计算机知识和操作技能等专业技术，也可以实施商标侵权行为。

④ 网络商标争议的解决难度更大。传统的商标侵权一般易于识别，也容易被商标权人察觉。而网络跨越时空的特点，决定了商标侵权行为人的确定比较困难；网络的虚拟性则导致侵权者身份的确定面临重重困难。从取证的角度看，因为网页不断更新，网上的商标使用信息可以随时被删除，所以使商标权人不能及时取证。受"谁主张，谁举证"的原则和"取证经济性"原则的限制，司法机关一般不介入民事取证程序。因此，对商标权人而言，要查明侵权行为人并获得相关的侵权证据绝非易事。

⑤ 网上商标侵权行为的损害后果更加严重。互联网的全球性使网络商标侵权行为的损害范围更广，可以超越国界、跨越行业，所产生的不良影响的持续时间更长，对商标权人商业信誉的损害后果更加严重。

要解决电子商务中商标权保护问题，需要做好以下几个方面的工作：一是尽快完善相关的法律法规；二是加大执法力度，切实保护商标权；三是加强对电子商务中商标权的行政保护措施。

3）电子商务中的专利权保护

（1）电子商务活动与专利权的关系

电子商务活动与专利权的关系主要体现在以下几个方面。

① 电子商务主体自身专利的开发和利用。电子商务主体作为一类市场主体，在从事各类经营活动、参与市场竞争的过程中，不可避免地会涉及自身专利技术的开发和利用。随着竞争的加剧，知识产权成为企业的核心竞争力，电子商务主体自身的专利技术开发和利用也会更加突出。因此，专利技术的开发和利用会成为电子商务主体重要的活动内容，电子商务活动与专利技术、专利权的关系日益密切。

② 电子商务主体对他人专利技术的利用。电子商务活动主体为节约开发成本，可以通过专利受让和专利许可的方式取得专利权或专利技术的使用权。

③ 电子商务主体可能会成为专利权的侵权主体。在对他人的专利技术、专利方法的应用过程中，电子商务主体可能会侵犯他人的专利权，成为专利权的侵权主体。例如，未经权利人许可而使用权利人的专利技术、专利方法的行为，就是侵犯他人专利权的行为。

（2）电子商务活动中专利权的保护问题

互联网是计算机技术集中应用的产物，网络本身涉及各类技术的应用。在利用网络开展电子商务活动的过程中，也会涉及网络利用技术及一些不同于传统交易方式的特殊商业方法的应用，这些都可能涉及专利权，涉及专利法对这些技术及特殊商业方法的确认和保护。

4）对计算机软件的专利保护

鉴于依据著作权法保护权利人在电子商务中的计算机软件权利存在不足，为了满足电子商务领域的计算机信息技术保护的需要，一些国际组织和各国政府都在利用专利法保护计算机信息技术方面做出了努力和探索，形成了一些有益的做法。

（1）国际上的做法

电子商务的发展只有几十年的时间，电子商务中的计算机程序产生专利保护的时间就更短了。因此，在现有的知识产权国际公约中，大多数都没有专门涉及计算机程序的专利权保护问题。

在现有的电子商务国际文件中，内容主要涉及电子商务的活动规则，没有关于电子商务中的专利权保护问题的规定。因此，国际上对于电子商务中的计算机程序给予专利权保护的做法，主要来源于对现有国际文件的解释性认识。

世界贸易组织《与贸易有关的知识产权协议》将专利的保护范围确定为："任何一项发明创造，无论是产品还是程序，无论在哪个技术领域，只要它们是新颖的、具有创造性和具有工业实用性的，都可以被授予专利。"《与贸易有关的知识产权协议》因此被认为是运用专利制度保护计算机程序的重要国际性文件，为计算机程序的专利权保护奠定了基础，使计算机程序可获得专利权保护成为一种趋势。

（2）美国对电子商务中专利权的保护

美国是电子商务发展的起源国，也是世界上电子商务发展较快的国家。美国为电子商务的发展创设了宽松的法律环境。在针对电子商务的各种法律制度中包含计算机程序的专利权保护制度。1996年2月，美国专利商标局发布了《与计算机相关的发明的审查基准》，根据该文件，"与计算机相关的发明"包括计算机应用的发明和运用了计算机可读载体的发明。在此基础上，美国产生了很多关于计算机程序及由计算机程序支撑产生的商业方法获得专利权保护的案例。

5.2.5 电子商务市场秩序的维护

电子商务交易已经渗透到社会经济的诸多领域，网络化生产和消费模式正在成型。但我国流通领域电子商务发展起步较晚、基础薄弱，网上交易的配套服务体系还不健全，导致电子商务市场秩序混乱，时有不正当竞争和垄断、消费者保护规则不完善等问题发生。为促进电子商务的健康发展，规范电子商务秩序，完善各项法律政策，建立完善的电子商务市场秩序成为当务之急。

1. 电子商务主体的市场准入

1）电子商务主体的定义

电子商务主体是电子商务法律关系的参加者，是在电子商务法律关系中享有权利和承担义务的个人或组织。法律作为调整人类社会生活的规范，调整的角度一般是主体和行为，在电子商务领域同样如此。

广义的电子商务主体既包括商事主体，也包括消费者、政府采购人等非商事主体；狭义的电子商务主体则仅指电子商务中的商事主体，即电子商务企业。电子商务企业有两种类型：一类是采取电子商务交易手段的传统企业；一类是为电子商务交易提供基础设施服务和辅助服务的现代互联网服务企业，如互联网连接商、互联网内容提供商、网吧等。

2）电子商务主体的特殊性

电子商务主体与传统商事主体既有共性，也有其特殊性。就共性而言，电子商务主体和传统商事主体（商人）均追求盈利，其商事行为都具有营利性，都要恪守法律和伦理规范。电子商务作为现代商事行为，与传统商事行为的区别与其说是本质层面的，不如说是现象和手段层面的。

具体说来，电子商务是以"电子"为手段，以"盈利"为目的的商事行为，虽然大部分乃至整个交易过程均在网上通过点击鼠标完成，因而具有虚拟的特点，但电子商务行为的效力最终要落实到法律行为制度（尤其是合同法律制度）和侵权制度上，电子商务行为最终要设定各方当事人之间的债权债务关系。电子商务行为的本质仍是商事行为，电子技术、网络技术只是电子商务主体实现盈利目的的手段和载体而已。

电子商务主体仍是商事主体，电子商务行为仍是商事行为。电子商务市场绝非空中楼阁，而是实实在在的市场，有实实在在的市场主体。之所以有人将电子商务市场称为"虚拟市场"，将电子商务主体称为"虚拟主体"，只不过是因为传统的商事行为主体往往近在咫尺，且交易伙伴较为固定、封闭，而电子技术和网络技术有能力把人数众多的、远在天涯的陌生交易伙伴"拴"在一起而已。

3）电子商务主体需要市场准入制度

近年来，我国电子商务主体涉足电子商务市场的数量不断增多，经营领域不断拓宽，电子技术、信息技术和网络技术在推动投资贸易活动方面起到了举足轻重的作用。从法律调整的范围来看，传统商法的适用范围正在向电子商务市场延伸。例如，《公司法》《合伙企业法》《个人独资企业法》《消费者权益保护法》《反不正当竞争法》《广告法》《产品质量法》《合同法》等现行立法中的多数法律规范都适用于电子商务主体，因为电子商务主体的设立条件和市场准入条件依然要合乎法律保护的消费者利益与社会公共利益。

例如，投资者要发起设立经营网站信息服务的有限责任公司，必须遵守《公司法》规定的条件与程序；投资者要设立以电子网络为唯一或主要营销手段的商业流通公司，也要遵守《公司法》规定的条件与程序。

除了传统的民商事法律，《电子商务法》第九条特别规定："本法所称电子商务经营者，是指通过互联网等信息网络从事销售商品或者提供服务的经营活动的自然人、法人和非法人组织，包括电子商务平台经营者、平台内经营者以及通过自建网站、其他网络服务销售商品或者提供服务的电子商务经营者。本法所称电子商务平台经营者，是指在电子商务中为交易双方或者多方提供网络经营场所、交易撮合、信息发布等服务，供交易双方或者多方独立开展交易活动的法人或者非法人组织。本法所称平台内经营者，是指通过电子商务平台销售商品或者提供服务的电子商务经营者。"

当然，除了公司登记注册的基本立法，有关电子商务主体的行政法规（如《电信条例》）和行政规章（如《互联网信息服务暂行条例》）也应遵守。总体看来，我国电子商务主体和市场准入的法律环境并非完全空白，而是有一定的规则可循的。即使完善我国电子商务主体和市场准入立法，也要在现行法律、行政法规与行政规章的基础上补充完善，电子商务主体需要市场准入规范。

4）电子商务主体市场准入的基本原则

电子商务主体市场准入应坚持和体现以下6个基本原则。

（1）降低交易成本，提高交易安全

降低交易成本，提高交易安全，即电子商务主体市场准入及退出立法应将降低交易成本、提高交易安全作为制度设计的基本理念。

（2）适度监管

适度监管原则要求对电子商务市场的监管把握好度，既不过于放松，也不过分严格，根据电子商务市场监管工作的实际需要进行监管。

（3）分类监管

分类监管原则是指根据电子商务主体的不同类型对其实施不同内容、不同程度的差异化监管。

（4）线上线下市场公平竞争

线上线下市场公平竞争原则是指维护电子商务市场主体与线下市场主体之间的公平竞争，实现网络经济与实体经济的均衡发展。

（5）鼓励创新

鼓励创新原则，即鼓励电子商务主体在其经营内容、经营模式等领域进行创新，建立灵活开放的电子商务主体市场准入及退出制度体系。

（6）社会共治

社会共治原则是指通过行政管理机关之外的第三方主体，如第三方交易平台经营商、行业协会等实现对电子商务主体市场准入及退出的共同监督管理。

5）现阶段我国电子商务主体市场准入法律制度存在的问题

现阶段我国电子商务主体市场准入法律制度存在的主要问题有以下几个。

（1）立法中缺乏统一的市场准入法律制度

从当前的电子商务主体市场的有关立法来看，立法过程滞后，整个电子商务主体市场缺乏传统的主体市场准入法律制度，只有一些实体立法、如《公司法》《合伙企业法》等，也有一些程序立法，如《企业法人登记管理条例》。《电子商务法》虽然规定了电子商务主体，但没有统一电子商务主体的准入规则。

虽然既有法律法规也有一些对电子商务主体市场准入的限制，但是有的电子商务主体由于组织形式不一样，在设立时采用不同的企业登记条件和程序，使得电子商务主体市场准入中存在不平等现象。这样的现象不利于我国电子商务主体准入法律法规的制定。

（2）立法漏洞多，所立法律不完善

在我国电子商务领域，《企业法人登记管理条例》《网络商品交易及有关服务行为管理暂行办法》等法律法规，均是行政法规或部门规章，相关法律的立法层级较低，与市场经济中电子商务主体的市场地位极不相称，相关法律法规无法有效保障我国电子商务主体的快速发展。2018年颁布的《电子商务法》在很大程度上提高了这个领域的立法层级，今后会进一步完善。

（3）监管部门多，审批项目多，程序复杂

长期以来，在"严把市场准入关"理念的影响下，我国对电子商务主体的市场准入管理十分严格，为防止不达标主体进入电子商务市场，在企业登记上设立了许多监管部门，审批项目多，审批程序复杂，使得企业登记效率极其低下，企业设立速度也较慢。电子商务市场作为一个低成本、高效率和开放性的市场，要求电子商务主体的进入条件适度、程序高效。政府在对电子商务市场进行管理和调控时，应避免管理部门较多，导致电子商务主体市场准入法律制度不适用现象的发生。

2．电子商务反不正当竞争的法律规定

电子商务模式中的不正当竞争是传统经济模式中不正当竞争的历史演化。

经营者之间的不正当竞争，最终买单的可能是消费者，从而侵害消费者的选择权、知情权、人身权、财产权等。有些恶意软件和垃圾邮件中往往被植入病毒，造成消费者电脑死机，甚至导致消费者的重要资料永久性丢失，给消费者造成财产损失和精神伤害。

当前的反不正当竞争法律只注重保护竞争者的正当权益，忽视了消费者的权益保护，这与电子商务经济的最终目的是不相符的。因此，如何在电子商务中保护消费者的合法权益，同时保证竞争者的正当权益，是反不正当竞争法律需要完善的一个方面。

3．电子商务领域反垄断的法律规定

以电子商务为相对独立的市场，同时将电子商务置于整个市场经济大环境的背景下来进行电子商务立法是基本出发点。这就必然要遵循市场经济法治化的基本原则，即防止垄断、鼓励竞争、维护公平的经济运行秩序。

电子商务市场的反垄断问题已成为世界范围的研究热点。对于电子商务这样一种以技术为特征的全新商业模式，竞争规则同样是有效的。电子商务以互联网为技术平台，从而在根本上赋予了市场竞争一种新的概念。技术的发展有力地促进了以技术为特征的电子商务市场的竞争性，但是这并不意味着电子商务市场就不存在反垄断的必要性。恰恰相反，这种强调技术的市场发展模式往往使大型电子商务企业凭借其技术优势而迅速获取市场竞争力，并以该市场竞争力来进一步谋求市场支配力和滥用市场支配力，从而谋取垄断利润。

我国《反垄断法》规定的垄断行为包括以下几种。

① 经营者达成垄断协议。

② 经营者滥用市场支配地位。

③ 具有或可能具有排除、限制竞争效果的经营者集中。

4．电子商务领域的消费者权益保护

《消费者权益保护法》是直接保护消费者的合法权益的法律，是保护在交易中分散的、相

对处于弱势地位的广大消费者权益的重要法律。通过立法保护消费者权益，有利于限制经营者的不正当竞争行为，鼓励公平竞争，维护国家经济发展的良好竞争秩序，还可以促使企业致力于提高商品质量和服务质量，提高企业经济效益，同时也有利于提高人民生活水平和生活质量，推动社会发展与进步。

消费者是指购买商品、使用商品或接受服务的人，包括自然人、法人或其他社会组织。根据《消费者权益保护法》的规定，消费者专指生活消费者，即为了满足生活需要而直接购买商品、使用商品或接受服务的居民个人，而不包括生产消费者。

电子商务消费者则是指通过网络购买商品、使用商品或接受服务的人。

《消费者权益保护法》中的消费者应该包括电子商务消费者。换言之，电子商务消费者与消费者之间并没有本质的区别，只不过两者购买、使用商品或接受服务的方式不同而已。从这个意义上说，在电子商务交易中发生消费纠纷时，合法权益受到侵害的消费者可以援用《消费者权益保护法》主张权利。

5.2.6 电子商务税收的依法运作

税收是国家财政收入的主要来源，也是国家宏观经济调控的手段。国家通过税法的制定和实施，规范税收活动，保证税收目的的实现。电子商务的快速发展对传统税收制度产生了冲击，提出了新的挑战，引发了一系列税收问题，对现行税收制度的发展产生了一定的影响。为此，国家应研究和分析新问题，采取相应的对策，对传统税收制度加以调整，以适应电子商务的快速发展。

国际互联网的迅速普及和电子商务的迅猛发展，在改变传统贸易方式的同时，在某种程度上也给现行税制及其管理手段提出了新的要求和新的课题。信息革命在推进税收征管现代化、提高征税质量和效率的同时，也对传统的税收理论、税收原则和税收征管实践提出了新的挑战。

电子商务以其虚拟化、无形化、无界化、无纸化及电子支付的特点，对以实物交易为基础的现行税收法律制度和原则造成了冲击，暴露了许多法律的空白和漏洞，传统的税法体系对其无法适从。良好的诚信体系、法律环境、技术环境和与电子商务相适应的税收原则是构建完善的电子商务税收体系的基本前提。

1. **诚信体系**

诚信是市场经济发展的基石，建立电子商务诚信体系是实施电子商务税收的前提之一。同时，电子商务税收诚信也是电子商务信用系统的有机组成部分，其内容应当包括：构建电子商务诚信评估机制、中介机制；培养电子商务企业诚信经营与纳税意识，以及消费者诚信消费习惯；建立完善的电子商务税收信用评价体系；建立完善的电子商务税收信用监督体系。

2. **法律环境**

电子商务活动是在网络虚拟市场中进行的一种全新的交易，必须用完善的法律予以调整。但由于其发展具有一定的超前性，目前的税收法律还不能适应电子商务的要求。因此，要对电子商务进行征税，必须建立完善的法律体系。

1）对相关法律法规进行修订

在电子商务交易中，原有的法律法规已经不能满足需要，应增加涉税电子商务部分，完善电子商务涉税程序法与实体法，使电子商务主体的权利得到保障，义务得以顺利完成。

2）制定新法

随着电子商务活动的发展，电子商务税收政策必然会成为税法中的重要组成部分，制定新的与电子商务相适应的税收政策已经势在必行。此外，电子商务中出现了新的网络信息商品，继续采用传统的税收法律法规显然已经不合时宜。

3. 技术环境

为了提高税收征收效率，减少税款的流失，应加快税务机关的信息化建设，建立电子税务，研制开发电子化的税务票证系统和电子征税软件，研制包括电子发票、电子税票、电子报表等在内的税务凭证，建立网络税务平台和网络税务认证中心，保证在税收征管系统自动运行中向纳税人及其基本资料提供可靠的依据，从而确定电子商务交易双方的身份，确定纳税人，掌握有关交易信息，进行科学合理的税收征收管理活动。

4. 税收原则

电子商务的到来虽然对现有的税收理论和税收实践产生了巨大的冲击，给税收活动带来了新的问题，但仍然必须坚持税收法定主义、税收公平和税收效率三项原则。

1）税收法定主义原则

税收法定主义原则要求电子商务税收法律制度除了遵守现行的税收理论和政策，还应当包括以下具体内容：如果开征新税，必须在法律法规确定的范围内征收；税收构成要素和征管程序必须由法律加以限定。法律对税收要素和征管程序的规定应当尽量明确，以避免出现漏洞；征收机关必须严格按照法律的规定征税，不得擅自变更税收要素和法定征收程序，纳税人必须依法纳税，同时也享受法律规定的权利。

2）税收公平原则

税收公平原则是指国家征税要使各个纳税人承受的负担与其经济状况相适应，并使纳税人之间的税收负担水平保持均衡。电子商务作为一种新兴的贸易方式，虽然是一种数字化商品或服务的贸易，但并没有改变商品交易的本质，仍然具有商品交易的基本特征。因此，按照税收公平原则的要求，电子商务和传统的贸易活动应该使用相同的税法，承担相同的税收负担。税收公平原则支持和鼓励商品经营者采取电子商务的方式开展贸易，但并不强制推行这种交易方式。

3）税收效率原则

税收效率原则主要是指税法的制定和执行必须有利于社会经济运行效率和税收行政效率的提高，税法的调整也必须有利于提高社会经济效率，减少纳税人的纳税成本，电子商务税收同样必须坚持效率原则。

为此，在制定电子商务税收政策时，一方面，应当以电子商务的发展水平和税收征管水平为前提，确保税收政策能够准确贯彻执行；另一方面，应当力求将纳税人利用电子商务进行偷税漏税与避税的可能性降到最低；同时，应当贯彻肯定、明确、简洁、易于操作的原则，将纳税人的纳税成本和税务机关的征税成本控制在最低限度内，提高税收效率。

5. 直播电商的税法履行问题

近年来直播行业的发展日渐成熟，各类争议、诉讼与处罚屡见报端。直播电商问题包括直播带货的质量问题，主播、MCN 机构（一种新的网红经济运作模式）及平台之间的关系及利益争议，言论不当，以及涉税问题。电商直播的特点有如下几个。

① 时间长，直播主播讲的时间越长，越容易言论失当，违法的可能性就越大。

② 即时性，这意味着事前的审查和审批变得不可能。

③ 违法的执法难度大。从近年的涉税处罚来看，一旦主播被税务机关公开行政处罚，随之而来的就是主播账号禁封，且平台恢复账号非常困难。头部主播的出现需要主播自身长时间的直播优势积累、平台资源倾斜、MCN 机构的培训等多种资源投入，一旦出现涉税问题，就意味着以上资源全部无法产生价值。

例如，2022 年 2 月 22 日，国家税务总局公布税务通报，广东省广州市税务部门依法对网络主播平荣（网名"驴嫂平荣"）偷逃税案件进行处理。经查，该主播 2019—2020 年隐匿直播带货收入，偷逃个人所得税 1 926.05 万元，未依法申报其他生产经营收入，少缴有关税款 1 450.72 万元，被追缴并罚款共计 6 200.3 万元。2021 年 12 月 20 日，继"雪梨"之后，直播带货"一姐"薇娅也因偷逃税被罚。经查，薇娅 2019—2020 年通过隐匿个人收入、虚构业务转换收入性质进行虚假申报等方式偷逃税款 6.43 亿元，其他少缴税款 0.6 亿元。杭州市税务局稽查局对薇娅追缴税款，加收滞纳金并处罚款，共计 13.41 亿元。

习题

1．电子商务网站面临的安全隐患有哪些？
2．查看支付宝和微信支付，说明它们提供了哪些安全功能。
3．对我国电子商务中如何课税提出自己的见解。
4．电子商务对知识产权法有什么影响？
5．电子商务领域的不正当竞争有哪些表现形式？

实训

【实训目的】

1．了解电子商务网站的可信网站验证服务；
2．了解 SQL 注入防范的一般方法。

【实训内容】

1．访问提供可信网站服务的网站，如中网，了解可信网站服务的方法和步骤。
2．SQL 注入的防范。

（1）使用浏览器访问某一电子商务网站，并进入管理员后台入口，管理员的入口网页名称通常类似 admin_login.asp，不使用管理员的用户名和密码，而尝试采用"or"登录，观察结果。

（2）在登录的相关网页中加入以下程序段，防范 SQL 注入，并进行测试。

```
<%
Sql_in="and | or |on |select |insert |update |delete |exec |declare |"
'区分出注入字符，（单引号"'"为注释标记）
Sql=Split(Sql_in,"|")
        IF Request.For<>"" Then
        For Each Sql_Post In Request.Form
        For Sql_Data=0 To Ubound(Sql)
        IF Instr(Lcase(Request.Form(Sql_Post))，Sql(Sql_Data))<>0 Then
```

　　　　　Response.Write("<script>alert('系统提示：请不要输入非法字符尝试注入，你的 IP 已经被记录！'); history.go(-1); </script>")
　　　　Response.End()
　　　End IF
　Next
　Next
　End if
%>

第6章
典型领域电子商务的运营管理

> **引导案例**
>
> ### 生鲜电商企业叮咚买菜和每日优鲜的困境
>
> 买菜是刚需。我国生鲜零售市场规模超过 5 万亿元，每年还以 5%左右的水平增长，但生鲜电商的渗透率仅为 14.6%。生鲜电商领域的两大巨头是叮咚买菜和每日优鲜，叮咚买菜以上海为第一站，每日优鲜侧重北方市场。
>
> 在各自的 2021 年三季度财报中，叮咚买菜说自己是 Costco 和 Doordash 的结合：Cotsco 代表高效的供应链管理体系、高性价比的商品，以及高黏度的消费者；Doordash 的优势是 29 分钟送达的确定性履约能力。每日优鲜赞美前置仓模式，提到了自己菜市场的改造升级能力。两份财报都提到了同一个关键词——"效率"。两家电商企业实现效率的具体路径也相当一致：在消费者端，关注高净值用户，升级会员制度；在供应链端，提升供应链能力，增强直采能力，拓展自有品牌，丰富 SKU。截至 2021 年 9 月 30 日，叮咚买菜的营收增长了 111%，从 30 亿元增长至 61.9 亿元；每日优鲜的营收增长了 47.2%，从 14.4 亿元至 21.2 亿元。
>
> 两家电商企业面临的困境几乎一样：低毛利的卖菜生意，内有居高不下的履约成本，不"花钱打广告+提供羊毛"就无法拉来的消费者，外有阿里、京东、美团、拼多多等电商企业的下场竞争，以至于它们持续亏损。叮咚买菜的亏损同比扩大了 136%，为 20 亿元；每日优鲜的亏损也在持续，2021 年三季度亏了 9.7 亿元。但从环比看，两家电商企业的亏损都在收窄。从相关数据看来，两个平台的交易用户确实都在增长：叮咚买菜的月交易用户同比增长了 120.3%，达到 1 050 万名，会员每个月平均可以下单 7.4 次。据 QuestMobile 数据，叮咚买菜 App 在 2021 年 9 月位居生鲜电商赛道月活用户第一名，而每日优鲜只提到交易用户增长，没提及具体数字。
>
> 前置仓模式早期的火热，是因为那些位于小区附近的点位对租金和选址的要求不如

店铺高，但后来这种模式就被人诟病。因为它无法像线下门店那样拥有流量，且仓库的建设成本、仓库运营费、骑手薪水、退换货等成本都不是一笔小数目。规模带来的边际成本递减，但这个概念在生鲜领域并不一定适用。除了采购成本，同属成本大头的履约费用是一项动态成本。它无法被摊薄，反而会随着订单的增多而升高。

思考题： 生鲜电商企业如何突破目前的困境？

解析： 前置仓模式无法像线下门店那样拥有流量，且仓库的建设成本、仓库运营费、骑手薪水、退换货等成本都不是一笔小数目。因此，有效的措施是模式创新、建立商业联盟、与政府的发展规划保持一致。

制造业是电子商务应用的典型领域，电子商务能够改善制造业的供应链，将传统制造业升级为智能制造。

思政教育

1. 思政目标

为人：☑大国方略　　□身正德高　　□理想信念　　□价值引领
为学：□创新思维　　□逻辑思维　　□计算思维　　☑批判性思维
为事：□实践出真知　☑传统与创新　□实事求是　　☑自主创新

2. 思政案例：中国制造业未来的发展规划

随着智能化、网络化的发展，智能制造已成为国家提升整体制造业水平、展现国际竞争力不可忽视的重要引擎，以智能制造为主体的工业领域的革新成为各国新一轮竞争的主阵地。

在智能制造之前，传统的生产制造多采用流水线生产方式，集中控制，按流程生产，缺陷是人与人、机器与机器之间通信受限，信息交流不畅，无法保证高生产效率、高产品质量。而智能制造采用的是单元化制造的生产方式，信息实时反馈，工艺与研发之间呈双向往来，更有利于按消费者的需求定义产品特性。此外，自动化采购降低了生产成本和生产周期，柔性化生产与营销活动实时互动，使生产有效适应市场变化。这一切如果都能落地，那制造业体系将发生前所未有的变革，生产效率大大提高，产能得到极大的释放。据工业和信息化部消息，2021年，我国原材料工业关键工序数控化率达69%，已建成60家智能制造示范工厂、数字化车间，7家智慧化工园区，培育了一批世界知名的高水平智能制造标杆企业。例如，宝武集团的"黑灯工厂"，改变了"灯火通明、炉火通红、热浪滚滚"的传统作业景象，车间不开灯全智能生产，实现从"体力炼钢"向"指尖炼钢"转变。受新冠肺炎疫情的影响，许多传统制造业的竞争优势开始消失，生产中断、供应链断裂、复工复产使智能制造的发展变得更加紧迫，加上国家层面的推动，智能制造未来发展前景广阔。

本章学习目标

1. 了解制造业电子商务的形态和特点；
2. 掌握旅游电子商务的商业模式；
3. 了解农产品电子商务的形态和特点；
4. 掌握农产品电子商务营销。

制造业互联网平台打造的不是孤立的平台，而是如热带雨林一样复杂的生态，既需要突破数据采集、协议解析、边缘智能、通用 PaaS、工业大数据分析、工业机理建模、工业应用开发等关键共性技术，也需要培育智能化生产、网络化协同、个性化定制、服务化延伸、数字化管理等细分领域的解决方案，因此，生态建设是核心抓手。本章同时论述了旅游和农产品电子商务的运营。

6.1 制造业电子商务的运营管理

随着信息技术的不断发展，电子商务的触角逐渐延伸至生产领域和实体经济领域，各种新的电子商务分支开始出现，制造业电子商务就是其中之一。

近年来，我国不断加强工业电子商务方面的战略部署，并在政策层面为工业电子商务的发展提供支持。2016 年国务院发布的《国务院关于深化制造业与互联网融合发展的指导意见》中，明确表示要"积极培育工业电子商务等新业态"。2016 年工信部发布的《信息化和工业化融合发展规划（2016—2020）》中，提出要"大力发展工业电子商务"。2017 年工信部发布的《工业电子商务发展三年行动计划》则明确了促进工业电子商务发展的基本原则和保障措施。2021 年 4 月 30 日，中共中央政治局召开会议，强调要引领产业优化升级，强化国家战略科技力量，积极发展工业互联网，加快产业数字化进程。

在一系列利好政策的刺激下，众多工业企业开始涉足工业电子商务领域，探索电子商务环境下新的交易方式、经营模式、组织形态和管理体系。与此同时，一批专注于大宗原材料、装备、电子信息、消费品等采购的电子商务平台不断出现，为实现新型产业链的完善贡献力量。上海、广东和湖北等地区则加大工业电子商务领域的投入，以工业电子商务为依托，加速实现区域产业集群信息化、集约化和品牌化，构建协同互动与创新的地方区域产业新业态。

每次信息技术实现重大创新，都是制造业产生新变革的时机。"5G+工业互联网"正在发挥聚合作用，与人工智能、大数据、云计算等有机结合，带动相关技术创新和产业发展，满足细分行业的数字化场景，如港口、采矿、钢铁、建筑、仓储等行业的远程控制、无人控制等。5G 与工业互联网的融合将加速数字中国、智慧社会建设，加速中国新型工业化进程，为中国经济发展注入新动能。

早期企业面向内部的供应链管理主要是指原材料库存、交易订单等基础信息的管理，后来逐步打造了闭环管理系统，实现企业全运营管理。目前，部分企业已经实现以系统化管理的思想为财务预测、生产能力规划、调整资源调度等提供决策支撑。

6.1.1 制造业电子商务概述

1. 制造企业的电子供应链管理

企业在实践中认识到，单靠企业自身的改造无法从根本上解决问题，必须加强与其他优秀企业的紧密合作。供应链管理（Supply Chain Management，SCM）最早被应用于制造企业，从一种运作性的竞争工具上升为一种管理性的方法体系。美国供应链协会对供应链管理的定义是 4 个基本流程，即计划、采购、制造和配送；强调供应链管理的范围是一种跨企业、跨企业的多种职能/多个部门的管理活动。利用供应链管理，企业可以实现一系列管理变革。本书认为，供应链管理是指通过改善上下游合作伙伴之间的关系而对各种商业活动进行集成，从而获得持续的竞争优势。

IT 技术和互联网的发展为提高供应链管理效率提供了技术基础。ERP、SCM 及 CRM 等软件系统为企业的供应链管理提供了集成化的 IT 平台。电子供应链是供应链与电子商务的自然结合，是实现成员间连接、价值链整合及与目标终端用户之间连接的手段，是供应链优化的必然结果。

电子供应链管理是指通过电子商务的协同运用改进 B2B 过程，并提高速度、敏捷性、实时控制和客户满意度，包括运用 IT 技术改进供应链活动的运作（如采购）和供应链的管理（如计划、协调和控制）。

在对我国 175 家已经实施电子商务的制造企业应用流程进行分析后发现，65.1%的企业采用的是自建系统（ERP 系统和 SCM 系统），30.9%的企业借助合作伙伴的系统，还有部分企业同时采用多类系统的整合。

供应链管理中一些典型的电子商务活动有：①电子采购流程，采用供应商管理库存（Vendor Managed Inventory，VMI）模式，当企业库存低于安全库存时，系统就会自动生成订单并传输到供应商；②电子订购流程，代理商通过网上电子表单下订单，企业按照订单需求安排生产，当订单进入企业后台系统后，借助 ERP 功能实现对订单的分解，监控库存，及时向代理商提供订单状态；③客户关系管理，企业依据在营销和销售环节获取的客户需求，对其消费特征、偏好进行分析，并将分析结果与上游供应商共享。

制造企业电子供应链的发展趋势有：①制造企业将电子商务与供应链管理整合起来，实现更加广泛的合作商务活动，这要求企业关注自身的整体运作效率，通过流程再造、重塑合作伙伴关系进行新的电子供应链管理；②随着消费者在供应链中的地位越来越重要，市场需求将决定供应链的发展，这将导致供应链向需求链转变；③用互联网思维带动制造企业的供应链变革。

2．制造企业的电子采购管理

据 Gartner 集团估计，B2B 市场上的在线采购金额从 2000 年的 750 亿美元上升到 2004 年的 3.17 万亿美元，实施电子采购的企业最高可以获得 80%的成本节约空间。德勤咨询公司研究发现，超过 200 家企业在使用电子采购的最初 2~3 年内，平均可获得 300%的回报。在我国，很多制造企业通过参与公共 B2B 平台、加入大型采购网络或自建采购平台等方式实施电子采购。

电子采购带来了经营模式和管理流程的创新。在电子商务环境下，传统的采购部门将不复存在，取而代之的是通过对供应商加强管理，重点协调与供应商的信息交互，并巩固与供应商的关系。

1）制造企业的电子采购表现出的新特征

（1）战略聚焦的转变：从单纯的物资采购转向外部合作资源获取

传统采购只关注以交易为核心的物资转移过程，对于合作伙伴关系、战略合作和业务协同考虑较少。在电子商务环境下，企业战略的重点从单纯的物资采购转为获取供应商资源，形成新的战略合作模式。成功的电子采购要求企业制定一套规范的流程，在流程中整合 IT 资源，实现电子商务，在相互信任、共享收益、共担风险的基础上建立战略合作伙伴关系，保证电子采购的有效执行。

（2）运作模式的转变：从为库存采购转向为订单采购

在传统的采购过程中，企业内部缺乏有效的信息共享机制和完善的协作流程，采购部门的职能是通过采购补充库存，避免库存不足而造成生产停滞。在电子商务模式下，关键是要形成适合采购流程特征的电子商务能力，增强企业与合作伙伴的信息共享和流程合作能力。企业应该在信息系统集成、战略伙伴关系、人力资源及流程重组等方面整合优势资源。

（3）增值模式的转变：在合作商务流程中实现价值增值

传统采购关注产品质量和价格，企业与供应商之间只是买卖关系，无法解决全局性和战略性的供应链问题。在电子采购环境下，通过形成战略合作关系和电子采购流程整合，企业能够在合作导向的流程中获得更多收益。

2）电子采购企业成功的因素

（1）战略上重视电子采购，突出对 IT 资源的优化和利用

战略的作用在于发掘、优化和整合优势资源，满足信息化环境下敏捷、高效和面向需求的管理目的。

（2）巩固和扩展与供应商的战略合作关系

研究人员认为，企业与供应商关系的发展是电子采购成功的关键步骤，建议在在线协同和在线交易两个方面对电子采购的绩效进行评价。采购周期、交货时间、库存降低水平及运作等方面绩效的提高都与供应商关系改善和采用新的电子采购流程相关。

（3）将供应商资源纳入组织，通过流程重组对 IT 资源进行整合，并在流程中形成独有的电子采购能力

米沙尔（Mishar）等人将制造企业的电子商务能力分为信息收集能力和信息处理能力两种类型。采购流程电子化、采购知识多样化、供应商销售流程电子化、组织对技术感知和采购数量的不确定性对上述两个能力具有较大影响。研究者建议对企业采购流程中的优势电子商务能力进行观察，这些优势电子商务能力与合作伙伴之间的信息共享和在线合作相关。

3. 制造企业的电子渠道管理

在传统的供应链中，制造企业关注物流配送、分销商及代理商等下游销售渠道。随着 IT 技术和互联网的发展，信息逐步取代库存成为下游分销渠道中最重要的资源。电子销售渠道管理关注的核心是如何有效地进行渠道整合和销售协调。

1）制造企业电子渠道管理运作的新特征

（1）战略聚焦的转变：从销售产品转向满足客户需求

在传统供应链中，企业渠道管理的战略重点是分销商管理和产品销售。其订购过程包括销售预测、生产安排、库存管理、销售产品和售后服务。销售预测一般根据往年同期的销售情况确定。存在的问题是难以避免供应链中的牛鞭效应。

在电子商务环境下，企业渠道管理的战略重点应该从单纯的产品销售转移到客户需求的满足上来，具体做法如下。①企业电子订购渠道管理是对销售渠道的管理和协调。②让分销商与企业共同应对终端客户的产品需求，实现销售渠道的电子化协作。③将代理商纳入企业的分销体系，真正实现为客户需求销售的目的。

（2）运作模式的转变：从"推式"转向"拉式"

在"推式"运作模式下，企业关注的是订单的接受和履行，而忽视了对市场需求的跟踪和分析。随着市场变化的日益加剧，客户需求变化很快。该模式存在的问题是，企业只有通过大量备货才能满足代理商的需求，容易造成库存积压。"拉式"运作模式的特点有：①企业收到订单之后，再安排采购和生产；②依赖企业与代理商之间紧密的联系和信息的无障碍传递；③需要考虑如何将分销商纳入自己的销售渠道并进行统筹管理。在"拉式"运作模式下，企业获取的价值包括产品的利润、时间效益、快速应对市场需求变化、销售渠道再造和优化、

优化组合的营销收益。

（3）渠道冲突的解决：线上线下渠道的整合与协调管理

渠道冲突是指企业建立了两个以上不同的渠道向同一市场分销产品而产生的冲突，其本质是几种分销渠道在同一个市场上争夺同一个客户群而引起的利益冲突。建立线上渠道的优点是：线上渠道几乎打通了所有中间环节，使产品直达消费者，省去不少成本。缺点是：引发了线下的渠道商和代理商的渠道冲突，因为不同的渠道销售成本是不同的，电子商务引发的价格战使其他销售渠道无法应对，从而造成渠道冲突，伤害了分销商的积极性。

解决线上线下渠道冲突的关键是协调线上和线下两种渠道之间产品、定价、品牌的归属。主要有以下3种解决策略：①线上渠道新设一个品牌，销售的产品和服务必须与线下品牌实现差异化销售；②线上线下产品分开销售，这种策略主要是将企业产品按照产品特色和功能进行分类；③线上线下相互支撑，这种策略往往利用了产品的生命周期，即恰当地选择产品生命周期，利用线上和线下渠道进行切换销售。

2）电子渠道管理的内容

电子渠道管理是企业扩展销售、综合管理分销渠道的重要流程。企业应该在战略启动、资源部署和能力形成3个方面进行全方位的管理和变革。通过电子商务，整合和重组分销渠道的优势，借鉴西方电子商务先进的管理理念和IT技术，根据中国分销现状进行变革。在加强原有分销渠道的基础上，将各级分销商和代理商通过电子商务整合在一个以满足客户需求为导向的交易框架下。从本质上看，电子渠道管理主要体现了组织对优势IT资源的整合和优化配置。

管理者应该在以下几个方面重视电子渠道管理：①企业将代理商资源纳入IT整合的范畴，电子商务战略执行的重点不是只部署信息系统和建设电子商务网站，而是利用电子商务将企业信息系统资源、人力资源和伙伴资源整合到一个真正面向客户需求的分销流程中；②电子商务的实施是对制造企业分销渠道的重组和创新，其成功不仅取决于企业与代理商的信息系统集成，还依赖代理商的配合和响应；③根据企业传统分销渠道的特征，进行合理的流程重组和渠道细分，利用信息共享和在线合作能力实现客户需求的追踪、满足和反馈。

4．制造企业的客户关系管理

企业市场竞争的焦点已经从产品竞争、服务竞争逐渐转向客户竞争。企业成功的关键在于重视客户的需求，有效管理客户关系，提升客户满意度和忠诚度。客户关系管理提倡将客户关系的维持和开发作为战略目标，而不是将产品交易作为营销的基础。

企业要为客户创造价值并进行有效的客户关系管理，就必须探索客户价值的真正内涵和实现途径。客户价值是企业获取持续竞争优势的来源，通过获取卓越的客户价值，客户将保持忠诚。

1）客户关系管理的内容

客户关系管理主要体现了组织对优势IT资源的整合和优化配置，在与客户的交互过程中更好地发掘客户需求，提高客户交互能力，增加客户知识，识别客户价值。而价值创造过程的本质是管理客户关系价值链，包括以下几方面：①企业能提供给客户什么样的价值（客户价值），如何提供；②企业能从客户身上获取什么价值（关系价值），怎样获取；③企业在管理客户关系的整个过程中，如何使客户价值和关系价值这对矛盾的统一体达到平衡和互动。

制造企业的管理者应该重视从战略层面建立全局性的客户关系管理，通过IT技术整合销售渠道，将客户的参与、知识和经验纳入整体规划中。

2）客户关系管理中的知识管理

① 通过有效的信息共享和在线合作能力提高企业与客户知识的传递，在知识管理中实现客户关系。

② 三类客户知识流：客户需要的知识，包括产品、服务、供应商、市场等信息；来自客户的知识，可使企业响应客户需求的变化，对产品和服务进行持续改进；关于客户的知识，这是企业进行客户分析的重要基础。

5. 制造企业的电子供应链管理

1）电子供应链管理过程

（1）集成利用 IT 资源的电子供应链战略

集成利用 IT 资源的电子供应链战略的核心是通过对组织内部和合作伙伴的 IT 资源的重新定位和整合，从企业上下游流程整合的角度形成电子供应链流程能力。在电子供应链实施过程中，企业战略着眼于如何利用组织内外部的 IT 资源来支持和创新电子供应链运作。在电子供应链的战略规划中，企业在明确上下游合作伙伴后，需要考虑如何进行合理的流程优化和重组，实现跨企业的信息系统集成。对 IT 人力资源的规划显得更加紧迫，所有技术的应用和伙伴关系的建立都离不开员工的参与，企业应该加强员工相互协作的能力，通过授权、放宽管理程度，让员工更加主动地转变为客户导向。

（2）电子供应链流程能力的形成

企业在执行电子商务流程的过程中获得了企业间的信息共享和电子化合作能力，当上下游的电子商务流程连通整合形成一个电子供应链流程时，上下游流程的电子商务能力共同作用，便产生了电子供应链流程能力。

所谓电子供应链流程能力，是指企业通过互联网和信息技术支持的电子商务流程，在电子化的供应链活动中，实现与合作伙伴共享信息和在线协作，完成一整套在线交易、在线服务及协调的电子化合作能力，这种能力可以改善供应链的绩效。企业间的信息共享和在线协作是电子供应链流程能力的两个主要特征。

企业必须从以下 3 个方面考虑如何实现供应链的整合。

① 信息系统跨企业边界的整合：由于存在大量的跨边界商务活动，需要重点考虑组织间系统的连接和整合。

② 复合型人力资源的支持：员工的电子商务应用能力、业务技能及与电子采购相关的知识直接关系到企业是否能够有效地利用信息系统，并与供应链伙伴建立良好的在线合作关系。

③ 供应链合作伙伴的就绪：整合上下游合作伙伴的流程，改善合作关系，建立相互融合的企业文化。

（3）电子供应链流程能力的整合作用

在多流程共存的电子供应链环境下，流程之间必须形成协调机制，产生一种合力，共同创造价值，这种协调来源于电子供应链流程能力的整合作用。戴瓦拉吉（Devaraj）等人的研究表明，如果没有完成与供应商的整合而直接发展与客户的整合，可能会导致较低水平的运作绩效。

（4）电子供应链流程绩效的产生

企业在执行上下游的电子商务流程过程中提高了企业间的信息共享水平，实现了多个伙伴在线协同商务，产生了电子供应链流程能力，从而引发了一系列价值增值的过程。流程绩效是供应链实施电子商务后的直接效果，电子采购、电子订购和客户关系管理 3 个流程绩效的组合将形成电子供应链的最终价值。电子供应链从各个流程视角反映整体流程的效率变化和潜在的竞争优势。

2）电子供应链管理的原则与挑战

（1）电子供应链的战略投资要具有前瞻性

一项科学的企业战略需要考虑以下几个方面的问题：信息系统建设的重点和详细步骤是什么？上下游合作伙伴的竞争优势和核心资源是什么？如何与合作伙伴合作？企业人力资源是否满足电子供应链运作的需要？是否要进行专门的培训？企业的组织文化与合作伙伴是否冲突？如有冲突，如何解决？上下游流程重组的难度如何？如何改善电子供应链的运营模式？如何进行绩效改进分析？

（2）电子供应链管理需要明确企业实施目的和步骤

在电子供应链管理中，不可能同时实施所有的系统，应该结合供应商和代理商当前的运作特征，首先实施最具增值潜力的流程。例如，在汽车供应链中，零部件配套厂商不需要自行建设单独的销售系统，可以在内部信息化的基础上借助核心的电子采购平台进行供货和销售。实践证明，企业如果能选择合适的运作流程，充分利用合作伙伴的资源，可以获得事半功倍的效果。

（3）战略规划需要高层领导的参与，并组建专业的决策机构

电子供应链的战略规划和执行直接决定了企业的 IT 投资和运作模式，战略规划必须有高层领导的参与并组建专业的决策机构。在企业决策层确定项目可行之后，需要委派领导层中的代表全权负责该项目，并组建项目委员会。在整个项目过程中，项目委员会将在成员沟通、士气鼓舞、把握方向等方面起到决定性作用，从而引导整个项目走向成功。

（4）电子商务流程中 IT 资源的整合和应用是电子供应链管理成功的关键因素之一

战略的执行应该以 IT 资源的整合利用作为突破点，而不是简单的 IT 投资和应用。企业之间的合作关系是通过供应链的商务流程实现的。企业必须调用组织相关的 IT 资源，与合作伙伴共同完成这些商务活动，在这些商务流程中实现资源的整合和利用。电子供应链流程是企业 IT 资源整合的载体，离开电子商务活动，组织资源就缺乏应用的领域和途径。

（5）电子供应链流程能力的形成是实现电子供应链绩效的核心

电子供应链流程能力是信息共享和在线协作跨流程整合的结果。电子供应链流程能力的形成保证了供应链中多个流程的能力在一个整合的环境下支持供应链的运作。这种能力被企业描述为"技术技能""变革配置""冲突管理""市场敏锐性"等。企业必须结合行业特征选择合适的整合模式。处于产业链上游的供货商可以加入核心企业的采购平台，简化电子供应链的实施步骤。处于下游分销渠道的企业可以加入核心的分销渠道。

6．制造业的电子商务特点

制造业的电子商务与一般意义的电子商务相比，具有以下特点。

① 由于制造业的核心在于知识创新和知识物化这两个环节，因此制造业的电子商务的关键在于通过企业间的合作实现这两个环节的价值创造。企业间合作进行知识创新和知识物化的过程不同于一般产品的贸易，在这个过程中需要进行大量的知识交流，这种知识交流往往需要借助计算机网络和数据库来完成。这种电子商务也许并不直接涉及货币，但为交易双方实现了价值的交换。

② 制造业的产品虽然知识含量越来越高，但其显著的特点是有形性。在产品销售过程中，产品不能像第三产业的某些纯信息产品那样直接通过信息网络传送，而需要通过物流网络

交付给客户，因此需要有物流配送网络的支持。

③ 在各种产业中，客户需求的个性化都是一个显著的趋势，在信息服务业，通过计算机智能技术比较容易实现服务的个性化。但在制造业，快速的个性化制造的实现需要有先进的制造技术的支持，如虚拟设计、柔性制造、快速成型等技术。

6.1.2 制造业电子商务平台

在传统工业行业，大型工业企业、贸易商及互联网企业等主体在经营过程中面临供需端信息不对称、资源配置效率低下、信用体系不完善等问题。工业电子商务兴起后，通过建设电子商务平台来提供在线交易、物流、信息、供应链金融等服务，可以降低企业相关的商务活动成本，提升经营效率。工业电子商务发展相对不够成熟，除了少数实力非常雄厚的大型工业企业，大多数工业企业都没有能力独立开展电子商务活动，都需要依托电子商务平台。因此，对工业电子商务运营管理者而言，了解各类电子商务平台的特点与模式，根据自己的实际情况选择平台是主要内容。

1. 工业电子商务平台概述

目前，工业电子商务的发展主要依托直接物料工业电子商务平台、间接物料工业电子商务平台、制造能力工业电子商务平台和综合类工业电子商务平台。

1）直接物料工业电子商务平台

直接物料工业电子商务平台的交易对象为化工、建材、钢铁、煤炭等，其主要特征是专注于大宗交易，专业性强，以纵向整合产业链为主，典型代表是找钢网、众家联、摩贝化学等。图6.1为摩贝化学首页。

图6.1 摩贝化学首页

2）间接物料工业电子商务平台

间接物料工业电子商务平台的交易对象为零配件、机电设备、办公用品等，其主要特征是品类丰富，专注于为企业提供多品种集中采购服务，典型代表是震坤行工业超市、西域、工品汇等。图6.2为工品汇首页。

图6.2 工品汇首页

3）制造能力工业电子商务平台

制造能力工业电子商务平台的交易对象为生产、加工等制造能力，其主要特征是可以实现制造能力的在线交易和协同，构建社会协作网络，典型代表是找工厂、iSESOL 网等。图6.3为找工厂首页。

图6.3 找工厂首页

4）综合类工业电子商务平台

综合类工业电子商务平台的交易对象包含以上3类平台的交易对象，其主要特征是交易对象、服务功能综合性强。典型代表是阿里巴巴批发网、慧聪网。图6.4 为阿里巴巴批发网首页。

图 6.4　阿里巴巴批发网首页

2．直接物料工业电子商务平台的功能服务和主要模式

直接物料工业电子商务平台是为特定行业的工业企业及相关供应商提供直接物料的网络平台。对这些特定行业的工业企业而言，长期以来存在商品价格波动幅度大、交易量大、金额高、风险高、应收账款周期长、收款难、行业集中度低、中间环节多、信息透明度低等问题，阻碍了行业的发展。而直接物料工业电子商务平台可以在很大程度上解决这些问题。下面从功能服务和主要模式两个方面介绍直接物料工业电子商务平台。

1）功能服务

直接物料工业电子商务平台的功能服务包括信息服务、在线交易、支付结算、物流服务、供应链金融和信息技术。

（1）信息服务

直接物料工业电子商务平台可以提供最新行业资讯、买卖双方的基本信息、直接物料商品等相关信息，还可以为工业企业的采购提供基于数据分析的决策支持服务。

（2）在线交易

直接物料工业电子商务平台的在线交易模式以询比价、竞价和招标为主。其中，询比价是指通过询价比较价格，取最低价；竞价是指通过现场或邮件方式报价，取最高价；招标是指按照投标文件约定的方式定价，一般取最接近标底的价格。部分平台还提供超市化采购、委托交易等服务。此外，为了满足部分工业企业对未上线直接物料商品的采购需求或个性化定制的特殊需求，部分平台还特别提供代理寻源服务，或者为供应商资源共享开辟渠道。

（3）支付结算

直接物料工业电子商务平台的支付结算方式以网银转账、汇票承兑、线下付款为主，但目前部分平台也支持第三方支付方式，并提供分账户记账账簿、资金管理、交易清算、账户管理等服务。

(4) 物流服务

直接物料工业电子商务平台的物流服务不仅包括使买卖双方能及时获取货物动态位置信息、承运人信息,还包括车/船货匹配调度、多式联运等服务。其中,多式联运是由两种或两种以上的不同运输方式通过衔接转运而完成的一种复合运输,一般以集装箱运输为主。

(5) 供应链金融

直接物料工业电子商务平台可以提供多样化的供应链金融服务,针对存货、应收账款、预付款项等,提供保税仓、仓单质押、保理等金融服务。部分平台甚至自建信用评级体系,在真实交易大数据的基础上确定工业企业的信用等级,并为信用等级高的工业企业提供信用融资服务。

(6) 信息技术

直接物料工业电子商务平台可以提供企业经营管理、企业生产制造、计划调度等方面的软件或云服务。

2) 主要模式

直接物料工业电子商务平台在供应链中可以扮演第三方中介、贸易商和采购方价值共同体3种角色,分别对应第三方中介模式、贸易商模式和采购方价值共同体模式。

(1) 第三方中介模式

在第三方中介模式下,直接物料工业电子商务平台在供应链中的主要角色为第三方中介,典型交易方式包括委托交易、询比价、竞价等。此类平台依托互联网企业、信息与通信技术企业等的原有商品资源与供应商资源,建立透明度高、开放性强的第三方平台,从而解决行业信息不对称的问题。此类平台以会员费、交易佣金等为主要收入来源,此外还收取货物运输、技术咨询、行情资讯及金融中介等各项增值服务费。

(2) 贸易商模式

在贸易商模式下,直接物料工业电子商务平台在供应链中的主要角色为贸易商,其典型交易方式是团购式交易。此类平台依托销售区域资源或线下已有销售网络,试图拓宽交易渠道,使物流运输更有效率,使供应链整体协同水平能够有一个整体提升。此类平台主要以商品差价为主要收入来源,直接物料加工、仓储、物流等服务费用也是其收入来源之一。

(3) 采购方价值共同体模式

在采购方价值共同体模式下,直接物料工业电子商务平台在供应链中的主要角色为采购方价值共同体,其典型交易方式是商城式交易。这里的采购方价值共同体,是指多个工业企业联合运营。此类平台集合了诸多大中型采购工业企业,从而形成规模订单,因而在价格方面具备优势,对采购方价值共同体而言可以降低成本。同时,此类平台可以提升行业整体的信息化水平,为下游尚未实现信息化的供应商提供云服务和整体解决方案。

3. 间接物料工业电子商务平台的功能服务和主要模式

间接物料工业电子商务平台是能满足工业企业多样化、碎片化和动态化间接物料采购需求的网络平台,主要提供标准化、超市化服务。在行业内,对供应商而言,长期存在商品种类、型号规格繁杂,单次采购量少,因而导致存储成本高、资金占用量大的问题;对采购企业而言,由于采购需求分散、不确定性强,因而对采购专业性要求较高,但采购企业内部的协同水平难以满足这样的要求。下面从功能服务和主要模式两个方面介绍间接物料工业电子商务平台。

1）功能服务

间接物料工业电子商务平台的功能服务包括信息服务、在线交易、支付结算、物流服务、信息技术和售后服务。

（1）信息服务

间接物料工业电子商务平台的信息服务包括商品质量信息管理与追溯、商品智能搜索匹配推荐、非标件及个性化产品寻源等。

（2）在线交易

间接物料工业电子商务平台的在线交易模式以一站式商品供应为主。

（3）支付结算

间接物料工业电子商务平台的支付结算方式多样，支持第三方支付、网银转账、线下付款等方式，针对大企业还专门提供账期结算的方式。

（4）物流服务

间接物料工业电子商务平台可以自建仓储配送体系，也可以与第三方物流公司合作。

（5）信息技术

间接物料工业电子商务平台可以提供仓库管理系统、运输管理系统等软件服务，还可以为工业企业提供开放的标准服务接口，与工业企业内部的管理系统实现互通。

（6）售后服务

间接物料工业电子商务平台提供现场技术支持、培训及演示等售后服务。

2）主要模式

间接物料工业电子商务平台的发展模式有两种，分别为一站式、超市化采购模式和定制化采购系统解决方案模式。

（1）一站式、超市化采购模式

采用一站式、超市化采购模式的间接物料工业电子商务平台主要面向中小企业。此类平台聚集了大量的供应商资源，力图帮助中小企业解决物料采购需求碎片化、零散化等问题，以一站式、超市化采购的方式来完成间接物料的采购，大大提升采购企业的工作效率。此类平台主要以会员费为收入来源，同时还通过收取软件的服务费来实现营收多元化。

（2）定制化采购系统解决方案模式

采用定制化采购系统解决方案模式的间接物料工业电子商务平台主要面向大型企业。此类平台针对大型企业规模大、业务量大的特点，为其提供专门的采购系统解决方案，在帮助大型企业降低采购成本、服务费成本的同时，还能提升其供应链管理水平。在此基础上，此类平台通过拓展供应链上下游的相关合作渠道，积累市场需求方面的数据，助力平台自身的发展。

4. 制造能力工业电子商务平台的功能服务和主要模式

制造能力工业电子商务平台是专注于提供制造能力在线化服务的网络平台，主要围绕制造资源和制造能力的均衡配置提供服务。工业行业长期存在以下问题：制造资源总量虽然相对丰富，但常因其处于分散、封闭的状态而致使制造资源配置不均衡，相关设备的利用率也较低；行业内相关信息透明度低，信息不对称问题严重，难以较好地整合、对接核心资源与服务能力；制造能力可计量性不高，相应的交易成本偏高。下面从功能服务和主要模式两个方面介绍制造能力工业电子商务平台。

1）功能服务

制造能力工业电子商务平台的功能服务包括信息服务、在线交易、支付结算、供应链金融和信息技术。

（1）信息服务

在制造能力工业电子商务平台，消费者可以在线发布、评价、智能搜索制造能力。平台还可以进行智能匹配推荐，提供企业生产经营过程的可视化管理服务。

（2）在线交易

制造能力工业电子商务平台的在线交易方式主要是询比价。

（3）支付结算

制造能力工业电子商务平台的支付结算方式有网银转账、信用凭证、线下付款等。

（4）供应链金融

制造能力工业电子商务平台可以提供订单融资、设备融资租赁等供应链金融服务。

（5）信息技术

制造能力工业电子商务平台可以提供订单管理、合同管理等服务，还可以针对商品生产制造、设备运行维护管理、商品研发设计等环节提供软件服务。

2）主要模式

制造能力工业电子商务平台的发展模式有两种，分别为在线对接模式和精准服务模式。

（1）在线对接模式

在线对接模式是指制造能力工业电子商务平台以实现研发设计、检验测试等多元化能力的在线对接为主要职责。在该模式下，平台以智能数控设备为基础，整合各种社会资源，提供研发设计、检验测试、生产制造等能力的交易服务。平台通过企业互联、业务协同来为产业链上下游的企业带来发展良机。对设备使用企业而言，采购成本可以大大降低，重复投资的情况也可以避免；对设备供应企业而言，设备保养压力将大大降低，设备运行忙闲不均的问题也可以得到解决，资源利用效率将得到提升。

（2）精准服务模式

精准服务模式是指制造能力工业电子商务平台通过智能匹配、个性化定制来提供精准服务。平台以装备、原材料、工艺、地理位置、人员、物流等多维度数据为基础，通过数据挖掘分析和智能筛选匹配来形成连接企业管理层与生产车间的生产信息流，并为订单的交付、支付、评价提供支持，进一步实现产业的整体协同优化与资源的高效配置。

6.2 旅游电子商务的运营管理

旅游电子商务是指通过互联网、移动互联网及电话呼叫中心等方式为消费者提供旅游相关信息、商品和服务，涉及的商品和服务主要包括在线度假、住宿预订、机票/火车票预订、商旅、保险等。随着电子商务的日益普及，人们已经逐渐形成了通过网络购买商品和服务的消费习惯。而就旅游业本身的行业特点而言，其不涉及实物交换和复杂的物流问题，旅游商品的销售过程就是商品信息的传递过程，因此旅游业十分适合开展电子商务。旅游电子商务的发展是由技术进步、消费升级、产业升级和政策刺激4个方面共同推进的。

随着自由行、散客旅行等旅行方式的不断普及，越来越多的游客开始选择在线网络服务来购买相关旅行服务和规划出游方式，各种旅游电子商务在线服务平台得到了长足的发展，各种相关的服务网站、App 等不断产生和发展，这对旅游业来讲，既是机遇也是挑战。

6.2.1 旅游电子商务的商业模式

旅游电子商务目前主要有 3 种商业模式，即旅游 B2B 电子商务、旅游 B2E 电子商务和旅游 B2C 电子商务。

1. 旅游 B2B 电子商务

旅游业涉及众多子行业（如食、宿、行、游、购、娱等），需要各子行业统筹协调，各子行业之间往往存在复杂的代理和合作关系，旅游 B2B 电子商务可以大大提高旅游子行业间的信息共享水平和协同合作水平，从而提升整个旅游业的运作效率。目前来看，旅游 B2B 电子商务拥有较大的发展空间。在旅游 B2B 电子商务中，交易形式主要为旅游企业之间的商品代理，如旅游分销商代售旅游供应商提供的旅游商品，组团旅行社之间相互拼团，旅游地接社批量订购当地旅游饭店客房、景区门票等。

组团旅行社之间相互拼团往往发生在如下情形中：两家或两家以上组团旅行社经营同一条旅游线路，且出团时间比较相近，如果每家组团旅行社在该条旅游线路上都只有少量消费者，那么这几家组团旅行社就可以在征得消费者同意的前提下将各自的客源合并，然后统一交给其中一家组团旅行社来带团，以此种方式来实现规模运作，降低成本。

1) 旅游 B2B 电子商务的模式

旅游 B2B 电子商务主要在旅游企业之间展开。综观旅游 B2B 电子商务的发展历程，可以看出其主要存在以下 3 种模式。

（1）渠道运营商模式

在该模式下，开设加盟门市是重心，同时引进供应商，并针对商品的发布、交易、结算环节采用一套分销系统来统一实现信息化运营。该模式的不足之处是不够开放，将加盟者之外的企业拒之门外。

（2）供应商自建分销系统模式

在该模式下，供应商自发地建立分销系统，以吸引与其合作的经销商使用该系统进行查询、下单等操作。但该模式的不足之处也很明显，如参与面、覆盖面小，往往有较强的地域色彩等。该模式的典型代表是欢途网。

（3）开放平台模式

在该模式下，平台向众多行业内的供应商和经销商开放，提供一站式服务。该模式的典型代表是逸游网、八爪鱼在线旅游网。

2) 旅游 B2B 电子商务参与主体之间的关系

旅游 B2B 电子商务的参与主体之间既可以是临时合作关系，也可以是长期合作关系。

（1）临时合作关系

在旅游 B2B 电子商务中，参与主体之间常常只是临时合作关系。不同的业务需要不同的合作伙伴。出于灵活性考虑，很多旅游企业会针对不同的交易在开放的网络平台中寻找不同的合作伙伴。一些专业的旅游网站就为有这种需求的旅游企业提供查询、报价、询价、交易平台。

（2）长期合作关系

参与主体之间建立长期合作关系，主要是指有长期合作关系的两家或多家旅游企业为了共同的利益，共同设计、开发信息管理网络，实现信息数据共享和信息交换。这方面的典型代表是航空公司的计算机预订系统，该系统将机票代理商与航空公司之间的服务器实时连接在一起，使两者的数据信息实现联通。当航空公司调整机票价格时，机票代理商数据库中的相关信息也会发生变化。

2．旅游 B2E 电子商务

旅游 B2E 电子商务主要在旅游企业与企业类消费者之间展开，这里的企业类消费者指的是与旅游企业有频繁业务联系，或者经常接受旅游企业提供的商务旅行服务的非旅游类企业和机构。通常而言，大型企业在日常经营过程中会安排员工参与大量的会议展览、公务出差等事务，出于便捷性和成本方面的考虑，这些大型企业一般会选择将这些事务交由专业的旅行社来代理，旅行社则通过提供专业的商务旅行方案和全程的服务来获取收入。还有部分企业选择与熟悉的机票代理商、酒店等形成稳定的合作关系，从而享受更加优惠的价格。

企业商务旅行管理系统是 B2E 电子商务应用的一个典型案例。该系统安装在企业端，通过网络与旅行社电子商务系统相连，企业只要将员工出差的相关信息输入系统中，系统就会自动为企业推荐最优的行程方案。

3．旅游 B2C 电子商务

旅游 B2C 电子商务主要在旅游企业与个人消费者之间展开，基本可以视作电子旅游零售。旅游 B2C 电子商务涉及面广，包含的业务类型繁多，如个人消费者通过网络获取旅游信息，预订旅游酒店客房、往返机票及报名参加旅行团等。个人消费者属于散客，在地域分布上比较分散，这就对旅游企业开展旅游服务造成了一定困难，而旅游 B2C 电子商务则可以为个人消费者提供在线搜索、预订旅游商品等服务，一定程度上克服了因距离而产生的信息不对称问题。目前，大量的个人消费者已经形成了通过旅游网站订房、订票的习惯。旅游 B2C 电子商务企业的类型介绍如下。

1）经营网上销售平台的传统旅游企业

传统旅游企业一般都拥有传统的销售模式和线下销售渠道。随着互联网时代的到来，很多传统旅游企业纷纷投向互联网的怀抱，但其经营的 B2C 网上销售平台只作为开拓市场的一条途径，本身并不完全依靠网络渠道。这类企业的代表是中国康辉旅游网、国旅在线、遨游网等。

2）没有传统销售渠道的网上旅游商品销售企业

这类旅游企业是互联网时代的产物，主要依赖网络进行销售。其代表是携程旅行网、途牛旅游网等。

3）B2C 旅游交易平台服务商

B2C 旅游交易平台服务商不参与旅游交易，只为旅游企业和个人消费者提供旅游交易平台服务，包括信息发布、信息查询、在线交流、在线签订合同、在线支付、售后保障等，保障在线交易的顺利完成。其代表是阿里巴巴旗下的阿里旅行。

6.2.2 旅游网站的建设与运营

旅游网站的建设与运营涉及的工作主要包括注册域名、建设 Web 服务器、建设网站、测试网站、推广网站和管理维护网站。

域名会对旅游网站产生深远的影响，好的域名有利于塑造品牌形象，如去哪儿旅行网、飞猪旅行网、途牛旅游网等。一般旅游企业在建设 Web 服务器时，都会采取投入相对较少的方式，如采用服务器托管、虚拟主机、租用网站空间等方式进行服务器建设。旅游企业可以与专业的网络服务商合作，也可以聘请专业的IT人才来完成网站的建设工作。

旅游网站对网络安全有较高的要求，在其运营过程中一旦发生网络恶意事件和安全威胁，就极有可能侵害消费者的正当权益，尤其是在当今互联网在线支付日益普遍的时代背景下，各种盗刷支付事件屡见不鲜，消费者个人信息泄露等问题更是大量存在，极大地打击了旅游电子商务运营平台在消费者心中的信任度，不利于旅游电子商务运营模式的持续发展。因此，在测试旅游网站时，除了用户界面测试、功能测试、接口测试、兼容性测试、负荷强度测试，还要强调安全测试。

旅游网站要获取流量，可以通过召开新闻发布会、投放传统媒体广告、电子邮件推广、搜索引擎推广、添加友情链接、新媒体平台内容运营等方式进行宣传和推广。其中，新媒体平台内容运营逐渐成为主流。旅游短视频是以短视频平台为传播载体，由旅游地政府、企业、旅游者和当地居民上传或分享地方美食、城市或自然景观、商业或历史景点等内容的短视频，从而实现旅游信息的传播与获取。短视频作为重要的旅游信息承载方式和了解旅游目的地的重要窗口，对消费者具有潜移默化的影响。短视频的特点有：①有时长限制，通常在5分钟以下，15秒至1分钟居多；②内容短小精悍、通俗有趣，表达方式生动直观；③拥有专门的制作平台，生产方式以用户生产内容和专业生产内容为主；④以社交媒体为主要传播媒介。短视频在旅游行业正大行其道，很多旅行社都开始尝试制作短视频，好的短视频内容可以快速吸粉，带来流量。

旅游网站要重视数据运营，发展智慧旅游。智慧旅游是将云计算技术、物联网技术、信息处理技术融合在一起的一种旅游形态。在旅游规划过程中，智能化地完成多项数据的挖掘工作，通过先进的通信网络，为游客提供高质量的旅游推荐服务，满足游客的个性化消费需求，改变传统的旅游模式，针对旅游景区的发展特点，实现对旅游优质资源的高效利用。智慧旅游发展的核心是提供高质量的旅游服务，尊重消费者的个性化选择。智慧旅游需要搭建数据中心处理平台，收集服务端提供的各类数据内容，充分运用互联网传感技术，与游客之间进行一对一网络服务，实现人工智能移动终端与丰富的旅游资源之间的有效结合，利用云计算技术分析游客的旅游诉求，为游客提供满意的旅游方案。

实际操作

使用旅通精灵号玩转短视频营销。

图6.5是旅通网站首页。旅通精灵号是旅通软件为旅游企业研发的首个"视频营销+收客解决方案"，是旅游企业朋友圈视频营销获取客户的必备"神器"。使用旅通精灵号无须惊艳的文案编辑，无须烦琐的海报设计，更无须下载App，只要登录系统就能使用。具体步骤如下。

① 上传文档，自动生成行程单，可通过微信在视频中嵌入行程，直接咨询购买，目前有数十个视频模板可供选择。

② 将视频/文章内容一键同步到全网平台，目前支持抖音、快手、微信公众号、视频号、微视等50多个平台。

③ 支持原创度检测、数据查看，还能回复评论、发私信等。

图 6.5 旅通网站首页

6.2.3 美食和美妆旅游

美食旅游是近年来旅游业诞生的一个新的旅游概念，鉴于人们对美食的关注和喜爱，这种新的旅游形式具有很大的发展潜力。旅游网站要给游客带来愉悦感和舒适感，旅游地的美食和美妆介绍必不可少。每个旅游地都有属于本地的特色美食，游客在享受了美食后一般都会对旅游地产生好的印象和记忆。旅游地的特色美妆，能够让游客融入当地的风土人情，产生归属感和人生的经历感。因此，旅游网站要特别重视美食和美妆的运营。衣和食代表了旅游地的风俗习惯和文化，在对美食和美妆进行营销时要突出地方的文化特色。旅游网站可以通过图片、视频、直播的形式和人们互动，引起人们的共鸣。利用新媒体手段，让人们自由、平等地发表意见，方便与相识或不相识的人交流，这样既丰富了人们的角色，又丰富了美食和美妆的表现形式。

1. 美食的推广方式

1）创建美食微信公众号

可创建一个微信公众号专门推送美食类文章。在推送过程中应考虑用户的知识水平，文案的设计要简明扼要，带有丰富的趣味性，排版设计要精美，这样才会引起广大微信用户的关注。

2）建立美食专栏

建立美食专栏，突出旅游地的风俗习惯和文化特色。专栏文章必须是高质量的原创内容，要有清晰的版块设计，便于用户浏览。例如，可将版块内容分为美食制作过程、美食的故事、美食导航、分享论坛等。

3）打造在线版美食地图

地图上不但要详细标注特色小吃的具体位置，还要介绍这些小店的招牌菜和口感。美食地图中的推荐内容要定时更新，细节要让用户满意。不但要有美食的地理位置，还要有详细的店铺介绍、地理位置导航及游客的品尝反馈。

4）拍摄系列美食纪录片

设计一系列美食纪录片，研究美食的特点，丰富文化内涵。视频中要体现烹饪美食的细节，这种细节会大大丰富视频的内容，引起人们的喜爱。美食视频的背景可以包含生动的生活画面、当地人的生产和劳动、当地的历史等，从而大大丰富视频的素材，达到良好的效果。例如，梅菜扣肉和盐焗鸡是客家美食的代表，在拍摄纪录片时，可以结合客家人长久辛勤劳作的历史；介绍海南特色小吃时，要强调热带风味、清补凉、椰子糕等无处不在的热带气息。

2．美妆的推广方式

此处的美妆不是指购买化妆品，而是指旅游地呈现的民族妆容和服饰。美妆是外在的，游客购买旅游地的民族服饰和化妆品，既能体验当地民族的特色，又能认证自己的旅行轨迹。美妆的推广形式主要是直播，因为美妆需要模特的生动演示。

美妆直播平台主要是抖音和快手。抖音、快手的女性用户明显多于男性用户，而且美妆直播中女性观众的占比明显高于其他类型直播中的女性观众。

在旅游类美妆直播中，除了要了解平台的特点，还需要注意以下几点。

① 对美妆产品的特点和性能要十分熟悉和了解，对产品的介绍要专业。
② 直播要合理规划，直播的形式和内容要追求差异化，力求吸引用户关注。
③ 美妆品商家要及时与消费者取得联系和信息沟通。
④ 美妆品商家一定要和消费者保持密切联系，及时了解和关注消费者在产品质量、包装等各个方面的疑惑或建议，商家在直播过程中一定要特别注意收集广大观众的建议。

6.3　农产品电子商务的运营管理

农业是一个国家、民族生存的根本，农产品的质和量决定了人民生活的幸福水平。现代化农业要发展农业科技，实现信息化、自动化。电子商务能够促进农副产品的推销，优化农产品的供应和消费。农产品电子商务成为农村、农民发展的必经之路。习近平同志提出："中国要强，农业必须强；中国要美，农村必须美；中国要富，农民必须富。""电商，在农副产品的推销方面是非常重要的，是大有可为的。"《人民日报》也提出："农村电商蕴藏着推动脱贫攻坚的强大力量，其发展实效如何，事关农民兄弟的获得感。"截至 2020 年，我国农村地区互联网普及率为 55.9%，网络零售交易额达 117 601 亿元，全国共 5 425 个"淘宝村"。

6.3.1　农产品电子商务概述

1．农产品电子商务的作用及平台

农产品电子商务，即在农产品生产、销售、管理等环节全面导入电子商务系统，利用信息技术进行供求、价格等信息的发布与收集，并以网络为媒介，依托农产品生产基地与物流配送系统，使农产品交易与货币支付能够迅捷、安全地实现。

1）农产品电子商务的作用

农产品电子商务具有加速农业信息流通、拓宽农产品销售渠道和创新农产品营销模式的作用，下面分别进行介绍。

（1）加速农业信息流通

在传统农业特有的家庭式小规模生产方式下，农户一般都是靠经验来进行生产的，这样的生产方式已经不能适应时代发展的趋势，严重阻碍了农业信息的交流。农产品电子商务则可以

使农产品供需双方及时地沟通，解决我国农业"小农户与大市场"的矛盾，实现农业生产与市场需求的对接，让供方依据市场情况调整生产计划、合理定产，从而降低生产方面的风险。同时，农产品电子商务能够改善农产品流通状况，提升农产品交易总额，从而增加农民收入，长远来看还可以加快我国农村经济结构的战略性调整，并提高我国农业在国际市场上的竞争力。

（2）拓宽农产品销售渠道

我国农产品销售长期面临销售渠道窄、成本高、环节多等问题，而在农产品电子商务中，电子商务网上交易平台可以使农产品的流通组织化、规模化，并为供需双方提供直接交易的机会，不仅能够大大减少中间环节，还能够降低交易成本，获取价格上的优势。

（3）创新农产品营销模式

传统农业的营销发展十分滞后，在营销创新方面，农产品远远落后于工业产品，而电子商务模式凭借互联网优势，可以非常高效地进行农产品的营销创新、包装设计等。

2）农产品电子商务平台

目前，在淘宝、京东等大型综合平台开设网店的农产品电子商务企业比较多，这些平台大多采用 B2C、C2C 模式，能够直接面向消费者，知名度高，流量大。

2．农产品电子商务的发展现状与运营模式

近年来，农产品电子商务成为一个热门的细分领域。由于国家政策的支持及消费者需求和观念的升级，农产品电子商务市场进入高速发展时期，产生了多种运营模式。

1）农产品电子商务的发展现状

下面分别从政策支持、电子商务巨头的相关举措和冷链物流发展情况 3 个方面分析我国农产品电子商务的发展现状。

（1）政策支持

一直以来，国家都十分关注农业的发展，农产品电子商务作为互联网时代的产物，自然受到国家的高度重视。近年来，国家密集出台了一系列支持农产品电子商务发展的政策，为农产品电子商务的发展提供包括市场环境、金融、人才、物流、基础设施等方面的全方位支持。2015 年中央一号文件明确提出："支持电商、物流、商贸、金融等企业参与涉农电子商务平台建设。开展电子商务进农村综合示范。"因此，从政策方面来看，发展农产品电子商务是大势所趋。

（2）电子商务巨头的相关举措

农产品电子商务是一个新的领域，蕴藏着巨大的商机，以阿里巴巴、京东、苏宁为首的电子商务巨头纷纷进军农产品电子商务领域，以抢占更多的市场份额。早在 2012 年 5 月，顺丰就依托自身在物流方面的资源上线了"顺丰优选"，为消费者提供新鲜有保障的生鲜产品。2012 年 6 月，淘宝农业频道正式上线。紧接着，京东也开通了生鲜频道。2017 年，以盒马鲜生为首的新零售实体门店纷纷开业，创新性地实现了"超市+餐饮体验+仓储"一体化运营。此前，阿里巴巴试水的无人超市一缤果盒子也于 2016 年 8 月投入试运营。京东、苏宁等电子商务巨头也陆续开设了自己的无人超市。这些新业态的出现表明我国农产品电子商务的发展进入了新阶段。

（3）冷链物流发展情况

与发达国家相比，我国冷链硬件设施依然不够完善且分布不均。冷链硬件设施主要集中于沿海地区和一线城市，而生鲜农产品批发交易的集中地——中西部地区却面临冷链资源匮乏、发展相对滞后的困境。同时，设备的种类和功能的发展也不平衡，设备以大型设备为主，中小型设备相对较少。此外，冷库设备老旧、功能不全、无法精准控制温度等问题也阻碍了冷链物流的发展。

同时，冷链物流中还存在脱节现象。冷链物流的特点在于全程低温保存，但在实际运作过程中，供应链脱节现象比较严重。部分企业通过间断性地关闭制冷设备来节约成本，造成冷链中断，使食物营养成分遭到破坏，甚至导致食物腐坏，严重影响食物品质。

2）农产品电子商务的运营模式

按照不同的标准，可以将农产品电子商务的运营模式分为不同的类型。下面分别进行介绍。

（1）按商业模式分类

按商业模式分类，目前国内农产品电子商务主要有平台 POP 模式、垂直电商 B2C 模式、线下超市电商模式、产地直供/产业链型从厂商到消费者（Factory to Customer，F2C）模式和垂直电商 O2O 模式 5 种。

① 平台 POP 模式。该模式是指天猫、京东等电子商务企业提供平台以吸引农产品商家进驻并负责监管，而商家依托平台争夺市场，并自行配送农产品。

② 垂直电商 B2C 模式。该模式依托消费升级，专注于食品及生鲜农产品领域，由平台自行负责配送，主要覆盖附近区域，典型代表有中粮我买网、天天果园等。

③ 线下超市电商模式。该模式依托体系优势，主要利用线下门店作为发展基础，进而延伸至线上服务，平台自行负责配送或消费者到店自提，典型代表有沃尔玛、e 万家（华润）等。

④ 产地直供/产业链型 F2C 模式。该模式下所售农产品由农户基地种植，由第三方物流公司负责配送，典型代表有沱沱工社等。

⑤ 垂直电商 O2O 模式。在该模式下，商家有线下实体店，并可以进行线上线下互动，一般由第三方物流公司负责配送，典型代表有许鲜网、爱鲜网等。

（2）按平台模式分类

按平台模式分类，国内的农产品电子商务主要有 4 种运营模式，分别是综合电商平台模式、垂直电商平台模式、物流企业平台模式和传统零售平台模式。

① 综合电商平台模式。该模式由电子商务企业提供平台以吸引农产品商家入驻，由平台负责监管，入驻商家自行负责农产品的配送，具有很大的流量优势，主要代表有天猫等。

② 垂直电商平台模式。在该模式下，平台专注于农产品领域，自己负责经营和配送，配送范围不大，仅限一定区域内，代表平台有沱沱工社等。

③ 物流企业平台模式。在该模式下，平台依托传统物流业务的资源来发展农产品冷链配送，凭借自己的冷链物流配送体系建立冷链物流方面的优势，代表平台有顺丰优选等。

④ 传统零售平台模式。该模式以传统线下实体门店为依托进行辐射，发展线上服务，拓展营销渠道，商品由平台自行配送或消费者到店自提，代表平台有沃尔玛、飞牛网等。

除上述分类外，还有其他分类方式，如按经营品类分为全品类、多品类和单品类；按物流配送模式分为第三方物流配送模式、自建物流配送模式、"自建+第三方物流"配送模式和众包物流配送模式等。

3．农产品新零售

从 2016 年 10 月马云提出新零售概念以来，新零售的浪潮已经改变了很多传统行业的面貌。就农业而言，农产品新零售是一种新的发展形态。

新零售模式主要有以下 3 个特征。

① 新零售模式将线上线下打通，实现了渠道一体化。商家可以同时对接实体店、网店等，整合各类零售渠道终端，将各方数据进行深度融合。

② 新零售模式围绕消费者体验，以大数据作为技术支持，深入挖掘消费者需求，尽可能触及消费者的真正需求，对"人-货-场"进行重新构造。

③ 新零售具有多元化的形态，在快速发展的信息技术的支持下，服装、家具、物流、餐饮等行业可以相互融合，创造许多富有特色的新零售形态，如盒马鲜生就是融合生鲜超市、餐饮、物流配送等于一体的新零售形态。

6.3.2 农产品电子商务物流

农产品电子商务的供应链是以农产品电子商务企业为主导，组织供应商、物流企业共同建立的功能网链。传统的农产品供应链主要是以农产品加工企业或批发市场为主导组建并运行的链条，从农户延伸到最终消费者，涉及的节点数量众多，且存在批发市场流通效率不高、质量安全有隐患、流通成本较高、产销结合不紧密、信息化水平低等问题。而农产品电子商务的出现，使相应的供应链得到了升级，农产品消费者和农户之间的环节减少了，也使农户的生产更贴近市场的需求。本节将对农产品电子商务企业供应链的相关知识进行介绍。

1. 布局农产品原产地仓

1）我国农产品原产地仓的发展现状

2017 年，菜鸟网络在茂名荔枝产业基地设立了菜鸟（茂名）原产地仓，这是菜鸟网络与茂名荔枝产业基地合作项目的正式落地。该原产地仓的设立是行业内的一个重大事件，因为这是菜鸟网络在国内设立的首个原产地仓，也是我国首个生鲜原产地发货基地，可以保证茂名当地数万吨荔枝的全程冷链运输。

与传统的产地集货仓不同，菜鸟（茂名）原产地仓可以直接接受消费者的订单，从源头保障荔枝的品质，经过筛选和包装的荔枝被送入冷库，然后通过冷链车运往全国 130 多个城市。消费者可以在 72 小时（自荔枝采摘下开始计算）内品尝到新鲜的荔枝。过去物流企业用空运来压缩运输时间，但由于途中没有冷链设备，依然有较多的荔枝腐坏，如今凭借全程冷链保障，荔枝的腐坏率大大降低。相比传统的空运，菜鸟（茂名）原产地仓让果农的收益大大增加。而对消费者而言，不仅荔枝的品质得到了保障，还提升了荔枝的新鲜程度和口感。

同时，菜鸟网络通过"产地仓冷链"，在保障荔枝品质的同时，大大降低了物流成本。与传统物流相比，菜鸟网络通过优化，将物流成本降低了 30%。值得注意的是，在菜鸟（茂名）原产地仓启动的同时，与之有着密切关联的茂名市电子商务供应链也正式开始运作。

这里有一个概念被反复提到，就是"原产地仓"。那什么是原产地仓呢？原产地仓是指大型零售和物流企业在供应商或商家产地就近建设仓库，供应商或商家就近送货入仓。过去，原产地仓是由大型批发商或零售商建立的，但是 2017 年，菜鸟（茂名）原产地仓更新了原产地仓的概念，告诉社会，物流企业也可以建立原产地仓。

随着新零售时代的到来，原产地仓的潜力更被看好，各大电子商务巨头纷纷对原有的物流供应链模式进行了升级，减少了供应链环节，把仓储直接移到原产地，布局原产地仓。除菜鸟（茂名）原产地仓外，菜鸟网络还建立了菜鸟瑞金赣南脐橙原产地仓、菜鸟武功原产地仓，对当地特色农产品进行精细化的分级和加工，进一步提升农产品的附加值。2017 年 9 月，为了更好地推动阳澄湖大闸蟹的销售，国内领先的冷链配送平台安鲜达与 EMS 共建的超过 7 000 平方米的阳澄湖大闸蟹原产地仓正式启动。该原产地仓除了具备一般的中转分拣功能，还引入了产地标准化质检环节，由超过 100 名专业质检员对大闸蟹进行质检，是一个兼具质检品控和物流能力的复合式原产地仓。

不管是菜鸟（茂名）原产地仓、菜鸟瑞金赣南脐橙原产地仓还是阳澄湖大闸蟹原产地仓，电子商务企业选择的都是具有当地特色、在全国同类农产品交易中具有难以取代的地位的农产品。这些农产品品质优良、溢价高，可以被打造成农产品电子商务销售中的爆款。

> **实际操作**
> 登录惠农网实践交易家乡的农产品。

2）原产地仓的作用

原产地仓可以使物流集约化、规模化，实现从产地仓向转运中心和分拨中心的多频次、小批量连续补货，从而实现备货结构的优化。同时，原产地仓还可以提升现货率，并缩短订货的前置期，一方面可以降低双方的物流成本，另一方面也能提升紧急订单处理能力，最终实现多方共赢。

原产地仓对供应链上的各个环节都很有吸引力，下面分别进行介绍。

① 对供应商而言，原产地仓可以使其账期缩短，让供货流程相对简化，使前端送货的物流成本大大降低。

② 对销售商而言，原产地仓可以让补货频率和现货率大幅度提高，备货结构也能得到优化，同时还可以简化商品的入库流程，降低物流成本，提升消费者的实际购物体验。

③ 对物流企业而言，原产地仓可以增加在途的库存商品数量，相应地减少所需的库房面积，提升现货率和送货频率，降低库存周转时间，减少滞销，最终降低物流成本，增加收益。

在新零售时代，物流的定位和需求已经发生了非常大的变化，而原产地仓在新零售的整体运作中是一个很重要的环节。原产地仓的建设有助于解决实体店和网店场景无法贯通、交易无法同步、传统零售的线上线下数据无法融合等一系列问题，并满足当下消费者多样化的消费需求，不仅影响多方的利益，对销售模式转型也有一定的促进作用。

3）原产地仓的发展机遇

在农产品电子商务蓬勃发展的背景下，发展原产地仓是很多想涉足该领域且有实力的电子商务企业的目标。那么，目前发展原产地仓有什么样的机遇呢？

（1）政策利好

国务院办公厅在 2019 年 1 月 14 日发布了《国务院办公厅关于深入开展消费扶贫助力打赢脱贫攻坚战的指导意见》，明确指出："鼓励贫困地区因地制宜新建或改建一批产地仓、气调库、冷藏冷冻保鲜库等设施，以租赁、共享等方式降低参与消费扶贫企业的运营成本。鼓励供销合作社、邮政和大型电商企业、商贸流通企业、农产品批发市场等，整合产地物流设施资源，推动产地仓升级，增强仓储、分拣、包装、初加工、运输等综合服务能力，探索建立从产地到餐桌的冷链物流服务体系。"

（2）地标性农产品越来越多

茂名荔枝、赣南脐橙、阳澄湖大闸蟹等越来越多的农产品逐渐受到消费者的认可，成为当地的"名片"之一，这是当地政府、相关企业和市场多方共同努力的结果。这些地标性农产品带有自然属性，被追求天然绿色有机食品的消费者所青睐，溢价自然也高于普通的农产品，因此有不小的利润空间。随着地标性农产品的增多，各方对利润的追求将促使更多的原产地仓发展起来。

（3）服务商的进驻

国内每个拿到产业资金的县城都有一个落地的服务商，这些服务商对当地农户的指导可以直接落实到田间地头。县域地进驻新型的服务商，由其推动上游基地的资源整合，可以建立标准化县域产业平台，而标准化县域产业平台的建立对原产地仓的发展具有十分重要的意义。

4）原产地仓发展面临的挑战

原产地仓的建设是重资产项目，尤其是建设冷库、保鲜库，需要土地、资金、技术等各方面的支持，因此需要雄厚的实力作为基础。而目前已经建立的很多原产地仓，不管规模还是技术，都还处于一个比较低的层次，最多能解决当地农产品采摘后、发货前的保鲜储藏问题，无法跟上智能化、网络化、集约化的发展潮流。

同时，建设原产地仓不只是硬件方面的投入，相关人才的储备是否能跟上需求也是一大考验。虽然有不少返乡知识青年和相关从业者来到农村，加入农产品电子商务行业，但就目前来看，农户依然是农产品电子商务行业的重要力量。而大多数农户都不会利用计算机进行现代信息系统管理，也不会利用互联网开店、营销，虽然各地成立的电子商务运营公司都进行了很多落地的工作，每年也为当地农户开展了很多培训，但实际效果仍有待加强。

2．设置农产品前置仓

前置仓又称卫星仓或云仓，是分布在城市内的面积较小、更靠近消费者、品类以生鲜为主的新仓配模式。目前，前置仓还没有一个统一、明确的定义。有研究认为，广义的前置仓是指电子商务企业通过数据分析，将高频次购买的爆款商品前置，在靠近消费者的地方布局爆款商品仓库，以缩短电子商务企业物流系统的整体响应时间，提高对消费者需求的响应速度，使企业获得时间上的竞争优势。

前置仓属于一种新型仓配模式，在该模式下，每个门店都作为一个中小型仓储配送中心来运作，总部大仓只需定时对门店供货，由门店来覆盖与消费者之间的"最后一公里"。消费者下单后，商品由附近的门店发货，而不是由远在郊区的总部大仓发货。这样安排是为了保障商品可以在较短时间（如 30 分钟）内送达门店 3 公里范围内的消费者手中。简单地说，前置仓是在离消费者较近的地方设立一个小型仓库，消费者下单后在较短时间内就能收到货。盒马鲜生、永辉生活等都在使用这种模式。

前置仓这种模式之所以会出现，是因为随着人们日常生活水平的逐渐提高和大城市生活节奏的加快，消费者开始对生活有了新的期许——既快又好，也就是能够用较短的时间采购到较高品质的商品，省心省力并节约时间成本。

1）前置仓配送模式

农产品电子商务的前置仓配送模式系统包括配送中心、供应商、前置仓和消费者 4 个方面，如图 6.6 所示。农产品电子商务企业根据总体销售情况和自身制定的库存控制策略向供应商订货，由于经营的农产品品类众多，因此多个供应商会根据农产品电子商务企业的订单，将农产品运送至相应的配送中心。农产品电子商务企业根据分布在不同区域的各个前置仓的库存需求，将配送中心的农产品运送至各前置仓。当消费者下单时，前置仓会根据消费者的订单和其他要求，把农产品定时、定量地配送到消费者指定的位置，实现前置仓到消费者的"最后一公里"配送。

农产品电子商务配送具有多批次、小批量的特点，且高冷链成本、高损耗的特点及对保鲜的强调使其对配送的要求比较高。因此，配送网络半径不能太大，否则会提高成本，使企业难以承受。

2）前置仓的优势

前置仓不等于简单地把大仓库分拆成若干小仓库，将小仓库分配到城市中各个社区后再去配送。前置仓本质上是用 200~300 平方米的面积去承载 10 多个生鲜大品类、2 000 多个 SKU。就面积而言，前置仓仅相当于一个便利店，但就覆盖品类和消费者群体而言，前置仓又可以与大中型综合超市比肩。因此，可以说前置仓就是用小门店的低成本模式去承担大门店的服务深度与品类广度。

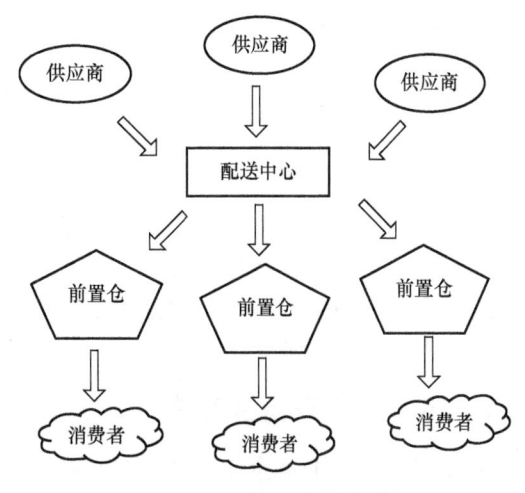

图 6.6　前置仓配送模式系统

总体来说，前置仓的优势主要有以下两个。

首先，前置仓可以使农产品的配送更加及时，消费者下单后，农产品从最近的仓库发货，可以保证在短时间内送到消费者手中。

其次，在前置仓模式下，农产品通过冷链物流被提前配送至前置仓存储待售，消费者下单后，再由前置仓工作人员组织完成拣货、包装和"最后一公里"配送。就订单响应速度和配送成本两个方面来看，前置仓模式相比传统远距离物流配送具有很大的优势。

虽然前置仓在提升消费者购物体验方面有着明显的优势，但是作为一种新兴模式，也存在一定的劣势，如消费者订单的不确定性导致前置仓在备货、补货方面面临很多不确定因素。同时，设立前置仓在仓储、物流方面也需要大量的资金，投入较大，具有一定的风险。

3）前置仓的选址

前置仓的选址是一个十分关键的环节，选址合理与否会直接影响配送系统的效率、成本和消费者满意度。因此，前置仓的选址应该建立在充分的分析调查基础上，全面考查前置仓上游的城市配送中心、下游的消费者分布、城市内部的交通状况等因素。前置仓如果选址不合理，可能会使部分前置仓覆盖消费者密度不够、与消费者距离过远或交通不便等，大大增加前置仓的配送成本和消费者的等待时间，降低前置仓的配送效率，最终影响交易总额和品牌信誉。同时，各个前置仓一旦投入建设，就会产生较高的冷藏、冷冻设备的投入和运行维护成本，重新布局前置仓的代价非常高。因此，前置仓的选址十分重要。

在选址方面，主要有连续型选址和离散型选址两种模式。其中，离散型选址在实践中运用较多。离散型选址即首先综合考虑各种选址因素，确定所有备选前置仓位置，在这些备选前置仓位置和消费者点位置的集合中，根据消费者点的分布和需求量的多少，选出一定数量的前置仓，并将消费者点就近分配给开放的前置仓，从而形成各个配送区域，确保所有配送区域的总成本最小。

总体来说，在对前置仓进行选址时，需要考虑前置仓备选点的位置、消费者点的需求量、消费者点的分布、交通条件及租金成本等因素。

3. 前置仓与商超的一体化

前置仓与商超的一体化可以称为仓店一体化，即仓库是门店，门店也是仓库，创新性地将门店超市区域与仓库相结合以降低整体配送成本。在该模式下，以店为仓，所售商品由拣货员直接在门店货架上拣货，然后交给快递员实现即时配送。仓店一体化的典型代表有盒马鲜生、大润发、淘鲜达及永辉超级物种等。

盒马鲜生创造性地在门店顶部设置了传送带，连接商品陈列区和后仓，以快速传送消费者线上订购的商品。一收到线上订单，拣货员便立即使用专用购物袋拣货，拣货完成后通过传送带输送到下一位拣货员那里，依次拣货完成后，再传送到后仓进行打包并安排配送。通过使用传送带，盒马鲜生加快了拣货、打包、装箱的流程，确保在最短的时间内完成拣货装箱。

6.3.3 农产品电子商务营销

对农产品电子商务企业而言，营销是一项十分重要的工作。本节将从营销模式和文案写作两个方面对农产品电子商务的营销进行介绍。

1. 农产品电子商务的营销模式

就农产品营销模式来说，除了传统的营销推广模式，还相继出现了一些新兴的营销模式，下面进行具体介绍。

1）F2O 模式

所谓 F2O（Focus to Online）模式，就是"焦点事件+电子商务"。焦点事件通过电视等媒体形成扩散效应，电子商务平台则应声推出相应的商品（如美食、服饰、化妆品等）以满足瞬间激增的新需求，从而推动热点事件进一步升温，形成电子商务和媒体的良性互动。F2O 模式的作用机制如图 6.7 所示。2012 年《舌尖上的中国》（第一季）的播出成功掀起了人们对地方特色美食的关注，使其快速成为焦点。每期节目播出后，消费者都会在节目的刺激下，引发搜索购买美食的狂潮，使之前知名度不高的地方特产销售量迅速增长。例如，云南诺邓火腿在该节目播出后 5 天内成交量增加了 4.5 倍，环比增长 17 倍。这不仅提高了网店的交易额，还提升了网店的知名度和口碑，为网店打造品牌奠定了基础。

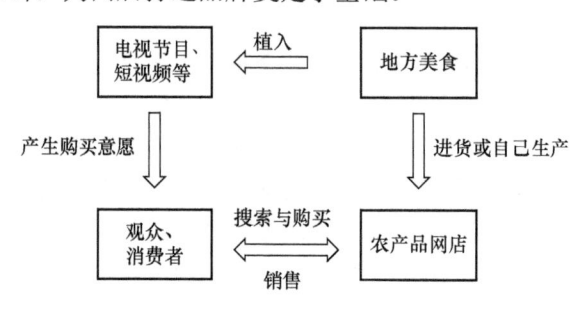

图 6.7 F2O 模式的作用机制

由《舌尖上的中国》引发的购物狂潮，促使越来越多的农产品电子商务企业开始尝试利用 F2O 模式进行营销，如与抖音平台上的明星合作，或者在电视剧、综艺节目中植入广告等。

2）"农产品+可视农业"模式

可视农业主要是指依靠互联网、物联网、云计算、雷达技术及现代视频技术，将农产品的生产过程呈现在公众面前，让消费者放心购买优质农产品。目前，消费者在购买农产品时最关心的就是食品安全问题，这种模式则可以将农产品的生产信息透明化，十分有效地打消消费者的顾虑。

可视农业可以将农产品生长的全过程（如蔬菜、水果、猪、牛、羊在农场的生产管理全过程）完整地呈现给消费者，为消费者带来"从生产到销售，从农田到餐桌"的智慧农业全新体验。消费者可以通过网络平台对农产品进行远程观察并下单，从而对自己购买的农产品更加放心。

当然，并不是所有消费者都有耐心利用网络平台观察农产品的生产过程。为了使信息查看更便捷，可视农业还为每份农产品都建立了丰富的信息溯源档案，通过"一物一码"技术，将溯源档案制作成对应的二维码。消费者使用手机扫描二维码，便能够快速查看所购买农产品的有关文字、图片、视频等，全面了解农产品生产、加工、包装、物流等环节的相关信息。

3）其他模式

① 拍摄短视频。拍摄短视频并没有太多技术含量，只要抓住产品本身的特点，选好拍摄地点及环境，配以个人讲解就可以了。农产品拍摄地点最好选在原产地。

② 农产品的种植、生产、加工等流程，都可以做成短视频内容，使其 IP 化。例如，对于核桃这一商品，可以用短视频记录核桃的生长过程、加工过程。所有的短视频内容和直播内容都要围绕主题，内容不要复杂多样，以增加粉丝垂直度。

③ 打造农产品代言人。用一个有特点的人作为家乡农产品代言人，可以是明星、网红，也可以是扶贫带头人、产业带头人或地方领导等。提升农产品代言人的个人形象，经常与粉丝互动，提高粉丝黏性，是打造农产品品牌的一个很好的途径。利用短视频和直播，加上农村的生活故事、农副土特产品的故事，提升大家对农产品的喜爱度和期待。

④ 注重农产品的形象。农产品不仅可以吃，还可以玩。例如，打造农产品乐园，将农产品动漫化，给予农产品人物感情色彩，使人们接受、热爱这些农产品，也是短视频的素材。同样，在售后服务、产品开发等方面，可以聘用更多的专业人员，为消费者树立更好的品牌形象，进行线上营销、线下销售。

⑤ 把农产品和其他行业领域结合在一起，与相关的节庆活动捆绑在一起。"短视频+直播+农产品+节庆活动"是一种很好的推广方式。最近两年举办的农民丰收节活动就是政府背书，助力农产品线上线下销售，服务"三农"的新举措。

⑥ 种植户和中间销售商结合起来营销。种植户的视频直播可以在城市的生鲜连锁店进行，消费者可以在生鲜连锁店通过视频了解农产品的生产过程，还可以提问，这样就解决了消费者对农产品的安全信任问题，毕竟农产品消费的主战场在城市社区。

⑦ 农产品销售与其他技能相结合。农产品销售可以与美食、生活等技能型短视频结合起来，让人们获得一定的知识技能，满足自己对知识的渴求。

在拍摄短视频时，要注意短视频是源于生活、高于生活的艺术，呈现出来的东西至少要有观赏性，单纯的记录、枯燥的画面、干涩的台词是不足以打动消费者的，只有有故事情节的短视频才能更深入人心。此外，拍短视频和直播需要投入大量的人力、物力，需要具备比较高的职业素质才能做好，需要积累大量粉丝才能带动农产品卖货。如果自己能力有限，可以找有实力的平台或网红合作。

2. 农产品电子商务的文案写作

文案讲究创意，因此在写农产品电子商务的文案时，写作方法可以不拘一格，这里主要结合实际的案例介绍写作的基本思路和切入点。

1）写作基本思路

文案的写作思路是一环套一环的，写作时应该考虑消费者的心理波动顺序。下面介绍农产品电子商务文案写作的基本思路。

（1）抓人眼球

在互联网时代，人们的阅读习惯变得碎片化，在网上浏览信息时往往一两秒内就会决定是否继续阅读，因此标题的重要性就凸显了出来。只有抓人眼球的标题才能吸引人们点击阅读，才有机会让文案正文被更多人看到。因此，文案标题的首要职责就是勾起消费者的好奇心，吸引其继续阅读。例如，某篇介绍乌洋芋的文案，其标题"上过《舌尖上的中国》的乌洋芋，秒杀你以前吃过的所有土豆"就以知名纪录片《舌尖上的中国》作为吸引点，让消费者好奇到底什么样的乌洋芋能上这档制作精良的节目。

（2）激发购买欲望

在以推荐农产品为主要内容的文案中，正文部分最重要的作用就是激发消费者的购买欲望。在写作文案时，商家要站在消费者的立场去思考消费者关心的是什么，这个农产品能给消费者带来什么好处。只有真正突出农产品的特色，与同类农产品形成差异，才能打动消费者，使其产生购买欲望。例如，上述介绍乌洋芋的文案就以该农产品富含花青素、营养价值高、口感绵密细滑来与其他同类农产品形成差异，让消费者眼前一亮。

（3）赢得消费者信任

很多消费者对农产品产生兴趣后往往不会立马产生购买行为，毕竟文案写得再好，也只是一种主观的描绘，没有客观的、可靠的证据作为支持，消费者可能还存有疑虑。因此，在激发消费者的购买欲望之后，最好能展示一些来自第三方的评价、认证等，如其他消费者的好评、权威机构的认证证书，或者承诺给予售后保障等，以赢得消费者的信任，提高农产品销量。

（4）引导消费者下单

对于非必需商品，部分消费者在心动之后只是将其加入收藏或购物车，等待活动促销或与其他同类商品进行比较后再购买，很多时候快到手的订单就这样白白"溜掉"。如果文案能给消费者一个立即购买的理由，如"限时促销""限量供应""现在买加送礼品"等，让消费者产生一种"机不可失，时不再来"的感觉，就能很好地促使消费者下单，提升转化率。

2）写作切入点

农产品自然生长、带有地域色彩、富含营养价值等特点决定了农产品电子商务文案的写作切入点也与其他品类商品不同。

（1）农产品产地

农产品具有较强的地域色彩，消费者在购买农产品时会特别关注农产品的产地，因此文案可以重点介绍产地的特点，如产地的地理条件、气候条件对农产品的生长有何影响等。

（2）农产品种植或养殖特点

在工业时代，人们经常向往大自然，崇尚绿色、健康、无添加的食品，因此农产品的种植或养殖方法也是消费者关注的重点，如有没有在生长过程中使用农药、化肥等。针对这些问题，农产品电子商务文案可以强调自家农产品是使用自然方法种植或养殖的，绿色、健康、无添加。

（3）农产品食用方法

农产品的食用方法有很多，消费者往往只知道比较普遍的食用方法。因此，农产品电子商务文案可以从一些新奇、少见的食用方法切入，如将农产品制作成某种特色美食，介绍美食的制作步骤并以图片展示制作成果，以诱人的美食图片打动消费者，让消费者产生亲自尝试一番的冲动，进而下单购买。

农产品包装是农产品实现商品流通的重要条件之一。对农产品电子商务而言，在农产品流通过程中，肉类、粮食、蛋类、水果、蔬菜等农产品，不经过包装便无法发货、运输、储存及销售，也不便于实现标准化，更难以提升溢价。

做农产品电子商务可以使用以下几个 App：①一亩田，专业的农产品交易平台；②1688，以批发价提供农产品销售；③惠农网，专业的线上农产品批发交易市场；④农查查，可以查询农药和肥料的真假；⑤农管家，提供种植技术；⑥抢农资网，可以低价购买农资；⑦企查查，可以查询农业企业相关信息；⑧抖音，提供大量农民感兴趣的信息。

习题

1. 对比携程旅行网、去哪儿旅行网和驴妈妈旅游网，分析各网站的设计风格和优缺点。
2. 讨论旅游新零售中线下实体门店所起的作用。
3. 简述制造业电子商务的定义和作用。
4. 以盒马鲜生为例说明农产品新零售的理念。
5. 在电商 App 上购买农产品，通过物流过程来说明前置仓配送模式的特点。

实训

【实训目的】

1. 了解盒马鲜生的运作；
2. 了解携程旅行网的营销运作。

【实训内容】

1. 登录盒马鲜生，浏览自己感兴趣的农产品并下单，全程跟踪订单的信息变化，分析盒马鲜生的新零售特点。
2. 登录携程旅行网，选择自己感兴趣的旅游项目，分析携程旅行网的营销特点。

第 7 章
跨境电子商务运营管理

> **引导案例**
>
> **宝贝格子的新零售运营模式**
>
> 宝贝格子是成立于 2012 年的跨境母婴产品新零售平台。从 2019 年 9 月开始，宝贝格子整合门店的节奏明显加快。进入 2020 年，整合节奏再次明显加快，即使受新冠肺炎疫情防控的影响，其整合的门店数量也在逐月大幅增加。主流的跨境电子商务平台通常采用在线下门店进行实物商品的展示，再进行线上交易的模式。这种模式虽然解决了跨境电子商务业务向线下延伸的问题，但用户无法进行实时交易，无法实现"所见即所得"，是用户的痛点之一。宝贝格子采取了与上述模式有所区别的方法，较好地解决了上述模式中的难点和痛点。图 7.1 是宝贝格子新零售的第一种运营模式。
>
> 首先，宝贝格子对国内、国外的供应链体系进行了整合。在品牌合作方面，不仅直接对接品牌商，甚至直接对接工厂端，以求商品在品质和价格上具备更高的竞争力。在物流方面，与众多国际一流物流公司进行战略合作，建立全球性的物流体系，最大限度地保障商品的安全和时效。在仓储方面，除了在国内设立国内仓和保税仓以达到成本与时效的平衡，还在多个国家和地区设立了海外仓以便进行更加本地化的采购，同时还能作为国际物流的调节方式之一，降低物流风险。
>
> 其次，宝贝格子的进口商品采取海外直邮、保税与一般贸易相结合的模式。这 3 种模式各有特点，不同的用户根据自己的需要可以选择不同模式运作下的商品。宝贝格子对这 3 种模式进行了有机的融合，品牌合作方是统一的，物流合作方是统一的，售后服务也是统一的，以保证用户从不同终端购买的商品能享受到相同的品质和售后服务。
>
> 再次，宝贝格子采用了线上线下用户相互转化的运营模式。宝贝格子将线上商城的用户推荐至线下门店，既满足了用户对场景化、实物化消费的需求，又扩充了门店的用户来

源,扩展了门店的辐射范围,还能降低门店的拉新成本。同时,在线下门店消费的用户还能被引流至线上商城,满足其在碎片化时间的消费需求。在线下引流至线上消费的过程中,线下门店可以享受用户的购物分佣,因此在不需要额外投入的情况下,线下门店还可以获得额外的收入。此外,用户依赖线下服务而产生的诸多消费也基本不会受到引流至线上的影响,用户资源并没有流失,门店利益并没有受损,因此可以极大地提升门店运作的积极性。

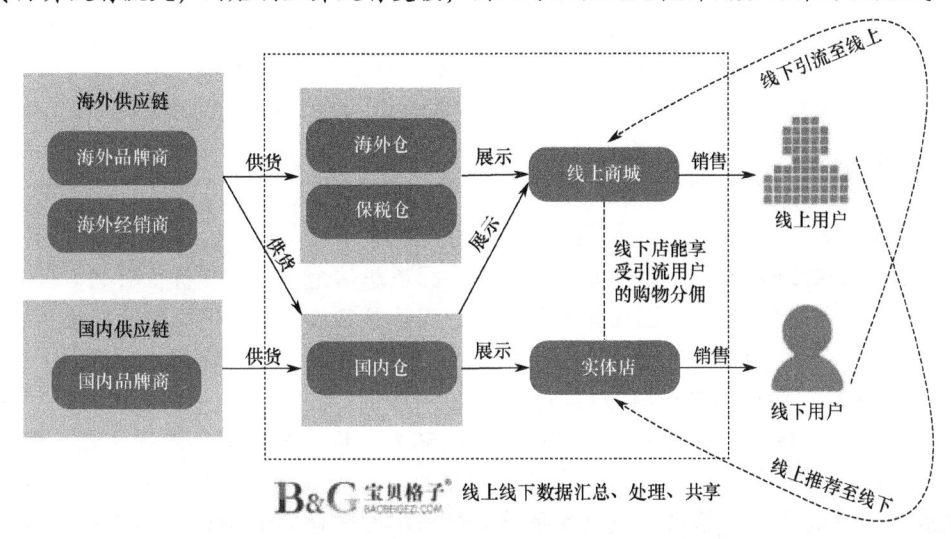

图 7.1 宝贝格子新零售的第一种运营模式

最后,宝贝格子将从品牌方到用户的线上、线下全流程纳入数字化管理。将线上线下用户对商品的偏好情况统一汇总到宝贝格子的大数据分析处理平台后,可以及时更新后期的商品采购计划,既能避免产生大量的滞销商品和缺货商品,又能在利润、用户需求、成本等因素之间达到动态的平衡。线上线下充分打通的模式实现顺利运行后,宝贝格子还在进行模式的更新探索,以使未来的发展有更大的空间。目前,宝贝格子又推出了"供应商入驻"的新模式,与当前的模式并行发展。图 7.2 是宝贝格子新零售的第二种运营模式。

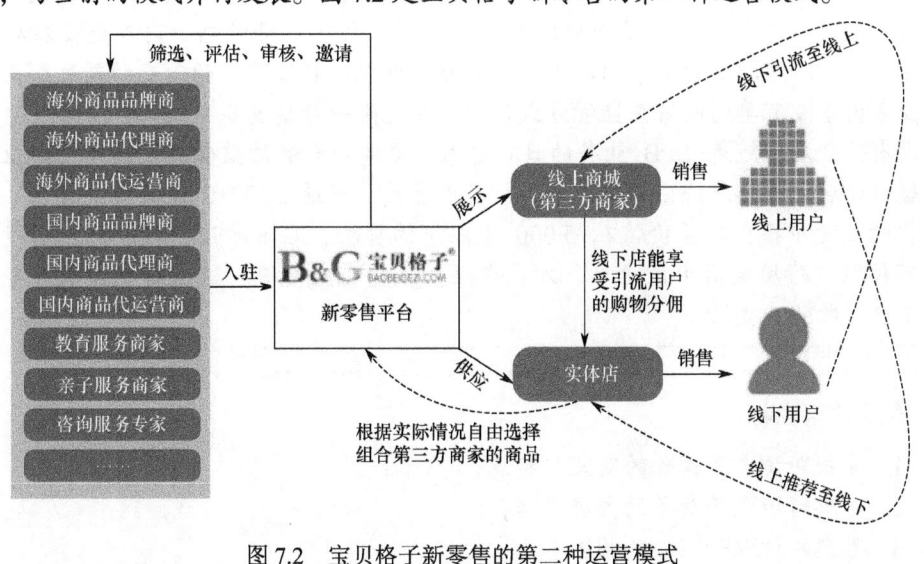

图 7.2 宝贝格子新零售的第二种运营模式

新模式更新的内容主要集中在供应链上，不同于以前平台自主主导的采购，新模式的合作伙伴来源更加多样化，更加广泛。通过筛选、评估、审核等流程，合作伙伴可以入驻宝贝格子的新零售平台，向用户和线下门店提供类型各异的商品和服务。

思考题：宝贝格子采用了什么样的新零售模式来提升运作效率？

解析：宝贝格子采用的新零售模式有国内和国外供应链体系的整合，海外直邮、保税与一般贸易结合，以及供应商入驻。新模式更新的内容主要集中在供应链上，不同于以前平台自主主导的采购，新模式的合作伙伴来源更加多样化，更加广泛。

思政教育

1. 思政目标

为人：☑大国方略　　□身正德高　　□理想信念　　□价值引领

为学：☑创新思维　　□逻辑思维　　□计算思维　　☑批判性思维

为事：□实践出真知　☑传统与创新　□实事求是　　☑自主创新

2. 思政案例：跨境电子商务业态新模式

习近平总书记指出，要逐步形成以国内大循环为主体、国内国际双循环相互促进的新发展格局。按照党中央、国务院的决策部署，要加快培育外贸新业态、新模式，促进外贸稳定发展和质量提升，为推动形成新发展格局做出积极贡献。作为新业态之一，跨境电子商务近年来快速发展，成为推动外贸发展的重要部分。为促进跨境电子商务健康快速发展，海关总署从 2020 年 7 月 1 日起，在北京、广州、南京等 10 个地方海关开展跨境电子商务企业对企业出口监管试点；同年 9 月 1 日起，又新增上海、福州、青岛等 12 个地方海关开展试点。企业迎来了全新的发展机遇。2020 年 7 月 2 日上午 9 时 15 分，在金陵海关的跨境监管现场，江苏淘道嗨电子商务有限公司的 600 件价值 30 万元的服装、鞋帽、小家电等货物，发往荷兰阿姆斯特丹。这是金陵海关采用 9710（跨境电子商务企业对企业直接出口）方式申报并顺利通关验放的首票货物。该批货物到了阿姆斯特丹后，通过欧洲一家小型批发商进行二次销售，受到了当地消费者的欢迎。之前，跨境电子商务企业在从事进出口业务时，发货给终端消费者采用的是 9610 通关模式，且仅限一两千克的包裹；面向企业的出口业务由于没有单列的海关监管方式代码，只能走一般贸易出口的 0110 通道，在货物类型上没有区分度。随着 B2B 业务的日益发展，需要一种新的监管模式来适应新业态的发展。新规出台后，直接发给企业用户的小额多件货物，可通过 9710 通关模式发出。除了全程信息化的便捷申报，单票价值在 5 000 元以下的货物，在不涉证、不涉检、不涉税的情况下，还可按照"跨境电商申报清单"方式申报，享受二次便捷。这项新规带来的另一个利好是，B2B 货物优先查验。

本章学习目标

1. 掌握跨境电子商务的定义与特点；
2. 了解跨境电子商务的主流平台；
3. 熟悉跨境电子商务的物流；
4. 能够使用速卖通平台。

本章论述了跨境电子商务的运营管理，从跨境电子商务的定义和特点入手，列出了当前主流的跨境电子商务平台。要高效地运营跨境电子商务店铺，必须掌握店铺开设条件，灵活运用营销推广，选择恰当的物流公司，维护好与国外客户的关系。本章以速卖通平台为例，对跨境店铺的视觉设计、营销、数据分析和客服进行了介绍。

7.1 跨境电子商务概述

跨境电子商务是在经济与互联网的快速发展下，为了实现与不同国家的商贸合作而逐渐发展起来的电子商务模式。在跨境电子商务模式下，国内的电子商务企业可以向国外的消费者销售商品，国内的消费者也可以通过跨境电子商务平台购买国外商品，它构建了一个开放、立体的多边经贸合作模式，拓宽了国际市场的范围，提高了电子商务企业的综合竞争力。

7.1.1 跨境电子商务的定义与特点

跨境电子商务是指分属不同关境的交易主体，通过电子商务平台达成交易，进行支付结算，并通过跨境物流送达商品、完成交易的一种国际商业活动。跨境电子商务主要由跨境电子商务平台、跨境物流公司和跨境支付平台3部分组成。其中，跨境电子商务平台用于进行商品信息的展示，提供在线购物功能；跨境物流公司用于运输和送达跨境包裹；跨境支付平台则用于完成交易双方的跨境转账、信用卡支付和第三方支付等活动。

跨境电子商务的特点是全球性、即时性、无形性、无纸化、匿名性、快速演进。依托网络，跨境电子商务具有全球性和即时性的特点；跨境电子商务的数字化产品和服务的数字化传输具有无形性和无纸化的特点；跨境电子商务用户的身份和位置很难辨识，交易具有匿名性的特点；跨境电子商务涉及的范围广，包括网络设施、软件协议、税收法律等，新的挑战和问题层出不穷，因此，跨境电子商务具有快速演进的特点。

我国的跨境电子商务分为跨境零售和跨境B2B。其中，跨境零售包括跨境B2C和跨境C2C两种模式，两者都直接面向个人消费者。区别是跨境B2C的主体是企业，跨境C2C的主体是个人商家。在跨境零售模式下，国内企业可以直接面向国外消费者销售商品，通过邮政包裹、国际快递、专线物流及海外仓储等来解决物流问题。目前跨境零售尚未纳入海关一般贸易统计。

跨境B2B则属于不同关境的企业之间的贸易活动，现已纳入海关一般贸易统计。

从跨境电子商务出口流程来看，商品首先由生产商或制造商上线到跨境电子商务平台进行展示，在消费者选购下单并完成支付后，再由跨境电子商务企业交付给合作的物流企业进行投递，经过两次海关通关商检，最终送达消费者手中。

跨境电子商务进口流程与出口流程除了方向相反，其他内容基本没有差别，这里不再赘述。

部分跨境电子商务企业也可以选择与第三方综合服务平台合作，将物流、通关、商检等一系列环节交给第三方综合服务平台代办，更便捷地完成跨境电子商务出口流程。

7.1.2 跨境电子商务主流平台

跨境电子商务平台可以分为中国跨境电子商务平台、欧美跨境电子商务平台、东南亚跨境电子商务平台和其他跨境电子商务平台。速卖通、阿里巴巴国际站等是中国跨境电子商务平台。Wish、易贝、亚马逊、Shopify等是欧美跨境电子商务平台。Shopee、Lazada等是东南亚跨境电子商务平台。

1. 速卖通

速卖通的全称是全球速卖通（AliExpress），网站首页如图7.3所示，是阿里巴巴帮助中小商家接触终端批发零售商，实现小批量、多批次快速销售，拓展利润空间而全力打造的融订单、支付、物流于一体的外贸在线交易平台，被称为"国际版淘宝"。在速卖通上，商家可以将商品信息编辑成在线信息发布到海外，供广大消费者查看并购买，然后通过国际快递进行商品运输，完成交易。

速卖通于2010年4月正式上线，目前已经发展成为覆盖20多个国家和地区的全球跨境交易平台，每天的海外消费者已经超过50万人，在俄罗斯、巴西、以色列、西班牙、乌克兰和加拿大等国家，它都是非常重要的购物平台。

速卖通无线交易占比超过55%，网站日均浏览量超过2亿人次，具有入驻简单便捷、不懂专业英语也能轻松操作、物流配送全程无忧、报关无须亲自动手、国际支付宝担保交易等优点。满足条件的商家还可以成为"中国好卖家"，享受流量支持、营销资源、品牌保护、申诉保障、提前放款和服务升级等多项专属权益。

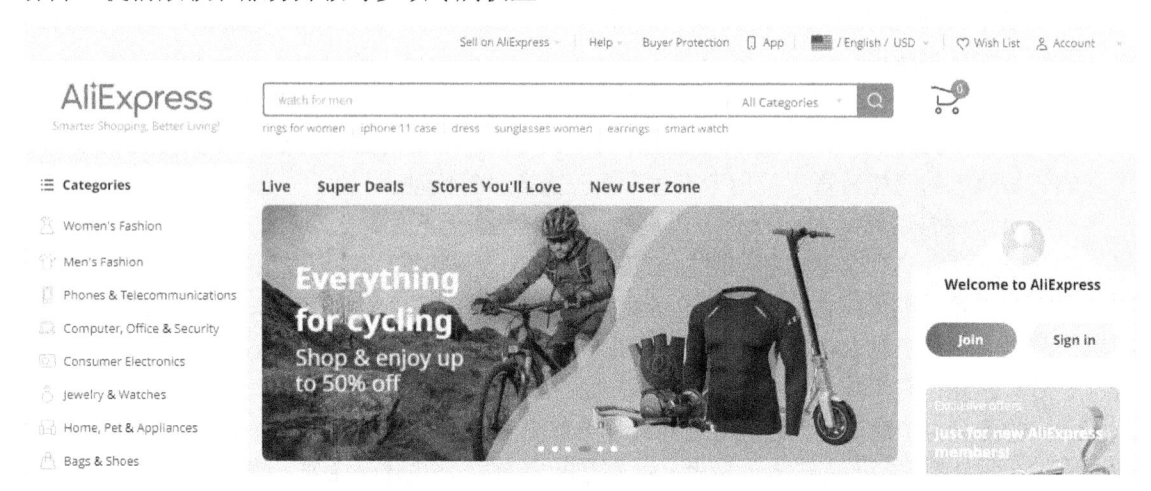

图7.3 速卖通网站首页

2. Wish

Wish网站首页如图7.4所示。Wish于2011年成立于美国硅谷，该平台有90%的商家来自中国，也是北美和欧洲地区最大的移动电子商务平台。Wish目前拥有移动用户超过3亿名，日活跃用户超过1 000万名，日均订单量超过200万单，被评为"硅谷最佳创新平台"和"欧美最受欢迎的购物类App"。

成立之初，Wish只负责向消费者推送消息，不进行商品交易，2013年才正式升级成购物平台。与其他电子商务平台不同的是，Wish平台上的消费者更倾向于无目的地浏览，而不是进行关键字搜索。Wish使用优化算法大规模获取数据，通过消费者的浏览和购买行为，判断其喜好和感兴趣的商品信息，为每位消费者提供相关商品，让消费者在移动端便捷购物的同时享受购物的乐趣。这种方式比较受欧美消费者的喜爱，Wish平台超过60%的消费者都来自美国和加拿大。

Wish为入驻商家提供多种服务，具体包括商品推广、Wish Express WishPost、出口处理中心（Export Process Center，EPC）合并订单等。

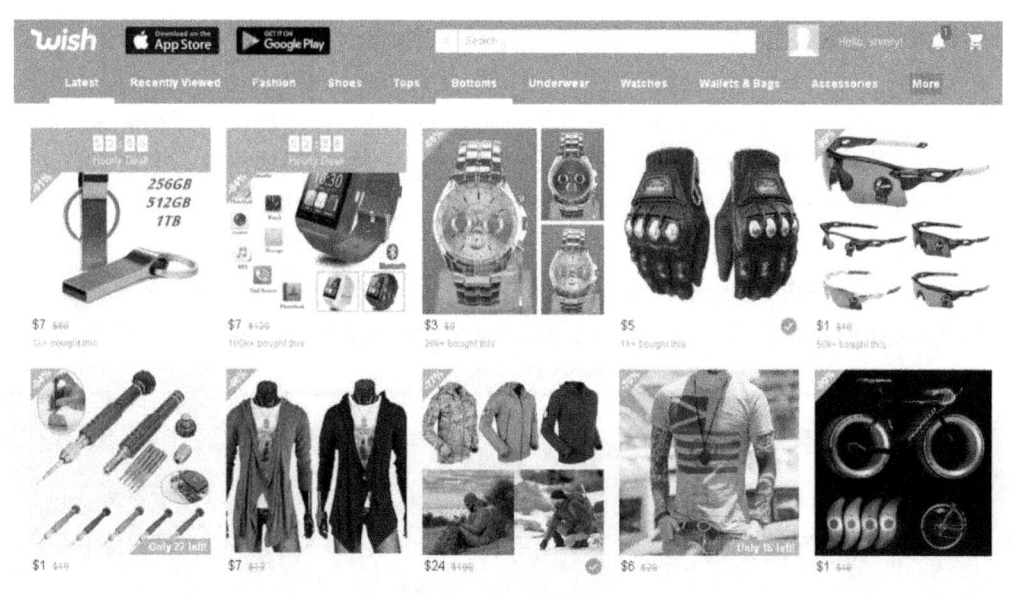

图 7.4　Wish 网站首页

3．易贝

易贝网站首页如图 7.5 所示。易贝最初由皮埃尔·奥米迪亚（Pierre Omidyar）以 Auctionweb 的名称创立，创立时间是 1995 年 9 月 4 日，创立地点是美国加利福尼亚州的圣荷西，创建目的是在全美寻找 Pez 糖果爱好者。但意外的是，该网站非常受欢迎，很快就被相关爱好者口口相传，网站也就随之发展起来。

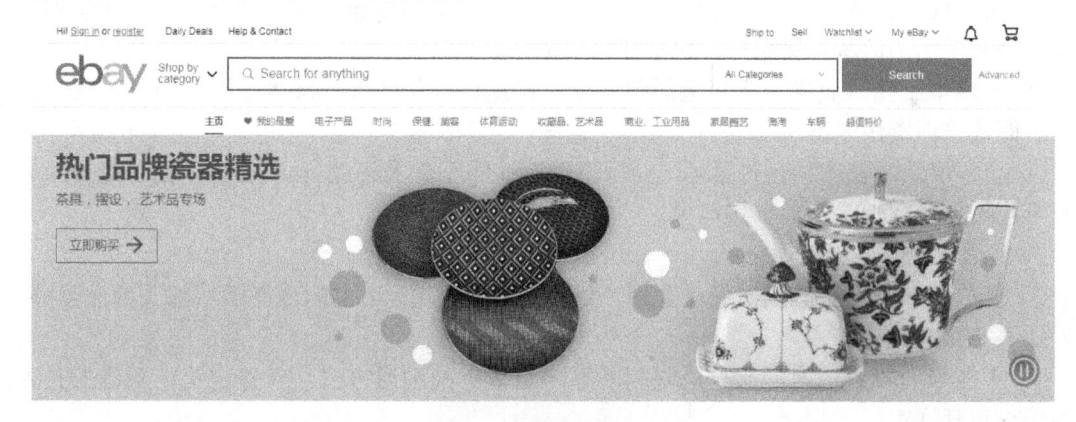

图 7.5　易贝网站首页

易贝网作为全球最大的电子交易市场之一，是美国、英国、澳大利亚、德国和加拿大等国家的主流电子商务平台。易贝网只有两种销售方式，一种是拍卖，另一种是一口价。该平台一般按照商品发布费用和成交佣金的方式收取费用。

易贝平台的开店优势是：开店门槛低；新买家可以靠拍卖曝光；排名相对公平；定价方式多样化。易贝平台的开店劣势是：费用不低，虽然开店免费，但是上传商品需要支付费用，商品成交佣金和刊登佣金约为 17%，有店铺费，还有上架费；手续比较多，如发票、银行账单等，需要对平台规则非常了解；商品数量有起始限制，需要积累信誉才能多上商品；审核周期很长，一开始不能超过 10 个宝贝，而且只能拍卖，需要积累信誉才能越卖越多，而且出业绩和出单周期很长；如果遇到投诉，是最麻烦的事情，店铺被封掉是经常发生的事情，所以商品质量一定要过关。

卖家如选择易贝平台，应拥有商品的地区优势，如商品目标市场在欧洲和美国。易贝平台操作比较简单，投入不大，其拍卖模式很容易吸引流量，可做到迅速出单，但卖家数量非常庞大，适合在供应链上占优势的卖家入驻。

4．亚马逊

亚马逊网站首页如图 7.6 所示。亚马逊成立于 1995 年，是美国最大的一家电子商务公司，是最早开始经营电子商务的公司之一。目前亚马逊已成为全球商品品种最多的网上零售商之一。

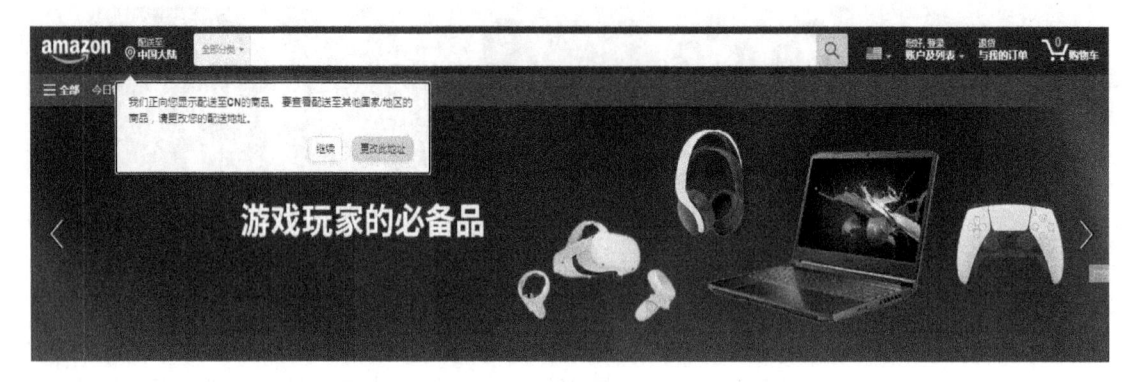

图 7.6　亚马逊网站首页

1）亚马逊全球开店的优势

① 大量优质消费群体。亚马逊非常重视消费者的购物体验，因此拥有非常多优质的消费群体，拥有 3 亿个活跃付费账户，包括亚马逊 Prime 会员。

② 专属本土团队服务。亚马逊面向中国卖家提供电子商务专属本土团队服务，线上、线下电子商务培训资源丰富。

③ 全方位跨境物流和仓储服务。亚马逊拥有遍布全球的超过 140 个电子商务运营中心，商品可配送至全球 185 个国家和地区。

2）亚马逊全球开店的缺点

① 需放弃部分利润。根据商品类别，商家需缴纳 6%～15%的成交费（部分商品除外），另外还有 FBA 费用等。

② 不能与消费者沟通。亚马逊限制商家与消费者的沟通方式，对寄送给消费者的包裹内含的信息也有规定。

③ 获得流量难度大。亚马逊的卖家数量非常庞大，竞争异常激烈。商家选择亚马逊平台需要有很好的外贸基础和资源，最好有一定的资金实力，并且有长期投入的心态。

5．Shopify

Shopify 网站首页如图 7.7 所示。Shopify 支持商家建立独立站。独立站可以让商家自己设定规则和玩法，摆脱亚马逊等其他平台的规则压迫。独立站的优点有以下几个。

1）免受平台规则束缚

独立站没有时效限制，不会受到平台的限制，商家想怎么规划网站，只需要自己设定就可以了，包括什么时候发货、设立哪些折扣、退货退款方式，只需要在平台的政策页写清楚即可。

2)用户沉淀,私域流量

独立站可以让商家在后台看到所有的消费者信息,如邮箱、手机号码、地址等。还可以利用消费者留下的邮箱进行电子邮件营销,定期给消费者发送邮件,在邮件里可以告诉消费者店铺上新品、折扣力度等,吸引消费者再次进入网站。商家也可以在谷歌、脸书等社交网站投放广告,寻找受众相似的人群进行二次引流。

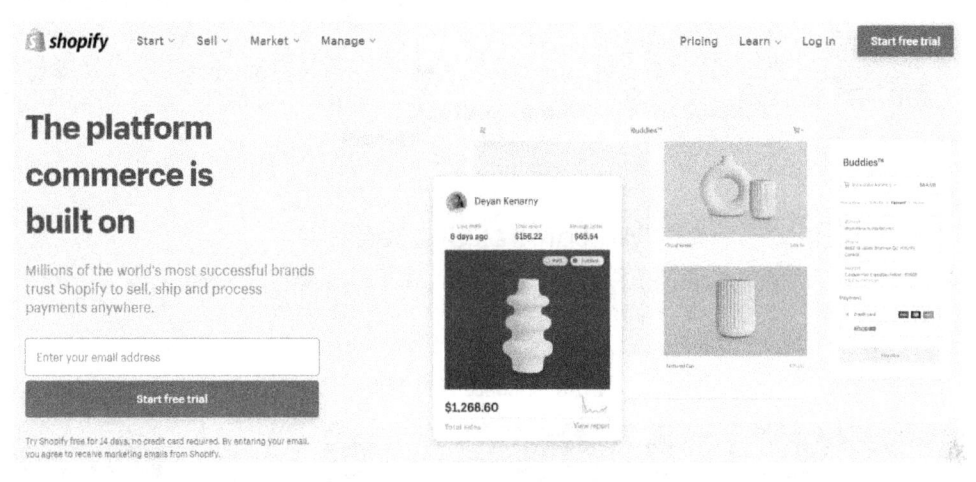

图 7.7　Shopify 网站首页

3)交易佣金成本低

Shopify 平台的最低佣金是一个月 29 美元,成交后,每笔订单都会收取 0.5%~2%的佣金。前期商家可以选择最低佣金,当网站运营得比较熟练之后,也可以升级更高的月租,还可以随时变更套餐。

4)塑造企业品牌

当商家想做某个类目的品牌时,需要通过独立站的方式,形成流量闭环。消费者进入网站后,不会再进入其他品牌或其他店铺看商品,这样就不会造成消费者流失。商家可以通过不同的社交媒体、渠道进行引流,让消费者熟知品牌,了解品牌故事,再购买商品。

6．Shopee

Shopee 网站首页如图 7.8 所示,号称"海外版拼多多",规模增长快。2020 年 Shopee 总订单量达到 28 亿笔,同比增长 132.8%。业务覆盖新加坡、马来西亚、菲律宾、泰国、越南、巴西等十几个市场,为全世界华人地区用户的在线购物和销售商品提供服务。

Shopee 适合新手及小白商家转型创业,选品可选便宜的 3C 类目、家居用品等。

7．Lazada

Lazada 网站马来西亚站点如图 7.9 所示。Lazada 是阿里巴巴集团旗下平台,在印度尼西亚、马来西亚、菲律宾、新加坡、泰国和越南开展业务,拥有数千家商户,年销售额约为 15 亿美元。

Lazada 类似"海外版天猫",适合新手及小白商家转型创业,对商品质量有要求。

8．其他电子商务平台

1)沃尔玛

沃尔玛网站首页如图 7.10 所示。沃尔玛是全球最大的零售商之一,2016 年开始接受第三方商家，网站上有超过 100 万种产品。沃尔玛为具备更大的灵活性和覆盖面的多渠道零售商提供了机会，市场竞争相对较小，但入驻门槛相对较高。

图 7.8　Shopee 网站首页

图 7.9　Lazada 网站马来西亚站点首页

图 7.10　沃尔玛网站首页

2）Ozon

Ozon 是俄罗斯成立最早的电子商务公司之一，被称为"俄罗斯的亚马逊"，是俄罗斯的多品类综合 B2C 电子商务平台，平台 SKU 超过 500 万个。Ozon 作为俄罗斯跨境电商的一匹"黑马"，发展潜力巨大，加上中俄两国的政策优势，值得卖家关注。对图书、电子产品、音乐、电影等产品的跨境卖家来说，Qzon 是非常不错的入驻选择。

3）Rakuten

Rakuten 是日本最大的电子商务平台，占据日本电子商务市场份额的 27.8%，几乎所有的商品都能在该平台买到。日本将近 1/3 的网购消费者都通过该平台购物，其全球总交易额达到 1 000 亿美元。

4）Jumia

Jumia 是非洲较大的电子商务零售商，业务遍布 23 个非洲国家。平台站点有卢旺达站、乌干达站、坦桑尼亚站、塞内加尔站、加纳站、喀麦隆站、阿尔及利亚站、突尼斯站、南非站、科特迪瓦站、肯尼亚站、摩洛哥站、埃及站。Jumia 的市场前景非常广阔，热销产品有电子产品、时尚类、家居生活类、健康与美容类、图书等。

5）Fordeal

Fordeal 的销售网点覆盖中东、欧美等众多国家和地区，其中中东是其最主要的市场，业务覆盖沙特阿拉伯、阿联酋、科威特、卡塔尔、阿曼、巴林等地区。

Fordeal 发展势头强劲，根据 App Annie 的数据，近年来 Fordeal 多次在购物类 App 中排名稳居前列。Fordeal 在物流方面也有优势，当前商家入驻 Fordeal 几乎没有库存压力。

6）Mercado Libre

Mercado Libre 是拉丁美洲最大的电子商务平台。目前其电子商务业务范围覆盖巴西、阿根廷、墨西哥、智利、哥伦比亚等 18 个拉丁美洲国家，是全球访问量第 7 的零售网站。

Mercado Libre 平台商品品类广泛，熟悉跨境电子商务行业的运作，具有稳定、优质的货源，比较适合自主品牌、品牌授权的商家。

表 7.1 为几个主要跨境电子商务平台的指标对比。

表 7.1 几个主要跨境电子商务平台的指标对比

平台	速卖通	Wish	易贝	亚马逊	Shopee
注册费用	保证金 1.2 万～3 万元	0	上架商品需支付刊登费 0.03～2 美元	租赁店铺 39.99 美元/月、25 英镑/月、4 900 日元/月	0
佣金比例	5%～8%	15%	9%以上	8%～15%	3%～6%
门槛	企业支付宝账号、企业营业执照、商标、品牌、代理品牌、保证金最低 1 万元、类目资质	身份证、发票、银行账单	营业执照、水电费账单	营业执照、公司信息、法人身份证明、产品资料、双币种信用卡、合法网络通道、水电费账单、税务证明等	营业执照、身份证
战略布局	巴西、俄罗斯、美国、西班牙、英国	北美移动端	全球多个站点	北美、欧洲等地区的 14 个站点	东南亚、中国台湾、印度尼西亚

(续表)

平台	速卖通	Wish	易贝	亚马逊	Shopee
供需关系	供大于求，爆单难	供大于求	积累信誉，供大于求	供需平衡	供小于求
货源	有无货源均可	尽量有自己的货源	最好有便宜的货源	必须有货源	有无货源均可
平台保护	偏向保护买家	严重偏向买家	偏向保护买家	保护买家	保护商家
物流	无自建海外仓库，国际配送/配送质量偏弱	Wish邮海外仓	设有海外仓，国际邮政小包、国际快递、国际专线及海外仓发货	国外物流仓175个，国内无	自建Shopee物流服务，国内4个物流仓
支付方式	国际支付宝和中国的银行卡	PayPal、AllPay、联动支付（UMPAY）、PayEco（易联支付）、Payoneer、PingPong	PayPal，容易被审核	P卡、WF卡、CD卡	连连，PingPong、Payonee
上货数量	不建议大批量铺货，一个商品最多发3个页面（1个正常销售价格+1个限时定量折扣+1个平台活动）	无限制	上货数量受店铺信誉限制	每周限制2 000件	每天上新0~50件
仿款要求	除非收到品牌商投诉，一般二三线品牌可以销售仿款	少量仿款	少量仿款	无仿款	可以销售仿款
价格	低，利润少	低，价格竞争激烈	注重物美价廉	高	偏高
销售品类	服装及配饰、手机通信类、美容护理类、珠宝手表、电脑	全品类综合型，服装、配饰、母婴用品、3C商品，主要为女性用品	只要不违反法律或在易贝的禁止销售清单之外即可	全新、翻新及二手商品，全品类综合型	除食品外的品类
审核周期	1~2天	2~7天	根据信誉点累计，时间比较长	7~15个工作日	7~15天
平台费用对比	资金投入低	0月租	资金投入低	资金投入大	0开店成本
语言	提供小语种服务	提供小语种服务	提供小语种服务	提供小语种服务	提供小语种服务
惩罚机制	积分变罚钱	指标考核	指标考核	指标考核，关店风险高	扣积分

7.2 跨境电子商务店铺运营

在了解了主流跨境电子商务平台的特点之后，商家需要结合自身的实际情况选择平台，并在平台上开设店铺和进行日常运营。至于选择哪个平台作为跨境业务的突破口，除了要考虑平台自身的特点，商家还要根据自身的发展计划来确定。商家可以进入每个跨境电子商务平台查看其入驻要求和规则，再根据情况进行调整。

7.2.1 跨境电子商务店铺的开设

1. 跨境电子商务店铺的注册

跨境电子商务平台众多，每个平台在店铺注册要求和注册流程方面都有不同的规定。下面以亚马逊为例，介绍在该平台开设跨境电子商务店铺的方法。

为了让中国商家更好地面向全球市场，亚马逊于 2012 年推出了"全球开店"计划。全球开店计划是针对中国商家开通亚马逊全球账户的一种快捷方式，让中国商家可以更便捷地注册账号，直接通过中国招商团队入驻亚马逊，通过亚马逊平台将中国商品销往世界各地。

1）注册资料

在亚马逊注册店铺时，商家需要提供的资料如下。

① 电子邮箱地址。

② 公司名称、地址、联系方式。

③ 可以支持美元的双币信用卡（Visa 卡等）。

④ 可以联系到注册人的电话号码。

⑤ 注册主体须具备公司资质，且需要提供相应的营业执照和法定代表人身份证，以及信用卡/储蓄卡对账单。

⑥ 国内银行账户。

2）注册流程

亚马逊的商家注册分为自主注册和招商经理注册，招商经理注册时间长且没有什么必要。下面介绍自主注册的详细流程。

① 登录亚马逊全球开店官方网站首页，如图 7.11 所示。

图 7.11　亚马逊全球开店官方网站首页

② 在"前往站点注册"下拉菜单中选择"北美站点"选项，打开的页面如图 7.12 所示。单击"创建您的 Amazon 账户"按钮。

③ 根据页面的指引填写账户姓名、邮箱地址，创建用户密码。答题，验证电子邮件地址，添加手机号码，输入验证码，打开如图 7.13 所示的页面，填写公司信息。

图 7.12　创建亚马逊账户

图 7.13　填写公司信息

④ 完善公司信息。业务类型选择私有企业，填写企业名称，单击"同意并继续"按钮，如图 7.14 所示。

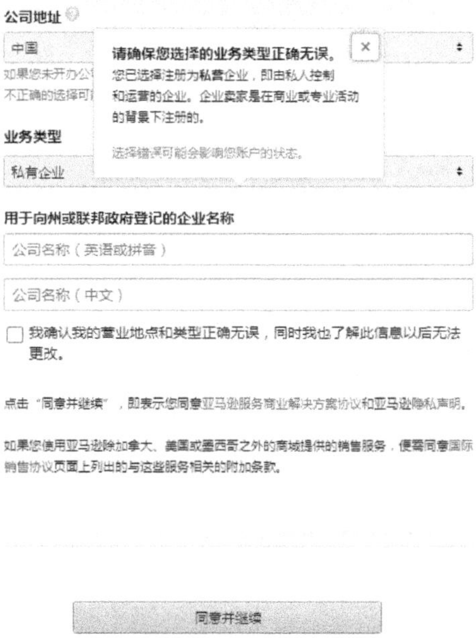

图 7.14 完善公司信息

⑤ 填写公司联系信息,单击"下一页"按钮,如图 7.15 所示。

图 7.15 填写公司联系信息

⑥ 完善卖家信息，根据页面指引填写各项内容，单击"保存"按钮，如图7.16所示。

图7.16 完善卖家信息

⑦ 填写付款信息，单击"我了解"按钮，如图7.17所示。

图7.17 填写付款信息

⑧ 添加银行账户，如图 7.18 所示。单击"验证银行账户"按钮，打开如图 7.19 所示的页面。单击"继续"按钮，打开如图 7.20 所示的页面。

图 7.18　添加银行账户

图 7.19　银行账户验证处理中

⑨ 填写店铺信息，如图 7.21 所示，填写的内容包括店铺的名称及商品编码和品牌的一些信息。其中，店铺名称建议使用英文填写。

图 7.20　填写信用卡信息

图 7.21　填写店铺信息

⑩ 验证卖家身份，如图 7.22 所示。因为企业和法人的信息前面都已经填过，这里只需要上传法人身份证正反面及公司营业执照照片，然后单击"提交"按钮。

第 7 章 跨境电子商务运营管理

图 7.22 验证卖家身份

⑪ 验证身份。选择"实时视频通话"单选按钮，单击"下一步"按钮，如图 7.23 所示。

图 7.23 验证身份

登录 Seller Central 界面查看审核结果。当卖家在 Seller Central 界面查看到如图 7.24

所示的内容时，就意味着卖家的身份验证已通过，同时开通了北美站、欧洲站、日本站和澳大利亚站的卖家账户。

图 7.24 成功注册

实际操作

登录 Shortest Path 亚马逊官网，模拟注册 Amazon 平台卖家。

2. 跨境电子商务店铺的日常运营

在跨境电子商务平台注册店铺后，商家还需要掌握一些基本的运营知识。下面分别从选择跨境爆款商品、跨境成本控制、跨境物流选择和跨境客户维护 4 个方面来介绍跨境电子商务店铺的日常运营。

1）选择跨境爆款商品

商家加入国际市场后，首先要考虑的就是选择适合销售的商品。适合销售的商品可以为商家带来更丰厚的利润，为商家的持续发展奠定基础，因此商家一定要慎重选择商品。商家在选择跨境爆款商品时，可参考以下几个要点。

① 跨境电子商务与国内电子商务相比，运费更加昂贵，因此商家可以考虑选择具有轻便小巧特点的商品，以方便物流运输，降低国际物流成本。

② 不管进行何种商品销售，商家都要保证商品质量和运输方便，尽量选择质量过关、不易磨损的商品，减少商品退换货事件的发生。

③ 由于国际物流成本及其他成本较高，商家可以选择单价较高、利润较高的商品，以提高利润率，摊平物流成本。

④ 在国际市场销售商品必然要经过海关查验，因此商家要选择可以通过海关的商品进行销售。一般来说，药品、粉末状物品、液体、易燃物品等海关是不允许通过的。此外，商家还要考虑目标市场对商品的接受程度，不要选择不受消费者喜欢的商品。

⑤ 最好选择易耗商品进行销售，如食品、美妆等商品，使消费者养成复购的习惯，增加消费者黏性，提高销售利润。

⑥ 在海外开设店铺，维修商品的成本很高，所以商家最好选择售后返修率较低的商品。

除以上要点外，商家在选品时还应结合市场调研。其中，站外市场调研是指通过各种外贸媒体、电子商务平台、搜索排行榜和展会等渠道收集相关商品及行业信息；站内市场调研是指对跨境电子商务平台上的热销商品进行调研，如亚马逊平台的各种热销排行榜上的商品等。

2）跨境成本控制

成本是商家开展跨境业务时必须考虑的问题，也是制定商品价格、设计营销策略的前提。对跨境电子商务来说，涉及的成本主要包括入驻费用（入驻跨境电子商务平台的费用，根据平台和入驻类目的不同而不同）、成交费用（跨境电子商务平台根据成交金额收取的佣金，不同平台收取佣金的比例不同）、推广费用、外币结汇损失费用、人工成本、办公成本、物流成本等。商家要根据成本来计算盈利的比重，保证利润不低于成本的 20%，这样才能保证跨境业务能够为店铺的发展带来正面影响。

跨境商品的价格不宜定得过高，但商品的价格又与商家的直接利润挂钩，那么怎样才能既保证利润又吸引消费者呢？商家可按照以下原则进行综合定价。

① 确定商品价格时的首要考虑因素是利益的合理化，因此要以利润为衡量标准。商家应先确定商品的成本，包括商品生产成本，佣金、会费等平台成本，站内广告和站外引流等推广成本，包装、仓储等物流成本及税费等成本，在此基础上加上一定的利润，从而计算出商品价格。商家可在其他同类商品还没有进入市场时抢先抓住机会，制定稍高的价格入市，让消费者先接受该商品的价格，当竞争者增多时再适当降价，以吸引更多消费者。

② 参考竞争对手的商品价格和市场需求定价，根据同类目相关商品销售的平均价、商品成本和质量来确定最终销售的价格区间。优势商品的价格可以高于其他商家同类商品的价格，劣势商品可以适当降低价格。

货物丢失和交易纠纷等也容易产生额外的成本。商家在进行商品定价时，还要将损失考虑进去，否则后期容易出现成本超出预算的情况。同时，定价不是一劳永逸的工作。商家需要结合店铺自主营销活动和营销方法对商品进行多轮测试，再确定商品的合理销售价格区间。

对线上销售来说，商品价格可以分成上架价格、销售价格和成交价格。其中，上架价格是指商品上传时填写的价格；销售价格是指商品打折后的价格；成交价格是指消费者最终支付的价格。如果要打造爆款商品，建议先确定该商品在行业中的最低价，在该价格的基础上降价 5%~15%，并将降价后的价格作为爆款商品的销售价格，再将销售价格提升 1.15~1.5 倍作为商品的上架价格。这样可以在不亏损或稍微亏损的情况下实现爆款引流，后期可以通过调整折扣来恢复商品的正常销售价格，便于对成本进行调控。

3）跨境物流选择

交易成功后需要进行商品的物流运输。与国内物流不同的是，跨境物流需要将商品运输到境外。目前常见的跨境物流主要有邮政包裹、国际快递、专线物流和海外仓储 4 种，商家在选择物流方式时可以参考以下 4 点。

（1）中小商家首选邮政包裹

邮政包裹具有覆盖全球的特点，是商家经常使用的一种跨境物流运输方式。目前常用的邮政运输方式包括中国邮政小包、新加坡邮政小包和一些特殊情况下使用的邮政小包。

邮政包裹费用低，对中小商家而言是一个比较合适的选择。一方面中小商家没有建立海外仓储的实力，另一方面其目标人群多半也不愿接受高昂的物流费用。因此，目前大量中小商家都首选邮政包裹作为物流运输方式。

邮政包裹对运输的管理和要求较为严格，如果没有在指定日期将商品投递给收件人，负责投递的运营商要按货物价格 100%赔付。需要注意的是，对邮政包裹而言，含电、粉末、液体的商品不能通过海关，并且需要挂号才能跟踪物流信息，运送的周期一般较长，通常要15～30 天。

（2）急单选择国际快递

国际快递主要通过国际知名的四大快递公司，即 FedEx、UPS、TNT 快递和 DHL 来邮寄商品，具有速度快、服务好和丢包率低等特点。例如，使用 UPS 从我国寄送到美国的包裹，最快 48 小时内可以到达，但价格较昂贵。

由于国际快递价格相对较高，所以商家一般不会主动选择国际快递，只有在消费者对物流时效有较高要求时（如急单）才会使用，但相应的费用一般由消费者自己承担。

（3）中端消费人群选择专线物流

跨境专线物流一般是通过航空包舱的方式将商品运输到境外，再通过合作公司将商品送往目的地进行派送，具有送货时间基本固定、运输速度较快和运输费用较低的特点。

专线物流的价格比国际快递低，在速度、丢包率方面的表现都优于邮政小包，不论是服务还是价格都属于中等水平。商家如果有一定的实力，且目标消费人群属于中等消费水平，对物流服务的要求相对较高，可以适当地选择专线物流，但前提是消费者位置在专线物流覆盖范围内。

目前市面上比较常见的专线物流有美国专线、欧美专线、澳大利亚专线和俄罗斯专线等，也有不少物流公司推出了中东专线、南美专线和南非专线等。例如，EMS 的国际 E 邮宝、俄速通的 Ruston 中俄专线、中环运的俄邮宝都属于跨境专线物流推出的特定产品。整体来说，专线物流能够集中大批量商品发往某一特定国家或地区，通过规模效应降低成本，但有一定的地域限制。

（4）大商家或综合平台自建海外仓储

海外仓储是指在其他国家和地区建立仓库，货物从本国出口，通过海运、货运和空运等形式存储到其他国家或地区的仓库。当消费者通过网上下单购买所需商品时，商家可以第一时间做出响应，通过网络及时通知消费者所在国家或地区的仓库进行货物的分拣、包装，大大减少物流的运输时间，能够保证货物安全、及时和快速地到达消费者手中。

海外仓储的费用由头程费用、仓储管理费用和本地配送费用组成。其中，头程费用是指货物从我国到海外仓库产生的运费；仓储管理费用是指货物存储在海外仓库和处理当地配送时产生的费用；本地配送费用是指在海外国家对消费者商品进行配送时收取的本地快递费用。这种模式下运输商品的单位成本相对较低，速度较快，是未来的主流运输方式。

自建海外仓储需要投入大量资金，一般只有大商家或综合平台会做此选择。大商家或综合平台有较强的资金实力，且交易量大，并希望提供更有吸引力的服务，因此往往需要整合物流资源，优化物流成本，以提升消费者体验，从而倾向于自建海外仓储。

4）跨境客户维护

客户是决定跨境电子商务运营是否成功的因素之一，做好客户的维护工作可以吸引更多的新客户到店购买商品，并且提高商品的复购率和转化率。那么，怎样才能做好跨境电子商务的客户维护工作，稳定客源，提高自身的竞争力呢？

① 商家要做好客户的分类、记录和管理，了解客户的需求，提供良好的售后服务，带给客户良好的服务体验。特别是对跨境电子商务而言，客户与商品和商家的空间距离较远，只有

良好的售后服务才能让客户感受到商家的用心，在客户心中留下良好的印象。当客户下次购买相同的商品时，将大大提高店铺的复购率。

② 商家要定期向客户推送商品优惠信息或在新商品上架时优先向老客户发送消息，以体现客户的重要性，并刺激客户产生购物的兴趣，增强客户黏度。商家应在节假日向客户发送祝福短信或寄送纪念品，让客户感受到贴心的关怀。要注意的是，发送祝福短信或寄送纪念品时一定要表明自己的身份，因为客户不只在一家店铺购物，其他店铺可能也会采取相同的方式进行客户维护，商家一定要让客户记住自己。

③ 对于店铺的老客户，商家还可以制定一些会员优惠政策，根据客户不同的消费额度来决定优惠力度。

7.2.2 跨境电子商务的营销推广

跨境电子商务的消费者群体跨越关境，在国际化市场环境中面临多国文化冲击，一般的营销手段很难取得很好的营销效果。针对跨境电子商务的特点，商家要采取合适的方法来进行营销，让消费者能够接受营销，并产生营销变现。

1. 跨境电子商务营销的关注点

跨境电子商务的营销推广与关境内的营销推广存在很多相同之处，如社交化、内容营销、个性化等趋势。但由于存在地域、文化差异等因素，商家在制定营销推广策略时还应关注各国的政治经济环境、文化差异，突出自身的商业信誉。

1）关注各国的政治经济环境

（1）经济政策

各国的经济政策会随着社会条件的变化而不断调整，跨境电子商务必然会受到影响。例如，2020年日本亚马逊电子商务平台被日本海关严查关税，因此2020年亚马逊日本站的关税都特别高，卖家利润很低。

（2）政治因素

2020年12月2日，美国海关与边境保护局正式宣布禁令，要求所有入境口岸扣留我国新疆生产建设兵团生产的棉花产品和任何类似产品。在一份疑似为亚马逊发给中国出口商的文件中，亚马逊表示由于中国有85%的棉花都来自新疆地区，所以有客人要求中国商家必须提供相关证明，否则来自中国的棉制品很可能被美国海关扣下。有卖家表示只要商品页含有"新疆棉"之类的词，亚马逊平台就会以销售违规商品为由直接下架商品。有部分卖家已经收到了亚马逊的商品链接移除通知，理由是美国法律规定含新疆棉的产品不能销售。因此，北美亚马逊经营纺织品类的跨境电子商务企业深受影响。

（3）战争因素

2022年，俄罗斯和乌克兰冲突爆发。欧洲路向的跨境物流受到影响。易贝发布公告，暂停在俄乌两国的全球运输计划服务，暂停进入乌克兰的易贝国际标准送货服务。美国、欧盟等西方国家和地区发表联合声明，将部分俄罗斯银行排除在环球银行金融通信协会支付系统之外。这使俄罗斯买家遭遇付款难问题，也对在俄罗斯海外仓有大量库存的商家产生了不利影响。

2）重视文化差异，了解当地消费者

各个国家和地区之间的文化差异是跨境电子商务营销中的一个不可忽略的因素。针对不同文化背景的消费者，商家应当制定不同的营销策略，以迎合当地消费者的消费心理与习惯。

（1）文化差异影响消费者的需求

商家在进行网络营销时，应当充分考虑文化差异对消费者需求的影响。不同文化背景下的消费者需求是不同的。例如，我国有许多以大米为主食的消费者，他们对大米有大量的需求；但西方国家的消费者不以大米为主食，因此对大米的需求不大。商家要根据目标消费者的需求向其推送商品信息。例如，在某国的传统节日期间重点向该国消费者推荐与节日有关的商品。

除了文化差异，经济、自然条件等因素也会影响消费者的需求。例如，在经济发展水平比较低的地区，高档商品的市场需求量就不会太大。同时，需要注意的是，西方国家的购物狂欢节主要集中在圣诞节等，与国内的春节并不在同一个时间段，商家应当提前掌握当地的跨境电子商务营销日历。

（2）文化差异影响消费者的习惯

不同文化背景的消费者的消费习惯也不同，如美国消费者习惯提前消费、信用消费。商家在进行营销推广时，应当根据当地消费者的消费习惯，制定有效的促销策略。例如，对于习惯提前消费的消费者，商家在促销时应强调可以通过分期付款或先试用后付款等方式来购物，以提升商品对消费者的吸引力。

（3）文化差异影响消费者的审美

文化对消费者的审美会产生一定的影响，不同文化背景的消费者的消费偏好也不同。例如，一款大衣在国内受到欢迎，成为爆款，但是国外的消费者认为并不好看，其原因很可能是由于在不同的文化背景下，不同的颜色、符号蕴含的意义是不同的。因此，商家在写作营销文案、制作商品海报时要充分考虑这些方面的文化差异，避免造成不良影响，破坏品牌在当地消费者心目中的形象。

商家在营销时，还应注意以下几点：一是在将商品标题及商品描述翻译为其他语言时，应注意当地的用语习惯，不得使用一些禁忌词语，不得冒犯当地消费者，否则会严重损害自身商品的形象；二是应当注意计量单位的差异，如鞋子的尺码在不同的地区有不同的计量方式；三是应当提升法律意识，不能触犯其他国家的法律。

3）把握消费者的痛点

进行营销推广时把握消费者的痛点是十分重要的，而跨境电子商务由于其特殊性，不同的消费者购物时的痛点也不相同。跨境网购消费者的痛点主要在于商家商业信誉和购物体验。

跨境购物由于受地域、语言、税费等因素的影响，购物过程更加复杂，相应的风险也更高。在这样的背景下，跨境网购消费者会更加重视商家的商业信誉。根据 Forrester Consulting 的研究报告，近 90%的跨境网购消费者认为，在购物决策中，商家的商业信誉是重要或非常重要的因素。跨境网购消费者对商家的商业信誉最关注的三大方面分别为商品的质量和耐用度，有无漏发、错发商品情况，以及收货时商品是否有破损。针对这样的情况，商家应重视打造良好的商业信誉，包括获取不同的权威机构或平台的信任标志或认证标志，然后在营销推广时重点强调自己在商业信誉上的优势，赢得消费者的信任。商家如果尚未取得相关权威认证，也可以在推广软文中展示来自不同消费者的好评或晒图，重点选择有收货照片、详细使用体验的评论。跨境网购消费者也十分期待获得顺畅的购物体验，特别是物流体验。由于跨境网购的物流运输需要较长的时间和较高的运费、税费，所以在购买前，消费者通常会计算送货的成本和所需时间，且超过 56%的消费者认为费用的透明度是其购买商品时最重要的考虑因素。因此，商家可以将安全快捷的物流服务和合理透明的收费标准作为营销推广的重点内容。

2. 跨境电子商务的常见营销手段

针对跨境电子商务的特点,其营销手段主要有跨境社交网站(Social Network Site,SNS)营销和电子邮件营销两种。下面将重点讲解这两种跨境营销手段,帮助商家更好地进行跨境运营,提高转化率。

1)SNS 营销

SNS 营销是指利用各种社交网络来建立商品和品牌的群组,然后借助 SNS 易于分享的特点进行各种营销活动,达到病毒式传播的效果。下面对跨境电子商务 SNS 营销的工具、步骤和技巧分别进行具体介绍。

(1)SNS 营销的工具

针对跨境的特点,SNS 营销可以选择广受国际消费者喜爱的国际社交网站,如脸书、推特、汤博乐(Tumblr)、YouTube、Vine、Pinterest 等。

① 脸书。脸书是全球知名的社交网站,创立于 2004 年。脸书作为一个世界排名领先的社交网站,不仅个人可以在其中发布信息,商家也可以在其中注册账号,将其作为宣传推广的平台。例如,兰亭集势就通过脸书创建了自己的官方网页,并进行广告投放。

② 推特。推特相当于国际版的微博,它是全球访问量最大的社交网站及微博服务网站之一。在推特上,消费者可以发布最新动态消息,这些消息以短消息(推文)的形式发布,也可以绑定即时通信软件。商家可以通过推特发布商品上新等信息,以吸引消费者的注意。2014 年 9 月,推特新增了购物功能,更加方便商家进行跨境电子商务营销。

③ 汤博乐。汤博乐是成立于 2007 年的一个轻博客网站。所谓轻博客,就是随着互联网的发展而产生的一种既注重表达又注重社交和个性化的新媒体形态,这种社交网站广受年轻群体的喜爱。商家在汤博乐上进行跨境营销,要特别注意营销内容的表达,可以将其看作国际化的内容营销,发布的博客内容可以是有趣味性、传奇性的故事,也可以是经验的传授或功能性的说明。总之,商家要在消费者容易接受的范围内展开内容营销,让消费者主动传播内容,扩大营销的影响力和商家的品牌知名度。商家通过汤博乐可以很好地进行品牌营销,树立品牌形象,给消费者留下良好的印象。

④ YouTube。与前面几个社交网站不同,YouTube 是一个视频网站,商家可以通过在 YouTube 平台上传视频来进行跨境营销。其营销的原理类似于视频营销,即通过有价值的视频内容来实现商品营销与品牌传播。视频要保证为原创内容,这样才能吸引消费者点击观看并传播。商家在 YouTube 平台上传视频时,可以先录制视频内容,在视频中植入需要营销的商品或品牌,如发布教学视频并以自己的商品作为示例,让消费者在观看视频的同时接收商品信息,达到宣传商品的目的。

⑤ Vine。Vine 与推特类似,是一款基于地理位置的 SNS 软件,于 2012 年被推特收购。在 Vine 上,消费者可以发布短视频,商家可利用短视频来进行跨境营销,效果与淘宝中的主图短视频类似。由于播放时长短,短视频的内容不要制作得太复杂,商家可以通过连续播放商品图片或商品结构等方式,达到展示商品和宣传品牌的目的。

⑥ Pinterest。Pinterest 是全球最大的图片社交分享网站之一。在该网站,消费者可以保存自己感兴趣的图片,并支持好友关注或转发。与文字型社交网站相比,商家在 Pinterest 平台可以更加直观地投放商品宣传广告,让消费者在看到图片的同时看到对应的广告信息。同时,由

于 Pinterest 具备精确的数据分析功能，这些信息能够被精确地推送到喜欢它们的消费者面前，实现广告的精准投放，提高营销成功的概率。

其他如 LinkedIn、Google+、Instagram、VK、Flickr、Tagged 等网站也是使用人数较多的社交网站，商家也可通过论坛、博客、问答社区等渠道进行 SNS 营销。

（2）SNS 营销的步骤

掌握 SNS 营销的步骤可以帮助商家更好地制定营销策略。SNS 营销一般包括以下 6 个步骤。

① 选择合适的社交平台。在互联网和电子商务高速发展的背景下，社交网站层出不穷，同质化现象越来越严重。怎样选择一个合适的社交平台是商家进行 SNS 营销前需要首先考虑的问题。在选择社交平台时，建议商家从自身和消费者两个方面来考虑。首先，从社交平台所能提供的资源与自身的契合程度出发，从社交平台的技术、人员、对发布内容的质量监测等角度考虑，筛选对自身最有利、适合店铺发展的社交平台。其次，分析该平台的消费者，考察这些消费者是否与商家的目标消费者群体定位存在差异，商品能否在今后的营销过程中快速吸引这些消费者。最后，考虑花费在社交平台上的时间。一般来说，一开始进行 SNS 营销时，商家要多花费一些精力来进行消费者资源的积累，后期则可减少投入的时间，依靠消费者的传播来带动营销。

② 完善社交平台上的个人信息。在社交网站注册账号后，该账号就代表了商家的形象。商家要对账号的个人信息进行完善，如简介、头像、说明等，并定期根据营销目的进行更新，给消费者留下专业、认真的良好印象。以脸书为例，商家可以根据营销目标建立自己的公共主页，该主页就是商家向消费者推广信息的场所。主页中的个人信息展现形式多样，可以是文字、图片、链接、视频等各种与品牌推广、商品促销、消费者关系维护相关的内容。

需要注意的是，若商家在其他平台上也有类似的营销账号，要保证各账号信息和风格的一致性，如在脸书和推特上的账号头像、名称等最好保持一致。同时，信息介绍要体现自己的个性，以区别于同行业其他竞争者的营销账号，对消费者产生更大的吸引力。

③ 确定营销的基调。完善个人信息后，商家即可在社交平台发布信息。发布信息前，商家需要先确定营销的基调，确定自己的营销风格，找准竞争对手，有理有据地营销，提高营销的成功率，树立在消费者心中的良好印象。

④ 合理制定营销内容。商家在社交平台发布的营销内容常采用图片与文字相结合的方式。一般来说，图片的展示效果比文字更加突出，更容易吸引消费者查看、评论和转发。因此，商家制定营销内容时要合理进行内容的搭配，确定一个主要的内容类型，如以文字、图片或视频为主，然后搭配其他元素，在丰富内容的同时，全方位地展示营销信息。

此外，商家还要注意营销内容发布的时间与频率。不同的社交平台，用户的活跃时间和内容发布限制是不同的，商家应该在熟悉社交平台规则的前提下通过数据统计分析得出结论。

根据新浪财经网的数据统计，脸书平台上消费者的活跃时间为工作日 13:00～17:00；推特平台消费者的活跃时间为工作日 13:00～15:00；汤博乐平台消费者的活跃时间为周一至周四的 19:00～22:00 和周五的 16:00；Pinterest 平台消费者的活跃时间为工作日 14:00～16:00、20:00、23:00，周末全天；Google+平台上消费者的活跃时间为工作日 9:00～11:00。商家可以在上述这些时间段发布营销内容。同时，商家还要注意发布的频率，不宜过多或过少。一般来说，脸书平台一周 5～10 篇，推特平台每天至少 5 篇，LinkedIn 平台工作日每天 1

篇较为合适。当然，这些数据只是作为参考，商家可根据自己的营销目的来调整发布的频率、时间及内容，以达到最佳的营销效果。

⑤ 分析并检测数据。随着营销过程和结果的积累，商家可以从中获得越来越多的反馈信息，这些信息是商家下一步营销计划的基础。商家可以通过数据分析得到一个衡量标准，查看点击、评论、转发等是否达到了这个标准，方便后期调整营销策略。此外，对营销内容的展示效果也要不断进行测试，如果测试结果良好，则说明营销内容起到了积极作用，可继续采用该方法，反之则要进行改进。

⑥ 保持与消费者的互动。网络信息化时代，话题与信息都在快速变化，因此营销的内容要能够跟上信息变化的速度。商家应保证与消费者之间的良好沟通和互动，从互动中了解消费者的需求和关注点，挖掘更多的潜在消费者。商家可以发布一些话题或举办一些小活动，激发消费者的参与热情，并给予积极参与的消费者一定的奖励，从而增加消费者黏性，与消费者建立良好的关系。

（3）SNS 营销的技巧

从事跨境电子商务的商家需要具备一定的营销技巧才能更好地扩大营销效果，实现提高消费者转化的目的。总体来说，可以参考以下 4 种营销技巧。

① 增加网络曝光率。社交平台拥有广泛的消费者基础，这些消费者不仅可以在同一个平台进行信息传播，还可以实现跨平台的信息分享与传播。对商家来说，这些消费者不仅是营销信息的目标接受群体，还是营销信息的主动传播者。要想达到病毒式传播的营销效果，只能依靠社交平台上消费者的自发传播。因此，商家要增加商品和品牌的网络曝光率，通过良好的沟通和服务在消费者心中树立良好的形象，从而提高消费者的忠诚度，形成口碑传播和社群效应，不断提高商家的知名度与影响力。

② 加大合作力度。社交平台上不仅有一般的目标消费群体，还有部分企业消费者，处理好与这些企业消费者之间的关系，加强企业之间的沟通与合作，可以帮助商家借助其他企业的优势，实现合作共赢。此外，社交平台上信息的公开性与有效性，可以更加方便商家选择合作伙伴，评估合作企业，从而降低企业合作的成本，提高企业之间的信任与综合竞争力。

③ 提升搜索排名。社交媒体具有很强的交互性，能够快速实现与消费者之间的互动，进而吸引更多的粉丝。同时这些粉丝的口碑和社群传播可以为商家带来更多的主动搜索，提升商家的搜索排名，为商家带来更多的销售机会。

④ 减少营销成本。社交媒体本身拥有庞大的流量，这些流量中包含商家的目标消费群体。商家通过一系列营销策略，可以将具有潜在兴趣的消费者转化为自己的忠实粉丝，通过粉丝的分享传播，实现更低成本的营销，这为商家资源的优化和高效利用提供了更好的途径。

商家还可以与"大号"合作来增加粉丝量。所谓"大号"，是指在社交媒体中拥有较高知名度的账号，如网络红人等，这类账号一般拥有大量的粉丝。商家与"大号"合作，如让"大号"帮助商家发帖营销，可以充分利用"大号"的粉丝力量与影响力，从而提升自己的营销效果。当然，"大号"的选择是有标准的。一般来说，商家要根据营销的目标消费者群体的需求来选择具有影响力的"大号"，并对"大号"能够带来的流量进行评估，选择点赞和转发多、关注度高的优质"大号"进行合作。

总体来说，SNS 营销是一种基于用户创造内容和多渠道整合的互动式营销模式，其关键是商家树立的优质的品牌服务和独特的价值理念，同时结合其他渠道，如电子邮件营销、博客营销等方式。只有这样才能更好地扩散品牌影响力，实现营销效果的最大化。

2）电子邮件营销

电子邮件营销是在消费者事先许可的前提下，通过发送电子邮件的方式向目标消费者传递信息的一种网络营销推广手段，也称许可式电子邮件营销，常用的方法包括电子刊物、会员通信或专业服务商的电子邮件广告等。这种方式根据许可消费者的电子邮箱地址来展开营销，通过电子邮件广告的形式向消费者发送信息。

电子邮件营销有以下几个优点。

（1）覆盖范围广，成本低

不管消费者在世界上的哪个角落，只要他有电子邮箱，就能够收到商家发送的电子邮件。并且电子邮件营销的操作方式十分简单，无须掌握复杂的技术，也无须花费大量的成本雇用专门的营销人员来推广，与其他不加定位地投放广告的媒体相比，大大减少了营销费用。

（2）精准定位用户，回应率高

电子邮件营销是一种点对点的推广方式，商家可以针对某一特定人群发送特定的邮件，也可以根据行业、地域等对消费者进行分类，大大提高目标消费者群体定位的精确性，使宣传推广更加到位，从而获得消费者的良好反馈，便于推广工作的开展。

（3）满足用户的个性化需求

电子邮件营销可以为消费者提供更多的个性化服务，消费者可以选择自己感兴趣的信息，也可以退订不需要的服务。消费者对电子邮件营销的内容有选择权，可以自主决定是否接收这些内容，因此消费者对决定接收的信息的关注度更高，这也是电子邮件营销能够获得较好效果的原因。

7.2.3　跨境电子商务的物流

跨境物流是为跨国经营和对外贸易服务的，使各国物流系统相互"接轨"，因此与国内物流系统相比，具有国际性、复杂性和风险性等特点。随着跨境电子商务全球化进程的飞速发展，国际物流成为跨境电子商务的重要组成部分。国际物流运输渠道的不断成熟和多元化，也对跨境电子商务的物流应用和发展起到了推动作用。

1. 跨境电子商务国际物流

跨境电子商务国际物流是指跨境电子商务平台销售的商品从供应地到接收地的实体流动过程，包括国际运输、包装配送、信息处理等环节。随着跨境电子商务进入 3.0 时代，跨境电子商务与国际物流有着互相促进、互相依存的关系。

1）国际物流的分类

随着跨境电子商务的高速发展，适应跨境电子商务需求的各种类型的国际物流服务也诞生了。跨境电子商务网上订单交易完成以后，商家应使用最优的物流方式把商品快速地送到消费者手中，让消费者获得良好的产品体验。根据物流功能的不同，可以把国际物流分为不同的模式。

（1）邮政包裹模式

邮政包裹模式得益于万国邮政联盟，成员国之间的低成本结算使邮政包裹，特别是邮政国际航空小包裹的物流成本非常低廉，具有很大的价格竞争优势。邮政包裹一般按克收费，2 000 克以内的包裹基本以函件的价格结算，在很大程度上提高了跨境电子商务商品综合售价的优势。万国邮政联盟成员国之间的海关清关便利,也使邮政包裹的清关能力比其他商业快递更强,产生关税或退回的比例较小。成员国之间强大的网络覆盖,也使邮政包裹送无不达,经济发达的欧美国家物流时效很有保证。

(2)国际商业快递模式

国际商业快递四大巨头,即 DHL、TNT、FedEx 和 UPS。这些国际快递服务商通过自建的全球网络,利用强大的 IT 系统和遍布世界各地的本地化服务,为在跨境电子商务平台网购中国商品的海外客户带来了极好的物流体验。商业快递的时效基本是 3~5 个工作日,最快可在 48 小时内把货物送到客户手中。然而,优质的服务伴随着昂贵的价格。区别于邮小包裹模式按克收费的标准,商业快递的收费标准则是以 500 克为收费单位,所以跨境电子商务的商家一般把商业快递作为批发大批量货物,以及客单价较高或邮寄样品等对时效要求较高的物流选择。

(3)专线物流模式

跨境专线物流一般是指国际物流服务商通过航空包舱方式把货物运输到固定的国家或地区(如欧洲),再通过自身在目的国的派送网络或第三方物流服务商来完成派送的物流模式。专线物流的优势在于其能够集中大批量货物运输到某个特定国家或地区,通过规模效应降低成本。因此,其价格一般比商业快递低。在时效上,专线物流稍慢于商业快递,但比邮政包裹快很多。市面上最普遍的专线物流产品有美国专线、欧洲专线、澳大利亚专线、俄罗斯专线、中东专线、南美专线、南非专线等。

(4)海外仓储模式

海外仓储服务是指物流服务商为卖家在销售目的国进行货物仓储、分拣、包装和派送的一站式管理服务。海外仓储的成本包括头程运输、仓储管理和本地配送 3 部分。其中,头程运输是指中国商家通过海运、空运、陆运或联运将商品运送至海外仓库;仓储管理是指中国商家通过物流信息系统,远程操控海外仓储货物,实时管理库存;本地配送是指海外仓储中心根据订单信息,通过当地邮政或快递将商品配送给客户。

2)国际物流服务商

(1)EMS 国际快递

EMS 全称为 Express Mail Service,即特快专递邮件业务。EMS 国际快递是各国邮政开办的一项特殊邮政业务。该业务在各国邮政、海关、航空等部门均享有优先处理权,可以高速度、高质量地为客户传递国际紧急信函、文件资料、金融票据、商品货样等各类文件资料和物品,同时提供多种形式的邮件跟踪查询服务。EMS 国际快递还提供代客包装、代客报关、代办保险等一系列综合延伸服务。

(2)ePacket

ePacket 俗称 e 邮宝,又称 EUB,是中国邮政速递物流旗下的国际电子商务业务。ePacket 目前可发往美国、澳大利亚、英国、加拿大、法国、俄罗斯。

(3)中国邮政大、小包

① 中国邮政大包。中国邮政大包除了航空大包,还包括水路运输、空运水路联合运输的大包。中国邮政大包可寄达全球 200 多个国家,价格低廉,清关能力强,对时效性要求不高而重量稍重的货物,可选择使用此方式发货。

② 中国邮政小包。中国邮政小包是指包裹重量在 2kg 以内(阿富汗为 1kg 以内),外包装长、宽、高之和小于 90cm,且最长边小于 60cm,通过邮政空邮服务寄往国外的小邮包。中国

邮政小包可以分为挂号小包和平邮小包两种。两者的主要区别在于挂号小包提供的物流跟踪条码能实时跟踪邮包在大部分目的国家的实时状态；平邮小包不受理查询，但能通过快递单条码以电话查询的形式查询邮包在国内的状态。

③ 其他国家或地区的邮政小包。邮政小包是使用较多的一种国际物流方式，依托万国邮政联盟网点覆盖全球，其对于重量、体积、禁限寄物品要求等方面均存在很多共同点，但不同国家和地区的邮政提供的邮政小包服务或多或少存在一些区别，主要体现在不同的区域会有不同的价格和时效，以及对承运物品的不同限制。图7.25是邮政小包的订单样式。

图 7.25　邮政小包的订单样式

除了前面以国际联营和国家经营提供的物流服务，在跨境物流中还广泛存在私人资本运作的国际物流服务——商业快递公司，这些快递公司丰富了国际物流的方式并提高了物流效率。

（4）商业快递公司介绍

速卖通平台常用的商业快递公司包括 TNT、UPS、FedEx、DHL、Toll、SF Express 等。不同的商业快递公司拥有不同的渠道，在价格、服务、时效上都有所不同。

① TNT。TNT 集团是全球领先的快递邮政服务供应商，为企业和个人客户提供全方位的快递和邮政服务。总部位于荷兰的 TNT 集团，在欧洲和亚洲提供高效的递送网络，通过在全球范围内扩大运营分布来最大限度地优化网络效能。TNT 快递有超过 26 610 辆货车与 40 架飞机，以及欧洲最大空陆联运快递网络，可实现门到门的递送服务。

② UPS。UPS 快递在 1907 年作为一家信使公司成立于美国华盛顿州西雅图，是一家国际公司，其商标是世界上最知名、最值得景仰的商标之一。作为世界上最大的快递承运商与包裹递送公司之一，同时也是运输、物流、资本与电子商务服务的领导性提供者，UPS 每天都在世界上 200 多个国家和地区管理物流、资金流和信息流。通过结合物流、资金流和信息流，UPS 不断开发供应链管理、物流和电子商务的新领域。如今 UPS 已发展成为一家拥有 300 亿美元资产的大公司。

③ FedEx。FedEx 全称是 Federal Express，即联邦国际快递，是一家国际速递集团。FedEx 成立于 1973 年 4 月，总部设在美国田纳西州，亚太地区总部设在中国香港，同时在上海、东京、新加坡均设有区域性总部。FedEx 提供隔夜快递、地面快递、重型货物运送、文件复印及物流服务。

联邦快递分为中国联邦快递优先型服务（Intermatioal Priority Freight，IP）和中国联邦快递经济型服务（International Economy，IE）。

④ DHL。DHL 国际快递是全球快递行业的市场领导者。DHL 成立于 1969 年，总部设在德国波恩，可寄达 220 个国家和地区，涵盖超过 120 000 个目的地（主要邮政编码地区）的网络，向企业和私人客户提供专递及速递服务。

⑤ Toll。Toll 集团成立于 1888 年，总部设在澳大利亚墨尔本。Toll 在澳大利亚、泰国、越南等亚洲地区有价格优势。

⑥ SF Express。SF Express 即顺丰速运，1993 年在广东顺德成立，是一家主要经营国际、国内快递业务的港资快递企业。近年来，顺丰速运积极拓展国际件服务，除开通中国大陆、香港、澳门和台湾地区的快递服务外，还开通了美国、日本、韩国、新加坡、马来西亚、泰国、越南、澳大利亚等国家的快递服务。

（5）专线物流介绍

① Special Line-YW。Special Line-YW 即航空专线燕文，俗称燕文专线，是北京燕文物流公司旗下的一项国际物流业务。线上燕文专线目前已开通美国、欧洲、澳大利亚、中东和南美专线。

② Russian Air。Rusian Air 即中俄航空专线，是通过国内快速集货、航空干线直飞、在俄罗斯通过俄罗斯邮政或当地落地配进行快速配送的物流专线的合称。Russian Air 针对跨境电子商务客户的物流需求提供小包航空专线服务，时效快速且稳定，并提供全程物流跟踪服务。

③ Aramex。Aramex 快递，在国内也称"中东专线"。作为中东地区知名的快递公司，Aramex 成立于 1982 年，是第一家在纳斯达克上市的中东国家公司，提供全球范围的综合物流和运输解决方案。Aramex 快递可送达中东、北非、南亚等 20 多个国家，在当地具有很大的优势。正常递送时间一般为 4~12 天。

④ 速邮宝。速邮宝是由速卖通和芬兰邮政针对 2kg 以下小件物品推出的香港口岸出口的特快物流服务，分为挂号小包和经济小包，运送范围为俄罗斯及白俄罗斯全境邮局可到达的区域。速邮宝具有在俄罗斯和白俄罗斯清关速度快、时效快、经济实惠的特点。

⑤ SPSR。SPSR 是俄罗斯优秀的商业物流公司，也是俄罗斯跨境电子商务行业的领军企业。SPSR 面向速卖通卖家提供经北京、香港、上海等地出境的多条快递线路，运送范围为俄罗斯全境。

2. 海外仓物流

随着跨境电子商务的发展、本地化服务的进一步提升，以及本地化体验的良好口碑，海外仓成为未来跨境电子商务发展的必然趋势。通过海外仓的管理方式能够缩短卖家的发货时间。对当地的买家来说，他们会更多地选择使用海外仓服务的卖家来缩短送货时间，以改善购物体验。

1）海外仓选品

适合做海外仓的商品大致可以分为以下几种。

（1）尺寸、重量均较大的商品

此类商品的尺寸和重量都超出了小包规格的限制，直接用国际快递的话，费用昂贵，使用海外仓可以节省运费。

（2）单价和利润高的商品

相比国际快递，海外仓的本地配送服务丢包率和破损率都可以控制在一个较低的水平，对卖家而言，可以降低高价值商品的意外损失率。

（3）高人气商品

这类商品由于受到本地市场的热捧，使用海外仓可以提高商品的周转率，降低商品积仓的风险，卖家也能更快地回笼资金。

2）海外仓的优点

买家下单后，出口企业通过海外仓直接在本地发货，大大缩短了配送时间，也避免了清关障碍。货物批量运输，降低了运输成本。买家收到货物后能轻松实现退换货，改善了购物体验。

3）海外仓费用结构

海外仓的费用是指把仓库设立在海外而产生的一系列费用。海外仓可以自建仓库或使用第三方物流公司的仓库。第三方物流服务商的海外仓费用结构由头程费用、税金、当地派送费用、仓储费、订单处理费构成。

（1）头程费用

头程费用是指从中国把商品运送至海外仓库这一过程中产生的运费。

（2）税金

税金是指商品出口到某国，按照该国进口商品政策而征收的一系列费用。征收进口关税会增加进口商品的成本，提高进口商品的市场价格，影响外国商品进口的数量。

（3）当地派送费用

当地派送费用是指买家下单后，由仓库完成打包，将商品配送至买家地址所产生的费用。当地派送费用参考各国物流服务商公司的收费标准。

（4）仓储费

仓储费是指因商品储存在仓库而产生的费用，一般第三方物流公司为了提高商品的动销率，会按周收取仓储费。

（5）订单处理费

订单处理费是指买家下单后，由第三方人员对订单进行现货打包产生的费用。

不同的国家，海外仓的仓储费用不同，卖家在选择海外仓时一定要计算清楚成本费用，与自己目前的发货方式所需要的成本进行对比选择。建议卖家在销售旺季选择使用海外仓储服务。

4）海外仓商品涉及的销售增值税

销售增值税（Value Added Tax，VAT）是欧盟的一种税制，是指商品售价的利润税。它适用于在欧盟国家境内产生的进口商业交易及服务行为。VAT和进口税是两个独立缴纳的税项。当商品进口到欧盟国家的海外仓时，会产生商品的进口税；当商品在欧盟国家境内销售时，会产生VAT。

如果卖家使用欧盟国家本地仓储发货，就属于VAT应缴范畴，即便卖家所选的海外仓储服务是由第三方物流公司提供的，也从未在当地开设办公室或聘用当地员工，也需要缴纳VAT。

为了能依法缴纳VAT，卖家需要向海外仓本地的税务局申请VAT税号。VAT税号具有唯一性，只适用于注册当事人。当然，卖家也可以授权给代理公司或中介协助注册VAT税号。

5）亚马逊 FBA

对从事跨境电子商务的卖家来说，物流很重要，亚马逊非常看重卖家的物流配送能力，所以亚马逊物流（Fufllment by Amazon，FBA）是亚马逊平台运营的核心内容。FBA 是指亚马逊提供的代发货服务，卖家把货物发往 FBA 的仓库，亚马逊提供仓储、拣货打包、派送、收款、客服、退货处理一系列服务。尤其是欧洲市场，商品从国内寄往欧洲的时间长、费用高，如果卖家不能保证买家在 7～10 天内收到商品，就会严重影响自己的综合评分。因此，选择FBA 是明智之举。

FBA 仓储服务费用主要包括订单处理费、商品挑选打包费、称重费、仓储费。

7.2.4 跨境电子商务的客服

跨境电子商务平台除了日常的管理和数据分析，客户服务也是很关键的工作内容，其中客服的技巧对于促进跨境电子商务平台的交易有很大的作用。本节将讨论如何通过提高客服的技巧，给客户带来更好的体验，减少销售和物流过程中产生的纠纷。

1．询盘回复

对客户询盘的回复要遵循以下几个原则：①回复及时（客户询盘发出后 24 小时内是回复的黄金时间）；②内容专业（清晰、简洁、完整）；③格式规范（注意问候语、结束语等细节）。

在客户主动询价，我方报价时，可以采用下面的回复模板。

1）一般回复

```
Dear Mr./Ms. ××,
    Thanks for your inquiry about ×× products! Now we here kindly quote you our best ×× price as following.
        Products name:
        Specification, weight and size:
        Packing:
        Payment:
        Delivery time:
        Shipment fee:
        Quantity:
        Validity:
        Others:
    Pls. review the above price and let us know your confirmation in an early date.Looking forward to hearing from you soon.
```

译文如下。

```
尊敬的××先生/小姐：
    感谢您对××产品的询价！现谨向贵方报××最优惠价格如下。
        产品名称：
        规格、重量和尺寸：
        包装：
        付款：
```

> 交货时间：
> 运费：
> 数量：
> 有效期：
> 其他：
> 请查看以上价格，并尽早告知您的确认。期待尽早收到您的来信。

2）客户询盘模糊，向客户询问规格

> Dear sir,
> 　　Thanks for your inquiry of our ×× (products) on Dec.10th. We are in ×× filed for many years, so we are confident we can do it.But the specifications you given is still lack, such as the diameter, meterial, quantity and so ... pls. can you send us the details? The drawing (CAD) is ok. After we confirmed, we are happy to provide you with our good quality and competitive price.
> 　　Look forward your soonest reply,
> 　　Thanks and regards.

译文如下。

> 亲爱的先生：
> 　　感谢您在12月10日对我们××（产品）的询价。我们在××产品沉浸多年，有信心做好这个项目。但您给出的规格仍然不足，如直径、材料、数量等，请把您的详细要求发给我们好吗？图纸（CAD）也可以。我们确认后，会很高兴为您提供良好的质量和有竞争力的价格。
> 　　期待您的尽快回复。
> 　　谢谢，祝好。

2. 客服技巧

下面提供了一些客服技巧示例，英文中的$buyer 和$myname 分别表示客户方的名字和己方的名字，需真实填写。

1）征求意见反馈

例如，提醒买家给自己留评价时，可以这样表达。

> 　　Dear $buyer, thanks for your continuous support to our store, and we are striving to improve ourselves in terms of service, quality, sourcing, etc. It would be highly appreciated if you could leave us a positive feedback, which will be a great encouragement for us. If there's anything I can help with, don't hesitate to tell me. Best Regards, $myname

译文如下。

> 　　亲爱的客户，感谢您继续支持我们，我们正在改善服务、质量、采购等。如果您可以给我们一个积极的反馈，我们会非常感激，因为这对我们来说是一个很大的鼓励。如果有什么我可以帮忙的，不要犹豫，请告诉我。祝好！

2）提供可选范围

例如，当商品断货时，可以这样表达。

> Dear $buyer, We are very sorry that item you ordered is out of stock at the moment. I will contact the factory to see when it will be available again. I would like to recommend some other items of similar styles. Hope you like them too. You can click on the following link to check them out ××××××××××××××××××××. If there's anything I can help with, please feel free to contact us. Thanks ! Best Regards, $myname

译文如下。

> 亲爱的客户，真是对不起，您订购的商品目前缺货，我会与工厂联系看什么时候能补上，并将随时告知你。以下链接提供的产品也很不错，×××××××××××××××（链接地址），您可以看看。有什么我可以帮忙的，请随时与我们联系。谢谢！

3）信息清晰易懂

（1）发货后

> Dear $buyer, The item ×××××××××× you ordered has already been shipped out and the tracking number is ××××××××××. The shipping status is as follows: ××××××××××. You will get it soon. Thanks for your support! Best Regards, $myname

译文如下。

> 亲爱的客户，订单号为×××××××的货物已经发货，发货单号是××××××。发货状态是×××××××。您将很快收到货物，感谢您的支持和理解。

（2）已付款订单

> Dear $buyer, Your payment for item ×××××××××××× has been confirmed. We will ship your order out within ××× business days as promised. After doing so, we will send you an e-mail notifying you of the tracking number. If you have any other questions, please feel free to let me know. Thanks! Best Regards, $myname

译文如下。

> 亲爱的客户，您的订单编号为××××××××××××××的款项已收到。我们将在承诺的×××天内发货。发货后，我们将以电子邮件通知您货运单号。如果您有任何问题，请随时联系我。谢谢！

（3）订单完成

> Dear $buyer, I am very happy that you have received the order. Thanks for your support. I hope that you are satisfied with the items and look forward to doing more business with you in future. Thanks! $myname

译文如下。

> 亲爱的客户，我很高兴地看到您已收到货，感谢您的支持。希望您满意，并期待将来与您做更多的生意。谢谢！

4）提供有价值的跟进工作

（1）商品打折

> Dear $buyer, Thanks for your message. Well, if you buy both of the ××××items, we can offer you a ×× discount. Once we confirm your payment，we will ship out the items for you in time. Please feel free to contact us if you have any further questions.Thanks & Best regards! $myname

译文如下。

> 亲爱的客户，感谢您给我信息。目前我们正在进行促销，如果你购买了××××商品，我们可以为您提供××的折扣。一旦我们确认您的付款，我们将及时发货。如果您有任何进一步的问题，请随时与我们联系。谢谢！

（2）推荐新品

> Dear $buyer, As Christmas/New year is coming, we found ×××has a large potential market. Many customers are buying them for resale on eBay or in their retail stores because of its high profit margin. We have a large stock of ×××. Please click the following link to check them out ××××××. If you order more than 10 pieces in one order, you can enjoy a wholesale price of ×××. Thanks Regards. $myname

译文如下。

> 亲爱的客户，随着圣诞节/新年的来临，我们发现×××商品拥有一个大型潜在市场。我们有大量畅销的×××商品。请单击下面的链接××××××查看它们。如果您一个订单购买××件，我们可以给您批发价格。感谢您的惠顾。

5）提供免费送货服务

> Dear $buyer, Sorry, free shipping is not available for orders sent to ××××. But we can give you a ×× discount of the shipping cost. $myname.

译文如下。

> 亲爱的客户，很抱歉，到××××不能免运费，但是我们可以在运费上给您××的折扣。

> Dear $buyer, We've reset the price for you. We have given you a ×× discount on the original shipping price. Since the price we offer is lower than the market price and as you know the shipping cost is really high，our profit margin for this product is very limited. Hope you are happy with it and you are welcome to contact me if there's anything else I can help with. Best regards! $myname

译文如下。

> 亲爱的客户，我们已经为您重置了价格并给您原运价××的折扣。如您所知，运输成本非常高，而我们提供的价格比市场价格低，我们从这个商品中赚取不了多少利润。希望您满意，并随时与我联系。

3．纠纷对卖家的影响

当出现买卖纠纷时，跨境电子商务平台希望卖家有能力且积极主动地联系买家协商解决纠纷，从而提升买家的购物体验。跨境电子商务平台与纠纷相关的卖家考核指标共有3个，分别是裁决提起率、卖家责任裁决率、买家不良体验订单率。设定这3个考核指标的初衷是区分卖家的服务能力，让买家能够找到服务能力较好的卖家。下面以速卖通平台为例对这3个考核指标进行介绍。

1）裁决提起率

买卖双方对买家提起的退款处理无法达成一致，最终提交至速卖通平台进行裁决，该订单即进入纠纷裁决阶段。裁决提起率是指一定周期内提交至平台进行裁决的订单数与发货订单数之比，计算公式如下。

裁决提起率=过去30天内提交至平台进行裁决的纠纷订单数/（过去30天内买家确认收货的订单数+确认收货超时的订单数+买家提起退款并解决的订单数+提交到速卖通进行裁决的订单数）

2）卖家责任裁决率

纠纷订单提交至速卖通进行裁决，速卖通会根据买卖双方的责任进行一次性裁决。卖家责任裁决率是指一定周期内提交至平台进行裁决且最终被判为卖家责任的订单数与发货订单数之比，计算公式如下。

卖家责任裁决率=过去30天内提交至平台进行裁决且最终被裁定为卖家责任的纠纷订单数/（过去30天内买家确认收货的订单数+确认收货超时的订单数+买家提起退款并解决的订单数+提交到速卖通进行裁决并裁决结束的订单数）

例如，截至统计日，某卖家历史上一共发货100笔订单，其中40笔订单在30天前已经交易结束，10笔订单在统计之日仍处于"等待买家确认收货"的状态，余下的订单是需要进行统计的。在过去30天内这些订单分别经历了以下状态：30笔买家确认收货，11笔确认收货超时，9笔卖家提起退款，买家提起的9笔退款订单中1笔买家取消了退款申请并确认收货，5笔与卖家协商解决了，3笔提交至速卖通进行裁决，最后有2笔裁定为卖家责任，另外1笔还未裁决，则该卖家的裁决提起率和卖家责任裁决率分别如下。

裁决提起率=3/（30+11+1+5+3）=6%

卖家责任裁决率=2/（30+11+1+5+2）=4.1%

3）买家不良体验订单率

买家不良体验订单率（Order Defect Rate，ODR），即买家不良体验订单占所有考核订单的比例，计算公式如下。

ODR=买家不良体验订单数/所有考核订单数

式中，买家不良体验订单数是指考核期内满足以下任一条件的订单数的总和：买家给予中差评、DSR中低分（商品描述≤3星、卖家沟通≤3星、物流服务=1星）、成交不卖、仲裁提起订单、卖家5天不回应纠纷导致结束的订单。

考核订单数是指以下任一时间点发生在考核期内的订单数的总和：卖家发货超时时间、买家选择卖家原因并成功取消订单的时间、卖家完成发货时间、买家确认收货或确认收货超时时间、买家提起/修改纠纷时间、仲裁提起/结束时间、评价生效/超时时间。

根据考核结果,平台可将卖家划分为优秀、良好、及格和不及格4个等级,不同等级的卖家将获得不同的平台资源。

总体来说,从订单开始到结束,每个环节出现的问题都会对卖家的服务等级造成影响。

4. 如何提升卖家服务等级

卖家的商品质量及服务能力对买家的购买决策有着决定性的影响,特别是商品的描述和评价、沟通效率、纠纷处理效率和服务态度等。买家希望在选择商品时能快速识别商品和服务表现皆好的卖家。

卖家可以从以下几个方面提升自己的服务等级。

1)提高商品描述的准确性

在商品详情页和店铺装修中,凡是可能会影响买家购物决策的图片、描述、物流运达时间等因素都应该及时修改,保证准确性。

2)提升客服人员的素质和沟通回复效率

要提升客服人员素质和沟通回复效率需要对客服人员进行职业道德培训、业务培训、仪表礼仪培训、语言表达能力培养和自控能力培训。

3)提高物流速度

如果选择第三方物流服务商发货,卖家应选择合适的物流服务商,以保证物流速度。如果是自己发货,卖家一定要做到以下几点。

① 货物发出时,要给买家留言。
② 货物遇到清关问题时要及时和买家联系。
③ 在遇到一些不可抗力因素导致物流缓慢时,要提前告知买家。

7.3 速卖通运营管理

速卖通是阿里巴巴集团帮助中小企业直接与全球的个人消费者进行在线交易的跨境电子商务平台,集商品展示、客户下单、在线支付、跨境物流等多种功能于一体,可实现小批量、多批次快速销售,拓展利润空间。

无论卖家是否拥有外贸经验,速卖通都可以帮卖家实现 3 分钟商品上架,3 小时处理买卖信息,获得订单,3 天内通过快递将商品发往全球,并在买家收货、确认付款之后,立刻让卖家拿到利润。

7.3.1 速卖通的视觉设计

速卖通平台的站点主要有俄罗斯、巴西、西班牙、美国,店铺风格简约,色系柔和。速卖通的视觉设计注重颜色的搭配。例如,对于服装商品,美国人普遍喜欢亮色,俄罗斯人不喜欢黄色,西班牙人不喜欢黑色,意大利人喜欢绿色等。只有了解买家的思维习惯和生活方式,才能更好地利用视觉来博取他们的喜爱。速卖通对商家店铺视觉设计的支持不断推陈出新,从最初的不需要装修、简单地套模板、淘宝美工装修、速卖通专业装修,到现在的小二风格化装修。在速卖通装修要求不断升级的情况下,卖家应积极提升店铺品味。图 7.26 是速卖通的专业装修示例。

图 7.26　速卖通专业装修示例

7.3.2　速卖通的营销

1. 流量引入和使用

1）直通车推广

速卖通直通车是阿里巴巴全球速卖通平台会员通过自主设置多维度关键词，免费展示产品信息，通过大量曝光商品来吸引潜在买家，并按照点击付费的全新网络推广方式。简单来说，速卖通直通车就是一种快速提升店铺流量的营销工具。其特色优势有以下几个。

① 按点击付费：根据海外买家点击和查看后的结果，产生推广费用（中国大陆地区买家点击不收费）。

② 灵活可控：有效控制每日推广预算，淡旺季推广方案灵活可控。

③ 海量选词：有海量关键词可供选择，多维度曝光商品，全面覆盖潜在买家。

2）搜索引擎营销

搜索引擎营销分为付费广告和自然搜索排名两种。

搜索引擎营销涵盖关键词排名、竞价广告等，大多数情况下按点击计费。它的基本思想是让用户发现信息，并通过搜索引擎搜索点击进入网站/网页，进一步了解其所需要的信息。在介绍搜索引擎策略时，一般认为，搜索引擎优化设计的主要目标有 2 个层次：被搜索引擎收录、在搜索结果中排名靠前。简单来说，搜索引擎营销所做的就是以最小的投入在搜索引擎中获得最大的访问量并产生商业价值。

搜索引擎优化原意是从自然搜索结果中获得网站流量的技术和过程，是在了解搜索引擎自然排名机制的基础上，对网站进行内外部的调整优化，改进网站在搜索引擎中的关键词自然排名，获得更多的流量，从而达到网站销售和品牌建设的目标。

但是，在速卖通平台，搜索引擎优化则被理解为产品搜索排序优化，目的是在既定的速卖通网站搜索规则下，让目标商品在其搜索关键词下能够被系统抓取，但是抓取不等同于曝光。

3）社交媒体营销

进入社交媒体时代，沟通渠道开始变得多样，沟通过程也融入了更多的个人情感。粉丝可能在商家的脸书、推特账号下评论或分享他们的观点。在信息时代，企业不只是信息的发布者，更是活动的倾听者和参与者。

社交媒体营销分为主页发帖吸引粉丝互动（免费）和广告投放（付费）两种。

主页发帖包括更新主页状态、发布照片/视频、发布活动信息、发布大事记、建立和参与小组讨论等，吸引自然粉丝并与之互动，大多以内容创意和活动的吸引力及与客户的互动为取胜点。

广告投放是社交媒体营销中逐渐形成和强化的另一种快速见效的营销方式。其多以网站中的广告横幅、文本链接、多媒体等形式展示给互联网用户。随着受众的注意力从电视转移到其他网络媒体，互联网广告已经逐渐成为广告营销的重要发展方向。

以下为国际几大社交媒体营销概况。

① 脸书。脸书是全球最大的社交网络服务网站之一，于 2004 年 2 月 4 日上线。脸书的用户群体黏度和忠诚度是极高的，其浏览量也很大。

② 推特。推特主要提供社交网络和微博客服务，它可以让用户更新不超过 140 个字符的信息，这些消息被称作"推文"。推特在全世界都非常流行，每天会处理约 1.6 亿次网络搜索请求，被形容为"互联网的短信服务"。

③ Instagram。Instagram 是一个免费提供在线图片及短视频分享的社交应用，于 2010 年 10 月发布。用户用智能手机拍下照片后，可使用 Instagram 给照片添加不同的滤镜效果，然后分享到社交网站上。

Instagram 的访客以所属国家排名，第一名是美国，排名第二和第三的分别是俄罗斯和巴西，这也说明俄罗斯和巴西这两个国家的移动设备使用率较高。

④ Pinterest。Pinterest 是一个图片分享类社交网站，是由美国加利福尼亚州的一个名为 Cold Brew Labs 的团队创办的，2010 年正式上线。在该平台，用户可以按照主体分类添加和管理自己的图片收藏，并与好友分享。Pinterest 使用的网站布局为瀑布流布局。

⑤ VKontakte。VKontakte 是俄罗斯知名的在线社交网络服务网站，支持 70 多种语言，用户主要来自俄语系国家，其中，俄罗斯、乌克兰、阿塞拜疆、哈萨克斯坦、摩尔多瓦、白俄罗斯、以色列等国家的用户比较活跃。

2．营销活动

1）店铺自主营销

店铺自主营销是店铺流量的主要来源之一，是店铺吸引流量、提高客单价、促进转化的重要方法。下面对店铺自主营销的 4 种主要方式进行讲解，卖家可根据具体情况选择合适的方式进行店铺推广。

（1）全店铺打折

全店铺打折是店铺自主营销的"四大利器"之首，尤其是对新店铺来说，效果更加明显，能快速提高店铺的销量和信用，增加店铺的综合曝光率。但是在做全店铺打折前，以下 3 点需要注意。

① 全店铺打折的时间为美国太平洋时间，创建活动需 24 小时后开始。

② 针对活动基本信息进行讲解。要给活动起一个一目了然的名称，假如是月底大促销，则可以直接在活动名称中写"月底大促销"，这样方便后续观察。对于活动时间，由于全店铺打折的力度比较大，因此活动时间不宜设置过长，最好为 3 天以内。否则，店铺每天都在打折，给客户的印象就是该店铺就是一个打折店铺，客户每天都在等待店铺打折，不打折就不下单，不利于店铺的长期发展。

对于活动商品及促销规则的设置，初期需要做营销分组，确定每个商品组能打几折。在这里要提醒大家的是"Other"组，不在任何一个商品组的商品都会被放进这个组，在给"Other"组设置打折时，一定要谨慎，仔细观察这个组里的商品再打折。

③ 结合客户管理进行全店铺打折。首先进行客户管理分析，有针对性地通知目标客户，给客户发营销邮件。如果营销邮件不够用，可以借用第三方工具，向目标客户发出通知。除了客户营销，在全店铺打折期间，商家最好能 24 小时不间断地进行直通车推广。通过直通车引进新客户。有些客户本来只想买直通车推广的商品，但是进入店铺之后，发现店铺中所有的商品都在打折，就会顺带买一些其他商品，这样就提高了店铺的客单价。

店铺的每种营销手段都不是孤立的，只有把它们紧密地结合起来，才能把店铺的自主营销活动做到最好。在做店铺自主营销的过程中，只有不断地总结，才能让店铺获得最好的营销效果。

（2）限时限量折扣

进入速卖通后台，选择"营销活动|店铺活动|限时限量折扣|创建活动"选项。

（3）店铺满立减

在做满立减活动之前，首先要知道店铺的客单价是多少。选择"数据纵横|成交分析|成交概况"选项，可以看到固定时间段内店铺的平均客单价。

除了在后台查看客单价，还有一个可以直接判断客单价的方法，那就是找出最近一个月内经常出单的商品中销售额最大的商品价格进行判断。当然，这个方法只适用于店铺的整体客单价相差不大的情况。要注意的是，满立减活动都有数量和时间限制，总时长 720 小时。

（4）店铺优惠券

设置优惠券是为了提高店铺的客单价。优惠券可以设置成小金额的，如 2 美元、3 美元、4 美元等，比较灵活。优惠券可以增加二次营销的机会。

2）平台活动

平台活动是速卖通面向卖家推出的免费推广服务，是速卖通平台上效果最明显的营销利器之一，它能快速实现店铺的高曝光量、高点击率、高转化率等一系列目标。平台活动主要包括大促活动、团购活动及针对特定行业和主体的专题活动。

每期平台活动都会在 My AliExpress 的"营销中心"板块进行展示和招商。卖家可以选取自己店铺内符合活动条件的商品自主报名参加。一旦入选，该申报商品就会出现在活动的推广页面，获得大量流量。

商家要做好定向优惠券营销、收藏夹和购物车营销等，以配合平台活动的开展，提升店铺转化率。要注意客服的及时性，提升客服人员的询盘回复速度，增加客服人员在线时长，以满足不同国家和地区消费者的需要。活动结束后应及时发货，做好售后服务，提升好评率，提升客户购买体验和服务体验，留住老客户。一次优秀的平台活动可以为店铺带来极大的流量和更多的订单。

3）联盟营销

联盟营销是一种按效果付费的网络营销模式，卖家通过联盟营销渠道收到订单，按照事先约定的交易比例支付佣金。佣金由卖家决定，3%~50%不等。若有退款或订单折扣，则按比例削减佣金，运费无须支付佣金。与直通车的按点击收费方式不同，联盟营销是按成交额收费的，没有成交则不收费。

选择"我的速卖通|营销活动|联盟看板"选项，勾选"我已阅读并同意此协议"选项。单击"下一步"按钮，进入设置联盟佣金比例页面。设置好佣金比例后，单击"加入联盟计划"按钮，就可以正式加入联盟营销了。

在某个时间段，联盟营销的效果可以通过观察成交详情报表得到。

做联盟营销需要一个过程，切不可急于求成。在做主推商品时，需要卖家不断地总结，不断地淘汰不良的商品，不断地更换新的商品，最终留下能带来订单的商品。

7.3.3 速卖通数据分析

利用速卖通平台提供的数据产品"数据纵横"可以查看平台各行业的交易状况、买家地域分布、热卖商品、热搜关键词等数据。通过"行业情报"功能可了解速卖通各行业的市场情况，为店铺经营指导方向；"选品专家"功能提供了速卖通的热卖商品及热门关键词数据，是选品、取名、定价必备的数据工具；"商铺分析"功能提供了卖家商品的流量、热门商品和访客地域分布，让卖家对自己的店铺经营状况了如指掌。

1. 查询热搜关键词

可以利用"选品专家"查询速卖通各级商品类目下的热搜关键词。操作步骤如下。

① 进入"我的速卖通"页面，单击"数据纵横"选项卡，在左侧栏选择"选品专家"选项，如图 7.27 所示。

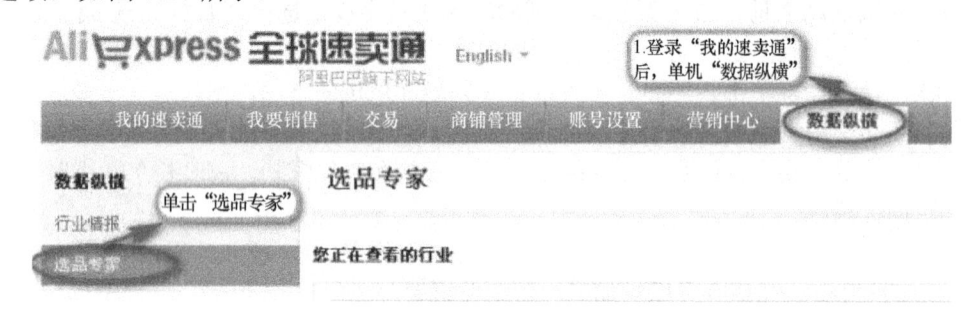

图 7.27 速卖通"选品专家"页面

② 选择商品类目和时间范围，查看关键词。

2. 查询热卖商品

可以利用"选品专家"查询速卖通各级商品类目下的热卖商品。操作步骤如下。

① 进入"我的速卖通"页面，单击"数据纵横"选项卡，在左侧栏选择"选品专家"选项。

② 选择商品类目和时间范围，查看热卖商品。

3. 查询行业市场情况

可以利用"行业情报"查询行业的流量占比、订单占比、竞争力、上架商品数、平均成交单价、买家地域分布，甚至可以了解某个叶子类目的行业趋势。操作步骤如下。

① 进入"我的速卖通"页面，单击"数据纵横"选项卡，在左侧栏选择"行业情报"选项。

② 选择商品类目和时间范围。

③ 通过行业排行榜查看热卖、浏览率最高和竞争力最强的行业。

④ 了解某个行业一段时间内的流量占比、订单占比、竞争力、上架商品数、平均成交单价和动态，还可以选择任意两个行业进行比较，对比不同行业的数据指标。

⑤ 查看各个行业排名靠前的卖家的店铺名称，并可以点击进入卖家的店铺。

⑥ 查看某个行业的买家地域分布。

7.3.4 速卖通客服

卖家发货并填写发货通知后，买家如果没有收到商品或对收到的商品不满意，可以在卖家全部发货 5 天后申请退款（若卖家设置的限时达时间小于 5 天，则买家可以在卖家全部发货后立即申请退款），买家提交退款申请时纠纷即产生。

当买家提交或修改纠纷时，卖家必须在 5 天内接受或拒绝买家的退款申请，否则订单将根据买家提出的退款金额执行退款操作。

如果买卖双方协商一致，则按照双方达成的退款协议操作。如果无法达成一致，则提交至速卖通进行裁决。

① 买家可以在卖家拒绝退款申请后提交至速卖通进行裁决。

② 若买家第一次提起退款申请后 15 天内未能与卖家协商一致，达成退款协议，买家也未取消纠纷，第 16 天系统会自动提交至速卖通进行纠纷裁决。

③ 若买家提起的退款申请原因是"货物在途"，则系统会根据限时达时间自动提交至速卖通进行裁决。

④ 对于纠纷，为了改善买家体验，增强其对速卖通和卖家的信心，速卖通鼓励卖家积极与买家协商，尽早达成协议，减少平台介入。如果纠纷提交至速卖通，速卖通会根据买卖双方提供的证据进行一次性裁决，卖家必须接受速卖通的裁决。此外，如果速卖通发现卖家有违规行为，会对卖家给予处罚。

⑤ 纠纷提交至速卖通进行纠纷裁决后的 2 个工作日内，速卖通会介入处理。

⑥ 如买卖双方达成退款协议且买家同意退货，买家应在达成退款协议后 10 天内完成退货发货并填写发货通知，速卖通将按以下情形处理。

- 买家未在 10 天内填写发货通知的，结束退款流程，交易完成。
- 买家在 10 天内填写发货通知且卖家 30 天内确认收货的，速卖通根据退款协议执行退款操作。
- 买家在 10 天内填写发货通知，卖家在 30 天内未确认收货且未提出纠纷的，速卖通根据退款协议执行退款操作。
- 在买家退货并填写退货信息后的 30 天内，若卖家未收到退货或收到的货物货不对版，卖家也可以将纠纷提交至速卖通进行裁决。

习题

1．如何选择在跨境平台中销售的商品？
2．跨境电子商务卖家应该如何选择物流服务公司？
3．对比速卖通和淘宝网，分析两者在跨境方面做了哪些优化。
4．分析亚马逊海外购网站的结构，说明其如何使用电子邮件进行营销。
5．速卖通提供了哪些平台活动以帮助跨境电子商务卖家做营销？

实训

【实训目的】

1．了解速卖通海外仓；
2．掌握申请海外仓的步骤。

【实训内容】

1．进入卖家店铺后台，在"交易"页面选择"我有海外仓|申请开通"选项。
2．填写"申请发货地设置权限"相关内容，单击"申请"按钮，根据提示依次单击"资料审核""签署协议""申请成功"按钮。

第 8 章
淘宝店铺运营管理

> **引导案例**

淘宝店铺季节性商品的规划布局

某店铺等级为两颗皇冠的淘宝店铺，主营类目是各类园艺用品和礼品袋/塑料袋，店铺热销款是葡萄套袋和枇杷套袋。经营季节性商品，最重要的是在旺季来临之前做好规划布局，打好基础。该店铺 2021 年的销售额及行业走势如图 8.1 所示，从图中可以清楚地看到，店铺淡旺季的销售情况和行业现状是基本吻合的。2022 年的情况和 2021 相差不大，所以要及时在旺季到来之前打好基础。从图中还可以看出，这个商品的销量从 3 月开始提升，因此应该在 1 月和 2 月打好基础。

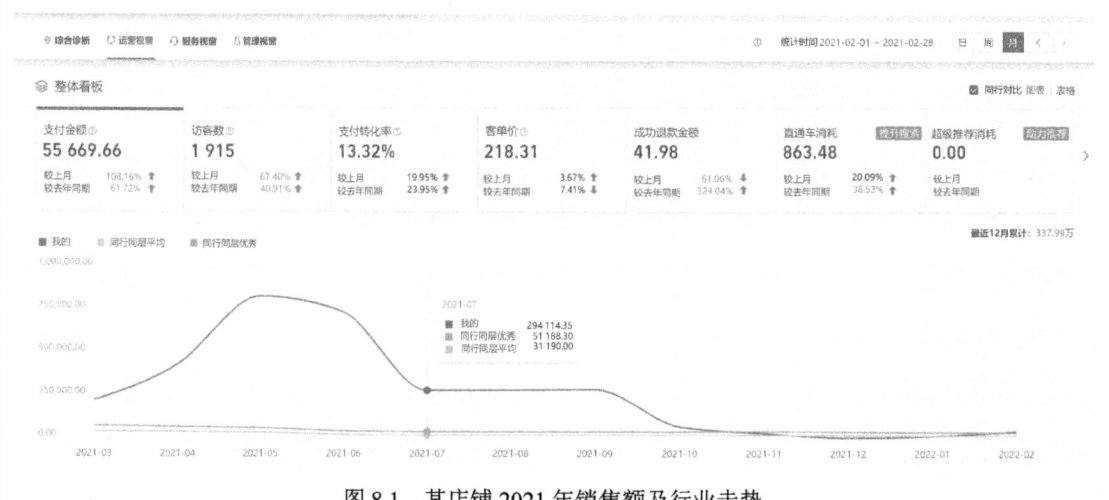

图 8.1 某店铺 2021 年销售额及行业走势

该店铺制定了如下店铺运营策略。

1. 基础层面

该店铺在 2021 年主图和详情页的基础上做了一批新的图片，结合图片统一进行测试，在旺季来临之前确定商品的主图和详情页，只有这样才能在旺季达到最高的点击率和转化率。在销量和评价方面，通过好评晒图返现的方式提高销量，监控好店铺内的评价，有差评要及时解决，检查商品质量，有问题要及时改善。

2. 直通车推广方式

直通车和超推是淘宝目前的两个主要付费工具。直通车是嵌入搜索结果的付费工具，所以直通车点击率高的图，搜索结果大概率也高。该店铺主要使用直通车推广方式，实现精准投放和转化。超推不太适合该店铺的这款商品。做商品推广的时候要找准竞品，分析竞品的访问价值及各个流量渠道。

从图 8.2 中直通车的流量走势情况可以看出，前期日限额不用太高。以流量为主，做好商品的收藏和加购，逐步提升商品的搜索权重，为旺季打下良好的流量基础。

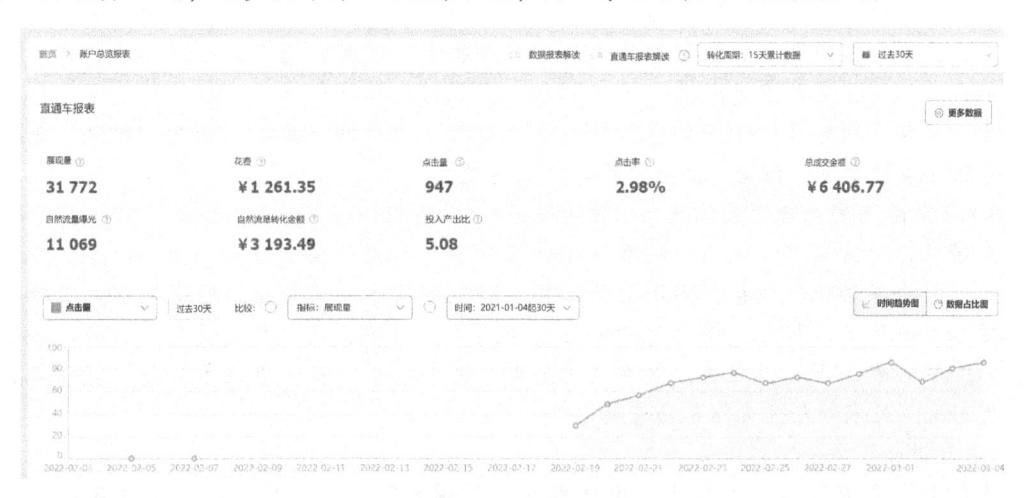

图 8.2 账户总览报表

思考题：季节性商品应该如何科学地制定运营策略？

解析：一定要在旺季来临之前确定商品的主图和详情页，只有这样才能在旺季达到最高的点击率和转化率。在销量和评价方面，可以使用好评晒图返现的方式提高销量。推广方面可以采用直通车这一工具。

思政教育

1. 思政目标

为人：☑大国方略　☐身正德高　☐理想信念　☐价值引领
为学：☑创新思维　☐逻辑思维　☐计算思维　☑批判性思维
为事：☐实践出真知　☑传统与创新　☐实事求是　☑自主创新

2. 思政案例：三农电子商务扶贫攻坚

2021 年上半年，全国农村网络零售额达 9 549.3 亿元，同比增长 21.6%。在实施乡村振兴战略的背景下，政府层面政策频发，促进农村电子商务行业的发展。从培育农村电子商务供应链、促进产销对接到开展"电子商务进农村综合示范工作"，国家政策针对农村电子商务发展的措施越来越明确，目标也越来越清晰，"互联网+农业"助力脱贫攻坚势在必行。

为贯彻落实 2020 年中央一号文件的部署，推动提升电子商务进农村，建立农村现代市场体系，助力脱贫攻坚和乡村振兴，财政部、商务部、原国务院扶贫开发领导小组办公室（现为国家乡村振兴局）决定继续开展电子商务进农村综合示范。自 2014 年起，我国连续 6 年开展电子商务进农村综合示范，推动全国农村电子商务发展。而 2020 年面临新冠肺炎疫情防控的特殊形势，中央财政资金支持重点和申报范围有了新变化，具体内容如下。

1) 县乡村三级物流配送体系

支持发展共同配送，推动邮政、供销、商贸物流、快递、交通等资源融合，鼓励实体商业和电子商务快递的物流协同，整合县域日用消费品、农贸下乡和农产品进城双向配送，推动商流、物流统仓共配，降低农村物流成本。

2) 农产品进城公共服务体系

支持农村电子商务公共服务体系的建设与升级，整合邮政、供销、快递、金融、政务等资源，统筹品控、品牌、认证、培训、营销等服务，研究农村产品线上线下销售渠道。鼓励有条件的地区立足农畜牧业、手工制作、乡村旅游等特色产业，以县级电子商务公共服务中心、电子商务物流产业园等现有园区为中心，推动电子商务、物流、培训、金融、创意等服务集聚发展，打造县域电子商务产业集聚区。

3) 工业品下乡流通服务体系

支持农村地区商贸流通企业的数字化转型升级，加强与电子商务、金融保险、移动支付、就业引导等资源的对接，促进业务流程和组织结构的优化重组，实现线上线下融合发展，建立本地化、连锁化、信息化的商品流通网络。引导支持大型流通企业加强数字化改造，以乡镇为重点下沉供应链，开展集中采购、统一配送、直供直销等业务，提升商品品质，更好地满足农村居民生活和消费需求。

4) 农村电子商务培训体系

支持对返乡农民工、大学生、退伍军人、贫困户等开展农村电子商务普及和技能培训，强化培训机制，突出培训质量而非数量。完善标准化教材，提升培训的针对性，根据实际需求丰富直播带货、社交电子商务等培训内容。健全培训转化机制，指导对接就业用工，注重跟踪服务而非"一锤子"培训。如实做好培训记录。

本章学习目标

1. 了解淘宝店铺的开设和入驻；
2. 能够进行店铺装修和制作良好的页面；
3. 掌握淘宝店铺的推广技巧；
4. 熟悉淘宝店铺的客户服务。

本章以淘宝店铺的运作为例，对开店前工作、淘宝店铺的申请与入驻、店铺装修和页面制作、营销推广、客户服务进行了论述。重点陈述了淘宝店铺的营销推广方式、店铺的数据分析方法，以及如何进行高效的客户服务。

8.1 开店前工作

淘宝店铺是典型的小微企业，可以有效解决人员就业问题，繁荣电商市场。要开设一家淘宝店铺，应从商品选款开始。

8.1.1 商品选款

1. 选品策略

1）选品的重要性

选品的重要性对卖家来说不言而喻。选品策略作为店铺运营策略的一部分，也被视为整个运营策略的基石。选对商品对店铺本身的销售和后期的成长至关重要。

在店铺运营前期、中期和后期做好选品工作，可以给店铺整体运营带来不同的好处。在店铺运营前期做好选品工作，可使商品快速地获得买家的青睐，获得速卖通平台的推荐，提高买家下单的概率；在店铺运营中期做好选品工作，可使商品快速积累销量，获得买家的好评，从平台获得更多的自然流量，降低推广和采购成本；在店铺运营后期做好选品工作，定期上传优质商品，可以为店铺增加新的销量入口，为后期店铺营销打好基础，提高店铺商品的竞争力。

从市场角色关系看，选品即选品人员从供应市场中选择适合目标市场需求的商品。从这个角度看，选品人员必须一方面把握用户需求，另一方面从众多供应市场中选出质量、价格和外观最符合目标市场需求的商品。成功的选品，最终可实现供应商、客户、选品人员三者共赢的结果。此为选品价值之所在。

从用户需求的角度看，选品要满足客户对某种效用的需求，如带来生活方便、满足虚荣心、消除痛苦等方面的心理或生理需求。从商品的角度看，选出的商品应在外观、质量和价格等方面符合目标客户的需求。由于需求和供应都处在不断变化之中，选品也是一个无休止的过程。

选品思路：网站定位—行业动态分析—区域需求分析—品相参考—商品开发与信息加工。在把握网站定位的前提下，研究需要开发的商品所处行业的出口情况，获得对供需市场的整体认识。借助数据分析工具，进一步把握目标市场的消费规律，并选择正确的参考网站，最终结合供应商市场，进行有目的的商品开发。

2）数据化选品

可以借助数据中心的生意参谋，单击菜单栏的"市场"选项卡，选择左侧栏中的"搜索分析"选项，在搜索框中输入商品关键词，接下来进行数据筛选，点击相关分析，将时间调整为7天，选择5个数据指标：搜索人气、点击率、支付转化率、在线商品数、商城点击占比。如果某款商品搜索人气比较高，转化率也可以，商城占比较小，就可以选择该商品。

2. 爆款选品

1）爆款打造

爆款的打造主要考虑3个因素：成交速度、需求量和转化率。

一款商品只要成交速度够快，就有可能成为爆款。其实成交速度就是人们所说的权重，也就是销量上涨的速度，当然不包括刷单。

在需求量足够大的情况下，市场就一定足够大。需求就是市场，它一定是不能被人为操控的，商家要做的就是找出符合需求的商品，然后顺势而为。

转化率是否高也取决于市场，商家利用直通车能做的只有出价和筛选关键词，并不能控制转化率。转化率会一个在稳定的范围内波动，但是只要需求量大，转化率就会高，销量就不会差。

2）爆款选品注意事项

一款商品之所以能被卖家选为爆款商品，一定是因为它有独特之处，这是该款商品区别于其他同类商品的优胜点。有经验的卖家都知道，爆款大多是低利润款，以走量为主。在爆款选品时，商家要注意以下几点。

（1）低端价格商品

例如，对于售价 10~50 元的商品，很多商家都是先以亏本赚销量，然后才提价。首先，一个商品有自己的权重，提价后商品的权重会降低，那么排名也会降低。其次，一个商品售价 29.9 元，一天可以卖 300 件，但提价到 39.9 元后，可能一天 100 件都卖不到，因为这与市场的定价区间有关系，在价格区间，市场决定商品的日销量饱和度。商家要想打破这个饱和度，只能通过站外推广来解决日销量最大限额问题。

（2）成本一定要有优势

对一家店铺来说，如果一款商品的价格比其他店铺同类商品价格高，那么基本是做不成爆款的，除非该款商品卖点比其他店铺同类商品的卖点多，也就是性价比高。千万不要想通过无利润的爆款引流来促进其他商品的销售。据统计，在店铺装修尚不完善的情况下，卖 100 件爆款商品，只能促进买家买 1~2 件店铺其他相关商品。

（3）库存一定要充足

爆款商品的库存一定要充足。若一个选品真的成了爆款，那么一天卖几百件是很轻松的事，到时如果库存不足，就会给店铺带来巨大的损失。

3．选择蓝海商品

市场一般可分为红海市场和蓝海市场。"红海"代表当今存在的所有产业，也就是我们已知的市场空间；"蓝海"是指未知的有待开拓的市场空间。蓝海商品具备一个显著的特征，即无市场竞争商品或行业尚处于非激烈竞争阶段，但买家需求又非常强烈。

由于缺乏竞争品牌，蓝海各系列商品的定价缺乏参考。同时蓝海商品的蓝海阶段都是短暂的，随着跟随者的进入，蓝海商品将渐渐驶出"蓝海"，进入日益激烈的行业竞争中。因此，蓝海商品的定价应该具备战略性和竞争性的前瞻性。

价值创新是蓝海战略的基础。企业凭借其创新能力获得更快的业务增长和更高的利润。蓝海战略要求企业突破传统的"血腥"竞争所形成的"红海"，拓展新的竞争性市场空间，考虑如何创造需求，突破竞争。

蓝海行业充满了新的商机。寻找蓝海行业是每个商家心中的期盼。但是，蓝海行业和红海行业只是相对而言的，随着时间的推移，新进入的竞争者逐渐增多，蓝海行业在流量爆发期过后也会出现价格搏杀的局面。

8.1.2 市场定位与商品定价

1．市场定位

市场定位是指企业和商品确定自身在目标市场上所处的位置。市场定位是由美国营销学家艾·里斯（Al Ries）和杰克·特劳特（Jack Trout）在 1972 年提出的，其含义是企业根据竞争者现有商品在市场上所处的位置，针对顾客对该类商品某些特征或属性的重视程度，为自己的商品塑造与众不同的、让人印象深刻的形象，并将这种形象生动地传递给顾客，从而使该商品在市场上确定适当的位置。

淘宝店铺的市场定位就是确定卖什么样的商品，该商品的竞争者在市场上处于什么位置。创业者需根据自身的实际情况，确定在淘宝上卖什么商品，考察该商品的货源市场、成本，初步计算利润，先保证自己能在市场上立足。下面举例说明。

张强要开店创业，但创业资金只有 2 万元。他第一步要解决的是网店该卖什么、从哪里进货、进货的成本是多少等问题。张强对目前淘宝市场排名前 20 位的热销商品进行了分析，剔除了一些自己了解得不够深入的类目，如电子商品、家居用品等，初步决定在女装、箱包和女鞋中选取一个类目作为自己网店的主营商品。张强深入到当地批发市场进行实地考察，发现线下批发市场类目最多的是女装，其次是箱包，最后是女鞋。结合对线上线下的综合分析，张强决定主营女装。

创业初期，创业资金不是特别雄厚，每分钱都必须花在刀刃上。为了减少在进货过程中产生的成本，张强针对同款女装，对不同货源市场的价格进行了对比，并整理成表，如表 8.1 所示。

表 8.1 货源市场对比

货源市场	价格	快递费用	采购优惠条件（X、Y、Z 表示女装的不同款）	承诺服务
甲	99 元		$X \leq 20$，99 元/件	1. 商品出现质量问题无条件包退换
			$20 < X \leq 50$，93 元/件	2. 一次订单超过 50 件，送货上门
			$50 < X \leq 100$，88 元/件	
			$X > 10$，80 元/件	
乙	150 元		$Y \leq 10$ 件，150 元/件	1. 商品出现质量问题无条件包退换
			$10 < Y \leq 50$，130 元/件	2. 一次订单超过 6 000 元，续单享受 8 折优惠
			$Y \geq 50$，100 元/件	
丙	100 元		$Z < 20$ 件，100 元/件	1. 商品出现质量问题无条件包退换
			$20 \leq Y < 50$，95 元/件	2. 累计消费超过 5 000 元，享受 8 折优惠
			$50 \leq Y < 100$，90 元/件	
			$Y \geq 100$，85 元/件	
阿里巴巴	66 元	20 元	$Y < 50$ 件，66 元/件	1. 商品出现质量问题无条件包退换
			$50 \leq Y < 100$，64 元/件	2. 可免费申请样品
			$Y \geq 100$，60 元/件	3. 一次订单超过 50 件包邮

纵观 4 个货源市场，阿里巴巴货源市场产生的成本最低。张强决定选择阿里巴巴作为主要货源市场，并选择甲市场和丙市场作为备用货源市场。如果网店出现卖断货，急需补货的情况，可以直接选择从线下市场进货。表 8.2 列出了不同货源市场产生的成本。

表 8.2 不同货源市场产生的成本　　　　　　　　　　　　　　　　单位：元

货源市场	价　格	快递费用	成　本
甲	93	—	4 650
乙	130	—	6 500
丙	90	—	4 500
阿里巴巴	64	20	3 220

一些利润比较适合的拿货网站有慧聪网、马可波罗网、工邦邦、全球纺织网、环球资源

网、环球鞋网、买购网、华强电子网、猎芯网、八方资源网、敦煌网、拿货网、酷有拿货网、1688 拿货网、义乌小商品城、包牛牛、北极光供应链、托尼斯、挚爱母婴、四季星座网、开山网、中国制造网、网商园、世界工厂网。

> **实际操作**
>
> 登录上述一个或几个拿货网站联系拿货。

2．商品定价

商品的价格影响买家的接受程度和购买力，也决定了店铺的竞争力。商品价格太高会失去价格优势，太低则纯利润就少了很多。因此，商品定价要考虑很多因素。

1）参考市场数据进行定价

淘宝本身就有不少数据给商家参考，其中市场占有率是重要的指标。例如，售卖连衣裙，如果将商品定价为 0～68 元，就只能占连衣裙市场的 33%，而且利润很低。如果定价为 68～228 元，就能占连衣裙市场的 60%。

2）定价时做好布局

在进行商品定价时，要让买家有一个高价位和低价位的对比，这样就会提高中等价位商品的销售量。

3）商品需要塑造更高的价值

商品的价值感决定了商家不能一味地给自己的商品定低价。在给商品定价时不但要考虑给予买家更高的价值感，还要考虑商品质量、店铺信誉等因素。

8.2 淘宝店铺的申请与入驻

8.2.1 淘宝店铺的申请

商家要想在淘宝网开店，首先必须注册淘宝账户。注册淘宝账户的步骤比较简单，只需打开淘宝网，根据系统提示进行相关操作即可。

① 打开一个浏览器，登录淘宝网首页，如图 8.3 所示。单击"免费注册"或"注册"按钮，进入用户注册流程。

图 8.3　淘宝网首页

② 在淘宝网注册协议页面单击"同意协议"按钮，如图 8.4 所示。

图 8.4　用户注册协议

③ 打开注册页面，在页面上既可以注册个人账号，也可以切换到注册企业账号的页面。企业账号必须用邮箱注册，需要登录邮箱激活链接才能完成注册。在个人注册页面输入个人手机号码，单击"获取"按钮，等待系统发送短信校验码到个人手机。输入短信校验码，单击"下一步"按钮，如图 8.5 所示。

图 8.5　手机号码验证

④ 在填写账号信息页面，设置登录用户名和密码，设置的会员名可以与用户名一致，以防忘记。单击"提交"按钮，如图 8.6 所示。

⑤ 设置支付方式。可以选择在支付宝认证时设置支付方式，单击"跳过，到下一步"按钮，系统会提示注册成功，如图 8.7 所示。

完成淘宝账户注册后，需要开通支付宝认证。登录支付宝首页，进行实名认证，如图 8.8 所示。认证后就可以申请开通淘宝店铺了。

图 8.6　填写账号信息

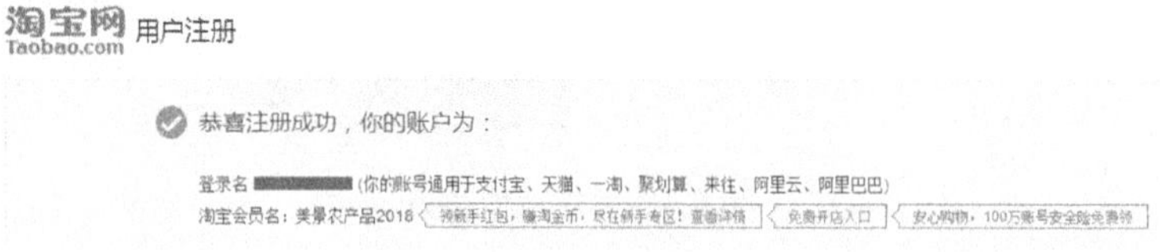

图 8.7　注册成功

图 8.8　支付宝认证

　　开通淘宝店铺的步骤也比较简单。淘宝开店认证分为电脑端认证、手机端消费者版认证和阿里钱盾认证 3 种方式，系统会根据网络环境做出指定推荐。手机端消费者版认证和阿里钱盾认证是相同的，只是手机端要下载最新手机端消费者版进行认证，阿里钱盾认证要下载阿里钱盾进行认证。

　　登录淘宝网，进入"卖家中心"页面，单击"我要开店"或"免费开店"按钮，打开"尚未进行认证"页面。单击"立即认证"按钮，即可进行淘宝开店认证操作，如图 8.9 所示。

图 8.9　立即认证

8.2.2　淘宝店铺的入驻

1. 开通支付宝

① 登录支付宝首页。输入手机号，单击"获取验证码"按钮，输入短信校验码，单击"下一步"按钮，如图 8.10 所示。

图 8.10　登录支付宝

② 登录支付宝账号后支付宝页面会自动转跳到实名认证页面，选择账户类型进行实名认证。输入支付密码及个人身份证信息后，单击"确定"按钮，如图 8.11 所示。

③ 在设置支付方式页面，先输入银行卡卡号和持卡人姓名及身份证号码，注意银行账户必须与持卡人姓名统一，再输入银行卡账户预留的手机号，单击"获取"按钮，等待系统把短信校验码发送到手机，输入短信校验码，单击"同意协议并确定"按钮，如图 8.12 所示。

④ 输入身份证号码、银行卡信息并单击"同意"按钮，进入个人支付宝页面。虽然支付宝账号可以正常登录，但是此时还没有真正完成支付宝实名认证操作。单击"未认证"按钮，如图 8.13 所示。系统会转跳到立即认证页面，然后单击"立即认证"按钮。

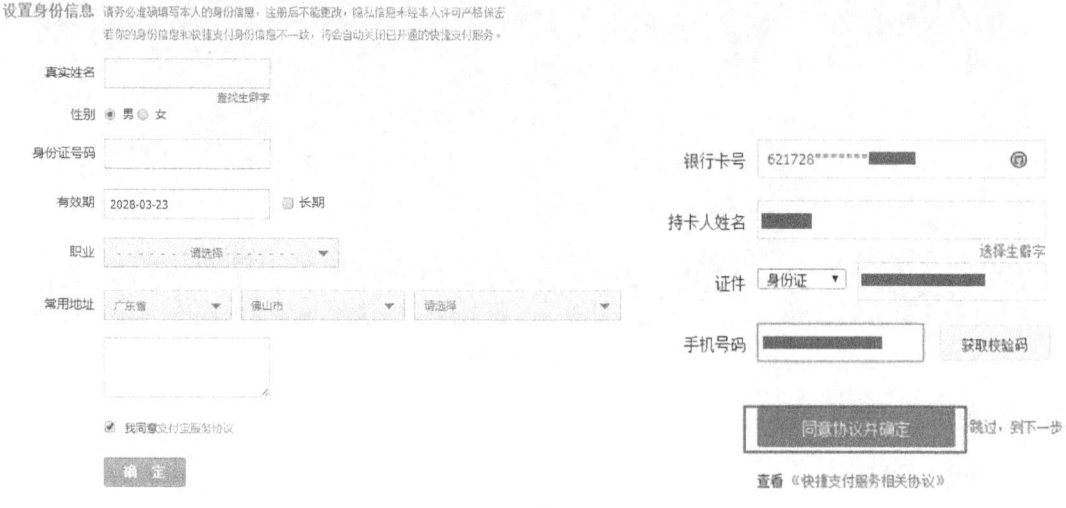

图 8.11 实名认证

图 8.12 设置支付方式

图 8.13 个人支付宝页面

⑤ 在银行卡验证页面，按提示输入个人信息、个人银行卡信息和手机号码，如图 8.14 所示。银行卡必须是用本人身份证开通的，而且手机号码必须是与银行卡绑定的号码。

图 8.14 银行卡验证

⑥ 单击"下一步"按钮，完成支付宝实名认证，如图 8.15 所示。实名认证后的账号具有开店、银行卡快捷支付及支付宝余额支付等功能。

图 8.15　支付宝实名认证完成

有些电商交易平台只要求用户开通网上银行，就可以直接使用网上银行的电子货币进行网上购物。

2．进行淘宝开店认证

① 进入淘宝身份资料认证页面，如图 8.16 所示。输入姓名、身份证号码、身份证到期时间、联系地址、手机号码等内容，上传手持身份证照片及身份证正面照片，单击"提交资料"按钮。并非所有的会员页面都一样，系统会根据认证者的网络安全给出不同的推荐，用户要根据实际页面操作。

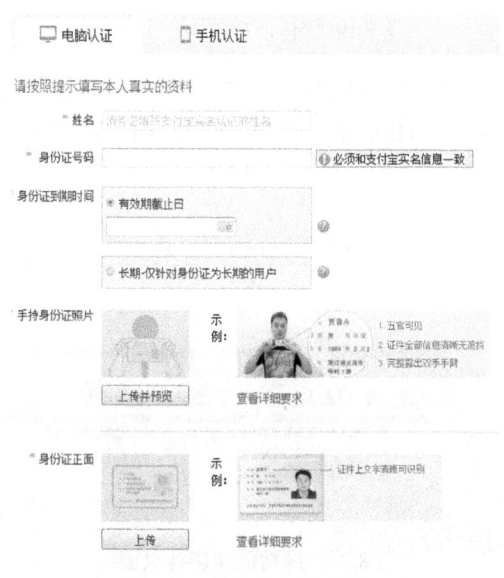

图 8.16　淘宝身份资料认证

② 完成上一步操作后，系统会自动跳转到身份验证页面，如图 8.17 所示。选择"扫脸验证"选项，进入扫脸验证流程。打开手机淘宝"扫一扫"功能，扫描二维码，进入手机"示例照"页面，如图 8.18 所示。根据"示例照"和"拍照攻略"清晰拍摄照片后上传，检查无误后提交。

③ 资料审核时间为 48 小时，淘宝网会通过旺旺、站内信、邮箱发送审核结果。"认证审核中"页面如图 8.19 所示。

图 8.17 身份验证

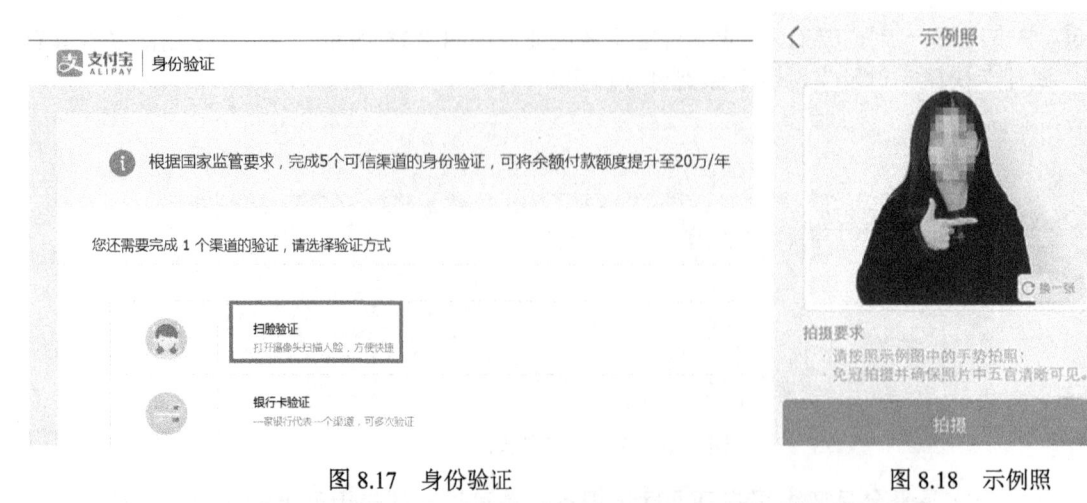

图 8.18 示例照

图 8.19 "认证审核中"页面

④ 提交审核 48 小时后,登录淘宝网首页,进入"卖家中心"页面,单击"免费开店"按钮就可以查看审核结果了。成功创建店铺页面如图 8.20 所示。

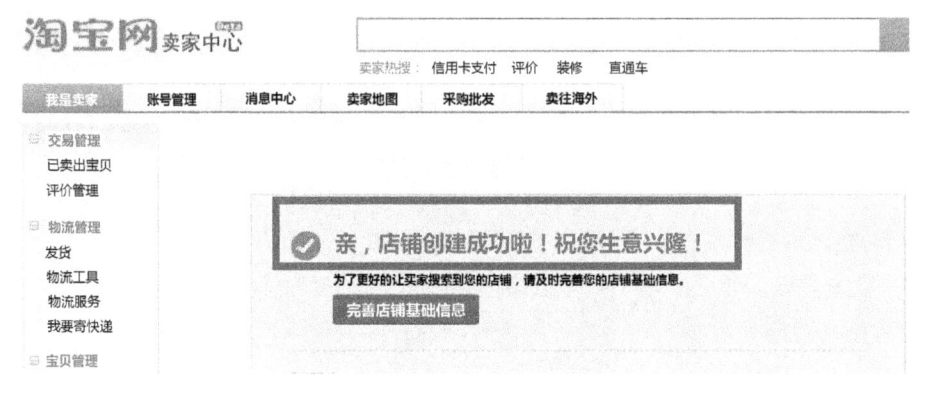

图 8.20 成功创建店铺页面

店铺开通后,需要对其进行基本设置,如设置店铺名称、店铺标志和店铺简介等资料。这些信息是店铺的重要标识,体现了店铺的特色。对淘宝店铺来讲,基本信息的设置是在千牛卖家工作台完成的。

3．发布商品

在淘宝网注册会员并开通支付宝账户后,就可以在店铺中发布商品了。发布商品,就是将商品信息上传至店铺中。淘宝店铺发布固定价格商品的操作步骤如下。

① 打开淘宝网首页并登录店铺,单击页面右上方的"千牛卖家中心"选项,进入"千牛卖家工作台"页面。在左侧列表的"店铺管理"栏中单击"宝贝分类管理"选项,如图 8.21 所示。

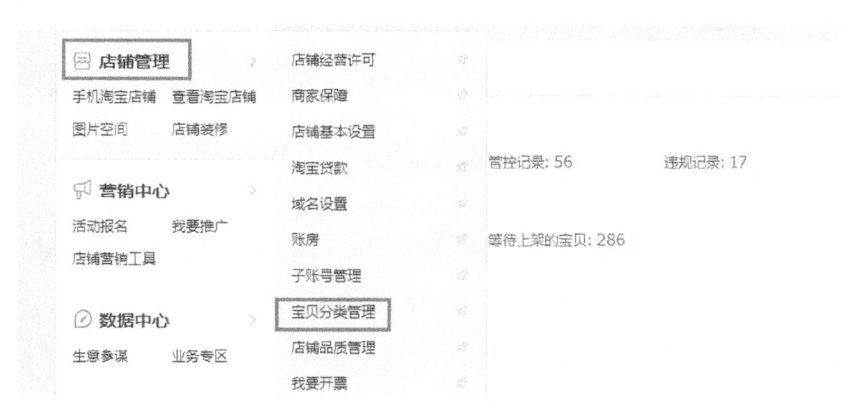

图 8.21　发布宝贝

② 打开"商品发布"页面,在左侧列表框中选择商品类目,这里选择"男装/男士精品"选项。然后在中间列表框中选择商品的二级类目,这里选择"衬衫"选项。最后在右侧列表框中选择商品的品牌,单击"下一步,发布商品"按钮。

③ 在打开的页面中继续填写宝贝类型、宝贝标题、类目属性、采购地等内容。

④ 在"销售信息"的"颜色分类"栏单击文本框,在打开的下拉列表中选择常用标准颜色。

⑤ 单击"上传图片"按钮,在打开的"上传图片"对话框中设置当前商品图片的颜色,然后依次设置其他商品图片的颜色,并上传图片。

⑥ 在"尺码"栏设置商品的尺码。

⑦ 在"宝贝销售规格"栏输入商品的价格和数量。如果商品价格一样,可直接在"批量填充"栏输入统一的价格和数量,单击"批量填充"按钮。

⑧ 在"图文描述"的"电脑端宝贝图片"栏单击"添加上传图片"按钮。在打开的对话框中单击"上传图片"按钮。

⑨ 在打开的对话框中单击"上传"按钮,打开"打开"对话框,从中选择需要上传的商品图片,单击"打开"按钮。按此方法上传其他商品主图。

⑩ 若商家为商品制作了主图视频,可以单击"主图视频"栏的"选择视频" 按钮,打开"多媒体"对话框,单击"上传视频"按钮,在打开的对话框中单击"上传"按钮,打开"打开"对话框,从中选择需要上传的视频,再单击"打开"按钮。

⑪ 在"电脑端描述"栏中设置商品详情描述,单击"图像"按钮,在打开的对话框中上传商品详情页的图片。

⑫ 在"手机端描述"栏单击"导入电脑端描述"选项,在打开的列表中单击"确认生成"按钮,即可生成手机端详情页。

⑬ 在"物流信息"栏选中"使用物流配送"复选框,并选择商品的运费模板。如果已经设置了运费模板,可直接在"运费模板"下拉列表中进行选择;如果未设置运费模板,可单击"新建运费模板"按钮,新建运费模板,如图 8.22 和图 8.23 所示。

⑭ 选中相应的选项,设置售后服务和上架时间。

图 8.22 新建运费模板

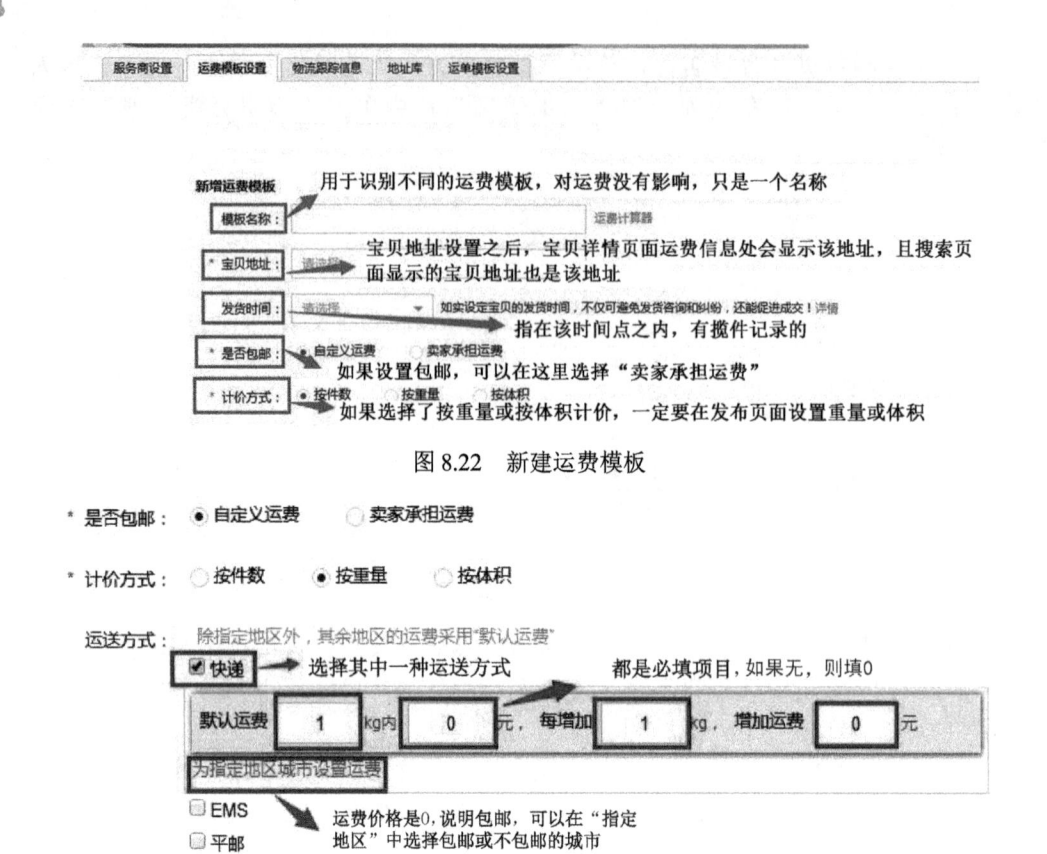

图 8.23 自定义运费

⑮ 设置完成后单击"提交宝贝信息"按钮,即可发布商品。系统提示宝贝发布成功后,商家即可进入店铺查看发布的商品,也可在"分享给好友"栏中单击"复制链接"按钮,将商品分享给消费者。

所有商品完成发布后,淘宝店铺就进入了与买家互动的阶段,需要进行交易管理和店铺优化。

在发布商品时,需要关注以下 3 点。

- 配有高质量的商品图片。高质量的商品图片在网络营销中起着至关重要的作用,不但可以增加商品被搜索的概率,而且会促进买家做出购买决策。
- 写好商品介绍,勾起买家的购买欲望。经营网店,最重要的就是把商品的信息准确地传递给买家。在文字描述中,最好包括吸引人的商品名称和详细的商品描述。
- 发布具有吸引力的商品。商品可以在淘宝网直接发布,也可以使用"淘宝助理"发布。

4. 设置并简单装修店铺

设置并简单装修店铺不仅可以使店铺更加美观,还能体现商家对店铺的重视程度,表明商家的确在用心经营店铺,从而提升买家对店铺的好感。

1)选择合适的店铺风格

店铺风格是店铺的背景颜色和元素基调,是店铺能否给人留下直观印象的重要因素,所以选择一个合适的店铺风格很重要。商家可登录淘宝网,进入"千牛卖家中心"页面,单击"店铺装修"选项,设置店铺风格。

2）添加店铺公告

店铺公告是买家了解店铺的一个窗口，同时也是商家宣传店铺的一个窗口。店铺公告中的内容可以是文字，也可以是图片。添加店铺公告的具体步骤如下。

① 单击"店铺管理"选区的"店铺装修"选项，打开"店铺装修"页面，单击页面顶部的"PC 端"按钮。

② 将光标放置在"首页"的后面，出现两个按钮，单击其中的"装修页面"按钮。

3）店铺基本设置

店铺基本设置包括店铺名称、店铺类别、主营项目、店标和店铺简介等内容。店铺基本设置的具体操作步骤如下。

① 登录淘宝网，进入"千牛卖家工作台"页面，单击"店铺管理"选区的"店铺基本设置"选项。

② 进入"店铺基本设置"页面，给店铺起一个名字，选择店铺类别，填写店铺主营项目，单击"上传图标"按钮。

4）设置商品分类，让商品清晰有序

合理地设置商品分类可以使店铺的商品清晰有序，从而方便买家快速浏览与查找自己想要的商品。尤其是当店铺发布的商品数量众多时，合理的分类就显得更加重要。登录淘宝网，进入"千牛卖家工作台"页面，单击"店铺管理"选区的"宝贝分类管理"选项，设置商品分类。

8.2.3 生意成交

在商品交易过程中，经常涉及讨价还价、发货方式的选择等问题。因此，商家要学会选择物流公司发货、处理退款、评价买家和从支付宝账户中提现等。

1. 选择物流公司发货

买家付款后，商品的交易状态即变成"买家已付款"。此时，商家可以联系物流公司提供发货服务，具体操作步骤如下。

① 登录淘宝网，进入"千牛卖家工作台"页面，单击"交易管理"选区的"已卖出的宝贝"选项，进入已卖出的商品页面，单击需要发货的商品后面的"发货"按钮。

② 进入确认收货信息及交易详情页面，确认完毕后，选择想使用的物流公司，单击"确认"按钮，发货成功。

2. 处理退款

有时买家付款后会因特殊情况需要退款，这时就需要商家妥善地处理退款请求。

3. 评价买家

买家收到商品并将货款支付给商家后，商家应及时评价买家。只要交易顺利，就不妨多给买家好评。卖家要本着"顾客就是上帝"的原则，细心周到地处理每笔交易。

卖家评价买家的具体操作步骤如下。

① 登录淘宝网，进入"千牛卖家工作台"页面，单击"交易管理"选区的"已卖出的宝贝"选项，打开"已卖出的宝贝"页面，可以看到对方已经评价，单击"评价"选项。

② 进入评价页面，勾选"好评"复选框，在文本框中输入评价内容后，单击"发表评论"按钮。

4. 从支付宝账户中提现

商家发货后，若买家收到了商品，会在淘宝网上确认货已收到。这时，支付宝管理员会把货款打入商家的支付宝账户。如果商家想把支付宝账户中的"电子钱"提取出来，就需要从支付宝账户中提取现金，这就是账户提现，具体操作步骤如下。

① 登录支付宝账号，单击"我的支付宝"选项中的"提现"按钮。

② 选择银行卡，输入提现金额，进行提现。

8.3 店铺装修和页面制作

经营网店，商品固然非常重要，但是网店装修也绝不能忽视。网店装修和实体店装修一样，都能让买家从视觉上和心理上感受到商家的用心，并且能够最大限度地提升店铺的形象，提高浏览量，增加买家在网店的停留时间。

8.3.1 店铺装修

大方美观的店铺装修，能给买家带来视觉上的美感，使买家浏览店铺时不易疲劳，从而细心地查看店铺中的商品。好的商品在诱人的装饰品的衬托下，会更有利于成交。

店铺装修做与不做，其视觉差别和转化率差距非常大。图 8.24 是两家店铺出售的商品详情页。两者的商品趋同，但页面给人的感觉截然不同。图中左侧商品的封面除了商品，没有更多信息。右侧商品的封面上则明确标明了商品的保障或优势。在价格相同的基础上，买家更倾向于点击右侧商品。

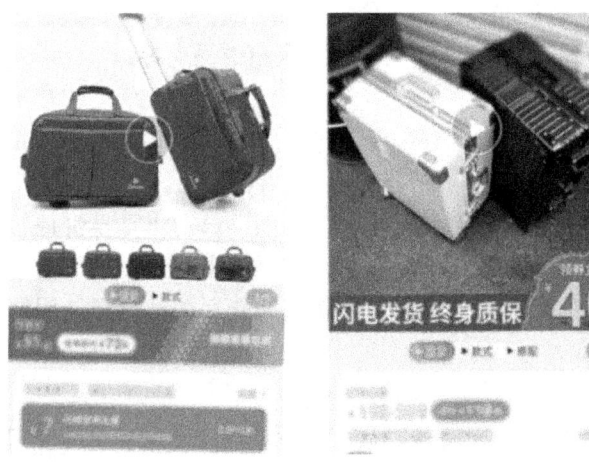

图 8.24 不同店铺的商品详情页图片

1．设计店标

一个好的店标，不但能向人们传达明确的信息，还能在方寸之间传达出深刻的精神内涵和艺术感染力，从而给人以静谧、柔和、饱满、和谐的感觉。

1）设计店标的基本方法

店标是经过国家商标局注册的，专属于自己的标识，不可被侵权。它是传达店铺信息的重要手段之一。设计店标不仅要设计图案，更重要的是体现店铺的精神、商品的特征，甚至商家的经营理念等。

最好不要将店标设计得很复杂，简单、大方且能显示店铺的风格就可以。设计店标时，可以将图案和文字、英文字母搭配使用，也可以只选择图案或文字，同时颜色搭配要和谐、醒目，但不刺眼。

网店的店标，按照其状态可以分为静态店标和动态店标。下面分别介绍它们的制作方法。

（1）制作静态店标

一般来说，静态店标由文字、图案构成，其中有些店标用纯文字表示，有些店标用图案表示，也有些店标中既有文字也有图案。

有商标的商家，可以用数码相机将商标拍摄下来，然后利用 Photoshop 软件处理一下，或用扫描仪扫描下来，再通过图像处理软件来编辑。

有绘图基础的商家，可以利用自己的绘图技能，先在稿纸上画好草图，然后用数码相机或扫描仪将草图输入计算机，最后使用图像处理软件进行完善。

（2）制作动态店标

店标是一个网店的形象，如果将店标做成动态的，会更有吸引力。当买家搜索并进入店铺的时候，一下子被闪亮有趣的店标所吸引，就会在店铺停留更久，从而提高成交率。

动态店标就是将多个图像和文字效果制作成 GIF 动画。制作这种动态店标，可以通过 GIF 制作工具来完成，如 ImageReady、Ulead GIF Animator 等软件。

2）将店标发布到店铺中

设计好店标后，商家就可以通过淘宝网的店铺管理工具将店标发布到店铺中。登录淘宝网，进入"千牛卖家中心"页面，单击"店铺管理"选区的"店铺基本设置"选项，将店标发布到店铺中。

2．设计店招

店招是店铺首页顶部的一块长方形区域。店招中可以放置店铺名、标识、最有卖点的商品、促销信息、关注信息、商品代言人和公司创始人的形象照片与签名等。

制作好店招后，可以通过管理店铺的方法，将店招图片上传到淘宝网，并发布到自己的店铺中。

3．设计美观的图片公告

要设计美观的图片公告，可以先使用 Photoshop 设计公告栏图片，然后将图片上传到互联网上。这时会生成一个对应的地址，商家可以利用该地址将图片指定为公告栏内容，将图片插入公告栏。

4．设计宝贝分类按钮

对店铺而言，对商品进行合理的分类十分重要。如果商家想让自己店铺的分类导航与众不同，就可以将各项分类导航制作成按钮图片。

制作好商品的分类图片后，商家可以登录淘宝网店铺，根据商品的分类将分类图片指定到各个分类项目，并上传到对应的空间。

手机端淘宝店铺的装修步骤如下。

① 打开店铺装修页面，如图 8.25 所示。
② 设置店招，如图 8.26 所示。
③ 设置自定义模块，如图 8.27 所示。
④ 在自定义模块设置店铺介绍图，如图 8.28 所示。

图 8.25　店铺装修页面

图 8.26　设置店招

图 8.27　设置自定义模块

图 8.28　设置店铺介绍图

⑤ 设置轮播图模块，如图 8.29 所示。
⑥ 设置店铺分类栏，如图 8.30 所示。
⑦ 设置宝贝分类链接，如图 8.31 所示。
⑧ 设置"猜你喜欢"，如图 8.32 所示。

图 8.29 设置轮播图模块

图 8.30 设置店铺分类栏

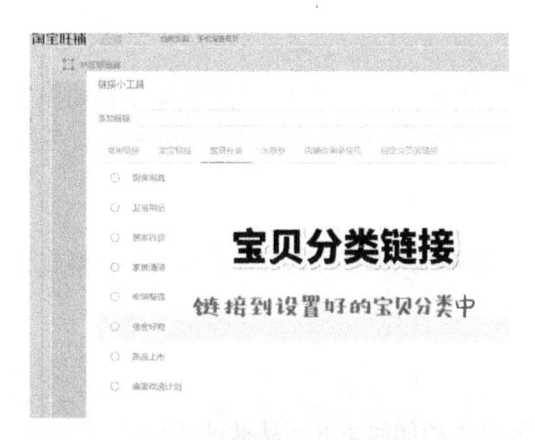

图 8.31 设置宝贝分类链接

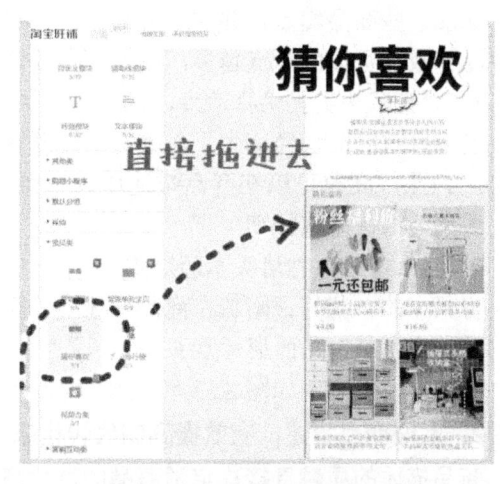

图 8.32 设置"猜你喜欢"

8.3.2 页面制作

一家店铺的商品详情页，除了能告知买家该商品的基本情况，还能通过一些细节展示和文字描述来打消买家的购买疑虑、售后顾虑，从而促成购买。商品详情页直接影响店铺商品的转化率。

淘宝网店铺的商品详情页有 5 张主图。第一张主图的颜色要明亮好看，吸引买家点击，主要突出商品的核心卖点；第二张主图要抓住买家的心理，展示多种颜色、多个款式或多个种类，引导买家多选店铺的商品；第三张主图要把商品的优点或细节提炼出来展示给买家看，让买家可以直接感受到商品的优点；第四张主图推荐用营销活动"给一把助力"，推动买家下单；第五张主图建议用白底图，白底图可以增加商品被访问的机会。

1. 撰写宝贝详情页的步骤

在网上购物，影响买家是否购买的一个重要因素就是商品详情页的质量。撰写商品详情页的具体步骤如下。

1）设计一个精美的商品描述模板

最好设计一个精美的商品描述模板。商品描述模板可以由商家自己设计，也可以在淘宝网购买，还可以从网上免费下载。精美的商品描述模板不但可以让买家知道商家在用心经营店铺，还可以对商品起到衬托作用，从而促进商品的销售。

2）用吸引人的开头快速激发买家的兴趣

商品描述的开头应能起到吸引买家注意力的作用，进而激发他们的兴趣，促使他们继续浏览。不管撰写什么样的商品描述，都必须首先了解潜在买家的需求。例如，了解买家在想什么，找到他们感兴趣的东西，想想怎样才能把自己的商品和他们的兴趣联系在一起。

3）拍摄精美的商品图片

在发布商品描述前要拍摄、处理好商品图片，商品图片的好坏直接关系到交易的成败。一张好的商品图片能向买家传递很多信息，如商品的类别、款式、颜色、材质等。在此基础上，要求商品图片拍得清晰、主题突出、颜色还原准确，同时还可以在图片上面添加货号、装饰品、店铺防盗水印等。

4）突出卖点，给买家一个购买的理由

添加一些商品卖点，并加以放大。可以说，每个卖点都可以增加对买家的说服力。商品描述中能够吸引买家的卖点越多，就越容易促进成交。

5）为买家购买提供推动力，促使其尽快下单

当买家对商品已经产生了兴趣，但还犹豫不决的时候，商家需要为买家的购买行动提供推动力。为此，商家可以在商品描述中设置赠品，并告诉买家赠送赠品的活动随时都有可能结束，促使其尽快采取行动。

6）建立信任，打消买家的疑虑

将买家的一些好评附加在商品描述里，可增加说服力。第三方的好评会让买家觉得商品描述的可信度更高，从而愿意购买商品。

商品详情页示例如图 8.33 和图 8.34 所示。

2. 写好商品描述，有效提高销售转化率

商品描述的质量直接决定了商品的转化率。那么才能如何写好商品描述呢？

在写商品描述时，应注意以下几个方面。

① 向供货商索要详细的商品信息，包括商品图片不能反映的材料、产地、售后服务、生产厂家、商品性能等信息。商品具有优势和特色的信息一定要详细地描述出来，这本身也是商品的卖点。

② 为了让效果更加直观，商品描述应该将文字、图像、表格 3 种形式结合起来，这样会增加买家购买的可能性。

③ 商品的基本属性描述，如品牌、包装、规格、型号、质量、尺寸、产地等，会让买家觉得受到关怀，对商品描述中的图片和文字产生共鸣，从情感上抓住买家的心。

④ 商家可以到同行的皇冠店转一转，看看对方的商品描述是怎么写的，借鉴并加以学习。

⑤ 在商品描述中也可以添加相关推荐商品，如本店热销商品、特价商品等。这样即使买家对当前浏览的商品不满意，在看到商家推荐的其他商品后，也会产生购买欲望。另外，买家

即使已经决定购买正在浏览的商品，在浏览其他搭配商品时，也可能会做出购买决策。因此，应让买家更多地接触店铺中的商品，加大商品的宣传力度。

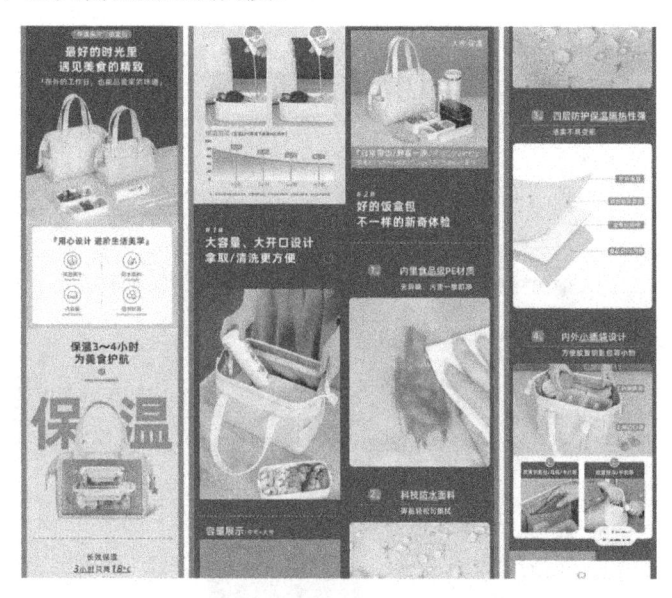

图 8.33　商品详情页示例：饭盒包主图　　　　图 8.34　商品详情页示例：饭盒包辅图

⑥ 留意生活，挖掘与商品相关的故事。严格来说，这一点不属于宝贝描述信息的范畴，但是一个与宝贝相关的感人的故事往往更容易打动买家。

⑦ 展示相关证书以证明商品质量。如果经营的是功能性商品，就需要展示能够证明商品技术实力的资料。提供能够证明广告真实性的文件，或者如实展示买家关心的商品制作过程，都是提高商品可信度的有效方法。如果电视、报纸等新闻媒体对商品有相关报道，那么收集这些资料展示给买家也是一种提高商品可信度的好方法。

⑧ 在商品描述中要注意说明售后服务并规避纠纷。前面的环节完成后，就可以进行详情装修了。第一步，选择"店铺管理"选区的"店铺装修"选项，如图 8.35 所示。第二步，选择"标准详情"选项卡中的"商品主图"选项，如图 8.36 所示。第三步，上传主图视频并编辑文本，如图 8.37 所示。第四步，选择视频并确认，如图 8.38 所示。第五步，上传基础主图，如图 8.39 所示。第六步，选择投放场景并提交审核，如图 8.40 所示。

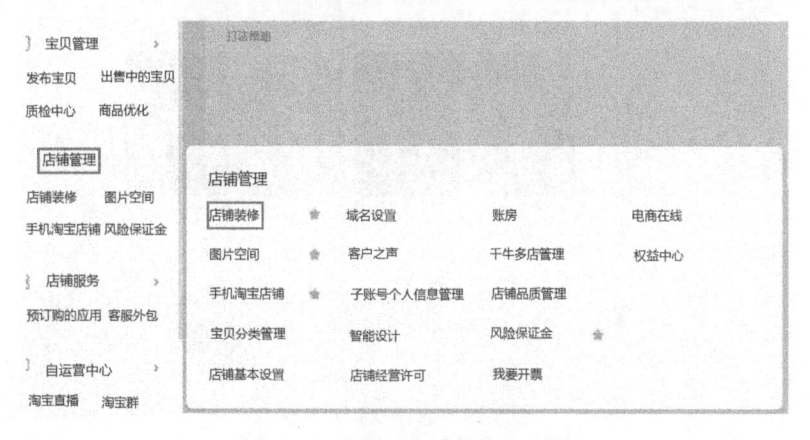

图 8.35　选择"店铺装修"选项

图8.36 选择"商品主图"选项

图8.37 上传主图视频并编辑文本

图8.38 选择视频并确认

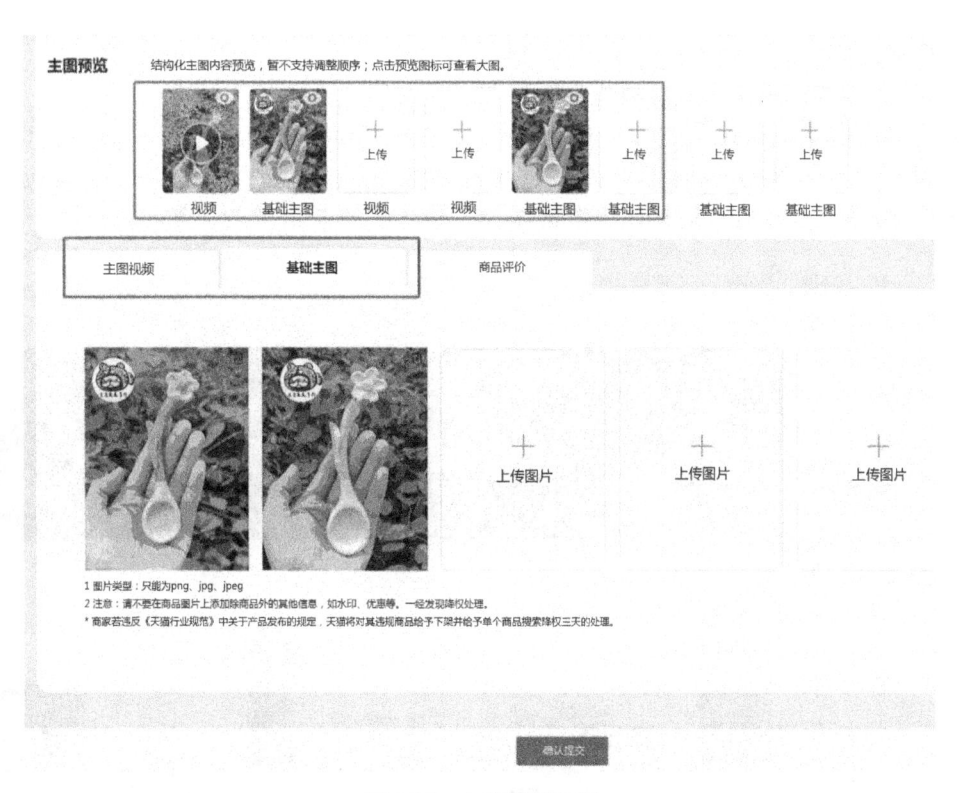

图 8.39　上传基础主图

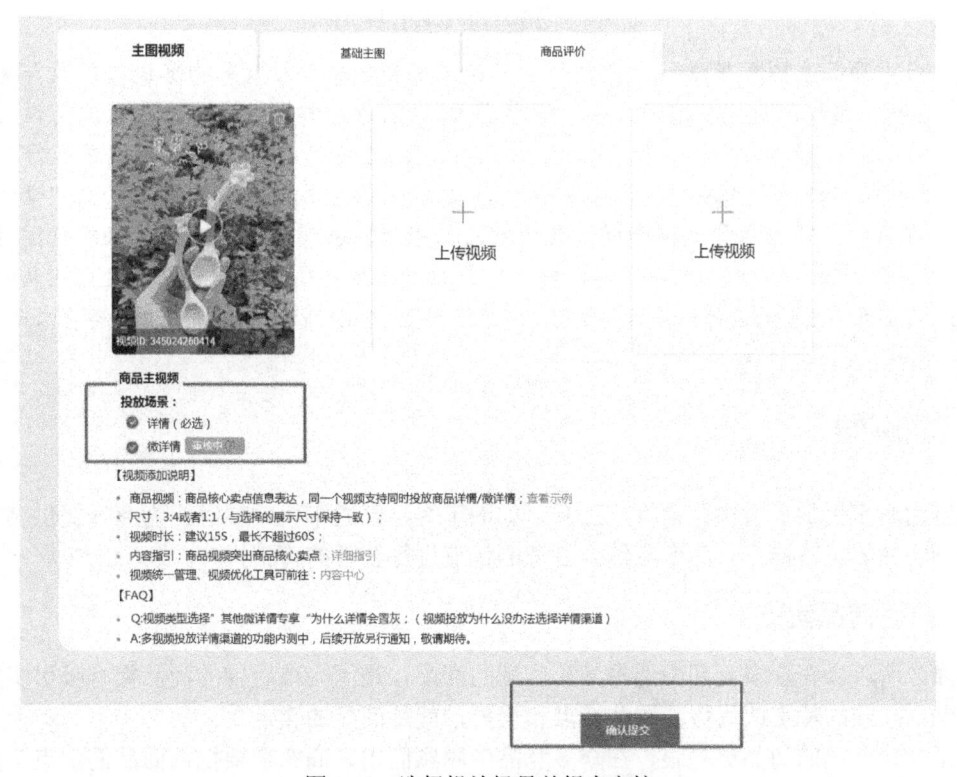

图 8.40　选择投放场景并提交审核

实际操作

利用乔拓云建立淘宝主图。操作步骤如下。

① 登录乔拓云后台,单击"云设计"按钮,进入设计管理页面,如图 8.41 所示。

② 在设计管理页面选择一张自己满意的商品主图。可以直接在搜索框内搜索"主图",精准快速地查找并挑选合适的商品主图模板。

图 8.41　乔拓云的设计管理页面

③ 针对商品主图模板进行设计制作。直接单击模板中要修改的内容进行修改与完善。无论是文字、图片、图标、图形,还是背景图片/颜色等,都可以点击进行修改与设置。在左侧的"文本""素材""图片""上传"等选项中,也可以对商品主图模板进行修改与设置。例如,在"文本"选项中,可以添加其他文字内容到商品主图模板中;在"素材"与"图片"选项中,可以添加免扣素材、矢量插图、图标、图形、文字边框、装饰、图片等素材到商品主图模板中;在"上传"选项中,可以添加本地的图片素材到商品主图模板中。

④ 完成商品主图的设计制作后,单击"下载"按钮,就可以将主图下载并保存在本地了。

8.4　营销推广

淘宝为商家提供了很多营销推广工具,如淘宝客、直通车、钻展等,为商家提供精准定向人群和创意性的策略推广。商家应结合自身的特点进行合理的营销推广。

8.4.1　挖掘商品卖点

买家之所以会在众多竞品中选择某家店铺的商品,是因为该店铺的商品拥有吸引买家、激发买家购买欲望的特点或优势。这些特点和优势,就是商品的卖点。

为了能让自己的商品更亮眼,在众多竞品中脱颖而出,商家需要挖掘商品的卖点,并把这些信息呈现给买家。那怎么挖掘卖点呢?可以从以下几个方面入手。

1．商品自身属性及特色

要提炼商品的卖点，最基础的是从商品自身属性及特色出发，包括商品的价格优势、促销力度、"颜值"（效果、风格、颜色和款式等）、材质（质量、安全等）、功能、参数、内在结构等。

2．竞品

通过第三方工具，查询竞品的引流关键词和成交关键词，一般情况下选择几个排名靠前的竞品，再选择几个跟自己差不多的竞品，统计至少一周内的数据，将适合的关键词收集起来，找出几个成交量最多的、转化率最高的关键词作为卖点。

3．类目热搜词

在商家后台数据中心流量数据中的商品热搜词栏，输入商品名称，会出现跟商品相关的热搜词，这样一来，就可以挖掘很多卖点热搜词。

8.4.2 推广引流

淘宝为商家提供了丰富的宣传推广工具。网店推广是指通过各种宣传方式让更多人进入商家的网店，认识商家的商品并产生购买欲望。网店推广可以是详尽的商品展示，也可以是网络广告的强势攻击，还可以是老客户的口碑宣传，更可以是线下传统媒体的宣传。总之，不管采用哪种方式，目的只有一个，那就是让商家的店铺、商品出现在客户面前，促使客户做出购买行为。

1．淘宝客

淘宝客推广操作过程分为6个步骤，如图8.42～图8.47所示。

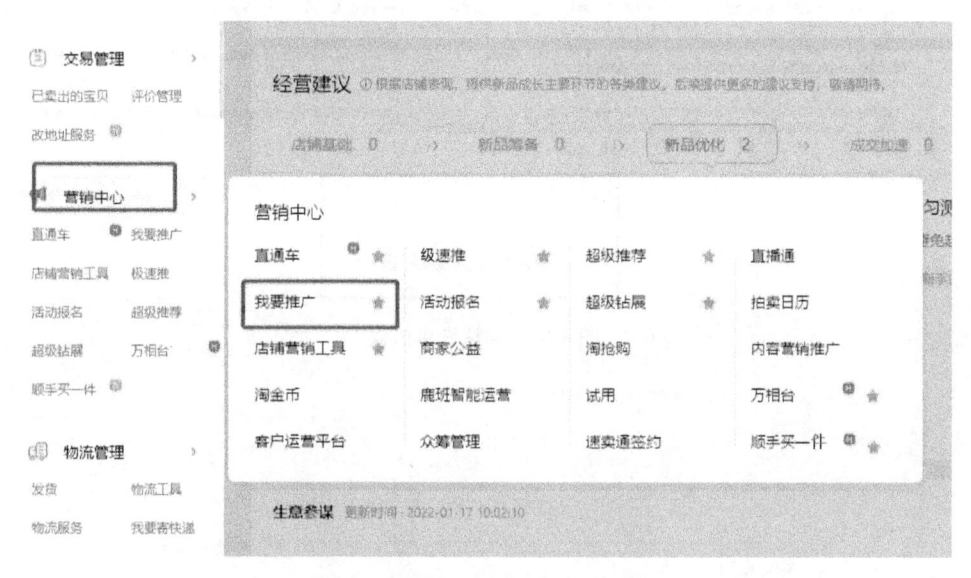

图 8.42 选择"营销中心"选区的"我要推广"选项

2．报名淘宝"天天特卖"

"天天特卖"是淘宝网扶持小商家成长的营销平台，通过淘宝网提供平台、优质商家提供折扣单品、买家限时抢购的互动模式实现三方受惠。这样一来，小商家就可以获得高流量展示的机会，推广自己的店铺，提高营销能力。

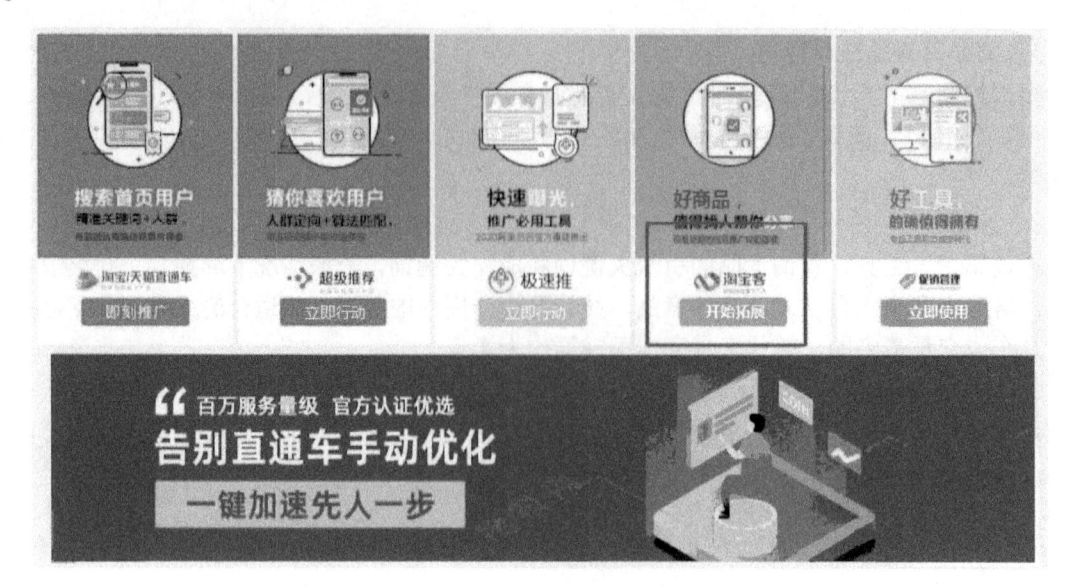

图 8.43 选择"淘宝客"

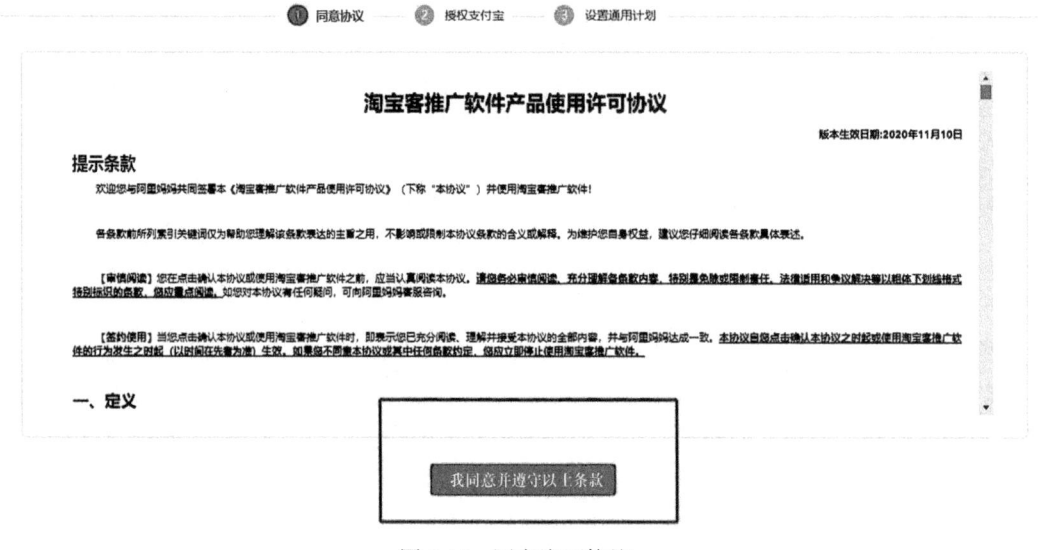

图 8.44 同意许可协议

宝AY授权成功后,即代表您同意待全店商品进行淘宝客推广,所有按淘宝客推广成交付费(CPS)产生的推广费用,将通过您自动扣除。

图 8.45 前往授权

图 8.46 确认支付宝账号

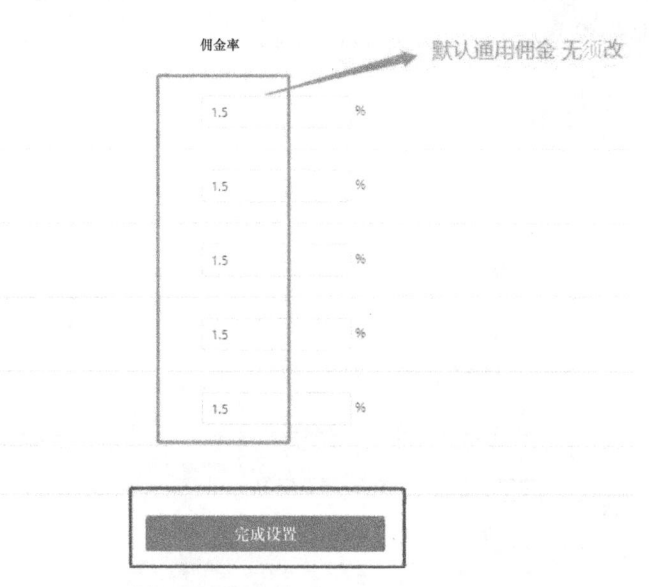

图 8.47 完成设置

对处于起步阶段和初步发展阶段的卖家而言，有一个可以避免与大商家竞争的专属促销平台，会使店铺促销、优质和性价比高的商品得到更多展现在客户面前的机会。

3．淘宝联盟

利用淘宝联盟进行推广，操作分为 5 个步骤，如图 8.48～图 8.50 所示。

4．参加"聚划算"活动

商家通过参加"聚划算"活动来获取流量的成本极低，这为"聚划算"的成功奠定了基础。越来越多的买家被"聚划算"吸引。依托广大商家和买家，"聚划算"一经推出就受到很多人的关注。淘宝网的买家把它当作推广网店、打造人气商品的好方法，买家则花很少的钱就能淘到自己中意的商品，"聚划算"实现了淘宝网店商家和买家的双赢。

参加"聚划算"活动的具体操作步骤如下。

① 登录淘宝网，进入"千牛卖家中心"页面，单击"营销中心"选区的"我要推广"选项。

② 打开"我要推广"页面，单击"常用入口"选区的"聚划算"选项。

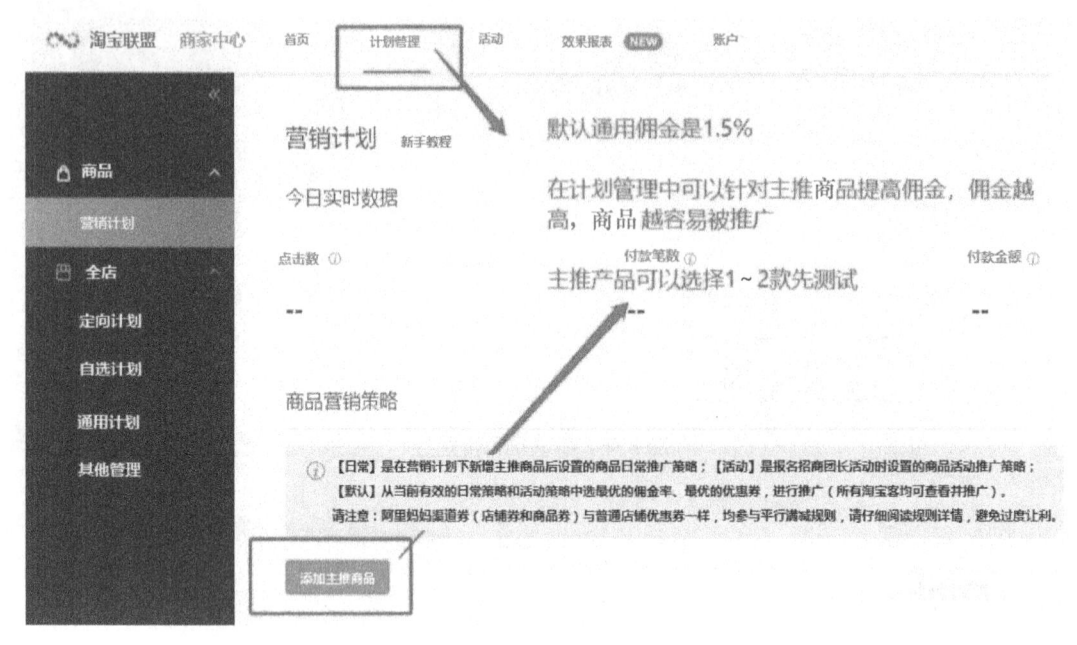

图 8.48 设置淘宝联盟计划管理、添加主推商品

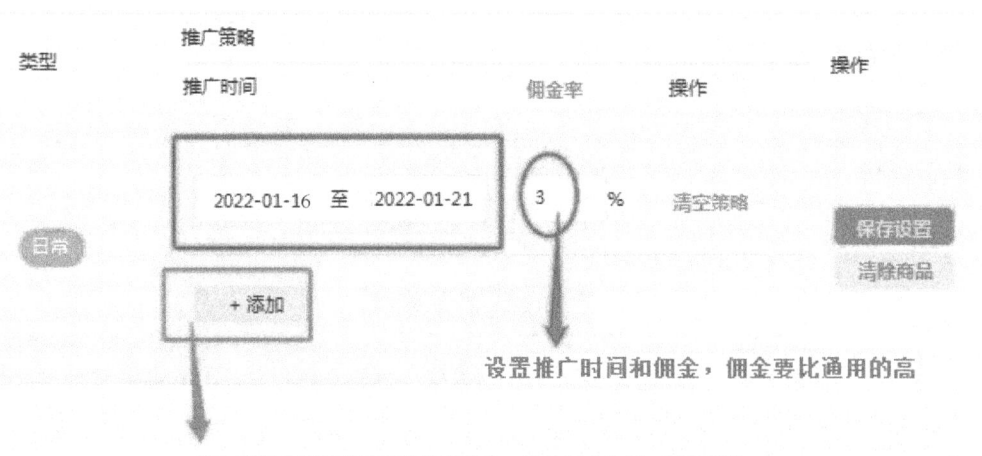

图 8.49 设置推广时间和佣金、修改佣金比例

③ 进入"聚划算"页面，单击"日常活动"选项。
④ 进入"聚划算"日常活动的设置，如图 8.51 所示，根据自己符合的条件报名。

5．加入"供销平台"

"供销平台"是淘宝网专门为商家提供代销、批发服务的平台，能帮助商家快速找到分销商或成为供应商。这种直线式供销平台是平等开放的，进入门槛也不高，不仅可以降低商品交易中的各种运费成本和保险成本，还可以帮助商家更快速地获得相关的商品信息，从而掌握行业信息，占据市场份额。

加入"供销平台"的具体操作步骤如下。
① 登录淘宝网，进入"供销平台"页面，单击"我要入驻供销平台"按钮。

② 进入"招商标准"页面，阅读相关条件，单击"供应商入驻"按钮。

图 8.50　投放到店铺首页

图 8.51　"聚划算"页面

6．使用"满就送"

"满就送"可以帮助商家节省很多时间和精力，如系统会自动帮助计算买家所购商品达到多少金额，符合赠送条件的会自动出现优惠信息，减现金的会自动扣减，包邮的也会自动减掉邮费，最省力的就是不用修改运费价格。

有效利用"满就送"，可以多级展示活动信息。开通"满就送（减）"服务的步骤为：登录淘宝网，进入"千牛卖家中心"页面，选择"营销中心"选区的"我要推广"选项，在打开的页面中单击"满就送（减）"选项，设置活动内容，如图 8.52 所示。

图 8.52　设置"满就送"活动内容

7. 使用店铺优惠券

店铺优惠券是一种虚拟的电子券，商家可以在不用充值现金的前提下针对新客户或不同等级的会员发放不同面额的店铺优惠券。店铺优惠券的功能主要体现在通过"满就送"、会员关系管理来维护老客户和通过创建店铺优惠券客户领取功能来主动营销新客户这两大方面。创建店铺优惠券的具体操作步骤如下。

① 登录淘宝网，进入"千牛卖家工作台"页面，单击左侧"营销中心"选区的"店铺营销工具"选项。

② 单击"优惠促销"下的"优惠券"按钮，创建优惠券，如图 8.53 所示。

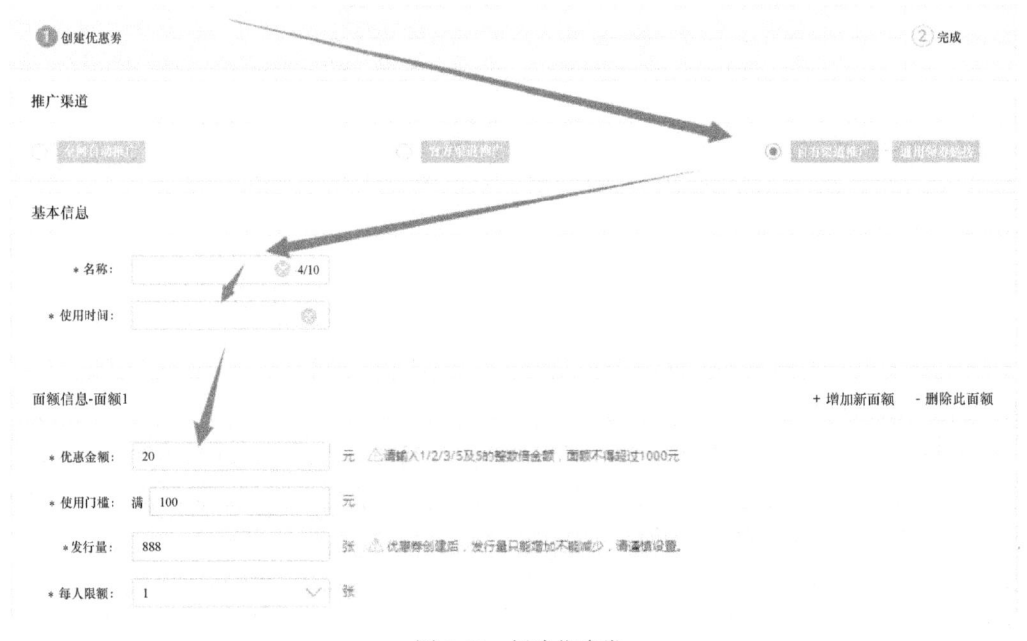

图 8.53　创建优惠券

③ 页面提示"您未订购优惠券服务",单击"去订购"按钮。

④ 选择"服务版本"和"周期",单击"立即购买"按钮。

8. 直通车推广打造爆款

淘宝直通车(见图 8.54)利用点击让买家进入店铺,产生一次甚至多次的店铺内跳转流量。这种以点带面的关联效应,可以降低整体推广成本,提高店铺的关联营销效果。下面介绍直通车推广的具体方法。

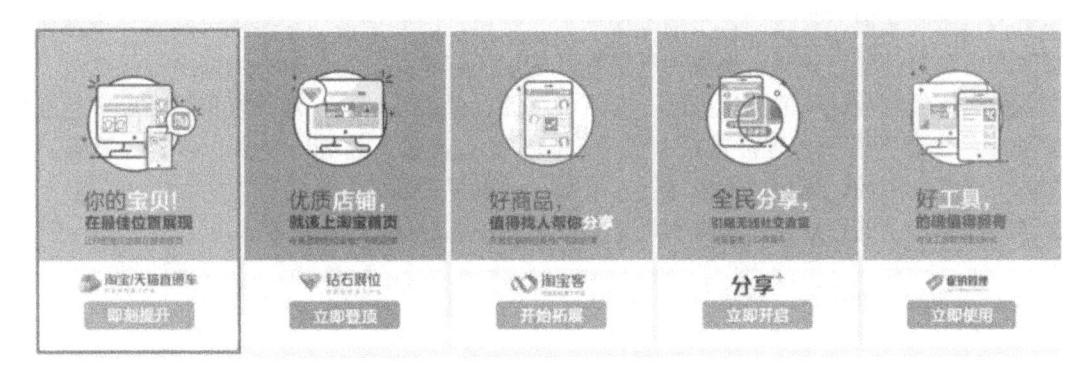

图 8.54 淘宝直通车

1)直通车广告展示位置

淘宝直通车是由阿里巴巴集团旗下的中国雅虎和淘宝网通过整合资源,推出的一种全新的搜索竞价模式。直通车竞价结果可以在淘宝网以全新的"图片+文字"的形式展示。每个商品都可以设置 200 个关键词,商家可以针对每个关键词自由定价。除此之外,淘宝网页面右侧还会显示展示位。

2)直通车的计费方式

淘宝直通车的推广原理是根据商品设置的关键词进行排名展示,按点击收费。

① 如果想推广某个商品,首先要为该商品设置相应的关键词和标题。

② 当客户在淘宝网通过输入关键词搜索商品或按照商品分类进行搜索时,系统就会展现商家推广的商品。

③ 如果客户通过关键词或商品分类搜索后,在直通车推广位点击商家的商品,系统就会根据商家设置的关键词或类目的出价来收费。

3)加入淘宝直通车的步骤

加入淘宝直通车的具体操作步骤如下。

① 登录淘宝后台,单击"营销中心"选区的"我要推广"选项。进入淘宝营销中心页面,单击"淘宝/天猫直通车"图标。

② 进入淘宝直通车首页,在页面右侧可以看到账户余额,单击"立即充值"按钮。

③ 淘宝直通车第一次开户需要预存 500 元以上,这笔费用将用于接下来的推广。打开直通车充值页面,选择好充值金额后,单击页面底部的"立即充值"按钮。

8.4.3 数据分析

在淘宝店铺的运营中,数据分析永远扮演着不可忽视的角色。新手商家不太了解数据分析,只知道一味地引流、打造爆款等,却不知道如何从有限的数据中获取更精准的单品引流效果。做好数据分析不仅有助于调整店铺经营现状,更有助于做好营销活动,打造爆款。数据分析最常用的工具是"生意参谋"。

1. 生意参谋平台概述

随着互联网的发展,传统的商业格局被打破。电商的不断发展壮大,让商界变得异彩纷呈。在这个大背景下,传统电商也逐渐步入大数据时代,一些数据分析工具应运而生。生意参谋作为一个数据分析工具,为商家做决策提供了坚实的数据支撑。

生意参谋是阿里巴巴打造的首个商家统一数据平台,面向全体商家提供一站式、个性化、可定制的商务决策体验。该平台集成海量数据及店铺经营思路,不仅具有为商家提供流量、商品、交易等店铺经营全链路的数据披露、分析、解读、预测等功能,还具有指导商家进行数据运营的功能。生意参谋平台包括首页、实时、作战室、流量、品类、交易、内容、服务、营销、物流、财务、市场、竞争、业务专区、取数、学院等功能。

生意参谋平台上的行业热词和搜索词查询分别如图 8.55 和图 8.56 所示。

图 8.55 生意参谋平台上的行业热词

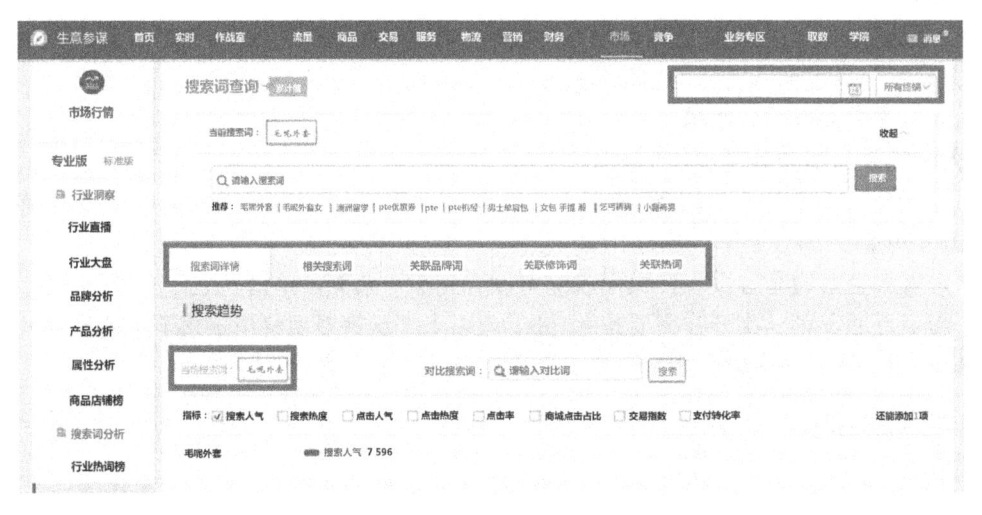

图 8.56 生意参谋平台上的搜索词查询

2. 实时直播抢占生意先机

商家可以利用生意参谋提供的实时直播功能随时观测实时数据。实时直播中的数据为店铺的运营发展提供了很大的帮助。一方面，实时直播可以跟踪商品的推广引流效果，观测实时数据，发现问题，有助于商家及时调整优化策略；另一方面，实时直播可以实时查看商品具体的营销效果，如果转化率和点击率低，商家可以及时调整推广力度。下面介绍生意参谋实时直播的实时概况、实时来源、实时榜单、实时访客分析等功能。生意参谋平台上的实时数据如图 8.57 所示。

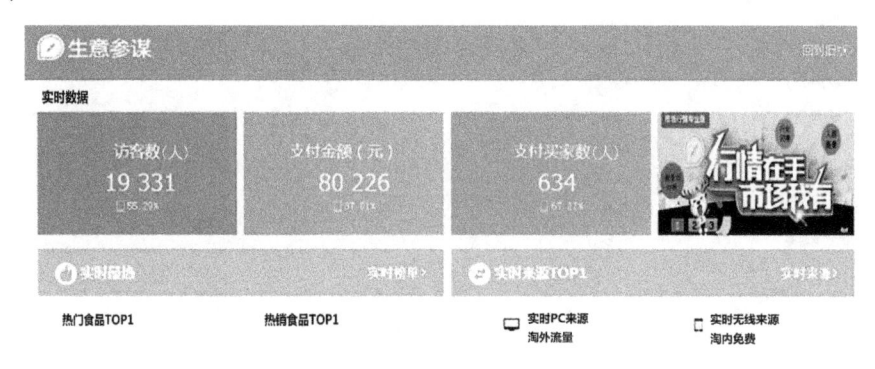

图 8.57　生意参谋平台上的实时数据

1）通过实时概况总览所有终端的数据

实时概况（见图 8.58）可以为店铺提供实时数据，主要包括访客数、浏览量、支付金额、支付子订单数、支付金额行业排名、访客数行业排名等。

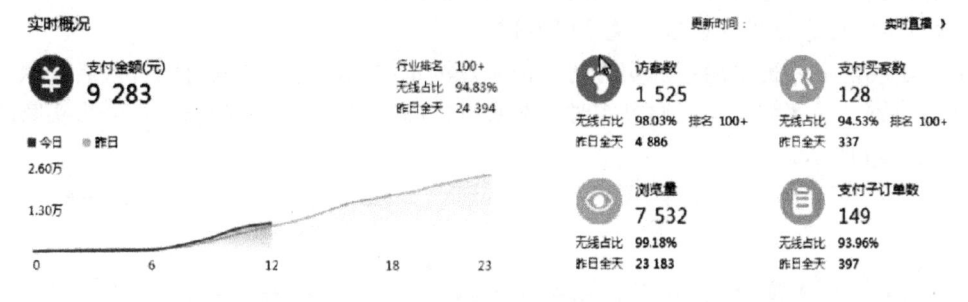

图 8.58　实时概况

2）通过实时来源分析流量来源

在生意参谋中，商家可查看的实时来源数据包括 PC 端和无线端。另外，商家不仅可以查看所有终端的数据，还可以切换到 PC 端和无线端查看对应的数据。

生意参谋提供的流量来源数据分析，可以帮助商家了解各个流量来源的详细报告。这对店铺的运营极为有利，商家可以从各个细节进行突破。它能让商家知道哪些方面的流量来源多，哪些方面的流量来源少，进而反思在流量来源少的方面是否做得不够，同时对流量来源较多的方面进行优化。

流量就是店铺或商品页被访问的次数，所有终端的流量等于 PC 端流量和无线端流量之和。流量来源是指访客进入店铺的渠道。流量分析是指分析访客的跳失率、人均浏览量、平均停留时间等数据。

商家根据访客数占比（见图 8.59），可以得出各个不同地域的转化率，从而对流量大且转化率较高的地区加大推广力度。

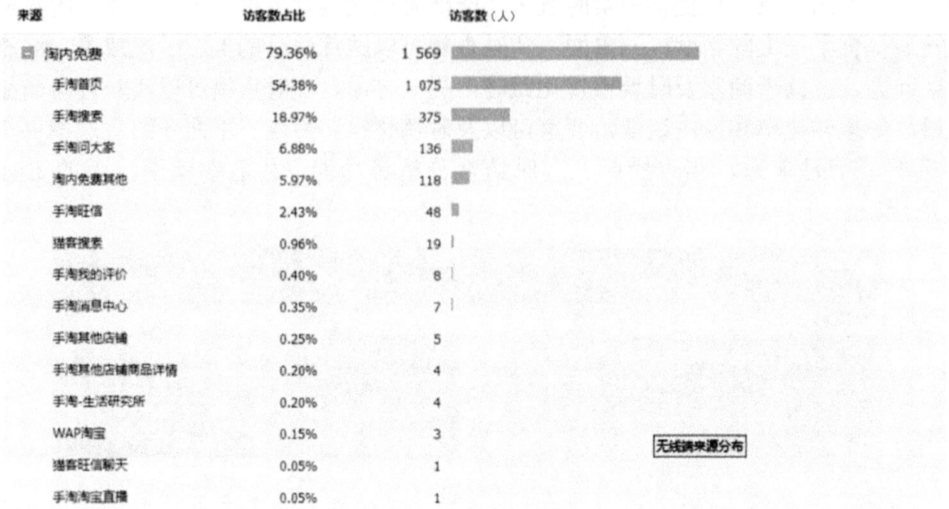

来源	访客数占比	访客数（人）
淘内免费	79.36%	1 569
手淘首页	54.38%	1 075
手淘搜索	18.97%	375
手淘问大家	6.88%	136
淘内免费其他	5.97%	118
手淘旺信	2.43%	48
淘客搜索	0.96%	19
手淘我的评价	0.40%	8
手淘消息中心	0.35%	7
手淘其他店铺	0.25%	5
手淘其他店铺商品详情	0.20%	4
手淘-生活研究所	0.20%	4
WAP淘宝	0.15%	3
淘客旺信聊天	0.05%	1
手淘淘宝直播	0.05%	1

图 8.59 访客数占比

3）通过实时榜单分析热门商品

在实时榜单中，商家可以看到店铺热门商品 Top50 的浏览量、访客数、支付金额、支付买家数、支付转化率这 5 项数据。

流量款就是能够带来流量的款，用来吸引新买家。对于流量款，商家一定要注意其流量、转化及库存的变化，做好解决一切可能发生的问题的准备。

4）通过实时访客分析买家信息及访问习惯

实时访客功能主要提供店铺的实时访客信息及浏览情况，包括访问时间、入店来源、访问页面、访客位置、访客编号等。通过实时访客数据，商家可找到买家的信息，分析买家的浏览习惯，如图 8.60 所示。

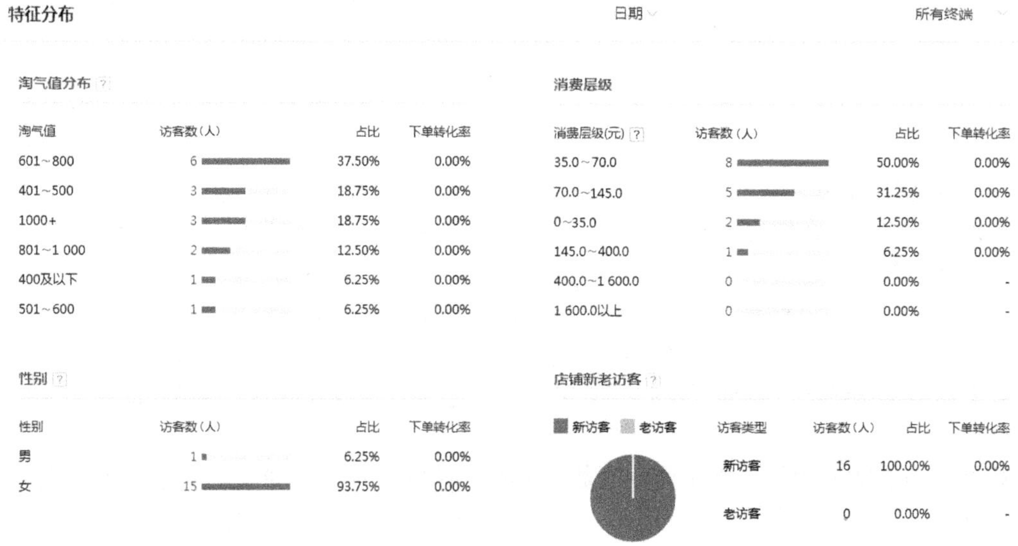

特征分布　　　　　　　　　　　　　日期　　　　　　　　　　　所有终端

淘气值分布

淘气值	访客数（人）	占比	下单转化率
601~800	6	37.50%	0.00%
401~500	3	18.75%	0.00%
1000+	3	18.75%	0.00%
801~1 000	2	12.50%	0.00%
400及以下	1	6.25%	0.00%
501~600	1	6.25%	0.00%

消费层级

消费层级(元)	访客数（人）	占比	下单转化率
35.0~70.0	8	50.00%	0.00%
70.0~145.0	5	31.25%	0.00%
0~35.0	2	12.50%	0.00%
145.0~400.0	1	6.25%	0.00%
400.0~1 600.0	0	0.00%	0.00%
1 600.0以上	0	0.00%	0.00%

性别

性别	访客数（人）	占比	下单转化率
男	1	6.25%	0.00%
女	15	93.75%	0.00%

店铺新老访客

访客类型	访客数（人）	占比	下单转化率
新访客	16	100.00%	0.00%
老访客	0	0.00%	

图 8.60 通过实时访客分析买家信息及访问习惯

3．用好流量纵横，生意突飞猛进

流量纵横提供全店的流量概况、流量地图、访客来访时段等特征分析，以及店铺装修趋势和页面点击分布的分析。它可以使商家快速盘清流量的来龙去脉，在识别访客特征的同时，了解访客在店铺页面的点击行为，从而评估店铺的引流、装修等状况，以便更好地进行流量管理和转化。下面具体介绍生意参谋的流量概况、访客分析功能。

1）流量概况

流量看板是帮助商家了解店铺整体流量规模及流量变化趋势的模板。

单击"流量"选区的"流量看板"选项，进入流量看板页面，可通过流量总览知道店铺的浏览量、访客数及其变化；通过跳失率、人均浏览量、平均停留时长，了解访客质量的高低。

2）访客分析

访客分析提供基于访问时段和特征的访客分布情况，使商家了解店铺访客的分布及其特征，从而更有针对性地采取营销手段。时段分析通过选择日期、终端，查看对应统计周期内各类终端下的访客和下单买家数，帮助商家更好地掌握店铺访客来访的时间规律，进而验证广告投放效果，调整引流时段策略。特征分析通过选择日期和终端，查看对应统计周期内各类终端下访客的淘气值分布、消费层级、性别、店铺新老访客分布，以验证或辅助调整广告定向投放策略。

通过淘气值分布可以看出买家是什么等级，淘气值越高，代表买家网购次数越多，等级也越高；通过消费层级可以计算买家之前的购买能力；通过性别可以判断买家是以男性为主还是以女性为主；查看店铺新老访客，老访客越多越好，会大大提高店铺的转化率。

4．交易分析，让商家全面掌握网店交易状况

交易分析主要提供交易概况、交易构成等功能，使商家从整体到不同维度细分店铺交易情况，及时掌握店铺交易问题，并提供资金回流行动点。

1）通过交易概况分析店铺整体交易情况

交易概况（见图 8.61）反映了从整体到不同维度的店铺整体交易情况。交易概况能帮助商家更清晰地了解店铺转化率，并提供店铺趋势图和同行对比趋势图（见图 8.62）。

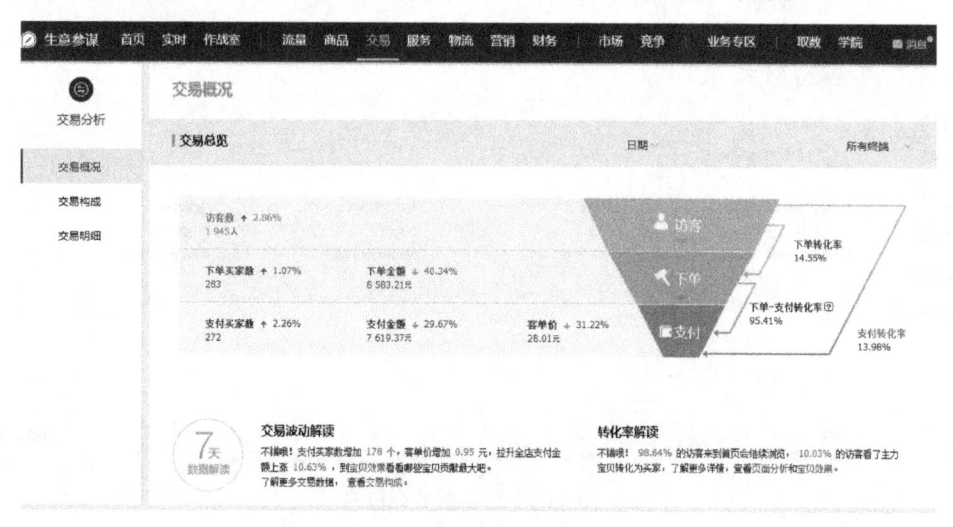

图 8.61　生意参谋交易概况

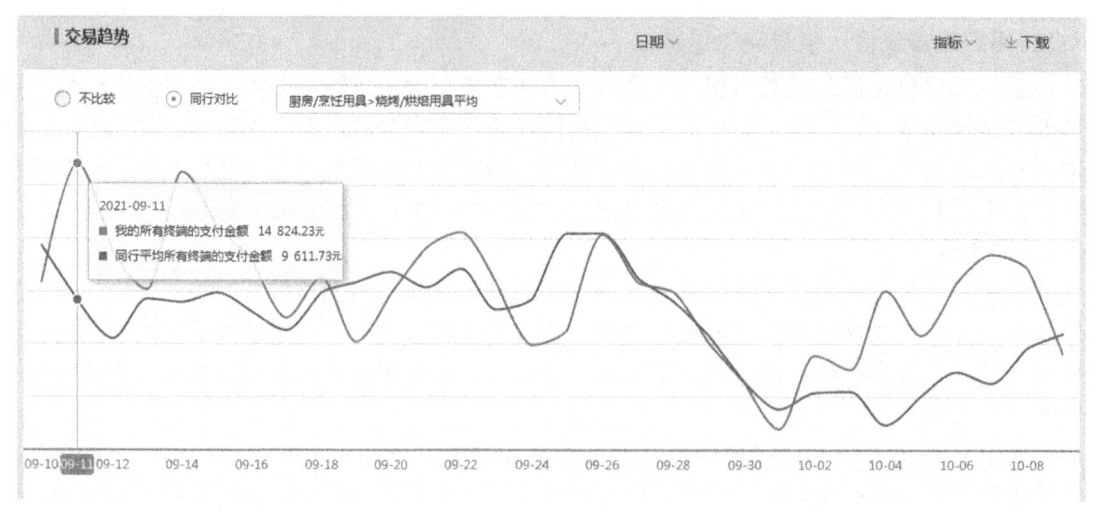

图8.62 同行对比趋势图

2）通过交易构成分析店铺交易情况

交易构成分析是从不同角度细分店铺交易的构成情况，包括终端构成、类目构成、价格带构成、品牌构成，并提供资金回流行动点。

① 终端构成主要用于直观分析店铺PC端、无线端的交易情况。

② 类目构成主要从类目的角度出发，分析店铺类目的交易情况。

③ 价格带构成主要用于分析店铺中商品各个价格的构成，如哪个价格段更受买家欢迎，转化率如何，从商品价格出发分析店铺交易的数据。

④ 品牌构成主要用于分析店铺各个品牌成交的构成，如哪个品牌更受买家欢迎，从商品品牌出发分析店铺交易的数据，如图8.63所示。

图8.63 单品服务分析

8.5 客户服务

8.5.1 售前和售后服务

1. 售前客服

对网店客服工作来说，售前客服的重要性不言而喻。售前客服不仅需要保持良好的工作态度，还需要掌握一定的技巧，下面就从接待消费者、推荐商品、解决异议、促成交易、确认订单5个方面进行介绍。

1）接待消费者

接待消费者是售前客服的主要工作之一，可以分为问好和接待咨询两个环节，下面分别进行介绍。

（1）问好

问好是售前客服服务流程的第一个环节，这一环节看似简单，其实有着很深的学问。如果问好得当，会给消费者留下良好的第一印象，为本次交易赢得一个良好的开局。同时，售前客服响应时间的长短，将直接影响消费者的去留，一般首次响应在6秒之内最恰当。

在向消费者问好时，售前客服可以使用常规化的语言，如"您好，欢迎光临××旗舰店，请问有什么可以帮您的呢"，也可以使用一些个性化的内容，如"亲，提前祝您中秋节快乐"。对于比较熟悉的消费者，则可以换一种问好方式，如"宇宇妈，好长时间没见到您了，最近怎么样呢"等。

（2）接待咨询

很多情况下，消费者只有在有咨询商品相关问题的需求时才会主动联系售前客服。在接待咨询的过程中，售前客服应优先解决消费者的疑问，不要以自我为中心，忽略消费者的问题，一股脑地向消费者推销其他无关的商品。要想正确地回答消费者咨询的问题，售前客服就应将商品的相关信息熟记于心，并能将其灵活运用。例如，服装店铺的售前客服应熟知衣服、裤子的标准尺寸，并能根据消费者的身高、体重、腰围等信息推测适合对方的尺码。

如果消费者已经有明确的目标商品，直接询问商品的发货时间、使用注意事项等问题，说明消费者对商品比较感兴趣。此时售前客服就可以抓住机会，除了回答消费者咨询的问题，还应进一步向消费者介绍该商品的主要卖点，强调商品十分值得购买，以促成交易。

2）推荐商品

推荐商品也是售前客服的主要工作，可以帮助消费者快速锁定所需商品，促成交易。同时售前客服也可以利用关联销售技巧，推销更多消费者所需的商品，以此来提高客单价。

售前客服在向消费者推荐商品时，首先应该挖掘消费者需求，然后立足于消费者的兴趣点为其进行关联推荐，最后协助消费者挑选商品并促成交易。售前客服在推荐商品的过程中一定要注意以下3点。

（1）挖掘消费者需求

挖掘消费者需求可以从询问和判断两个方面着手。询问可以分为封闭式询问和开放式询问两种，具体选择哪种方式，则需要根据消费者的兴趣和消费者对商品的了解程度来判断。

① 封闭式询问。封闭式询问是指消费者明确表示对某款商品感兴趣，并询问该商品的相关问题。此时售前客服先不用着急介绍其他商品，避免"节外生枝"，应先促成该商品的成交。

② 开放式询问。开放式询问是指消费者在咨询时没有明确表现出对某款商品的兴趣，只是单纯地提出需求或疑问。此时售前客服可以根据消费者的需求向其介绍商品，并采取二选一、搭配套餐等方法吸引消费者购买。

询问清楚消费者的购买需求后，售前客服需要查看消费者的基本资料，并通过相关信息和注册时间来判断该消费者的类型，看该消费者属于新消费者还是成熟消费者，然后通过聊天来进一步确认消费者的需求。

有的消费者习惯在拍下订单未付款的状态下找售前客服了解商品信息。此时，售前客服就不需要再询问消费者的需求，只需根据消费者拍下的订单稍加询问即可，这样才会让消费者拥有更好的服务体验。

在向消费者推荐商品时，一次推荐几款商品更有利于成交。因为，只推荐一款商品，是买与不买的问题；推荐几款商品，则是买哪款的问题。此外，在推荐商品时，售前客服还要注意安排商品的推荐顺序。

（2）进行关联销售

了解消费者的需求后，售前客服需要对商品进行有效推荐，在成功推荐后还可以顺势进行其他相关商品的关联销售。售前客服在推荐关联商品时，一定要搞清楚关联商品与消费者所购商品之间的联系，就好比消费者在实体店购买奶瓶时，导购都会相应地给消费者介绍备用奶嘴和奶瓶刷等，这就是关联销售，对网上店铺同样适用。

需要注意的是，售前客服在对消费者进行关联销售时，一定要把握好两个关键点。首先，关联商品的价值不能高于主商品；其次，同时购买关联商品与主商品能够在价格上有一定的优惠。

（3）将选择权留给消费者

售前客服无论将商品夸得多么天花乱坠，都必须清楚，最终的选择权在消费者手中。因此，售前客服每次介绍完商品的某种性能后，都要及时与消费者确认，确认其是否明白自己讲解的意思，是否认同自己的解说，如果不认同又有怎样的想法等，并根据这些内容及时给予反馈。

3）解决异议

在与售前客服沟通后，消费者对商品产生一些异议是正常的，只要售前客服能够处理好异议并让消费者满意，那么消费者就很可能会下单购买。因此，售前客服一定要学会解决异议。所谓解决异议，就是针对消费者的疑问、不满等进行解答。

常见的异议包括质量、包装、价格、色差、发货时间、礼品、尺寸和快递等方面的异议。例如，当消费者对店铺的优惠原则存在异议时，售前客服一般可以通过介绍商品本身的优势来打动消费者，说明这已经是最大优惠了，同时可以强调多买多优惠或多买送小礼物。

售前客服在解决异议时要善于抓住问题的本质和关键，可以从以下3个方面入手。

（1）站在消费者的角度思考问题

当消费者产生异议时，售前客服首先要明确异议的真正内容，然后站在消费者的角度思考产生该异议的直接原因，并找出分歧点，最后利用数据和事实消除疑虑、误解，与消费者达成共识。

（2）阐述商品的优势

消费者关心的往往是商品的质量、价格、生产技术水平和售后服务等，售前客服可以从这几个方面阐述商品的优势。要想把商品优势说清楚，售前客服需要对商品本身有深入的了解，能说清楚商品的特征、原材料、制作工艺、包装服务等的特别之处，同时对同行相关商品有透彻的了解。通过对比分析，消费者很容易了解商品的优势。

（3）突出消费者的利益

当消费者对商品的质量有异议时，售前客服除了可以向其说明商品的质保信息，还可以突出消费者所能享受的利益。例如，当消费者问"质量有保证吗"时，售前客服可以这样回复："这件T恤是纯棉的，吸汗透气，您穿着去打网球会非常舒适，对皮肤也是很好的呢！"

4）促成交易

成功解决消费者的异议后，售前客服还可以利用一些技巧加快订单的生成。

5）确认订单

为了避免出现不必要的售后问题，售前客服需要对每笔付款订单进行再次确认。在确认订单的过程中，售前客服可以分两步来执行，下面分别介绍。

（1）核对商品信息

个别消费者在购买商品时，只看了商品图片的大致信息和价格，却忽略了其他因素，最终选择了便宜又看似相同的商品，收货后才发现并非自己所要购买的商品。针对这一情况，售前客服一定要对消费者订单中所购买的商品进行再次确认，同时对附带的赠品、承诺等事项等也进行一一确认。这样既可以避免因消费者购买出现差错而造成退换货的情况，也可以避免因售前客服忘记做备注而造成遗漏的情况。

（2）核对收货地址

促成订单后，售前客服还需要对消费者的地址信息进行核对，确保消费者所选择的物流或商家推荐的物流可以到达消费者指定的收货地址。如果在核对地址的过程中，消费者提出对收货地址进行变更，售前客服除了应及时修改信息，还应更加仔细地核对更换后的收货人姓名和电话号码，以免因出现差错而影响投递。

2．售后客服

售后客服的工作内容较多，主要包括回访消费者、处理交易纠纷、处理中差评、催好评等。这些工作既重要又有一定难度，面对这些工作时，售后客服不但需要保持积极的工作态度，还应掌握一定的技巧。

1）回访消费者

回访消费者是售后服务的重要一环。消费者收到商品后，并不意味着客服工作结束，为保证消费者的购物体验，售后客服还需要主动询问消费者，包括收到的商品是否完整、商品使用是否正常、对商品是否满意等。

（1）主动询问消费者商品使用情况

主动询问消费者商品使用情况，不仅可以让消费者感受到店铺服务的专业性，还可以让消费者感到自己被重视。消费者在收到商品后，必然会使用商品。在消费者收到商品的一周内，售后客服可以通过聊天软件以轻松愉快的聊天氛围主动询问消费者商品使用情况。例如，"亲，衷心感谢您对小店的支持，上次您在我们店购买的蒸蛋器用起来怎么样啊？""亲，您的商品显示已经签收啦，请您仔细检查商品是否完整，商品使用是否方便，如果有任何问题，您可以告诉小曼哟。"

主动询问消费者商品使用情况，可以让消费者感受到店铺对自己的重视。即便商品存在一些小瑕疵、小问题，消费者也会因为售后客服的主动沟通而降低愤怒感，甚至会因为售后客服的主动而忽略商品存在的小问题。

（2）及时反馈信息并做出调整

在收集消费者的意见后，商家应进行综合分析，根据消费者的建议和需求及时调整自家店铺所售的商品。例如，某品牌的售后客服从消费者的反馈信息中得知自家加绒打底裤这一商品存在影响消费者使用的瑕疵，于是及时向商家反馈，让商家立刻联系工厂改进生产工艺，最后改善了商品质量，增加了商品的销量。

2）处理中差评

评价分为"好评""中评""差评"3 类，消费者的评价会直接影响店铺信誉和商品转化率，中差评对店铺的负面影响不小。在购物过程中，由于受商品质量、快递速度和客服态度等诸多因素的影响，中差评的出现往往是不可避免的。售后客服要积极响应消费者的中差评，找准引发中差评的原因，然后通过电话、聊天软件等沟通方式尽最大可能解决问题，从而提高消费者的满意度。例如，致电修改中差评主要可以分为 4 个环节：确认环节、道歉环节、解决环节和收尾环节，下面分别介绍。

（1）确认环节

售后客服致电修改中差评的第一步就是确认信息，避免打错电话。售后客服需要对消费者的身份、商品信息和评价信息进行确认，还要在通话一开始进行自我介绍，避免被消费者误认为是骚扰电话。

① 确认身份。电话接通之后，售后客服要等待消费者先说话，确认消费者的性别，然后就可以与消费者开始对话了。例如，"您好，请问您是××先生/小姐吗？"

② 自我介绍。一般售后客服和售后客服经理给消费者致电，给消费者带来的感受是截然不同的，职位越高的售后客服联系消费者，消费者越会觉得自己受到重视。例如，"您好，我是×××店铺的售后客服经理，我叫×××。"

③ 确认商品。当双方都清楚了对方的身份后，售后客服便可以逐渐切入正题，向消费者确认是否购买了自己店铺的某一商品，简单明了地确认消费者的购买信息。例如，"您好，我想了解一下，您是否在××月××日在我们×××店铺购买过××品牌××颜色的××××××商品？"

④ 确认评价。当售后客服得到了消费者购买商品的肯定回答之后，就要切入正题，直接说明来意，避免因拖沓让消费者觉得烦躁。例如，"您好，我看到您给了我们一个中/差评，我想了解一下具体情况是怎样的。"

（2）道歉环节

消费者确认了售后客服的来意后，往往会讲明自己给出中差评的原因，不管是什么原因，售后客服都要通过电话向消费者道歉，语气中要传递出自己的诚挚，这也是电话沟通最重要的环节。

① 理解。消费者在抱怨的时候，售后客服要对消费者表示理解，话语中要透露出自己感同身受，语速不要过快，语调要有轻重之分，并在消费者说话时适度重复对方所抱怨的问题，让消费者感受到自己不仅在认真倾听，还在认真地记录。例如，"我非常理解您，如果我遇到这种情况，我也会很生气的。"

② 致歉。给消费者致歉是售后客服必须做的，不管售后客服觉得是谁的责任，在通话过程中都要尽量让自己的语气听起来友好。例如，"给您在购物过程中带来不便真的十分抱歉，我代表店铺全体工作人员向您致以最真诚的歉意。"

（3）解决环节

售后客服可以帮助消费者分析原因，并结合具体情况给予有针对性的解决办法。下面针对不同的情况，总结了不同的解决方法和解释话术。

① 质量不好或商品与描述不符。对于由商品质量不好或与描述不符等问题引起的中差评，售后客服应明确给出退换货、补偿等解决方案供消费者选择，然后请求消费者修改评价。具体可参考如下话术。

"确实抱歉，由于生产过程中难免会出现一些瑕疵，所以导致部分商品的质量稍差，我们也跟厂家反映了这个问题，我郑重保证，下次绝对不会再出现类似情况，这边也会加强发货之前的检验工作，尽量做到万无一失。同时，为了表达对您的歉意，我们会给您一定的补偿，您可以申请退换货，将商品寄回给我们，我们承担来回的运费。请您千万手下留情，给我们一个改进的机会，祝您生活愉快！"

② 对款式不满意。款式是比较主观的问题，主要在于消费者的看法。售后客服在处理由款式引起的中差评时，千万不要觉得消费者是在无理取闹，应该和气地和消费者商量，向消费者介绍店铺内其他款式，尽量说服消费者换货并修改评价。

与此同时，售后客服也要清楚，由于款式而引起中差评的原因主要有两种，第一种是消费者想退换货但不想承担邮费，此时可采用如下解释话术。

"我们店铺一直承诺 7 天无理由退换货，如果是质量问题，我们会承担来回的运费，给您退换货，但是您对款式不满意，这属于您自己的原因导致的退换货，如果您还因为我们不承担运费而给差评的话，我们也没有更好的解决办法了，只能申请××平台（电子商务平台）官方介入了。"

第二种是消费者想要赔偿，此时可采用如下解释话术。

"如果您不喜欢这件衣服，我们可以提供 7 天无理由退换货服务，但您不能让我们赔偿，因为这不是商品的质量问题。如果您执意要求赔偿，并且给差评的话，我们只能申请××平台（电子商务平台）官方介入了。"

③ 对服务态度不满意。对于消费者因为客服服务态度不好而给出的中差评，售后客服不要先忙着解释，而应该先诚恳地道歉，然后向消费者说明服务态度不好的可能原因，如接待人数太多，没有及时回复或言语表达不当造成误会等，让消费者感受到自己的诚意，而不是推脱责任。争取消费者的谅解后，售后客服再请求消费者修改评价，常用话术如下。

"这两天活动实在是太忙了，顾客比较多，客服暂时忙不过来，回复您慢了，实在非常抱歉。非常感谢您对我们店铺提出的意见和支持，我们会加强客服培训，避免以后出现类似的情况。由于商品本身没有问题，我们恳请您高抬贵手，修改一下评价，您直接把差评改为好评就可以了。为了感谢您的光临，您帮我们改为好评后，我们这边给您赠送优惠券或下次购物时帮您免邮，您看行吗？"

（4）收尾环节

无论消费者是否答应修改中差评，售后客服都要表示感谢，并对占用消费者的时间表示抱歉。例如，"真的很感谢您对我们工作的支持，打扰您了！我们一定会把工作做得更好。"

3）催好评

消费者对商品的评分和评价对淘宝店铺来说是非常重要的，好评价可以吸引更多消费者购买，评分则会影响店铺参加活动。因此，在消费者收到货之后，售后客服要向消费者"催好评"，这也是对售后客服的绩效考核。淘宝售后客服催好评常用话术举例如下。

"亲,在不在呀,看到消息搭理一下我吧!看您一直没有评价,如果小二再不出业绩,就要每天晚上加班呢!动动手指给个5星好评即可。打工不容易,小二厚着脸皮请您帮帮忙呀。"

"亲爱的,您在小店购买的宝贝已签收了,不知道小仙女是否满意呢?如果感觉还不错,那么耽误您几秒钟帮我们评价一下啦!全5星好评+小红花就可以了,麻烦您了哟,么么哒!"

8.5.2 客户关系管理

客户关系管理是一个不断加强与客户的交流、了解客户需求,并不断对商品或服务进行改进和提高,以满足客户需求的连续的过程。

1. 客户关系管理的定义

客户管理是通过对客户详细资料的深入分析来提高客户的满意程度,从而提高店铺竞争力的一种手段。客户关系是指围绕客户生命周期发生、发展的信息归集。客户关系的核心是客户价值管理,通过一对一的营销原则,满足不同客户价值的个性化需求,提高客户的忠诚度和保有率,实现客户价值的持续贡献,从而全面提高店铺的盈利能力。客户关系不仅是一个软件或一种制度,还是方法论、软件和IT能力的综合,是一种商业策略。综上所述,客户关系管理是指一种以信息技术为手段,对客户资源进行集中管理的经营策略。

卖家需要了解客户的性别、年龄、收入、性格、爱好、购物时间、购买记录等,并进行统一的数据库管理,然后对客户进行有针对性的关怀和营销,从而提高客户的回头率,增加网店销量。

2. 客户会员运营

淘宝网后台的会员运营工具提供会员运营诊断、会员资产数据、当日会员资产分层、会员运营建议等功能,具体操作步骤如下。

① 登录淘宝网后台,在左侧栏选择"用户|用户运营|会员运营诊断"命令,如图 8.64 所示。

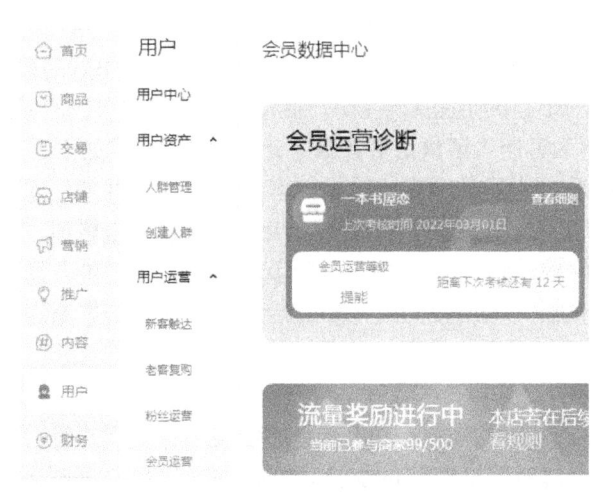

图 8.64 会员运营平台

② 单击"会员资产数据"选项卡,可以查看优质会员占比、有效会员规模和整体会员规模,如图 8.65 所示。

图8.65　会员资产数据

③ 单击"会员权益供给"选项卡，可以查看权益在线天数、会员权益渗透和权益引导成交，如图8.66所示。

图8.66　会员权益供给

④ 单击"会员策略触达"选项卡，可以查看近30日新入会会员新客人群、近7日店铺活跃会员新客人群和近7日行业竞对活跃会员新客人群，如图8.67所示。

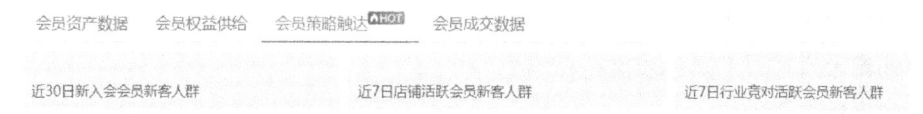

图8.67　会员策略触达

⑤ 单击"会员成交数据"选项卡，可以查看会员成交渗透和会员客单价，如图8.68所示。

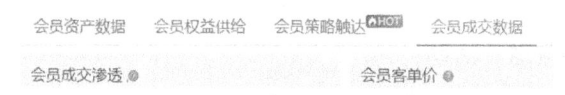

图8.68　会员成交数据

3．沉默会员激活

根据会员运营的建议，进行行业活跃沉默会员的激活和平台活跃沉默会员的激活。行业活跃沉默会员的激活如图8.69所示，平台活跃沉默会员的激活如图8.70所示。

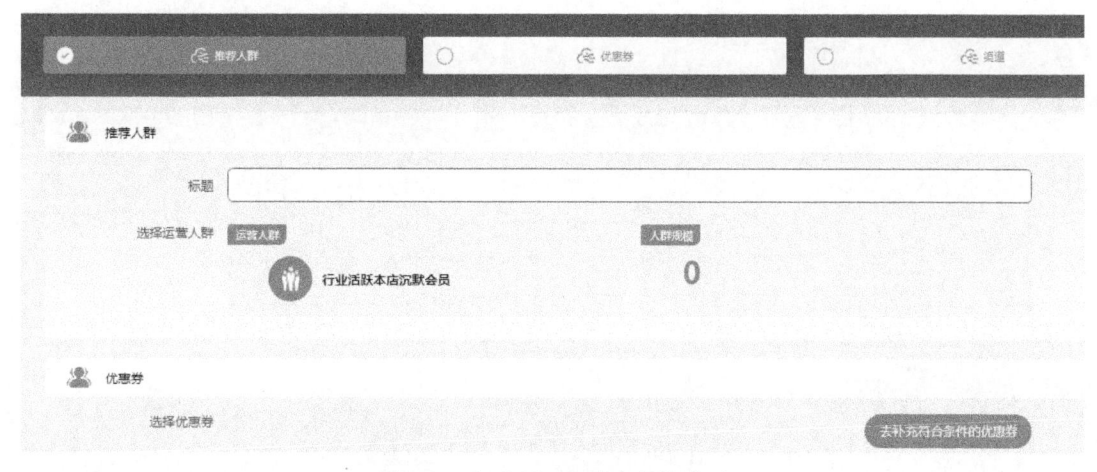

图8.69　行业活跃沉默会员的激活

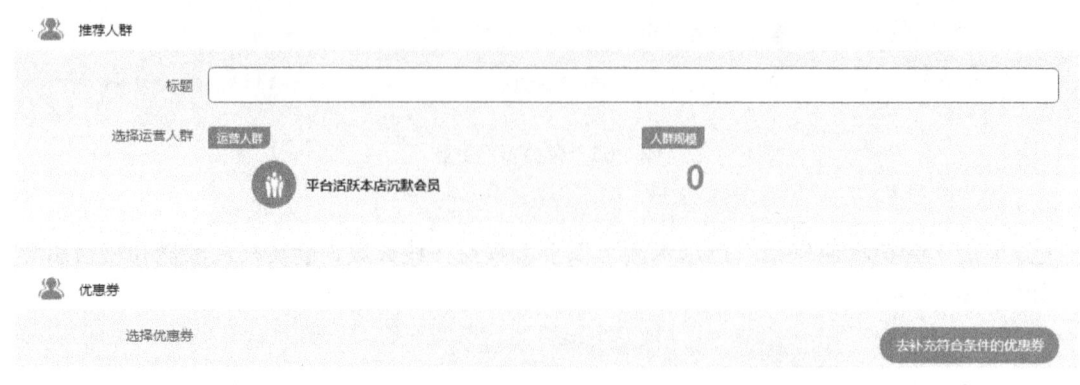

图 8.70 平台活跃沉默会员的激活

> **习题**

1. 如何在淘宝网上发布商品?
2. 如何在淘宝网上添加店铺公告?
3. 如何使用"千牛卖家中心"提供的表情包?
4. 开通淘宝直通车的具体步骤是什么?
5. 如何用好流量分析?

> **实训**

【实训目的】

1. 了解淘宝网"满就送"活动;
2. 了解淘宝直通车。

【实训内容】

1. 登录"千牛卖家中心"页面,单击"营销中心"选区的"我要推广"选项,在打开的页面中单击"满就送"选项,订购"满就送"活动,确定赠品。
2. 登录淘宝直通车首页,建立直通车推广计划,并添加推广的商品。

附录 A 运营相关词汇

运营岗位相关词

运营：企业或组织通过一系列系统性行为和资源投入，让一件事情可以持续良性运转而采取的一切有效手段。企业与用户互动，帮助用户和产品建立关系并维护这种关系。

增长黑客：创业型团队在数据分析的基础上，利用产品或技术手段来获取自发增长的运营手段。

内容运营：做数据，负责内容数量、话题访问数量，负责站内热门话题的审核、推荐等。

用户运营：做用户，对用户规模、活跃用户规模、用户商业化等指标负责，对站内重点用户进行分类，然后进行有针对性的维系和管理。

活动运营：做转化，负责各种大型网站活动的定期策划和执行，对活动数据负责，监测数据，定期根据需求通过活动拉升各项数据指标。

运营等级划分词

P1——纯新人小白：干体力活，负责执行；行业平均薪资 5 000 元以下。

P2——初阶运营：可以独立负责一些小项目；行业平均薪资 4 000~8 000 元。

P3——业务骨干型运营：对某一两件事已经比较专精。行业平均薪资 8 000~15 000 元。

P4——专家运营：能够带团队，独立制定运营策略并推动完成；行业平均薪资 15000~25 000 元。

P5——高级专家运营：综合型人才，能针对不同业务和产品制定运营策略；行业平均薪资 25 000 元以上。

运营用户类词

KOL：关键意见领袖，常被定义为拥有更多、更准确的产品信息，且为相关群体所接受或信任，并对该群体的购买行为有较大影响力的人。

用户画像：一种用户模型，是根据用户的社会属性、生活习惯和消费行为等信息而抽象出来的一个标签化的数据模型。

TOB 用户：企业或组织用户类群体。

TOC 用户：个人用户类群体。

PGC：专业生产内容，通常指社区中的 KOL、大 V、运营人员等专业人士。

UGC：位于内容传播金字塔底层的普通用户。

UE/UX：用户体验（User Experience），是用户在使用产品过程中建立的一种纯主观感受。

CSAT：用户满意度（Customer Satisfaction），对企业的产品、服务、交互的满意程度。

NPS：净推荐值（Net Promoter Score），用户忠诚度指标。

CES：用户费力度（Customer Efforts Score），即用户要花费多少力气来实现自己的需求。

HEART：衡量用户体验的框架，具体包括愉悦感（Happiness）、参与度（Engagement）、接受度（Adoption）、留存率（Retention）、任务完成率（Task Success）。

思考类词

AARRR 模型：一整套数据分析的思路和逻辑框架。

Acquisition：获取用户。

Activation：提高活跃度。

Retention：提高留存率。

Revenue：获取收入。

Refer：自传播。

AIDA 模型：也称"爱达模型"，是指一个成功的推销员必须把顾客的注意力吸引或转移到产品上，使顾客对推销员所推销的产品产生兴趣和购买欲望，然后促使其采取购买行为，达成交易。

5W1H 法："六何"分析法，是一种思考方法，是指对选定的项目、工序或操作，要从原因（Why）、对象（What）、地点（Where）、时间（When）、人员（Who）、方法（How）6 个方面提出问题进行思考。

数据量化指标词

ARPPU：平均每付费用户收益（Average Revenue Per Paying User）。

LTV：用户生命周期价值（Life Time Value）。计算公式：LTV=价格×客户付费时间×购买次数。

ROI：投资回报率（Return on Investment），指通过投资获得的价值，即企业从一项投资活动中得到的经济回报。计算公式：ROI=项目产出总收入/项目投入总成本。

SKU：库存保有种类（Stock Keeping Unit）。

GMV：商品交易总额（Gross Merchandise Volume）。

CAC：平均获客成本（Customer Acquisition Cost）。计算公式：CAC=年度总获客成本/（新客数量+老客数量）。

PBP：成本回收期（Payback Period），是指投入的用户获取成本可以在多长时间内回本。PBP 越短，说明资金周转越快，企业发展也越快。

KPI：关键绩效考核指标（Key Performance Indicator）。

OKR：目标和关键结果（Objectives and Key Results），是企业、团队、员工共同设定的一种用结果来衡量过程的方法与实践。

UV：独立访客数（Unique Visitor）。

PV：页面浏览量（Page View）。

PCU：最高同时在线人数（Peak Concurrent Users）。

DAU：日活跃用户数量（Daily Active Users）。

DNU：日新增用户数量（Day New Users）。

WAU：周活跃用户数量（Weekly Active Users）。

ACU：平均同时在线人数。

ARPU：平均用户产出值。

工作行为类词

PDCA：计划（Plan）、执行（Do）、检查（Check）、处理（Act）。

START：情境（Situation）、任务（Task）、行动（Action）、结果（Result）。

CRM：客户关系管理（Customer Relationship Management），即利用相应的信息技术和互联网技术协调企业与顾客之间在销售、营销和服务上的交互，从而提升企业的管理方式。

SOP：标准作业程序（Standard Operating Procedure），是指将某一事件的标准操作步骤和要求以统一的格式描述出来，用来指导和规范日常工作。

ASO：应用商店优化（App Store Optimization），是针对某款 App 所在的 App 市场（国内仅限于 Apple Store）进行搜索入口数量及搜索结果排名提升的过程。

LBS：基于位置的服务（Location Based Service）。

SEM：搜索引擎营销（Search Engine Marketing）。

SEO：搜索引擎优化（Search Engine Optimization），就是通过技术手段获得的非广告的自然搜索流量。

PR：公关（Public Relationship），是指一切与维护公共关系有关的动作。

2G：对政府（to Government）传播。

2B：对投资人、从业者（to Business）传播。

2C：对用户、大众（to Customer）传播。

网站权重：网站的影响力。

全媒体：主要指央级媒体、财经媒体、行业垂直媒体、KOL、大众媒体。

全平台：除报纸和官方新闻网站外的其他新媒体平台。

高原创：一般是指文章内容 90% 都是由作者自己创作的。

参 考 文 献

[1] 方佳伟，宋英. 电子商务运营管理[M]. 北京：人民邮电出版社，2016.
[2] 齐莉丽. 电子商务运营管理[M]. 北京：机械工业出版社，2016.
[3] 张建军，李军. 电子商务运营管理[M]. 北京：清华大学出版社，2016.
[4] 余莉，刘闯，韩筱璞. 商务数据分析[M]. 北京：清华大学出版社，2016.
[5] 麦艳云，严敏，陈兴华. 跨境电子商务基础[M]. 北京：电子工业出版社，2017.
[6] 葛存山，胡秀娥. 电商运营与推广[M]. 北京：人民邮电出版社，2020.
[7] 陈道志. 电子商务运营管理[M]. 北京：人民邮电出版社，2021.
[8] 潘定. 电子商务运营管理：策略、方法与管理[M]. 北京：人民邮电出版社，2020.
[9] 罗佩华，魏彦珩. 电子商务法律法规[M]. 北京：清华大学出版社，2019.
[10] 郑常员，三虎. 电商运营与推广[M]. 北京：人民邮电出版社，2020.
[11] 李建忠. 电子商务网站建设与管理[M]. 北京：清华大学出版社，2015.
[12] 孙建国. 网络安全实验教程[M]. 北京：清华大学出版社，2017.
[13] 谢希仁. 计算机网络[M]. 北京：电子工业出版社，2017.
[14] 黑马程序员. 搜索引擎营销推广：SEO 优化+SEM 竞价[M]. 北京：人民邮电出版社，2018.
[15] 李蒙. SEO 搜索引擎优化实战[M]. 北京：清华大学出版社，2020.
[16] 网经社.
[17] 中国互联网络信息中心.
[18] 中国政府网.
[19] 彭翔英. 农村电子商务运营管理[M]. 北京：电子工业出版社，2020.
[20] 江红，余青松. Excel 数据分析超详细实战攻略[M]. 北京：清华大学出版社，2021.